上海图书馆藏
张元济文献及研究

上海图书馆　编

上海古籍出版社

上海图书馆藏张元济文献及研究

编纂委员会

主　编　周德明

编　者　（以姓名笔画为序）

王　宏　　王继雄　　计宏伟　　刘明辉　　李卉卉

陈先行　　高洪兴　　黄国荣　　黄嬿婉

编　务　林　桦　　汤美宝

篆　刻　周建国

摄　影　熊　洋

前　言

　　张元济先生（1867—1959）字筱斋，号菊生，浙江海盐人，清光绪壬辰（1892）进士，授翰林院庶吉士，曾任清刑部贵州司主事、总理各国事务衙门章京等职。在京任职期间，创办通艺学堂传授新学，组织健社，关注时政，支持维新。戊戌变法失败后，经李鸿章推荐，在盛宣怀创办的南洋公学（上海交通大学前身）译书院任总校兼代办院事三年，之后应商务印书馆创办人夏瑞芳之邀，进入该馆投身出版事业。曾任商务印书馆总编译长（后改称编译所长）、经理、监理和董事长等职，主持出版了大量教科书、工具书、古籍、期刊和翻译引进了众多外国学术与文学名著、科学读物等，创办了一系列文化教育机构。他"以扶助教育为己任"，兼收并蓄，积极传播古今中外的优秀文化，成为中国近现代出版大家第一人。此外，张元济先生还是著名的藏书家、版本目录学家、图书馆事业家和社会活动家，为我国文化事业和国民教育作出了巨大贡献。

　　张元济先生与上海图书馆有着深厚的渊源，上海图书馆前身之一的合众图书馆即为张元济先生等人所创办。1939 年，"当时正是日寇疯狂侵略中国，沿海各省相继沦陷、东南地区文物图书大量散亡的时候，而'上海租界区'正处于所谓'孤岛'时期。一些文化学术界知名人士，如张元济（菊生）、叶景葵（揆初）、陈陶遗、陈叔通、李拔可先生等，出于爱祖国民族文化的热忱，奔走呼吁，以创办图书馆来保存这些濒临毁灭的文献典籍。"（顾廷龙：《张元济与合众图书馆》，《顾廷龙文集》，第 555 页，上海科学技术文献出版社，2002 年。）在张元济先生多封书信的敦促下，顾廷龙先生 1939 年 7 月 17 日从燕京南下上海，参与创办合众图书馆，主持馆务。张元济先生在合众图书馆的运作过程中，运筹帷幄，与叶景葵、顾廷龙等在艰难的环境下多方征集文献，使之成为保存中国传统文化典籍的专门国学图书馆。为支持馆藏文献建设，张元济先生向合众图书馆提供了大量的个人藏品。如："张先生于一九四一年春即以历年收藏旧书与嘉兴一府前哲遗著四百七十六部一千八百二十二册赠与本馆，并以海盐先哲遗徵三百五十五部一千一百十五册，又张氏先世著述及刊印评校藏弃之书一百四部八百五十六册，及石墨图卷各一，事先作寄存，冀日后宗祠书楼恢复或海盐有地方图书馆之设，领回移贮。既经倭乱，鉴于祠屋半毁，修复无力，本地图书馆之建设更属无望，遂改为永远捐助。"（同上，第 562 页。）这批珍贵的藏书经合众图书馆到上海历史文献图书馆收藏，1958 年后成为上海图书馆古籍的重要组成部分。1953 年 6 月，时任合众图书馆董事长的张元济先生与常务理事徐森玉拟定了《上海私立合众图书馆捐献书》，决定将合众图书馆捐献上海市人民政府，化私为公，使合众图书馆所藏珍贵文献转为国家的文化财产，奠定了今日上海图书馆历史文献的馆藏特色基础，如稿本、抄本、校本、尺牍、朱卷、哀启、宝卷、家谱等类均为引人瞩目的文献。因此，张元济先生在中国近现代图书馆发展史上具有彪炳史册的重要地位。

目前上海图书馆收藏了丰富的张元济文献（以下简称"张氏文献"）。"张氏文献"除来源于合众图书馆、上海历史文献图书馆旧藏外，还有建国后张元济先生与后人的捐赠，以及本馆尺牍、近代名人档案、文化名人手稿等专藏文献。据 1946 年合众图书馆编印《海盐张氏涉园藏书目录》四卷著录，前述张元济先生所捐涉园藏书共 935 部，3793 册，其中张氏先人著述和海盐乡邦遗著尤具特色，不乏珍稀版本。张元济先生的多部手稿也在上海图书馆珍藏至今，如 1912 年至 1926 年的《张元济日记》35 册，《涵芬楼烬余书录》修改稿本 10 册，1938 年至 1941 年间张元济为整理出版脉望馆抄校元明杂剧的通信《校订孤本元明杂剧往来信札》等。在馆藏盛宣怀档案中，经过多年的整理编目后，从中发现了张元济致盛宣怀的 40 封书信和 4 篇文稿。其中《南洋公学译书院己亥年总报告册》中所述张元济任职南洋公学译书院的职务是"总校兼代办院事"，厘清了以往人们所说的"院长"、"主事"之误，对研究张元济先生生平具有重要价值。此外，在本馆名人尺牍专藏中，散见有多封张元济的书信原件，特别是 2017 年 3 月开启了尘封多年的纸箱，上千封张元济往来信札重见天日，为历史研究提供了丰富史料。此外，张元济先生还陆续捐赠了参加社会政务活动的文献，如在京参加第一届全国政治协商会议的档案。在 20 世纪 50 年代，张树年先生"鉴于一九五七年以后国内形势变化，认为珍贵文物不宜久存家中"，在1959年张元济先生去世后，将珍贵的两巨册《张菊生先生九十生日纪念册》捐藏给上海图书馆，避过了"文革"的浩劫（张人凤：《张菊生先生九十生日纪念册》前言，商务印书馆，2017年）。

上海图书馆对于馆藏"张氏文献"曾着力进行整理出版，顾廷龙先生为此倾注了大量精力。如1956年，汇编了《涉园序跋集录》，由古典文学出版社出版，之后为整理出版《张元济书札》《张元济傅增湘论书尺牍》等做了大量"录自各家旧藏原件"的资料搜集工作。顾廷龙在1981年7月回顾："先生捐馆后，陈叔通丈即属龙纂辑其遗稿，拟编诗文、日记、书札、专著等。诗文录出，均经叔丈校阅。叔丈与先生为数十年之挚交，无让管鲍。未几，叔丈作古，又未已而'文化大革命'爆发，此事遂废。"后在商务印书馆的支持下得以重编出版。（顾廷龙：《张元济书札》跋，《顾廷龙文集》，第329页，上海科学技术文献出版社，2002年。）

今年适逢张元济先生诞辰150周年，本馆同仁效法顾廷龙先生为迎贺张元济先生九十岁生日而编印《涉园序跋集录》之举，从2016年起策划馆藏"张氏文献"的整理出版，计有商务印书馆出版的《张元济先生九十岁生日纪念册》线装三册、《涵芬楼烬余书录》线装十册、《校订元明杂剧事往来信札》线装八册、上海人民出版社出版的《涉园图咏》长卷、国家图书馆出版社出版的《上海图书馆藏张元济古籍题跋真迹》图录、《上海图书馆藏张元济往来信札》十卷和大型古籍丛书《涉园藏古籍稿钞本》《檇李文系》即将问世。同时为多家出版社提供商务版图书底本重版。我们以此纪念张元济先生诞辰150周年，努力发挥馆藏"张氏文献"的史料价值。

本书是上述出版物和馆藏其他文献中精选的图录，藉此可管窥上海图书馆"张氏文献"的收藏概貌。在此基础上，我们同时举办"菊香书林——上海图书馆藏张元济文献精品展"，召开"张元济与中华古籍保护学术研讨会"，向保护和传承中国文化的先贤致敬。

120年前，以商务印书馆创立为标志的中国现代出版业在上海诞生，造就了张元济先生施展才能的环境。所以，在我们纪念张元济先生诞辰150周年之际，也须关注商务印书馆创立120周年的历史。在本馆"张氏文献"中涉及商务印书馆的资料为数众多，日记、尺牍、档案中的不少内容记载了商务印书馆的管理、人事和出版等事务。今天，当我们身处上海图书馆，面对一个多世纪商务印书馆出版的书刊和留存的文献，回首晚清以来中国文化发展的历程时，这一册册文献正如一块块砖石，塑造了中国近现代文化转型与进步的丰碑，记录了我国知识的生产与传播，教育的改革与普及，思想的交流与创新，文学的创作与阅读，科学的引进与宣传，古籍的传承与再造……显示了张元济荜路蓝缕的开创之功。

120 年，时序两甲子，犹如梦想驱动下的两个岁月车轮，商务印书馆满载着张元济先生"以扶助教育为己任"的信念和丰硕的出版成果，在中华大地上一路前行，一路播撒，将中外知识传之人间，播下现代文明的种子，传递先进的思想。张元济先生主持的商务印书馆是促进中国现代文化转型的重要阶段，引领了诸多文化领域的创新发展，推动了上海现代文化中心的发展，彰显了文化精英的创造力与文化理想。张元济先生不仅是经营了一个中国最具影响力的文化企业，而且是参与塑造了一个国家的社会文化形象与国民素养。同时，通过出版的书刊，集聚了中国最有影响的知识界人士，出版了中国现代史上具有标志性的一系列图书，为现代中国的文化建设树立了一座座重要的丰碑。

张元济先生一生以书为中心，毕生从事读书、编书、译书、校书、印书、访书、藏书和著书，为中国文化留下了丰富的遗产。他在一首诗中曾言"昌明教育平生愿，故向书林努力来"。不论是加盟商务印书馆，还是创办合众图书馆，张元济先生均努力行动，勇往直前，践行了自己的人生愿望，是激励我们后辈的学习楷模。在实现中华民族伟大理想"中国梦"的征程中，我们能从张元济先生身上获得精神的力量。作为图书馆人，我们更加感到使命的光荣和责任的重大。我们为此将继续努力！

上海图书馆

2017 年 10 月

目　录

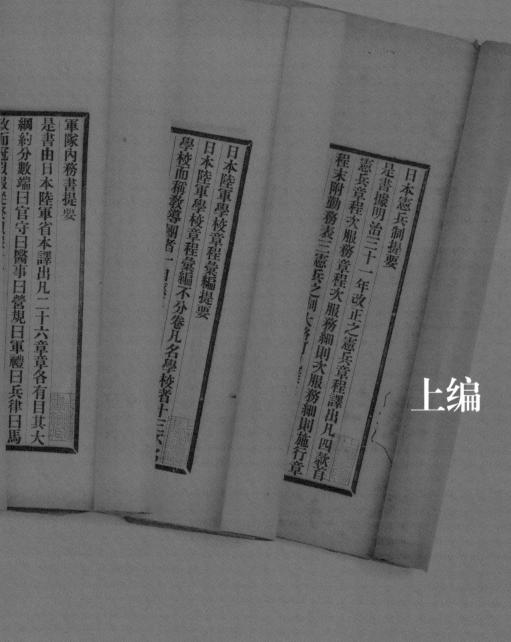

文献图录

上编

一、译书

—— 南洋公学译书院

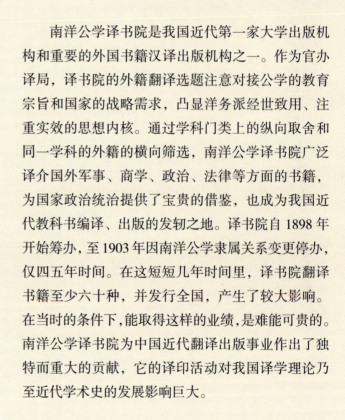

南洋公学译书院是我国近代第一家大学出版机构和重要的外国书籍汉译出版机构之一。作为官办译局，译书院的外籍翻译选题注意对接公学的教育宗旨和国家的战略需求，凸显洋务派经世致用、注重实效的思想内核。通过学科门类上的纵向取舍和同一学科的外籍的横向筛选，南洋公学译书院广泛译介国外军事、商学、政治、法律等方面的书籍，为国家政治统治提供了宝贵的借鉴，也成为我国近代教科书编译、出版的发轫之地。译书院自1898年开始筹办，至1903年因南洋公学隶属关系变更停办，仅四五年时间。在这短短几年时间里，译书院翻译书籍至少六十种，并发行全国，产生了较大影响。在当时的条件下，能取得这样的业绩，是难能可贵的。南洋公学译书院为中国近代翻译出版事业作出了独特而重大的贡献，它的译印活动对我国译学理论乃至近代学术史的发展影响巨大。

译书院筹办之初，并没有一名正式的负责人，由时任南洋公学外文教员的李维格兼管译书院翻译事务。随着译书院业务的发展，亟需既熟悉西文又精通译印之人来主持工作。张元济戊戌维新时期在北京主办通艺学堂，向年轻京官和官家子弟传授西

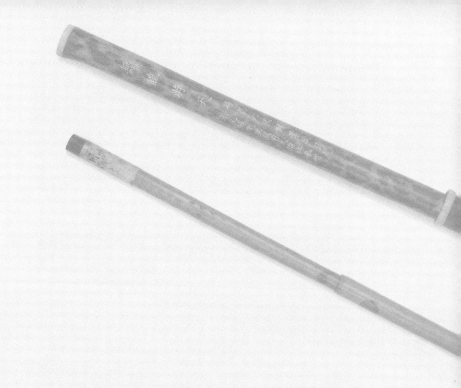

学，在京城有良好声誉，李鸿章、王文韶等大员对他十分赏识。变法失败后，他被"革职永不叙用"，离京南下。1899年，李鸿章的幕僚于式枚借张元济的名条写了封信，转达了李鸿章希望盛宣怀为张元济谋职的愿望。当年三月，盛宣怀通过南洋公学总理何嗣焜聘张元济为译书院总校兼代办院事。

张元济从清政府官员，到后来的民间出版企业商务印书馆的主持人，经历了人生轨迹的大转折，而南洋公学译书院的这段经历，正是前后两段截然不同的人生道路的连接线。张元济的到来为译书院的工作打开了局面。除了聘请中外译员，他更凭借自己在译界的广泛人脉，以外包、买稿等更为灵活的形式为译书院带来了充分的稿源。在院外译者著译出版方面，最为著名的是严复翻译的英国政治经济学家亚当·斯密的名著《原富》（又名《国富论》）一书，该书在南洋公学译书院一经出版，立即引起了社会的巨大反响。

张元济在译书院积累了许多主持编译工作的经验，形成了版权保护意识并付诸实践。由于接触社会和教育实践更多，他的教育思想实现了从英才教育向普及教育的重要转变。他这一教育观上的重大转变，使他投身于规模很小的作坊式的商务印书馆，从事普及教育的最基础的工作——编写初等小学的教科书。可以说，正是存在仅短短四五年时间的南洋公学译书院，孕育了一位推动中国近现代出版、教育事业的文化巨人。

本章从上海图书馆馆藏文献中选取相关档案、信札，以期向读者直观展示张元济是如何主持南洋公学译书院相关事务的，文献的主要来源是馆藏盛宣怀档案、馆藏尺牍等。其中有《严复致张元济手札》，系严复告知张元济自己翻译亚当·斯密的《国富论》已有一年多，但由于诸事繁杂，进度尚未过半；有《张元济名条》，内容即是上文提到的李鸿章将张元济举荐给盛宣怀；有《南洋公学译书院己亥年总报告册》，此报告为张元济所写，汇报了自己担任南洋公学译书院主事的第一年中，译书院在翻译、校阅、印书、送书、售书、存书及经费等方面的情况；有《南洋公学译书院所译书目单》，详列了截至光绪二十七年（1901）八月译书院已出版、已翻译及正翻译的书目详情等。

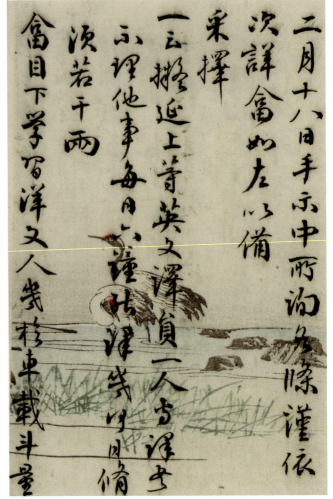

二月十八日手示中所询各条谨依
次详备如左以备
采择
一云拟延上等英文译员一人专译书
示理他事每月六金谨此译书几许以月俸
须若干两
窃目下学习洋文人几经中载斗量

然重数愿皆以使栈深生趣见而为
考索学问政治而後肆力於此者殆不
得见奥中使家及郭旋坡梭擅未必等
窃富人多送子弟往英美为大学徒
肄业者顾其人於中国文学徒二债後
之势招充译手继学问坡而二与用一
两人等耳而以洋务风气宏开两译
中则全为察视

（一）外书译介

1. 严复致张元济手札

1899 年 4 月 5 日

1899 年 4 月 5 日，严复复函，详答张元济 3 月 29 日来函所询各事。其中提到自己翻译亚当·斯密的《国富论》已有一年多，但由于诸事繁杂，进度尚未过半，打算年内完工；并向张元济推荐罗稷臣、伍光建等译者。

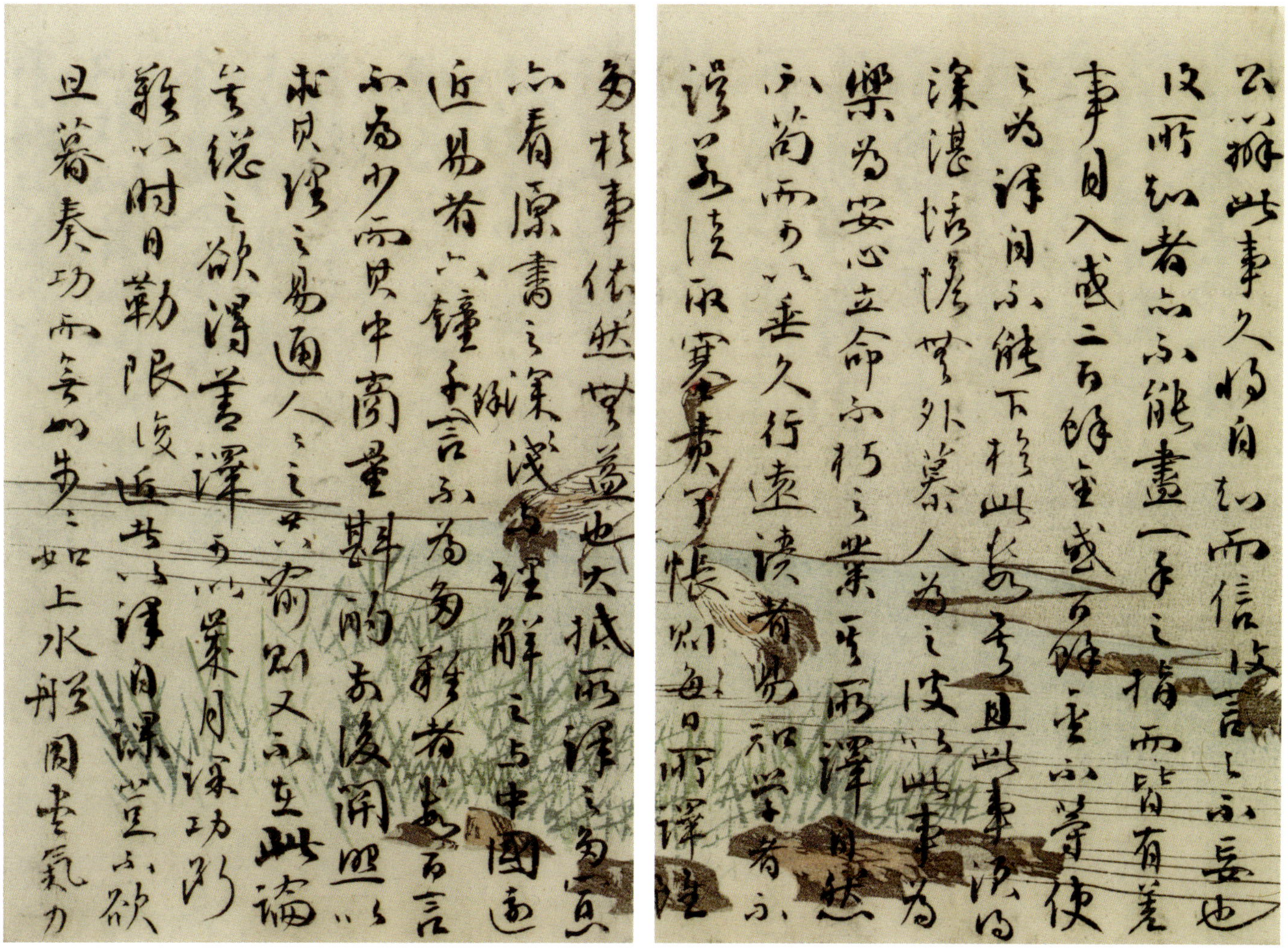

公从此事久明白自知而信收言之不妥也
皮所知者亦不能尽一二之指而皆有差使
事目入或二百馀金或馀金莫使
之为译目不能下稽此长差且此事决...
深湛恬憺其外慕人为之此事为
乐为安心立命不朽之业至两译
之简而以垂久行远读者易知此学者不
浮品读取实责了帐如每日所译...

务于事依然实益也大抵两译之多宜
六看原书之深浅之理解之与中国通
近易者以钟申言不为多难者为百言
不为少而贝中商量斟酌先後开明以
求贝译之易通人之之先寓别又不立此论
无总之欲浮善译所莫月深功彷
難以时日勒限後近此浮堂不欲
且兹奏功而无如步二如上水船
围书气力

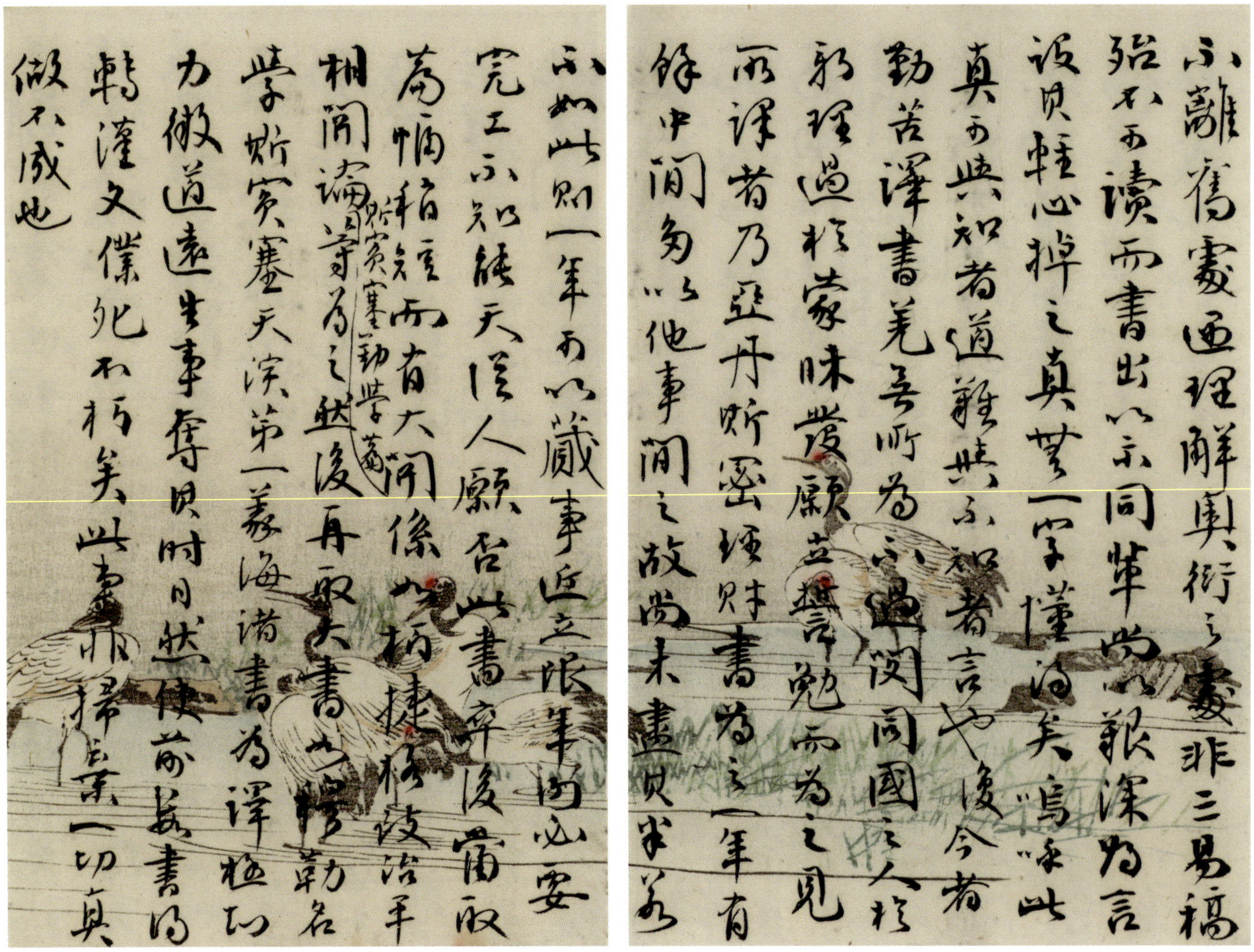

不離舊套匦理辨奧術之意非一易稿
殆不下讀而書出以示同輩當以報深為言
設見輕必掉之真其一字懂過失焉為味此
真可與知者道難與不知者言也後今者
勤苦譯書羌吾所為小過閱同國辟人棧
私琿過於蒙昧羡顧苦懃之見
兩譯者乃亟丹斫密琿則書為之一年有
餘中間匆匆他事閒之故尚未書見出矣

不如此則一年而以藏事近立張筆所必要
完工不知維天淂人願吾此書畢後留取
蓊惆稍查而有大閒係以楠捷於陵浩平
楠間論嘗為之然後再取大書出以修勒
學斯寅塞天濱第一菱海淯書為譯椔如
力做道遠生事尊貝時日然便前長書囘
翰逢文僕死不朽矣此書作掃長葉一切真
做不成也

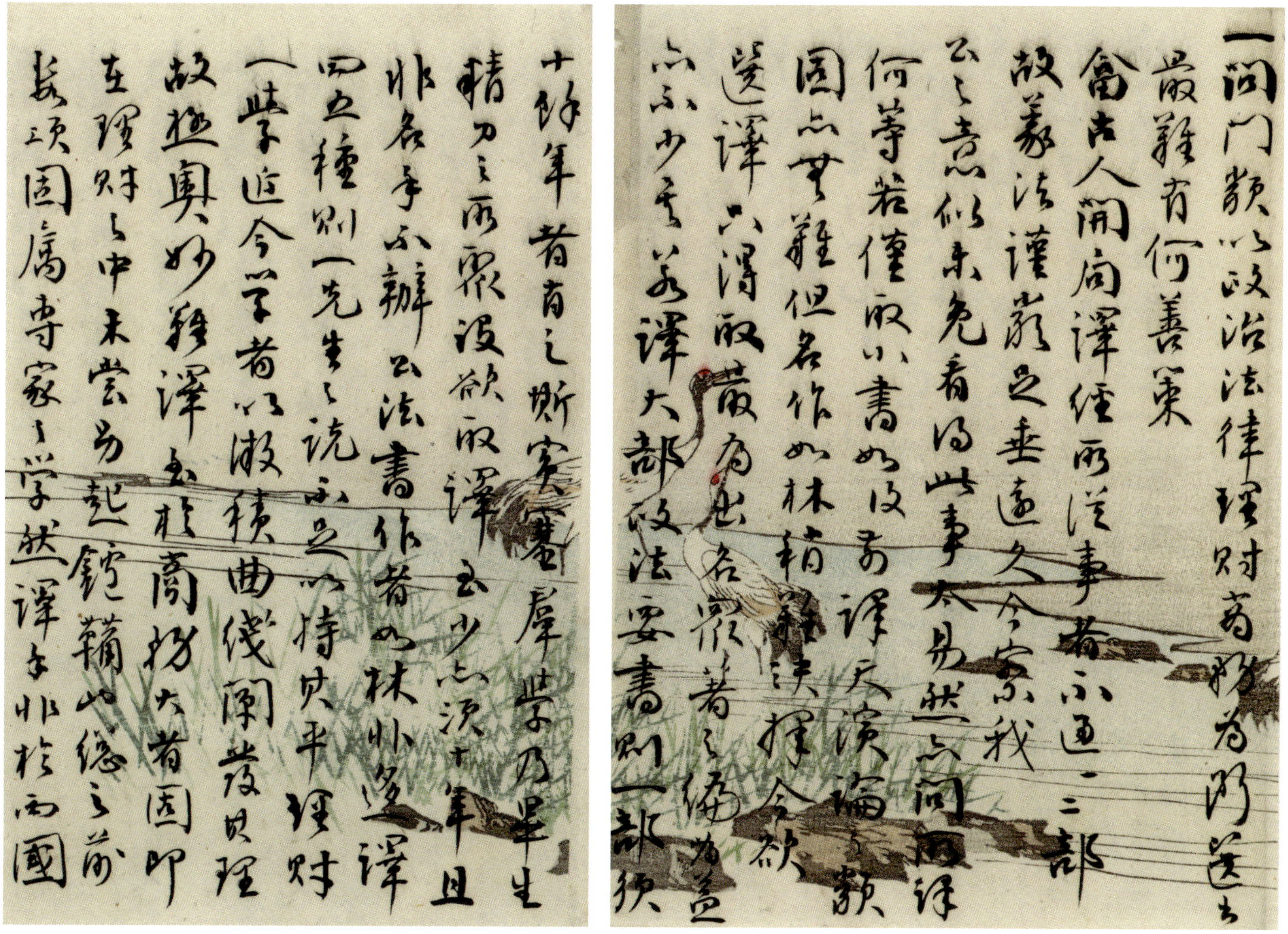

一问西艺以政治法律理财商务为门径其
最难者有何善策
窃闻人间向译经两途事事太易今宗我
公之意似未免看得此事太易然一问西译
何等若僅取小书如林精译天演偏额
国志尚难但名作如林精译决非今欲
送译岂得取彼角也各盈之侪为鱼
六不少之英译大部政法要书则一部须

十馀年者有之斯实著牒学乃卑生
精力之两众没欲取译云少必须十年且
非名手不辦公法书作者如林业遥译
四五种别一先生之说而之必持贝平理对
（此逆今学者以涉猎曲钱阑岁理
故逐奥妙粹译如龙商朽大者国印
左理财之中未尝易起鋑藉此缘之前
长项国属寻家之学然燕译于非于两国

善通諸學經歷一番徉之亦書中語為
何已先睿睿安能使人眂之畢呈璀此天惑
強作解事如有者次冗諸公之澤前國
策如小侫善蓋旦者嘉嘉送書囘吉
難事
公如詩我需修開列一單也
一問擬先澤書門字典

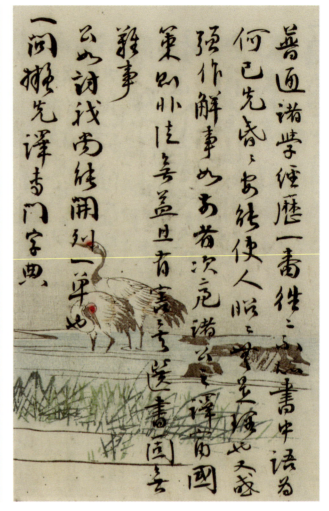

會此事甚難事須而蓋一募盡學思蒙
取嬔備故貝中多冷字澤之行蓋前兄
不如隨澤隨室室後為列一條以後通
用以期（律近問橫濱返澤偶首人
牽及入社記此後正名室羨咱而大眾
熱商室後公用不澤語雜故異此六一
民诸此
一送空中藉發發人色澤澤改勞總枝

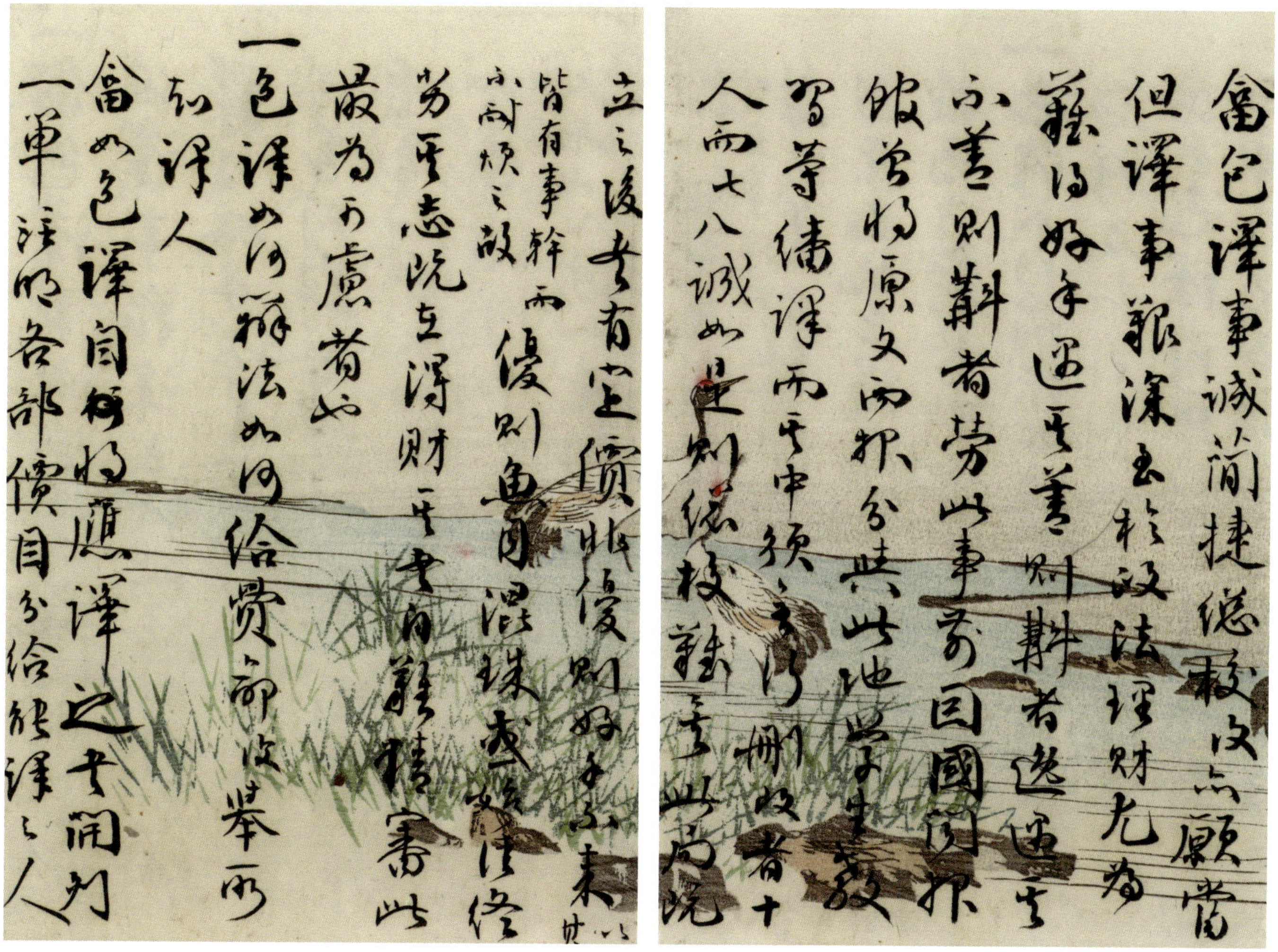

會包譯事誠簡捷總較以点顧當
但譯事報深去於設法理財尤為
難以好手遇至善別辦者勞此事為
小善別辦者勞此事為曰國因邦
飯苦物原文分拆分其地此字十敖
習等繡譯而於中預冊收者十
人而七八誠如是別彼技難至此尚院

立之後女有空價批後別好手不末世
皆有事幹而後別魚日湿珠成收住徑
小剛煩之故
勞平志况立譯財平中内就情審此
最為力虑者此
一包譯如法羅法如何俗賞部收舉而
知譯人
會如包譯自何物顧譯之十開列
一单注明各部價目分给能譯之人

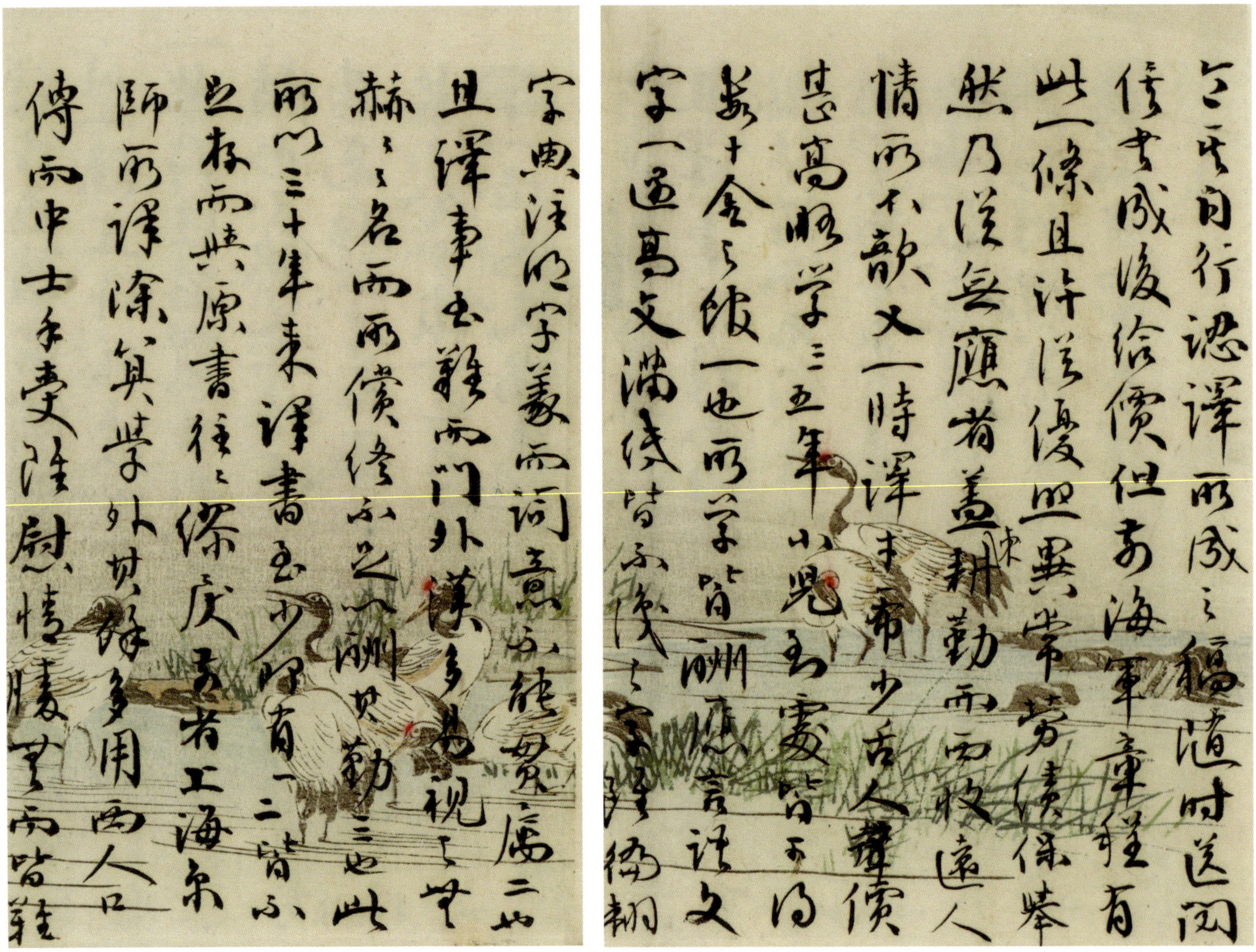

已而自行述译而成之稿随时送阅
修书成後给偿但高海军章程有
此一條且许详优四五其常劳费保奉
然乃送無顾者盖陈勤而收遠人
情而不歇文一時译主希少舌人辈偿
甚高明学三五年小兒云麦皆不同
岁十余之版一世而学皆不後酬应言译文
字一通高文满後皆不後之译偽翔

字典详况字义而词意与德意属二此
且译事去難而门外漢多忽视之世
赫赫之名而偿隆不之之测贝勤二也此
而四三十年来译书亦必好有一二皆不
此存而與原书往之條庆高者工海尔
師而译涂其坐外贺辞多用西人口
傅而中士手爱涟尉情腰重而皆鞋

语上来者玉於瀾人而郑译手则有
罗稷臣〔英〕伍昭辰〔英〕陈荔如流文魏李潘文
前罗伍两公汇书皆于译两汉文云面
達陈文字稍施皆魏稍撰译主修
次等译手北地方宽四上不能易也本闻
见犹陋两中海上人士渊孰咸有两
不识者
公自物色之然月向某服宏開末

以上就　公而垂询者作此告云作墨尚
译者竦然以此两见实呈如此耳如使
尊恉然以此两见实呈如此耳如使
收专由此向则作法圆如故
公不同大抵仿四晋唐人译佛佳辨新法通
国文者必将精選圆不左多即使但得二三人
心而與办外則潤文通前如郑藻禽龙吴

乐中匆匆译稿而寫不外附事乃五取易
不之垂久耳

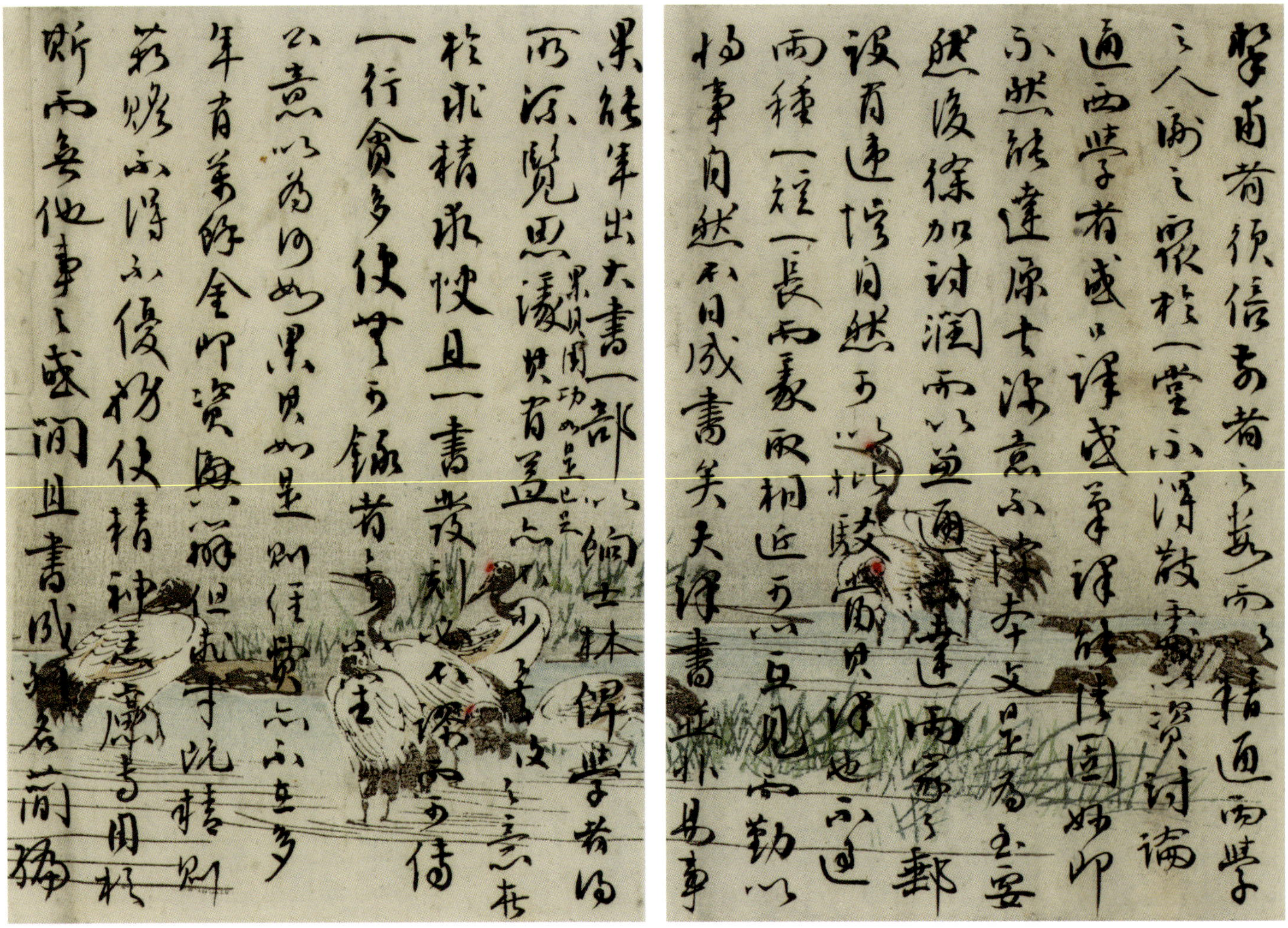

杏荪先生大人赐鉴前月二十三日接奉

瑶函敬悉一切承

示分咨各省通饬各营学堂购阅译院各书俾广流传以资周转

仰见我

公嘉惠军人维持译政钦佩何极院译各书前曾刊刻一表惟近译本

有未列入者现已重印往返校勘致稽时日兹寄呈五百纸即乞

誉收粤督索书是否由敝处径寄祗候

示遵

2. 张元济致盛宣怀函

[1900 年] 4 月 29 日

南洋公学译书院翻译外书的选材与洋务派的政治革新及国家的战略需求有密切联系。盛宣怀将练兵之要、理财之要、育才之要视为变法自强三大计，所以译书院所译书目以兵书、商律、教科书为主。张元济在此函中主要提及日文书的翻译所成、英文商律翻译人才的难寻、严复翻译《原富》的进展等。

屬譯英國商律誠為今日急務自當遵

諭即行舉辦惟念譯才難得專家更稀若事不求真甚皋

厚意商諸　梅翁亦謂此事目下無從措手必不得已祇可仍以東文

書籍為之權輿現議增聘一日人之通高學者來院如兵學例商訂

門類以次逐譯惟得人不易尚須譯細諏訪耳　所擬辦法是否有當

尚求

指示嚴又翁所譯原富發揮新理深切著明三百年來泰西各國商

務之盛無不導源於此果能融會貫通豈特睥睨桑孔月前

又翁適以事來滬已將

尊意轉達據稱現譯第二十冊尚餘四冊及序例本傳三四月內如無人

事相擾夏秋之際當可觀成鄙意擬趕於年內出書尚不知能

如願否也香港胡君自去秋七月經鄭陶翁覆詢後本無回音仁

和葉君入春後即經停辦茲承

諭屬合併附陳新印步兵操典萬國通商史即日可以成書容再

寄奉肅泐布復敬頌

勛祺

張元濟拜上　四月一日

表格名称：南洋公學譯書院所譯書目表

書名	譯校狀況	原文	冊數	售價（不折不扣）
日東軍政要略		日本	二	三角
戰術學		日本		五角
作戰糧食給養法		日本	四	五角
軍隊內務書		日本	一	一角五分
美國陸軍制		英	一	一角五分
日本軍隊給與法		日本	一	一角
陸軍教育摘要		日本	一	一角
日本陸軍學校章程彙編		日本	四	七角
日本憲兵制		日本	二	二角五分
步兵操典		日本	二	一角五分
步兵射擊教範	現印未成	日本	二	三角五分
野外要務令	譯成現校	日本	四	
射擊學教程	現譯過半	日本	二	
支那教案論		英	一	一角五分
萬國通商史	譯成現校	日本	一	一角五分
步兵各個教練書	譯成現校	日本		
步兵部隊教練書	現譯未成	日本		
亞丹斯密原富	現譯未成	英		
泰西各國水陸商政比例通議	法校畢現請人復校	法	四	
英律釋義	現校	英	二	
騎兵操典	選定未譯	日本		
野戰礮兵操典	同上	日本		

3. 南洋公学译书院所译书目表

[1900 年]

此件为上一件的附件，反映了当时译书院的翻译、出版成果及成书的售价。

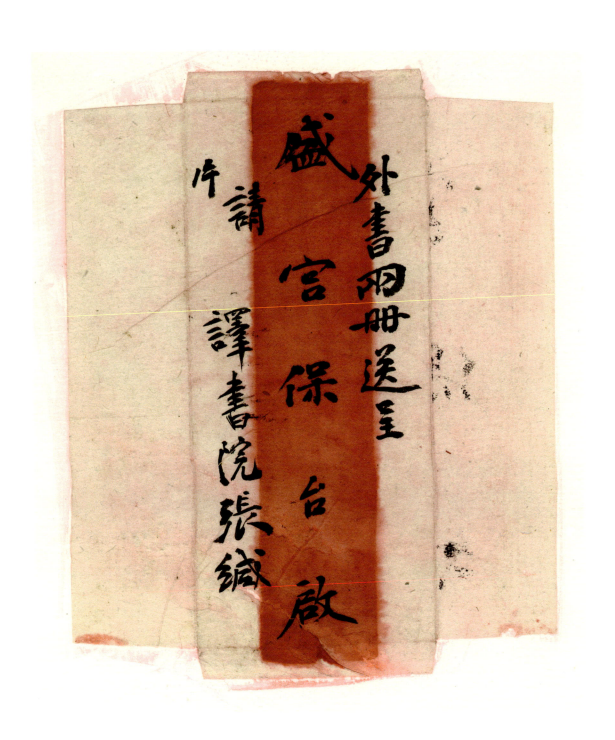

4. 张元济致盛宣怀

[1900 年] 5 月 17 日

译书院受委托翻译日本矿律，选定了后藤本马所著的《矿山法典》，注释托罗振玉派人录出。随函附该书校样两册，呈盛宣怀览。

香涛宫保大人惠鉴：前
委查本镇律当选定日本
陆军藤本岛君所著《镇山法典》注释
派罗外藉见派人详出原因正校雠
录成清本庙涯怎
台览专此致治
录
劝安
制张章岭
四月十六日

并况在镇律极闻察
寄呈将引将以稿付行
荷隆以俾盾事务报
念佛陆坊

南洋公學譯書院所譯書目

已印

日東軍政要略	日本陸軍經理學校本
戰術學	日本士官學校本
日本軍隊給與法	摘陸軍經理學校本 日本軍規類纂成本
軍隊內務書	日本陸軍省本
野外要務令	日本陸軍省本
作戰糧食給養法	日本陸軍經理學校本
日本憲兵制	日本憲兵章程本
日本陸軍學校章程彙編	日本陸軍省本
陸軍教育摘要	日本陸軍省本
美國陸軍制	美國本
步兵操典	日本陸軍省本
步兵射擊教範	日本陸軍省本
支那教案論	英克宓著
萬國通商史	日本經濟雜誌社本 米誌士爾瓊譯
步兵各個教練書	日本陸軍教育會事本

已譯

步兵工作教範	日本陸軍省本
步兵射擊教練書圖	日本戶山學校本
步兵部隊教練書	日本戶山學校本
步兵斥候論	日本陸軍教導團本
騎兵斥候答問	日本陸軍教導團本
射擊學教程	日本戶山學校本
築城學	日本戶山學校本
科學教育學講義	日本富谷本著
教育制度	日本寺田勇吉著
商業實務志	日本木佐夫信夫著
歐洲各國水陸通議	商政比例 康有為筆 法國楞本
意大利獨立戰史	日本澀江保著
美利堅獨立戰史	日本井上廣吉著
原富	英國亞丹斯密著 甲乙丙已印
英國商務提要	英國納花著

現譯

列國史	仿中學校英文課本編輯譯
教育法程	法國里盎本著
政羣源流考	美國爾廷著
社會統計學	美國吳文本 章聽譯
英國文明史	英國克爾著 白譯本
商業開化史	日本助本 園器資本 英田澤田持著
商業博物志	日本省本文部
經濟學評論	日本地著 六三郎持
日本法規大全	日本內義章 川編義本
格致讀本	英國爾 第一冊已印本
選定待譯	
英國憲法史	英國松平著 日本康本
萬國政治歷史	日本山寬本文 耶爾著 下
商業工藝史	日本文部省本
東洋貿易地理	日本野耕造永著

近人譯書多先登報布告，逐譯多種，校印需時，未盡出版。先刊查此目以代廣告。本院與代辦有年，免致複刊。

光緒二十七年八月譯書院謹白

5. 南洋公学译书院所译书目单

1901 年 9 月

1901 年秋，译书院登报公布该院已出版、已翻译及正翻译的书目详情，以免别家重复翻译。

譯日本法規大全敘言

吾國變法之議胚胎於甲午萌蘗於戊戌發表於辛

丑履行於兩午朝野上下孜孜焉喁喁焉其機沛然

莫之能禦蓋當時為之也夫法不徒變耳在得人法不

自變尤在得師舍舊而圖新玄害而興利審己所短

而用人所長師乎師乎宜莫吾東隣若矣宣懷裹督

南洋公學時奏設譯書院以張君元濟董其事即創

譯是書附片上

聞冀以供

朝廷取裁士民研究陰為變法之預備成書什八鉛

槧中輒忽忽數載重惜斯業之未竟方就張君謀賡

續而君已毅然引為己任延訂專家分門纂輯計謁

二祺之刀靡鉅萬之款荼逢今歲八月預備立憲

綸音渙汗而是書適通☐其時告成官懷受而讀之見

夫憲法官制財政教育武備巡警農商工藝諸大端

沿革舉廢燦焉畢陳美矣求之於古則周官三

百六十屬之支流徵之於今則吾國

聖訓會典則例諸宏編之參致焉書也張君此舉其餉

6. 《日本法规大全》叙言

1907 年 1 月

《日本法规大全》，是一部汉译日本当时所有法律规范的作品，这些规范是日本明治维新时期"殖产兴业"政策的立法反映，也成为中国清末相关立法的蓝本。张元济主持译书院后，与南洋公学总理沈曾植合意提出翻译《日本法规大全》，获盛宣怀允准后即着手进行。1904 年，商务印书馆主人夏瑞芳也参与此事。至1907 年，《日本法规大全》终于面世。此书序言为盛宣怀所撰。

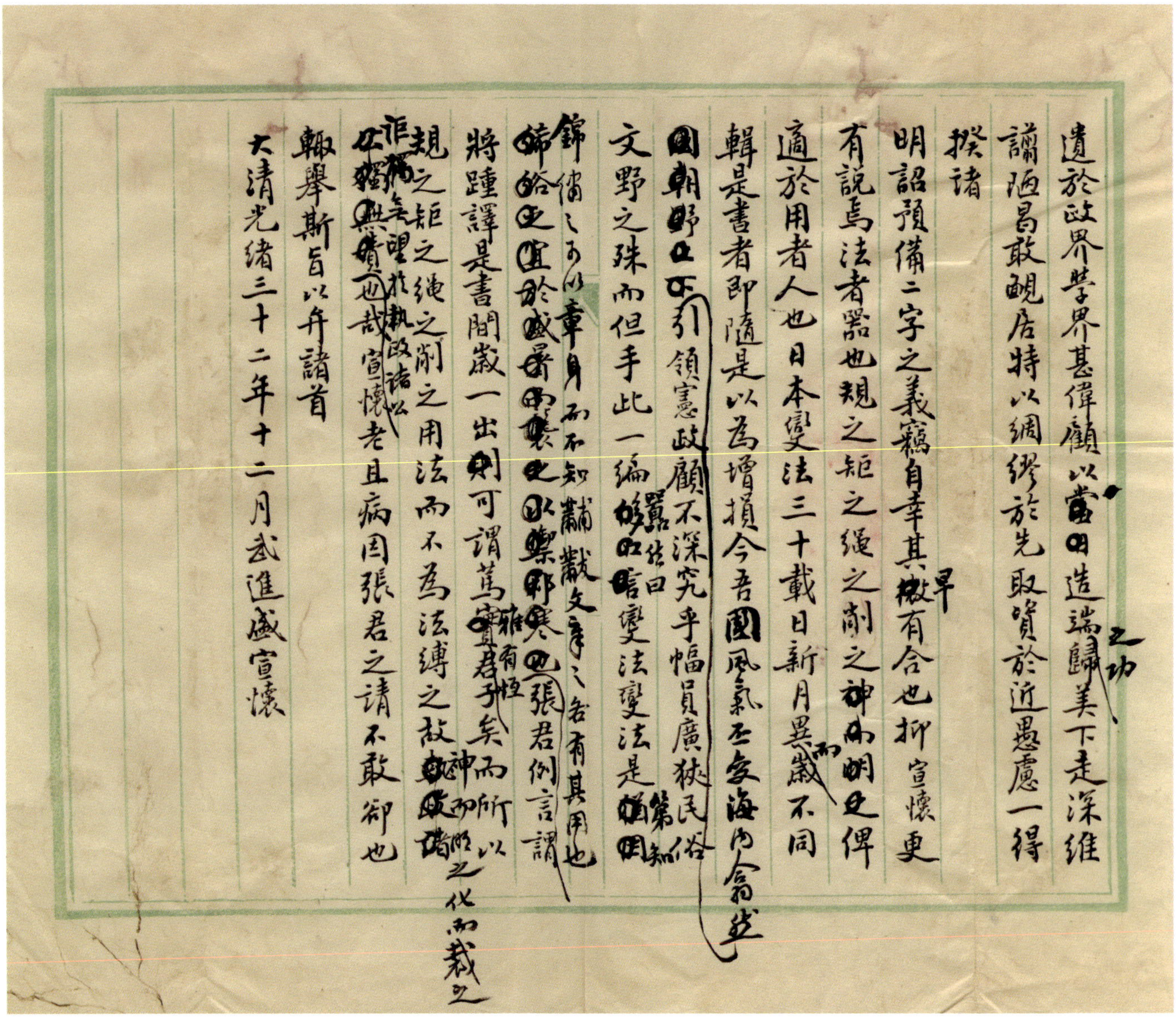

遺於政界學界甚偉顧以當日造端歸美下走之功深維
譾陋曷敢覥居特以綢繆於先取資於近愚慮一得
揆諸
明詔預備二字之義竊自幸其早微有合也抑宣懷更
有說焉法者器也規之矩之繩之削之神而明之俾
適於用者人也日本變法三十載日新月異而歲不同
輯是書者即隨是以為增損今吾國風氣丕變海內翕然
國朝野上下引領憲政顧不深究乎幅員廣狹民俗
文野之殊而但手此一編嚚嚚然曰變法變法是猶閉
錦備之不以章身而不知黼黻文章之各有其用也
締綌之宜於盛暑而襲之以禦冰雪也張君例言謂
將踵譯是書間歲一出則可謂篤實君子矣而所以
規之矩之繩之削之用法而不為法縛之故神而明之化而裁之
作者無責也哉宣懷老且病因張君之請不敢卻也
輒舉斯旨以弁諸首
大清光緒三十二年十二月武進盛宣懷

（二）译院庶务

1. 张元济名条

[1899 年]

1899 年，李鸿章的幕僚于式枚借张元济的名条写了封信，转达了李鸿章希望盛宣怀为张元济谋职的愿望。因南洋公学译书院缺乏熟悉西文、精通印译之人主事，当年三月，盛宣怀通过南洋公学总理何嗣焜聘张元济为译书院总校兼代办院事。

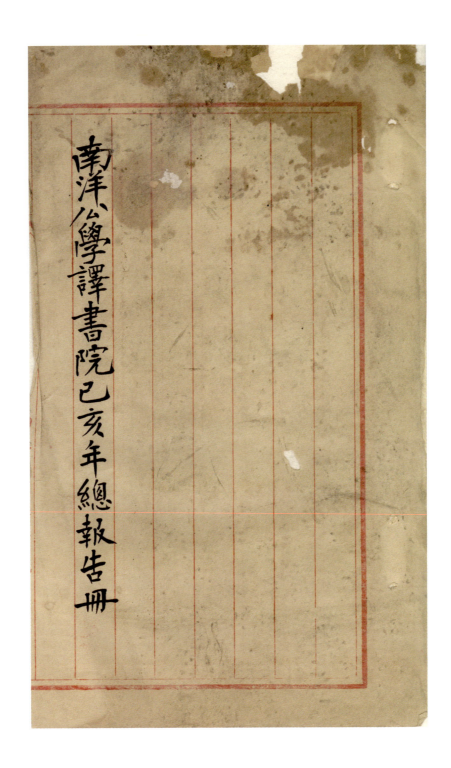

2. 南洋公学译书院己亥年总报告册

1899 年

1899 年 3 月，张元济任南洋公学译书院总校兼代办院事，年末，他将译书院从
三月以来的各项事务汇成年报，详述译书院在翻译、校阅、印书、送书、售书、
存书及经费等方面的情况。

今年三月元濟受命入院任總校兼代辦院事力小

任重愧未盡職今屆歲終例有年報爰綜所歷揭敘

如左並附清帳以備參核

　繕譯

細田於三月初譯戰術學畢接譯日本憲法及會計章程

未又譯租稅章程甫成二十八頁即以合同限滿返國盧

子翁於五月中旬到院竊喜其精通中日文字且有月五

萬言之約以為成書必速不意至八月始成陸軍教育摘

要一書接譯野外要務令自八月至今共交稿一百七頁

亦僅得全書十分之四耳蓴翁所譯除改補零件不計

外共成日本陸軍學校章程彙編四冊日本憲兵制一冊

步兵操典三冊綜計功課自為最多至搜輯訂正則惟稻

村是賴其於日本陸軍學校章程彙編一書尤為致力惟

聞盧子翁明年有他就之意稻村合同又經參謀部改為

一年明年九月則繕譯一事均宜預先籌度庶免延悞

包譯較易見功然香港胡君禮垣經鄭陶齋觀察復信後

上海图书馆藏张元济文献及研究　上编　文献图录

近無回音葉君浩吾承譯日本租稅章程譯筆欠佳脫稿
之後似難接辦現稻村薦住滬日人山根可以勝任擬明
正即與定議
本年賟買譯稿唯原富價昂而譯筆亦獨精審如此文字
此後恐不易多得至萬國通商史日本近政史則無凡殊
甚尚宜大加刪潤也
　校閱
本年印書十種除日東軍政要略外均經　元濟　再四校核

不敢草率從事鄭孟二君襄助一切尤為可感惟院中積
稿尚多鄭桿翁現在專校印稿孟蒪翁譯筆漸進可以改
任繙譯故明年祇可添聘分校一人以免延擱
　印書
滬上印書目以商務印書舘為最惟辦理不免遲滯自八
月改由鄭桿翁專校印稿並隨時督催後稍見迅速美華
書舘工作亦佳惟墨守教規不肯承印兵書且言明出書
甚遲故雖有他書未與商辦

24

售書

本年印書共約用銀一千零二十乞兩售價僅收回五十

七兩九錢五分雖戰術學以下九種均於十一月始行發

售然總由於滯銷之故將來或廣登告白現在祇在中外

或添寄售處所有三家庶可期銷路漸旺然總不如官銷

各省學堂及各營之較為整速也

經費

自三月至十二月由本院支出實銀五千八百六十九兩

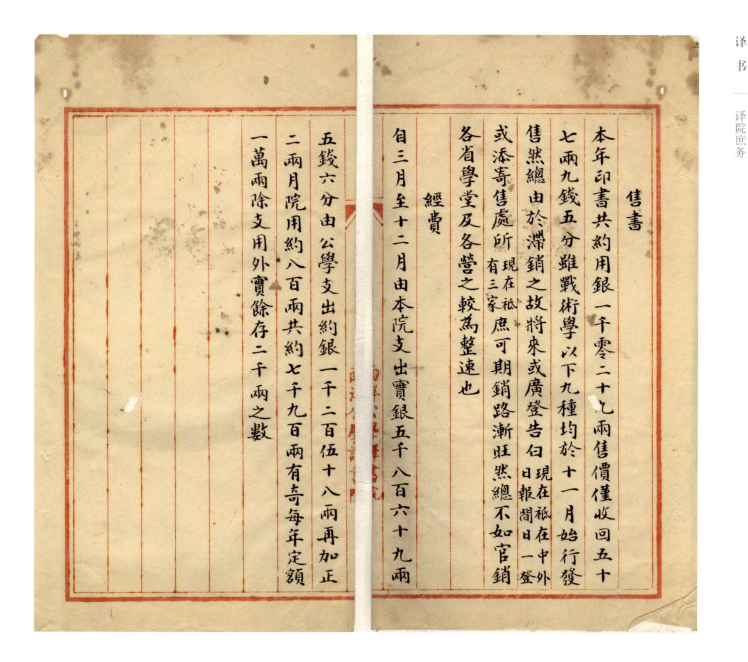

五錢六分由公學支出約銀一千二百五十八兩再加正

二兩月院用約八百兩共約七千九百兩有奇每年定額

一萬兩除支用外實餘存二千兩之數

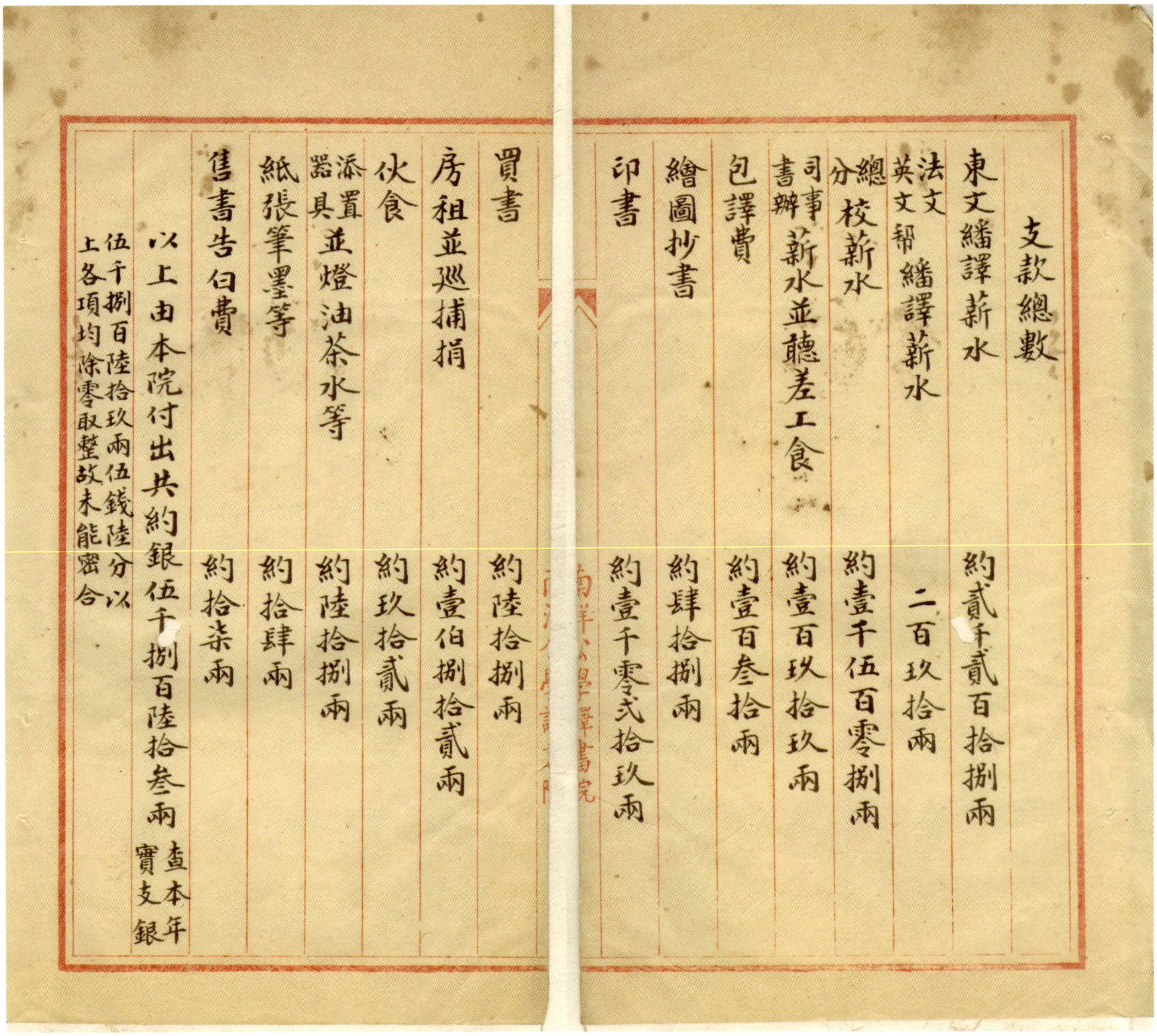

支款總數

東文繙譯薪水　約貳千貳百拾捌兩

法文繙譯薪水
英文帮繙譯薪水　二百玖拾兩

總校薪水　約壹千伍百零捌兩

分校薪水　約壹百玖拾玖兩

司事書辦薪水並聽差工食　約壹百叁拾兩

包譯費　約壹百...兩

繪圖抄書　約肆拾捌兩

印書　約壹千零貳拾玖兩

買書　約陸拾捌兩

房租並巡捕捐　約壹伯捌拾貳兩

伙食　約玖拾貳兩

器具添置並燈油茶水等　約陸拾捌兩

紙張筆墨等　約拾肆兩

售書告白費　約拾柒兩　畫本年實支銀

以上由本院付出共約銀伍千捌百陸拾叁兩
伍千捌百陸拾玖兩伍錢陸分以
上各項均除零取整故未能密合

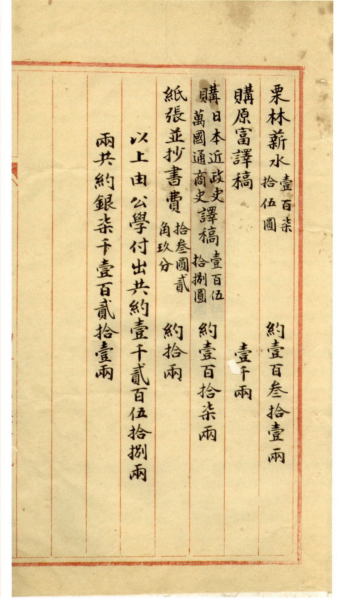

栗林薪水　壹百柒拾伍圓　　　　　約壹百叁拾壹兩

購原富譯稿　　　　　　　　壹千兩

購日本近政史譯稿壹百伍　　約壹百拾柒兩
萬國通商史譯稿拾捌圓

紙張並抄書費　拾叁圓貳　　約拾兩
角玖分

以上由公學付出共約壹千貳百伍拾捌兩

兩共約銀柒千壹百貳拾壹兩

收款總數

公學撥付　　　　　　　　陸千零肆拾兩

售書價　七十七元　　　伍拾柒兩玖錢伍分
六角六分

共收銀陸千玖拾七兩玖錢伍分

除實支銀伍千捌百陸拾玖兩伍錢陸分

應存銀貳百貳拾捌兩叁錢玖分

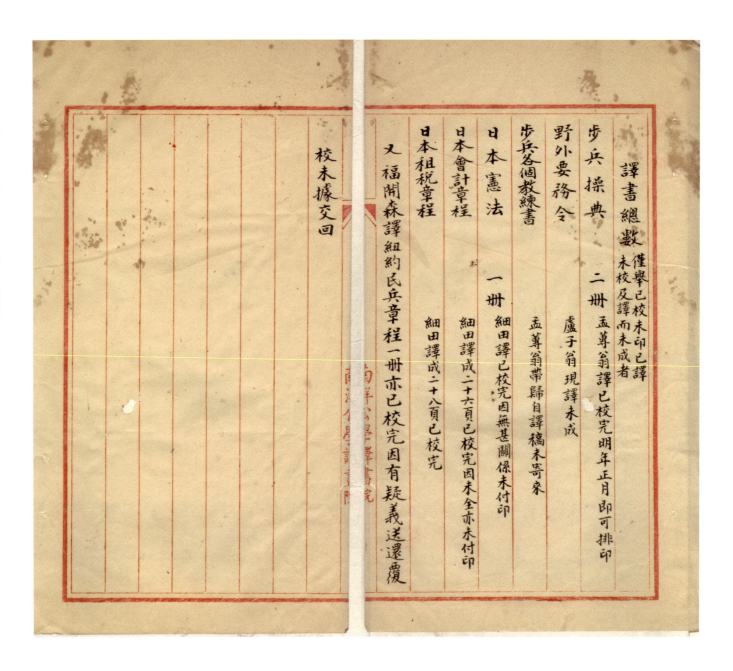

譯書總數　催舉已校未印已譯

未校及譯而未成者

步兵操典　　二冊　孟尊翁譯已校完明年正月即可排印

野外要務令　盧子翁現譯未成

步兵各個教練書　孟尊翁帶歸自譯稿未寄來

日本憲法　　一冊　細田譯已校完因無甚關係未付印

日本會計章程　細田譯成二十六頁已校完因未全亦未付印

日本租稅章程　細田譯成二十八頁已校完

又福開森譯紐約民兵章程一冊亦已校完因有疑義送還覆

校未據交回

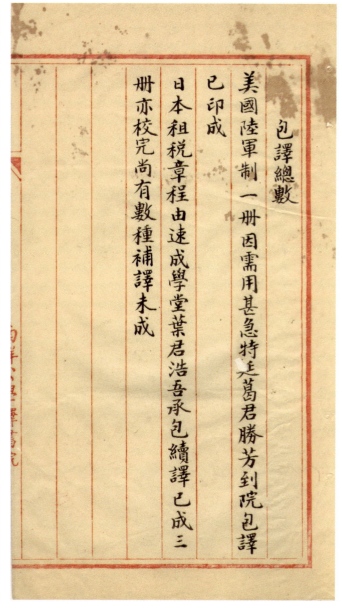

包譯總數

美國陸軍制 一冊因需用甚急特是葛君勝芳到院包譯
已印成

日本租稅章程由速成學堂葉君浩吾承包續譯已成三
冊亦校完尚有數種補譯未成

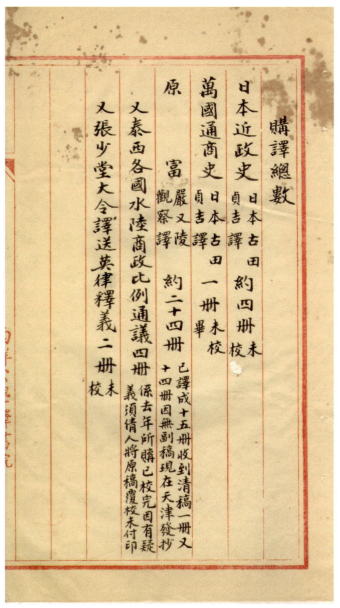

購譯總數

日本近政史 日本古田
貞吉譯 約四冊未
校

萬國通商史 日本古田
貞吉譯 一冊未校

原 富 嚴又陵
觀察譯 約二十四冊 已譯成十五冊收到清稿一冊又
十四冊因無副稿現在天津發抄

又泰西各國水陸商政比例通議四冊 係去年所購已校完因有疑
義須倩人將原稿覆校未付印

又張少堂大令譯送英律釋義二冊校未

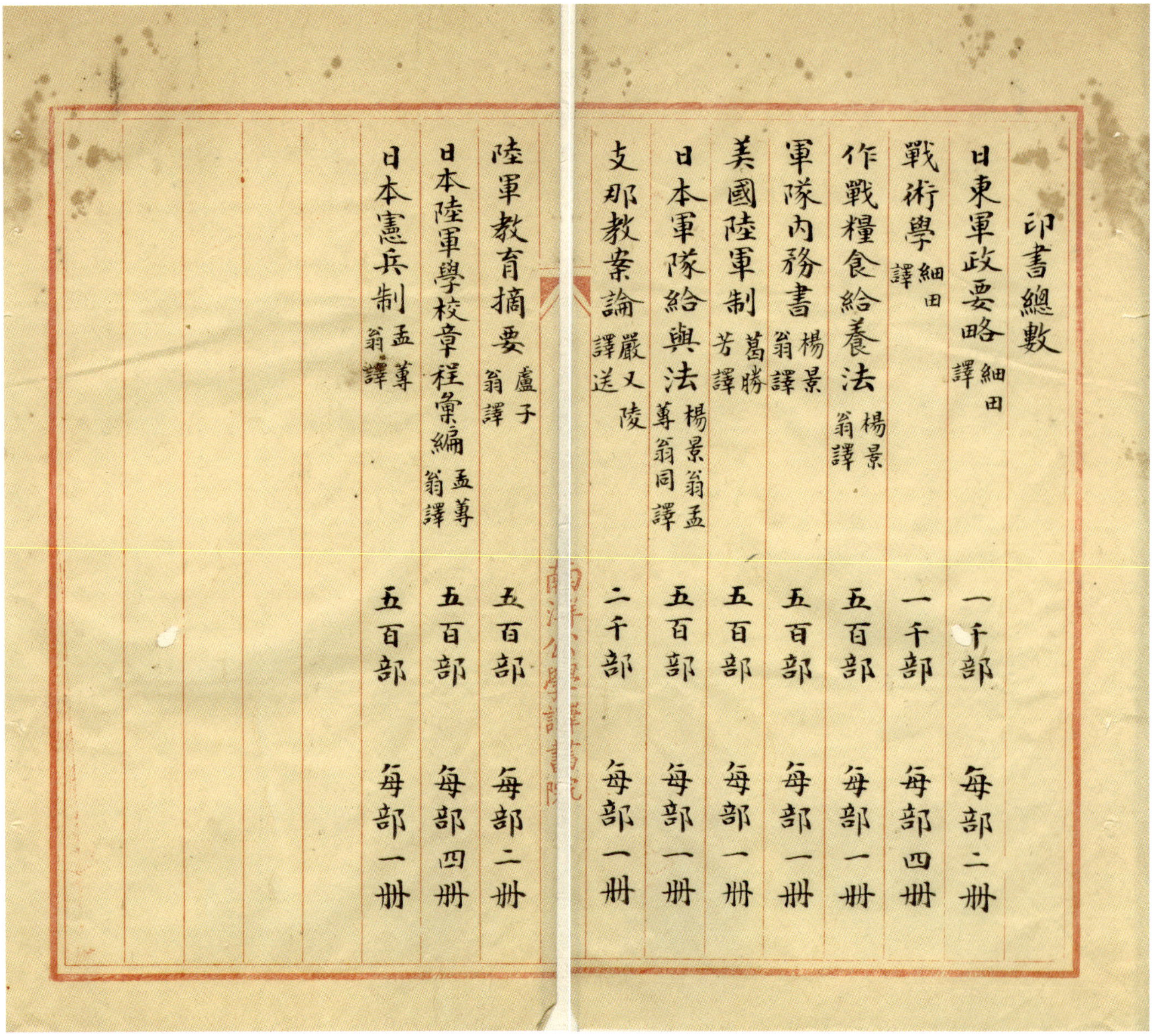

印書總數

日東軍政要略（細田譯）　一千部　每部二冊

戰術學（細田譯）　一千部　每部四冊

作戰糧食給養法（楊景翁譯）　五百部　每部一冊

軍隊內務書（楊景翁譯）　五百部　每部一冊

美國陸軍制（芳譯）　五百部　每部一冊

日本軍隊給與法（楊景翁孟翁同譯）　五百部　每部一冊

支那教案論（嚴又陵譯送）　二千部　每部一冊

陸軍教育摘要（盧子翁譯）　五百部　每部二冊

日本陸軍學校章程彙編（孟翁譯）　五百部　每部四冊

日本憲兵制（翁譯）　五百部　每部一冊

送書總數

日東軍政要略　尊處一部又取一百部　梅翁一部又取一部　公學
　二部　稻村一部　細田一部因乞增又續送四部
　張盧孟取三部　每人
　以一部為限不取者聽　　　　　　　　　共一百十四部

戰　術　學　三
　部　　尊處一部又取一百部　梅翁一部又取一部　公學
　二部　稻村一部　細田四部去時面乞　張盧孟取
　　　　　　　　　　　　　　　　　　共一百十三部

作戰糧食給養法　寄尊處二十部　梅翁一部　張孟取一部
　公學二部　稻村一部　張孟取二部　共二十七部

軍隊內務書　寄尊處二十部　梅翁一部　公學
　二部　稻村一部　張孟取二部　共二十六部

美國陸軍制　寄尊處二十部　梅翁一部　公學
　二部　稻村一部　張孟取二部　共二十六部

日本軍隊給與法　寄尊處二十部　梅翁一部　公學
　二部　稻村一部　張孟取二部　共二十六部

支那教案論　寄尊處二十部　梅翁一部　張盧孟取三部
　二部　稻村一部　公學　　共二十七部

陸軍教育摘要　寄尊處二十部　梅翁一部　公學
　二部　稻村一部　張盧孟取三部　共二十七部

陸軍學校章程　寄尊處四部　梅翁一部　公學二部　稻村一部
　　　　　　　　　　　　　　　共八部

日本憲兵制　寄尊處四部　梅翁一部
　公學二部　稻村一部　共八部

售書總數

日東軍政要略　　　　　　　　共四十九部

戰術學　　　　　　　　　　　共九十部

作戰糧食給養法　　　　　　　共三十六部

軍隊內務書　　　　　　　　　共三十一部

美國陸軍制　　　　　　　　　共二十六部

日本軍隊給與法　　　　　　　共二十九部

支那教案論　　　　　　　　　共五十七部

陸軍教育摘要　　　　　　　　共十五部

日本陸軍學校章程彙編　　　　無

日本憲兵制　　　　　　　　　無

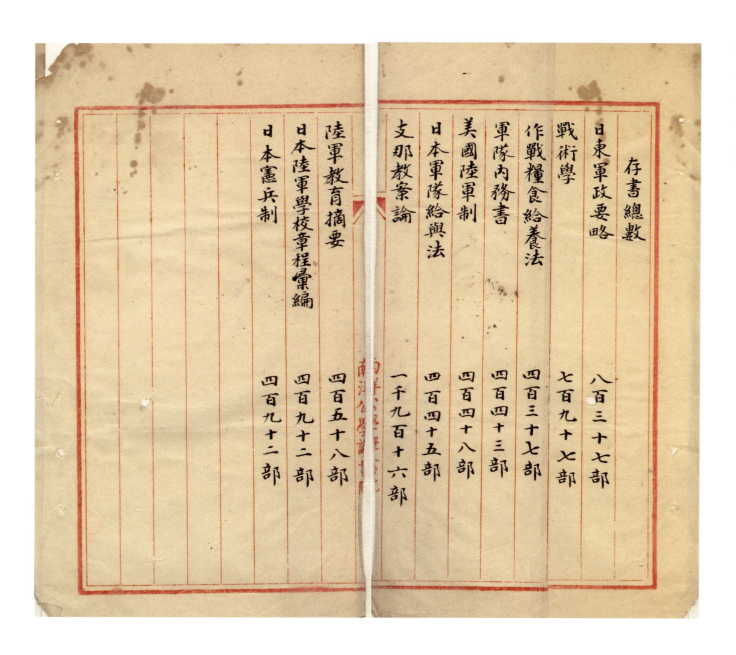

存書總數

日東軍政要略　八百三十七部

戰術學　七百九十七部

作戰糧食給養法　四百三十七部

軍隊內務書　四百四十三部

美國陸軍制　四百四十八部

日本軍隊給與法　四百四十五部

支那教案論　一千九百十六部

陸軍教育摘要　四百五十八部

日本陸軍學校章程彙編　四百九十二部

日本憲兵制　四百九十二部

杏蓀先生大人賜鑒聞

台從近滬昨晨趨謁未獲聆

教至爲悵惘今年續成新書兩種前次未及寄

京兹特奉呈

台覽需用遵

示續呈晩隔半載亟欲面聆

雅誨可否示期接見臨穎無任瞻企敬頌

勛祺

　張元濟謹啟　二十日

外書壺面呈

盛大人台啟

譯書院張緘

3. 张元济致盛宣怀函

1900 年 5 月 18 日

此函表达了张元济希望谒见盛宣怀的心情，并随函附赠译书院新出译著两种。

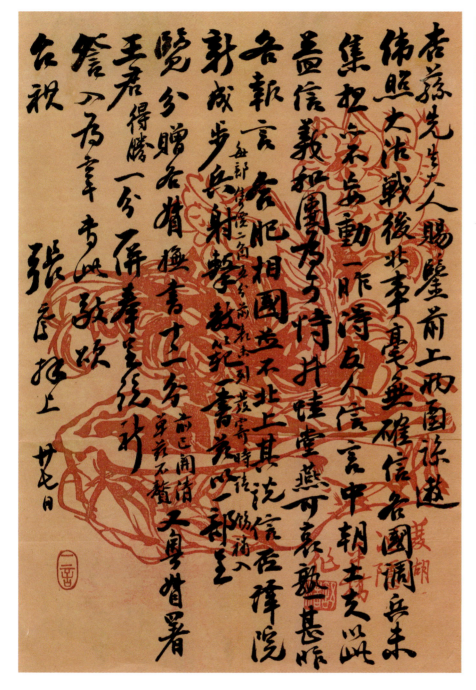

4. 张元济致盛宣怀函

[1900 年]

1900 年,八国联军攻陷天津大沽口,张元济致函盛宣怀,询问政局走向。随函附赠译书院新出《步兵射击教范》一书,并请盛宣怀将书转送各省督抚。

5. 张元济致盛宣怀函（残）

[1900 年]

南洋公学译书院成立之初，首先聘请的译员是日本人士，这和所译书籍多为日文书籍有关。1898 年 11 月，经日本驻上海总领事小田切万寿之助的推荐，盛宣怀聘请日本陆军大尉稻村新六为南洋公学译书院翻译兵书顾问。此函残存内容主要反映稻村新六的聘用合同已到期，与译书院完成了离职交接工作。

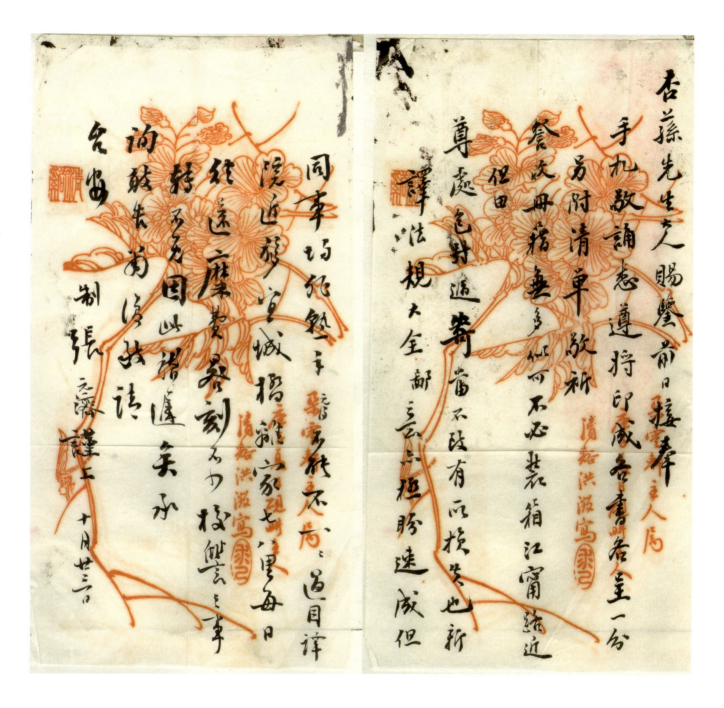

6. 张元济致盛宣怀函

[1902 年] 11 月 22 日

张元济在函中解释了《日本法规大全》翻译迟缓的原因，随函赠送了译书院所
出各书二十种，并附书目清单。

37

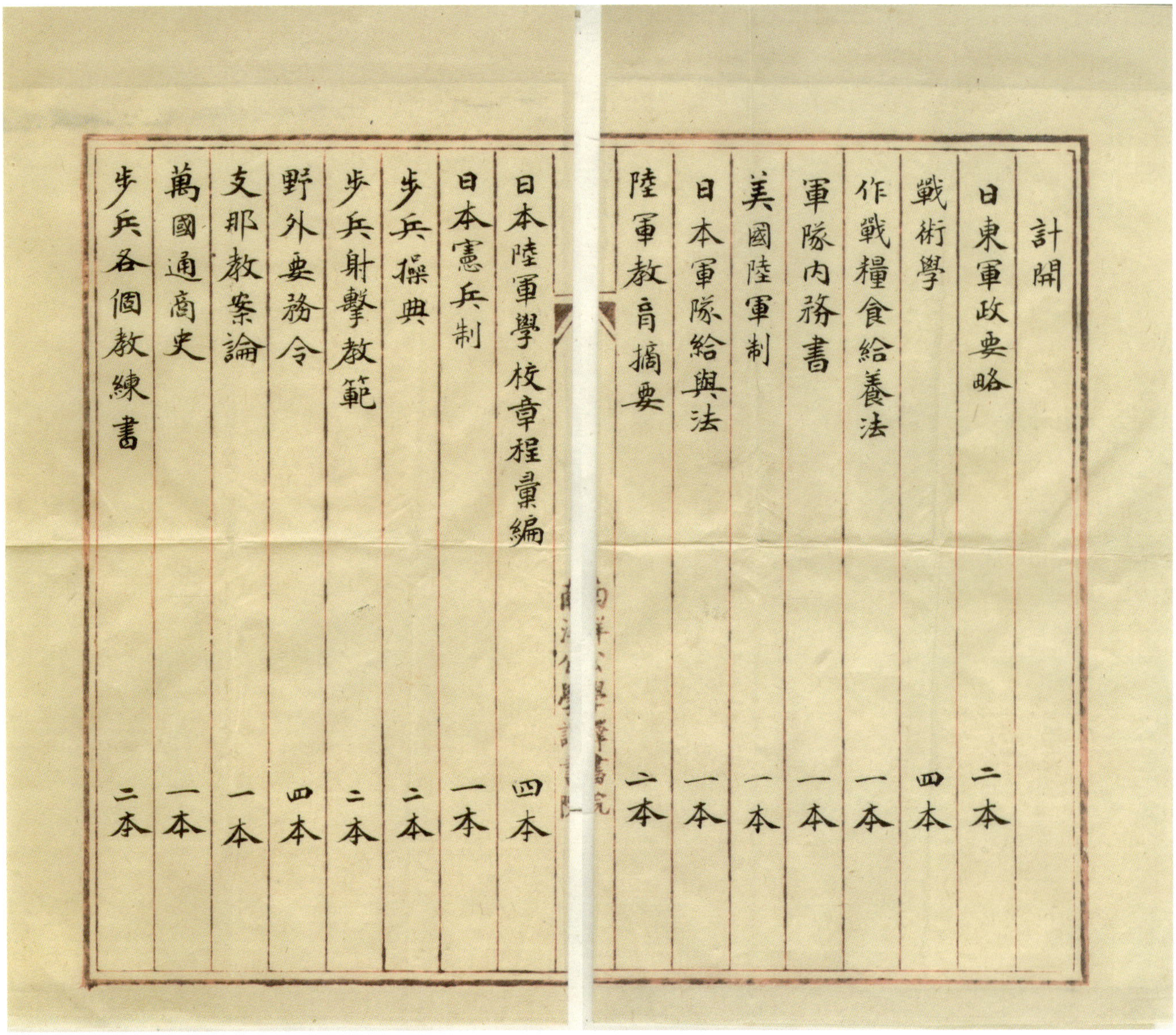

計開

日東軍政要略　　　　　　　　二本

戰術學　　　　　　　　　　　四本

作戰糧食給養法　　　　　　　一本

軍隊内務書　　　　　　　　　一本

美國陸軍制　　　　　　　　　一本

日本軍隊給與法　　　　　　　一本

陸軍教育摘要　　　　　　　　二本

日本陸軍學校章程彙編　　　　四本

日本憲兵制　　　　　　　　　一本

步兵操典　　　　　　　　　　二本

步兵射擊教範　　　　　　　　二本

野外要務令　　　　　　　　　四本

支那教案論　　　　　　　　　一本

萬國通商史　　　　　　　　　一本

步兵各個教練書　　　　　　　二本

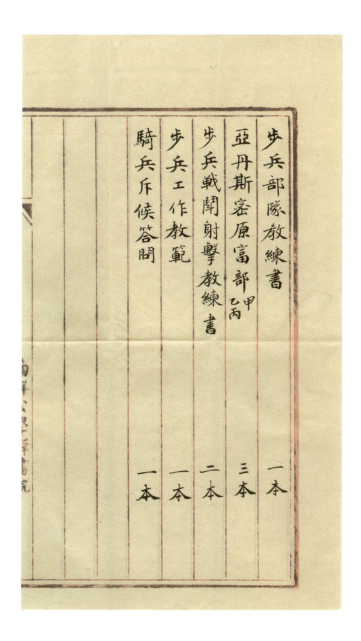

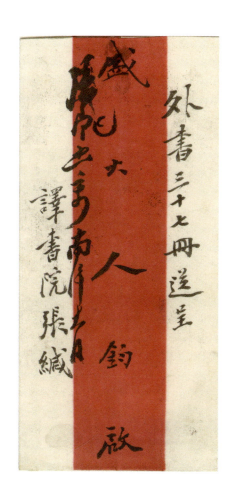

二、印书

—— 商务印书馆

张元济在主持南洋公学译书院工作期间，时有编译作品交于商务印书馆印刷，于是和商务印书馆建立了联系，并在1901年接受商务印书馆夏瑞芳之邀，和印有模出资入股商务印书馆。1902年底，张元济因与福开森的教育理念不合，难于共事，便辞去了南洋公学之职，进入商务印书馆。

商务印书馆于1897年创立于上海，当时是夏瑞芳、鲍咸恩、鲍咸昌兄弟、高凤池等创立的一家印刷作坊。张元济入商务后，便设立商务编译所。1903年正式成立商务印书馆有限公司，张元济先后担任编译所所长、经理、监理、董事长，他的后半生与商务印书馆的发展紧密相联，将商务印书馆建设成中国现代第一流的出版印刷公司，成为现代中国文化的风向标。

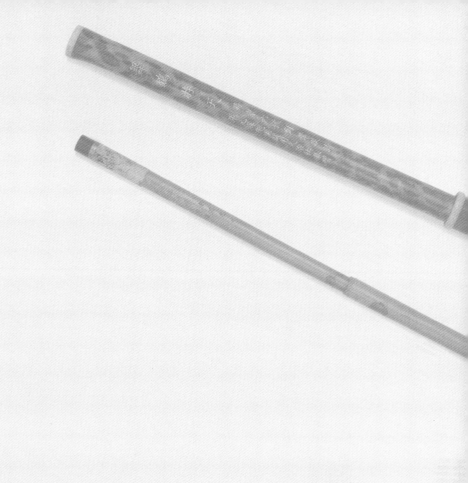

商务印书馆在张元济的领导下，以"吾辈当以扶助教育为己任"的宗旨，编辑出版了新式学堂教科书，如《最新初小国文教科书》《最新中学教科书》《英文初范》等。为了传播新思想、新文化、新知识，编辑发行了十九种杂志，尤以国内最长寿杂志《东方杂志》最负盛名。为了便于读者自学、检索、查阅，出版了我国第一部新式辞书《辞源》，还推出了各色各样的中外工具书。为了让人们了解世界文化，汉译科技、社科并重，特别是严复所译之书，商务印书馆一版再版，影响了几代中国人。同时，张元济还认识到："自咸同以来，神州几经多故，旧籍日就沦亡，盖求书之难，国学之微，未有甚于此者。"于是，从主持商务编译工作起，便开始了古籍的搜购、庋藏，搜购的最终硕果就是庋藏书籍的涵芬楼、东方图书馆。为给古籍续命，化一为百，嘉惠学林，以"书贵初集"为主旨，校勘、影印善本，出版了《涵芬楼秘笈》《四部备要》《续古逸丛书》《百衲本二十四史》《丛书集成》等大量古籍丛书。不仅保存了古籍善本的原貌，还大大方便了学界利用古籍进行研究，为中国传统文化保存了薪火。商务版古籍迄今依旧为收藏家视为至宝，为各图书馆必备。

张元济晚年把他的相关文献全部捐给了上海图书馆的前身——合众图书馆，今从馆藏各类文献里遴选三十三件，分顶层运筹、馆务操作、人事安排、古籍整理、七十寿庆五部分，以展示张元济在出版方面所做的贡献。

（一）顶层运筹

1. 王云五致张元济函

1929 年 8 月 19 日

王云五，商务印书馆总经理。回复时任董事长张元济有关当时商务印书馆的八大问题：一、教科书生意问题，以及措施；二、整理旧书问题，拟编学生《国学丛书》一百种，"预计两年后可竟全功，此项书籍仍当有永久销路"；三、割裱影印旧书办法，分精印如《四部丛刊》，粗印"则以洋纸装割裱缩印"；四、英文函授问题；五、百科全书校改人手问题；六、《辞源》增补发排问题；七、关于精通旧学人事问题；八、附呈《四部备要》说明书及样本。

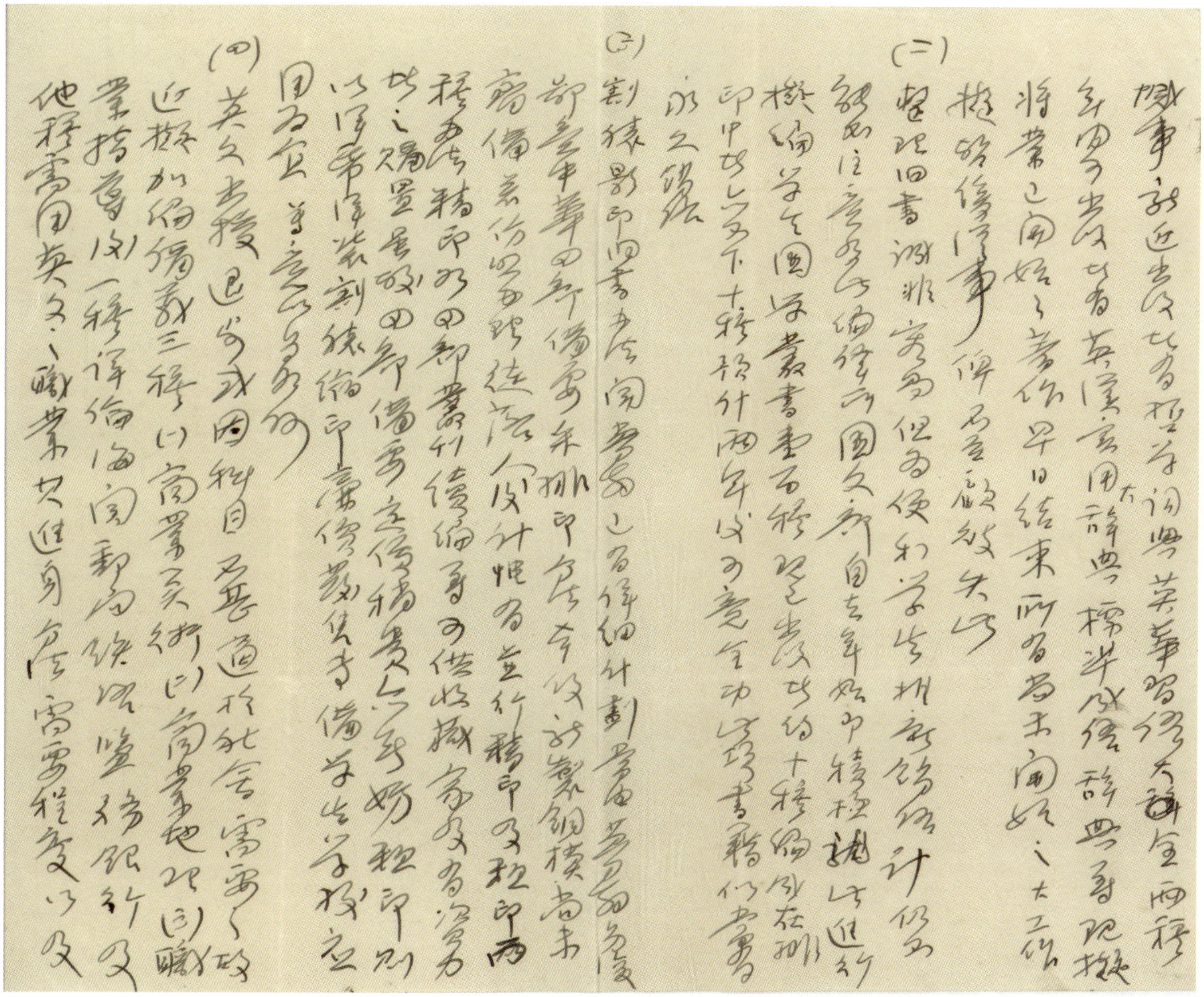

内部编辑通审各稿，现当在编辑中拟依编例
即与商务学术地理室书分配于英文及授予三四两组
或另鼓励学业之自八日一日以后更集中收草编处

多据名人类校局增加三四信到续北持么已逐拟后
在自致校信原价及印将新旧目发表累籍以付者
学业之论处

（三）百科全书编纂完成之稿约为全书十
分之四五于四日去函筹备及诸人所有若部分退
职人员均宜用子科全书部编辞亦能编者
世不下十八故本年本进行稿虽经文言任方面
编责和觉解黄雨兄先发去藏书者得人继从回
方程收稿体续历若及观帖多色相当八员编缺

一审将编以稿体约须补聘之持以眼修重雨新迫
於改但收内何顶补辅
行於外名科短辑~编辑号之须编纂辅聘

（内）辞原编编保中先生克不敢华外傅修辛各名对校
回材料分两以塘辅至不多保以外续材科方南雨
多深以塘辅多馆傑观已整盼以对决定弟因新
界新旧若墨别七八千傑以正编~申夷正编均

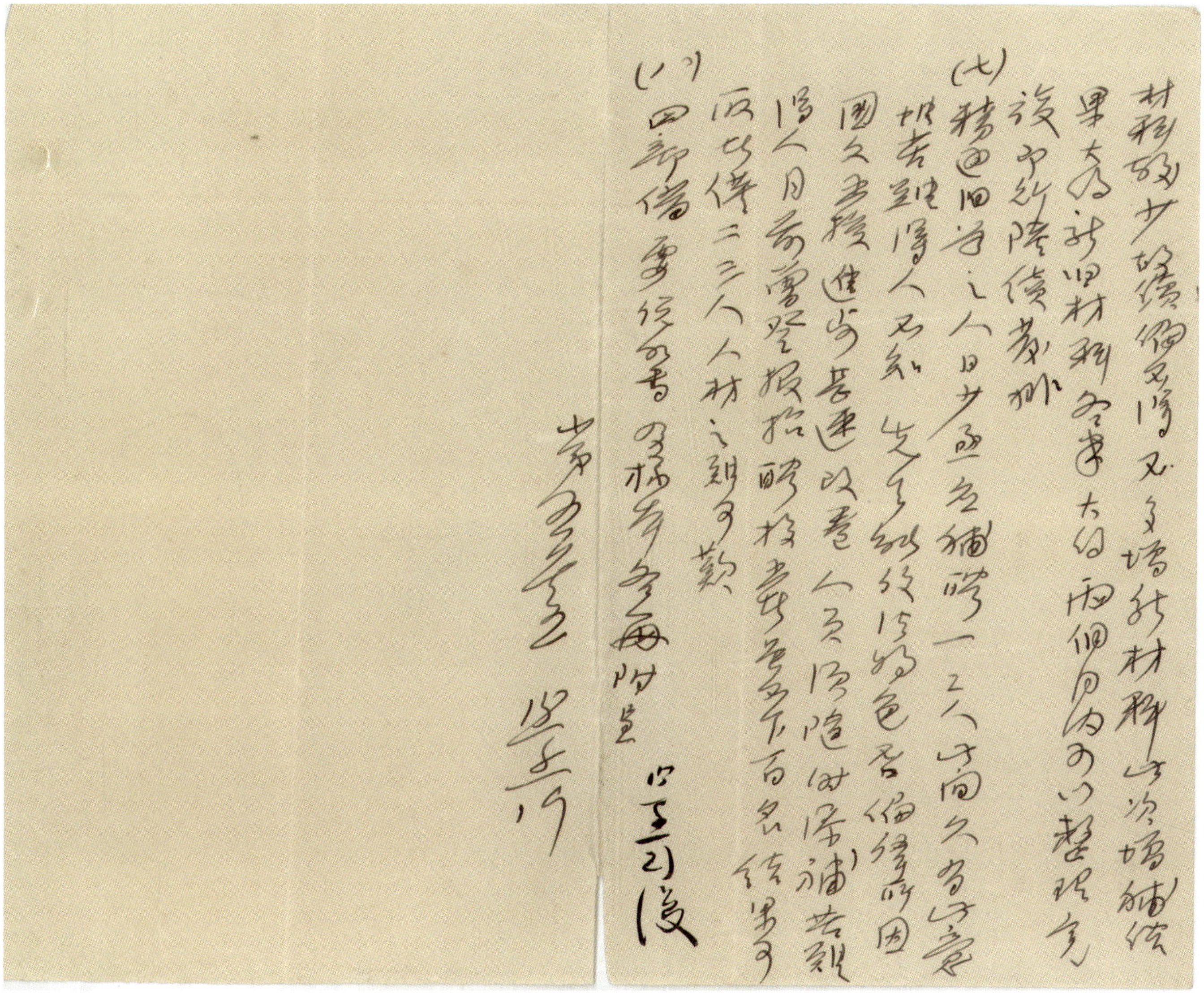

材料较少陆续添加名单，又多增新材料种与次增陆续

果太多·就四材料种容量太大，两个月内可以整理完。

设立升降陆续添加

(七) 精选四名·之人日少画名辅导一之人尚久省少意

坏者短陆续人乃知 先生辞政修好名色名陆续前因

因久苏稿进些 改卷人名陆隐得陆补若题

陆人月高当登报招邮档查查查下百名续男了

两比侯三三人材之题了款、

(八) 四部编每经名书 可样参名再附兑

荷名荷名名

坐字何

名王司复

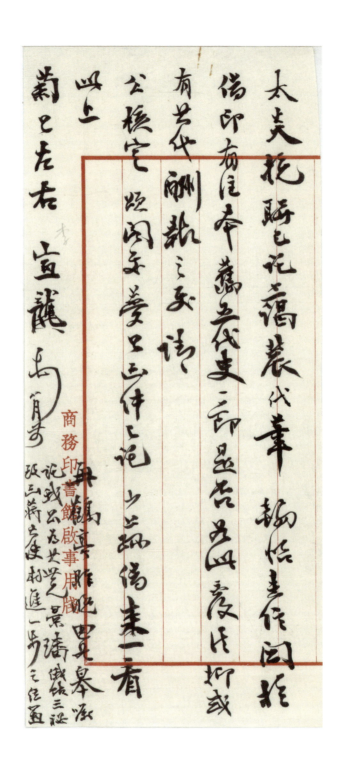

2. 李宣龚致张元济函

1936 年 8 月 24 日

李宣龚，商务印书馆董事，发行所经理。李拔可替张元济请商务印书馆的书法
家黄蔼农代笔书挽章太炎先生联，以及汇报商务印书馆业务之事。

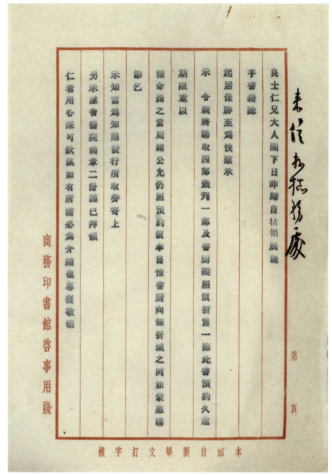

良士仁兄大人閣下日昨歸自牯嶺展誦
手書藉誌
起居佳勝至爲快慰承
示 令親將購取四部叢刊一部及書廚擬照價折舊一節此書預約久逾
期限電以
雅命商之當局皆公允仍照預約價奉酬惟書廚向無折減之列如蒙嘉賜
即乞
示知當爲知照發行所取貨寄上
另示蘇省醫院簡章二份謹已拜領
仁者用心深可欽佩如有所需必爲介紹並專復敬頌

第 頁

商務印書館啟事用牋

本館自製華文打字牋

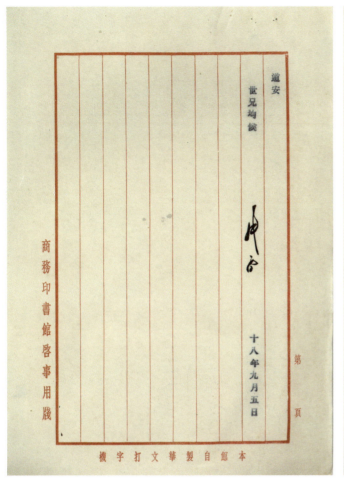

道安
世兄均候

十八年九月五日

第 頁

商務印書館啟事用牋

本館自製華文打字牋

（二）馆务操作

1. 张无济致瞿启甲函

1929 年 9 月 5 日

瞿启甲，铁琴铜剑楼第四代主人，愿购买《四部丛刊》，张氏回复其购买折扣之事。

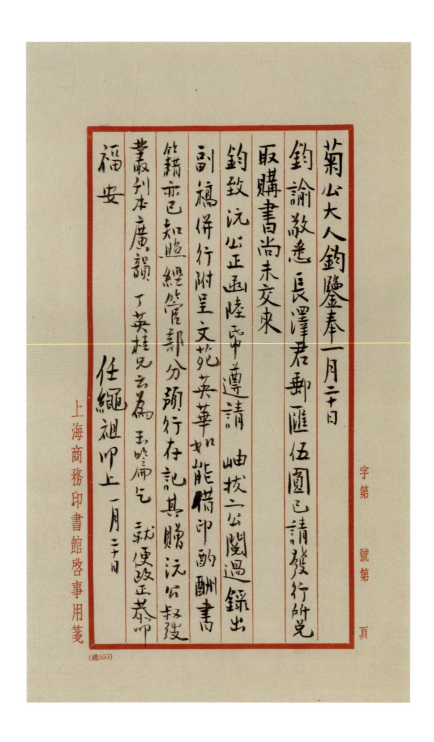

2. 任绳祖致张元济函

1931 年 1 月 20 日

任绳祖，商务印书馆职员。他告诉张元济商务印书馆出版物已引起日本文献学家长泽规矩也的重视，已邮钱来购买。以及商务印书馆赠送《四部丛刊》本《玉篇》给傅增湘、周叔弢事。

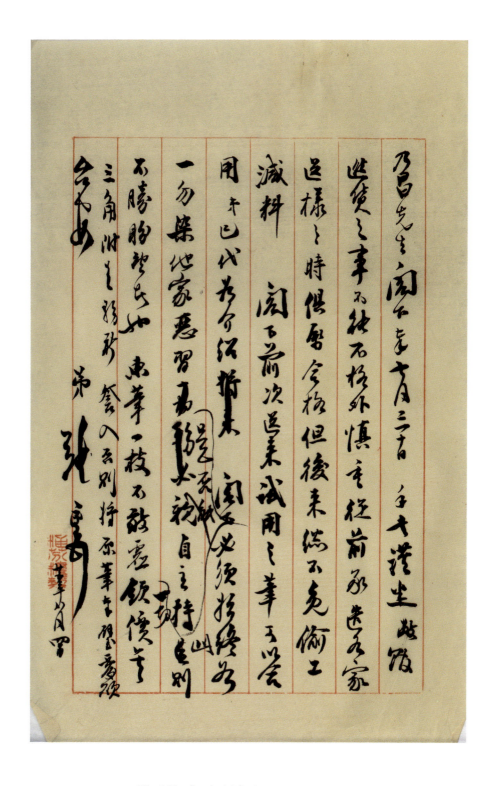

3. 张元济致丁乃昌函

1936 年 8 月 4 日

丁乃昌，商务印书馆前职员。张元济答应介绍他把湖笔卖给商务印书馆，条件
是丁氏"能亲自主持一切，必须始终如一，勿染他家恶习"。

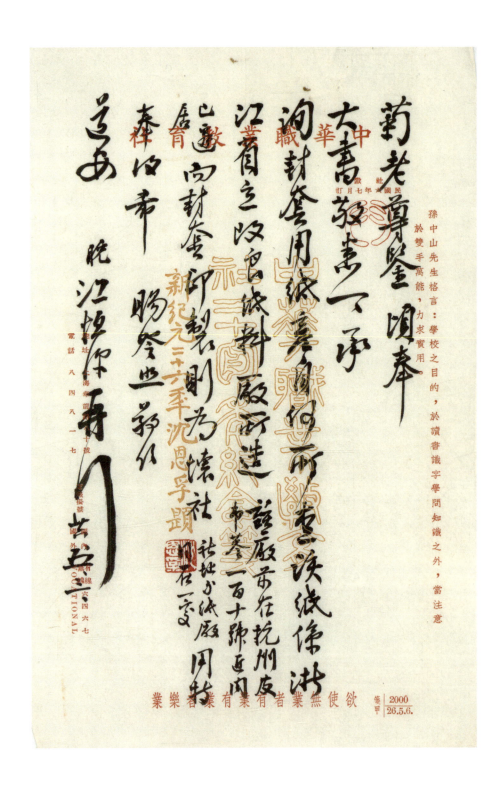

4. 江恒源致张元济函

1937 年 5 月 3 日

江恒源，教育家。他回答张元济询问：封套用纸产地为"浙江省立改良纸料厂
所造"。

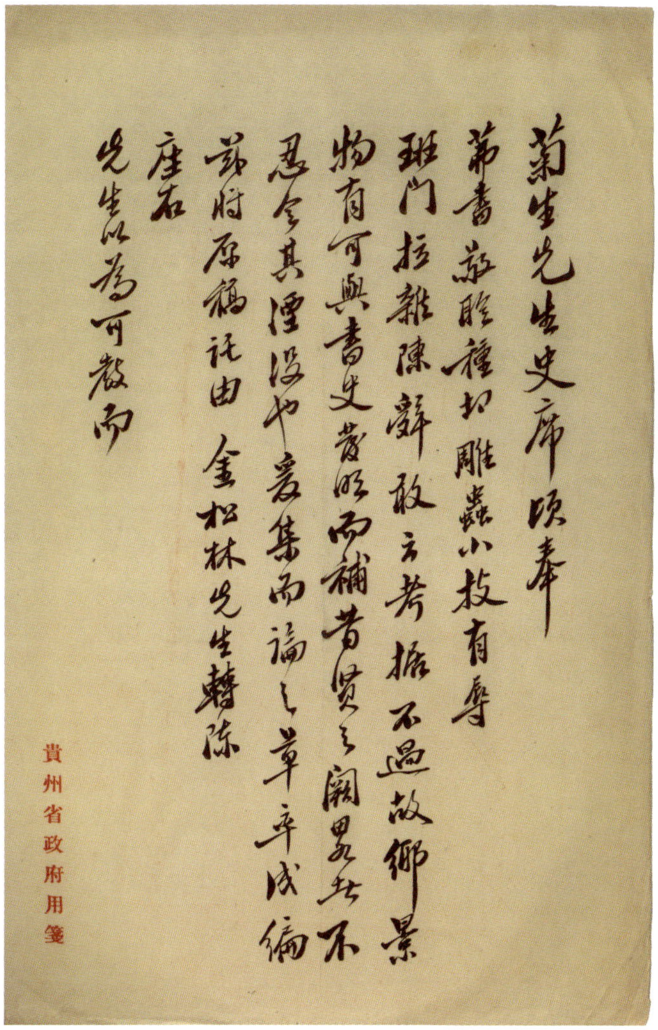

菊生先生史席顷奉

弟书苏眺榷切雕嵌小枝有辱

班门拉杂陈辞敬乞考据不过故乡景

物有可与书史叄明而补昔贤之阙耳兹

忍今其湮没也著集而论之草率成编不

获时原稿托由　金松林先生转陈

座右

先生以为可教而

等政之则幸甚矣否则用覆涵篆可

也稿中尚有字缺履俟

先生鉴订之後再行补入陈上土羞自

军微物即希

哂纳为荷专此

道祺

　　　　胡薔　拜启十二月五

　　　　　　廿二年後

附批著牂牁书考稿壹册

5. 胡薔致张元济函

1933 年 12 月 5 日

胡薔，商务印书馆作者。向商务印书馆投稿《牂牁丛考》。

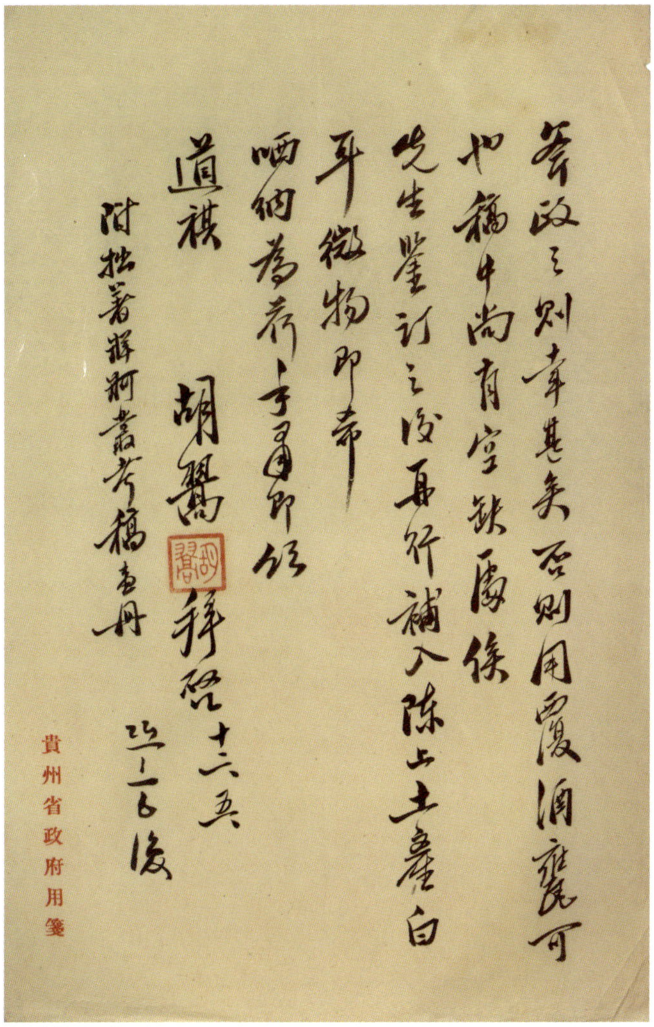

6. 任讷致张元济函

1928年3月24日

任讷，词曲家。他告诉张元济，他寄的二书稿，商务印书馆编译所"旋又来函，误会两稿版权乃赠予性质，因谓商务可以代印，印成后各送编者原书百部"。任氏为此提出"两种期在出售版权"。《曲录补正》稿拟售五元千字，而杨叔莙夫妇集则三元。

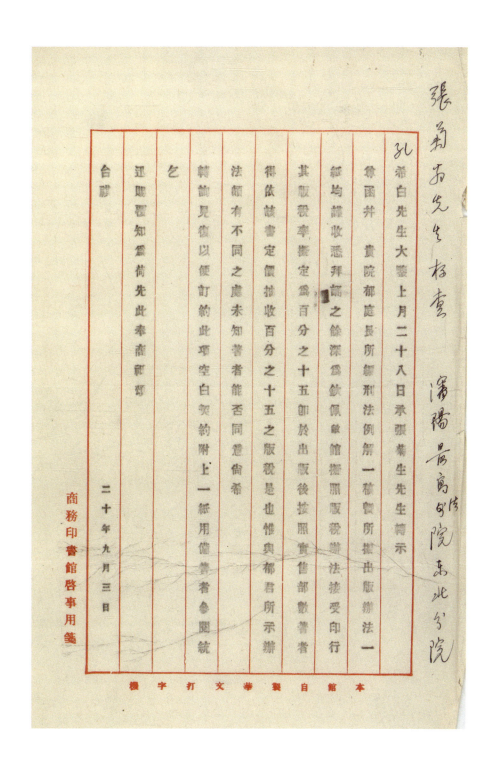

张菊生先生核查

沈阳最高分院东北分院

孔希白先生大鉴上月二十八日承张菊生先生简示

迳函并 贵院都庭长所编刑法例解一稿 贵所提出版办法一

郤均谨收悉拜嘱之馀深冀钦佩敝馆擗照版税办法接受印行

得依该书定价扣收百分之十五即于出版後按照实售部数售者

其版税率拟定为百分之十五卸于出版後按照实售部数售者

法额有不同之虞未知著者能否同意偷希

朝前见偯以便订约此项空白契约附上一纸用储书者参阅统

乞

迎聊盟知需荷先此奉肃祗颂

台祺

二十年九月三日

商務印書館啓事用牋

本館自製華文打字機

7. 商务印书馆致孔昭焱函

1931 年 9 月 3 日

孔昭焱，法学家，康有为弟子。此函交张元济存查，内容为复沈阳最高法院东北分院《刑法例解》一书版税事。

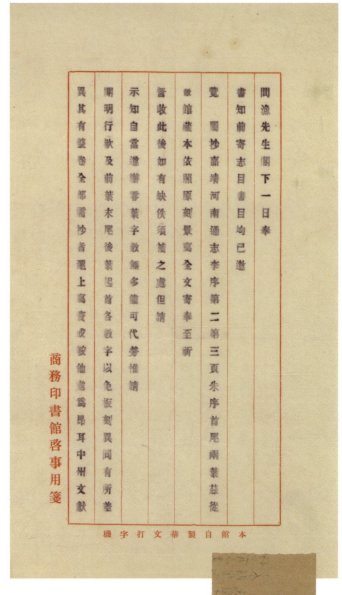

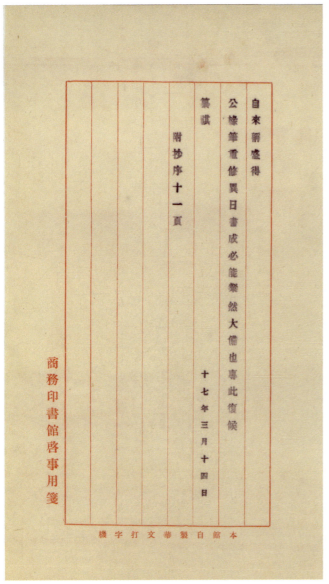

間漁先生閣下 一日奉

書知前寄志目書目均已邀

覽 圖抄嘉靖河南通志李序第二第三頁朱序首尾兩葉恭從

敝館據本依照原刻景寫全文寄奉至祈

賚收此後如有缺佚須補之處但請

示知自當遣嫌零葉字敷無多諧可代勞惟請

聲明行欵及前葉末尾後葉里首各敷字以免翻刻翼同有所差

異其有鑒卷全部需抄者電上寫貨或致他意寫昂耳中州文獻

商務印書館啟事用箋

機字打文華製自館本

自來罔處得

公牘筆重修異日書成必能斐然大儒也專此復候

篆祺

附抄序十一頁

十七年三月十四日

商務印書館啟事用箋

機字打文華製自館本

江恒源

問漁

8. 张元济致江恒源函

1928 年 3 月 14 日

江恒源，教育家。他修《河南志》时，向张元济借抄商务印书馆所藏中州文献。

（三）人事安排

1. 日人长尾雨山约满离华时与商务印书馆同人合影

1914 年 6 月

华芳宝记摄于上海徐园。照片后有题识"长尾雨山先生来我中国，与同人共笔砚者十年于兹，今将归国，同人等念文字之胜缘，怅盛会之难再，意不能无恋，乃于濒行之日话别于海上之徐园，并摄影以为记念。凭栏中坐者为长尾雨山，左为陶惺存、张菊生，右为印锡璋、鲍咸昌，回廊中央为木本胜太郎，左为庄百俞、李拔可、蒋竹庄，右为小平元、蔡松如、朱赤萌。民国三年六月二十一日识。"

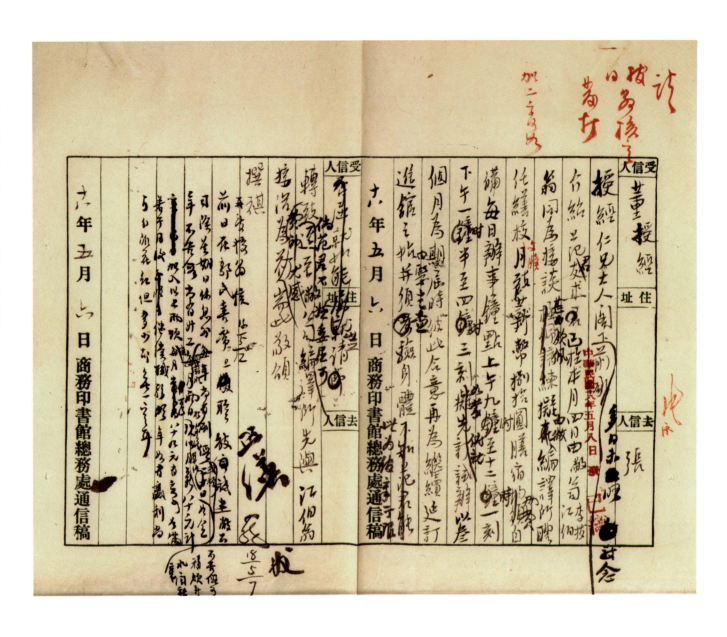

2. 张元济致董康函

1929 年 5 月 26 日

董康，藏书家、版本目录学家。张元济向董康介绍了商务印书馆编校人员的工资、
工作时间、入职体检等。

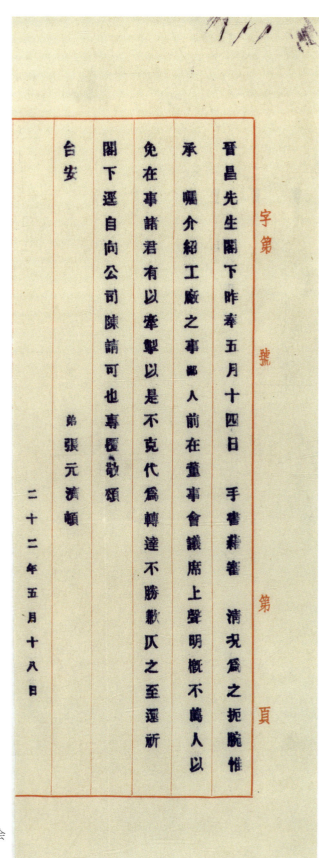

晋昌先生阁下 昨奉五月十四日 手书祗悉 清况为之拓腕 惟承嘱介绍工厂之事 鄙人前在董事会议席上声明概不荐人 以免在事诸君有以牵掣 以是不克代为转达 不胜歉仄之至 迺祈 阁下迳自向公司陈请可也 专覆敬颂

台安

弟 张元济 顿

二十二年五月十八日

3. 张元济致晋昌函

1933 年 5 月 18 日

晋昌，此人不详。张元济声明："鄙人前在董事会议席上声明概不荐人，以免在事诸君有以牵掣。"

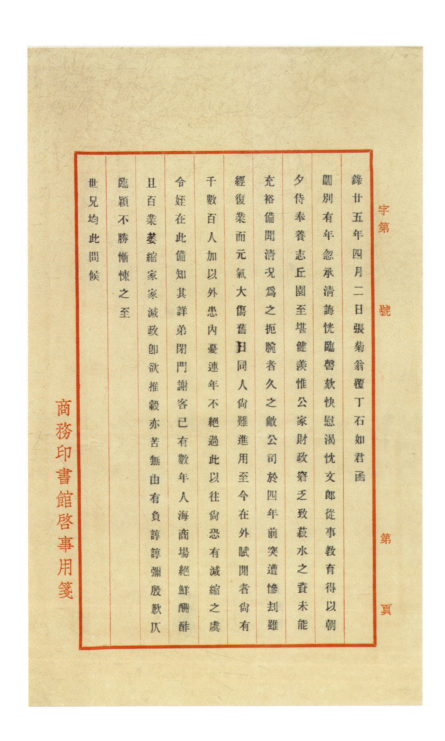

4. 张元济致丁石如函

1936 年 4 月 2 日

丁石如，此人不详。张元济述说 1932 年以来商务印书馆人事："敝公司于四年前突遭惨劫，虽经复业，而元气大伤，旧日同人尚难进用，至今在外赋闲尚有千数百人，加以外患内忧，连年不绝。过此以往尚恐有减缩之虞。"

5. 秦艾三致张元济函

1935 年 4 月 3 日

秦艾三，旧诗人，为商务印书馆编外点书人。"艾自于役贵馆点书以后，不敢以禄薄而不勖勉从事。"

菊生先生侍右　吉自去年春仰荷
盛意周旋得蒙編譯而准許在外點
書譯書得資賴以生活感荷靡既惟
譯書至今僅兩種第一種計字論值
絕無問題第二種因內容過多而又
迤里後人事倥傯直至近日始得告
竣但結算譯資忽有數目字二字作
一字計算之規定此實為前次而無
雖兩扣字數僅居十五分之一而計值

則有二十元之鉅事前並未知照即係
發生新例亦應俟下屆實行除已由
吉專函懇請　伯劐先生設法疏通如
數補給外特　再懇懇
譯而請其查照上屆辦理嗣
後續譯再依新例辦理可也再現時
政府注重考試故算書示以受聽為
主要查束文受聽算書甚多現所
知照

6. 黄元吉致张元济函

1931 年 1 月 20 日

黄吉元，张氏通艺堂学生，为商务印书馆编外标点古籍，翻译西书。"得蒙编
译所准许在外点书译书，得资赖以生活"。

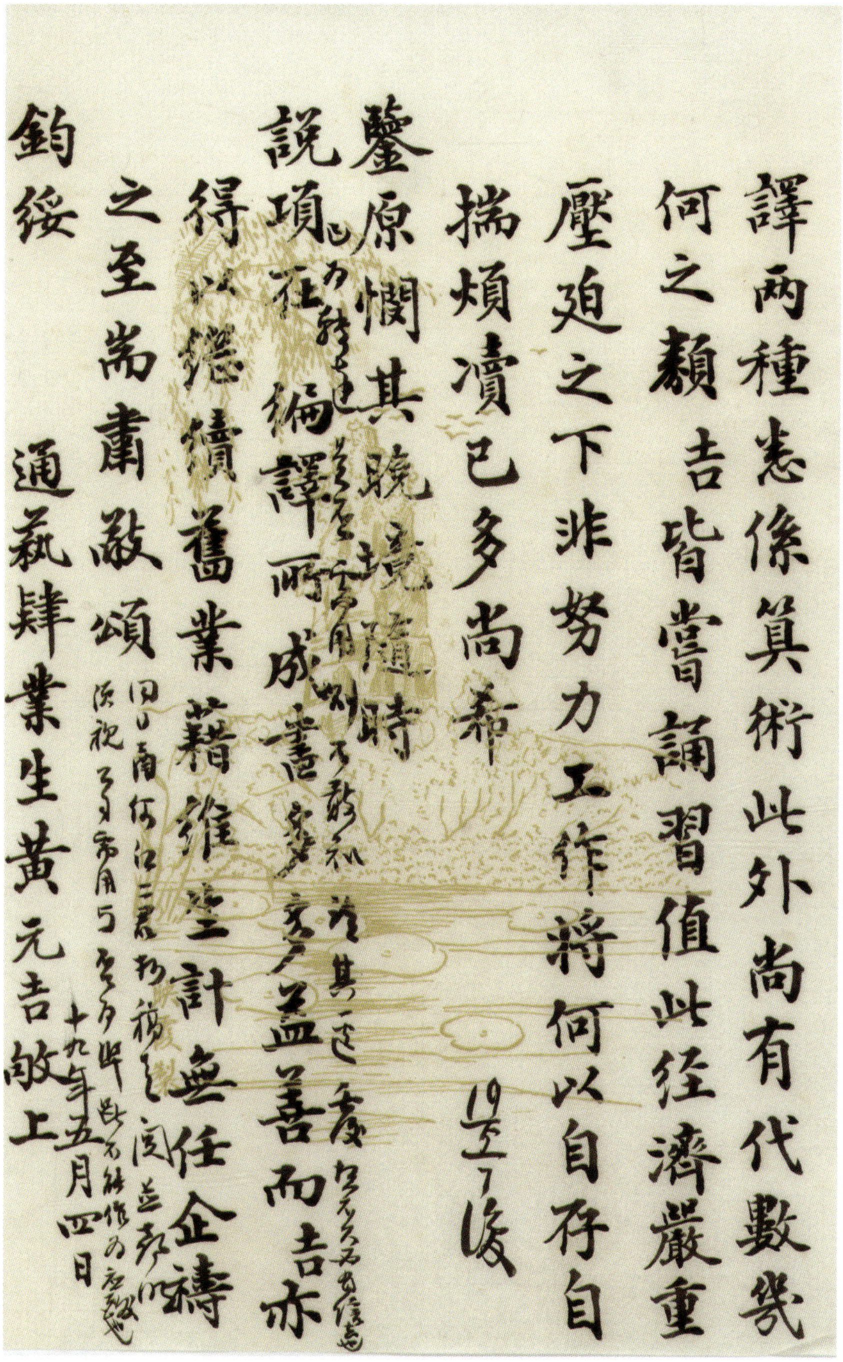

譯兩種恖係算術此外尚有代數幾

何之額皆當誦習值此経濟嚴重

壓迫之下非努力工作將何以自存自

揣煩瀆已多尚希

鑒原憫其跑境隨時

說項往徧譯兩成書

得以總續舊業藉維生計無任企禱

之至耑肅敬頌

鈞綏

　通氣肆業生黃元吉敬上

　　十九年五月四日

灌生表母舅大人尊右日前

灌沪畅奉

清诲别後想

锦旋协吉为颂承

假阅方刻草堂诗残甚感近已从他处借

得请即

置之 甥拟在金陵图书馆乞取旧书庶相

商之 小山前辈及善余均已允诺现经

托付妥友前往办理犹恐乏人赞助 表

兄在馆中住事已久情形较熟泰在威好

可否请以

一函 属 表兄关照一切其函先 寄至甥处

以便交与友人持往面为接洽为祷此叩

道安

甥 张元济顿首

（四）古籍整理

1. 张元济致金武祥函

1919 年

金武祥，藏书家、出版家。张元济为在金陵图书馆（应为江南图书馆）照相复
制日书，请表舅金武祥写一函让在图书馆工作的表兄关照此事。

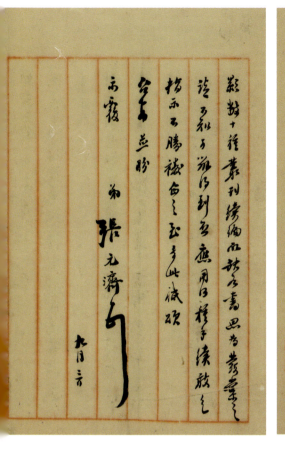

2. 张元济致蒋维乔函

1926 年 9 月 3 日

蒋维乔，商务印书馆职员，时任东南大学校长。张元济告诉蒋氏："公司职务近已完全解除，惟经手之事甚多，一时未易完结。影印古书亦其一端，此为性之所近，颇乐为之。"为了完成古本《廿四史》《四部丛刊续编》，托蒋氏帮助打听江南图书馆是否允许商务印书馆影印，需什么手续。

3. 张元济致蒋维乔函

1926 年 9 月 12 日

与蒋维乔论中华书局《四部备要》与商务印书馆《四部丛刊》优劣。

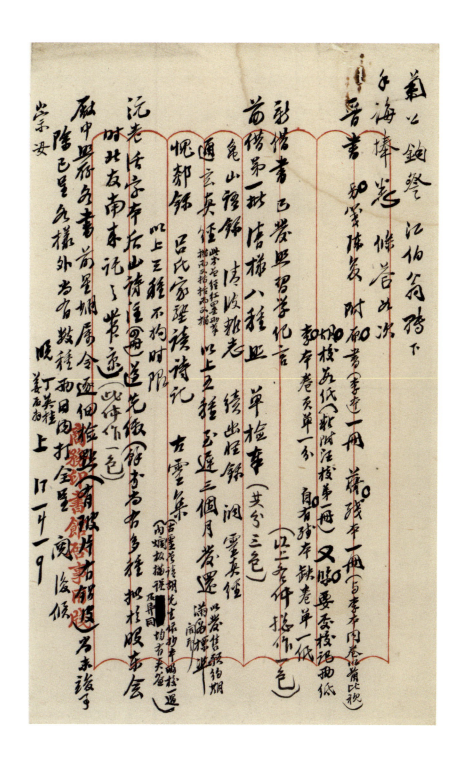

4. 丁英桂、姜殿扬致张元济函

1927 年 10 月 17 日

丁英桂、姜殿扬，商务印书馆职员。条答关于古籍借书校勘印刷之事。

5. 林志烜致张元济函

1929 年 9 月 25 日

林志烜，商务印书馆职员。用张元济所给明藩筵杂剧目查对《曲丛》所刊《诚斋乐府》，多出七种，"此七种当可补印"。

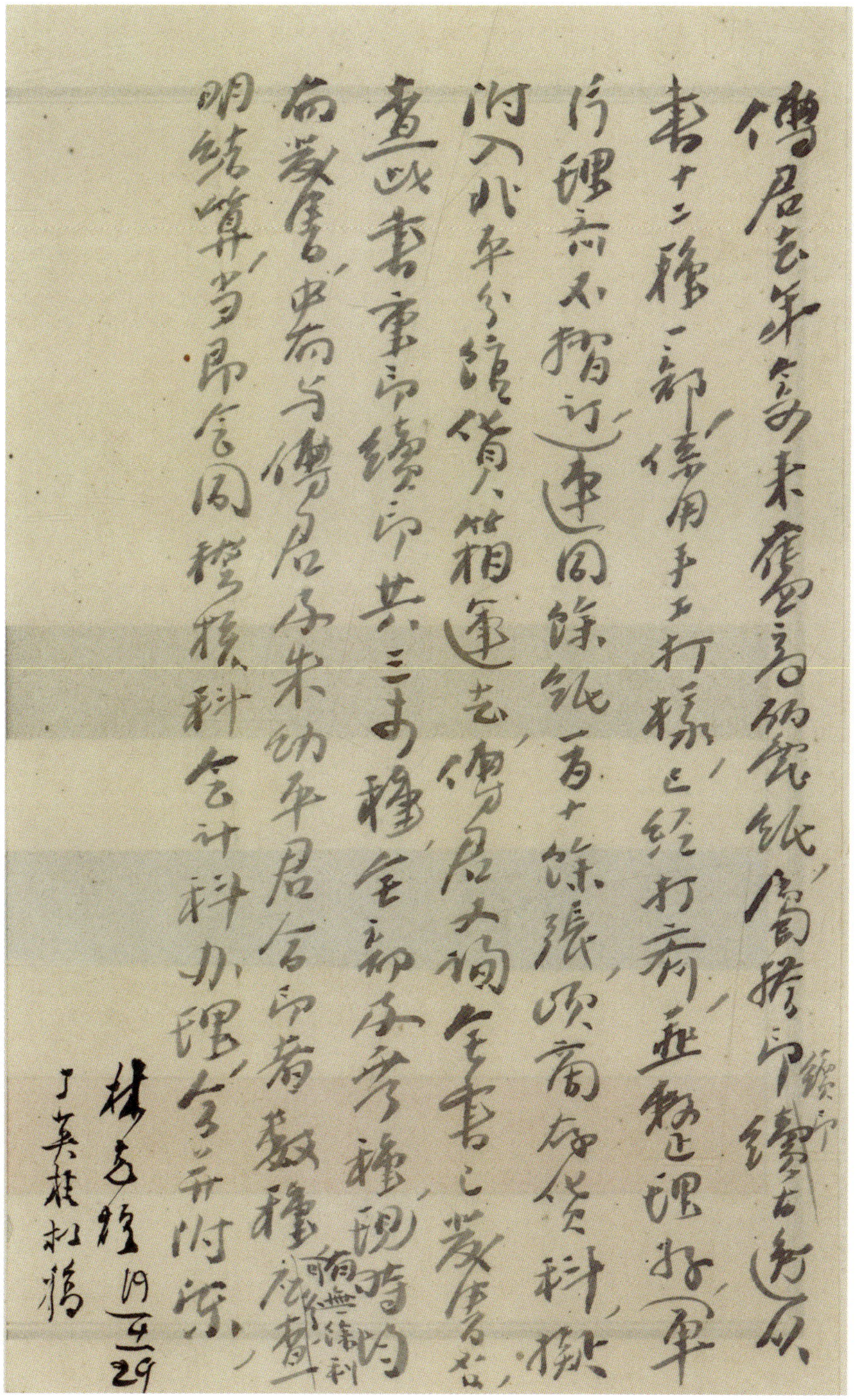

6. 林志烜、丁英桂致张元济函

1930 年 4 月 29 日

林志烜、丁英桂，商务印书馆职员。傅增湘用旧高丽纸搭印续印《续古逸丛书》事。

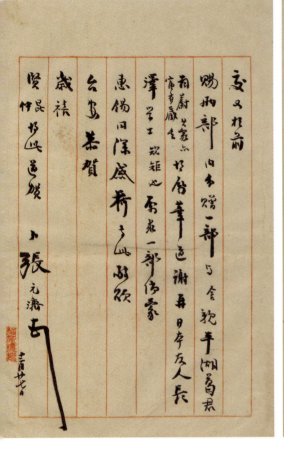

7. 张元济致潘承厚函

1928 年 12 月 27 日

潘承厚，藏书家。张元济向潘氏滂喜斋商借藏书，并云以"敝馆出版书籍三种（《四部丛刊》《古本廿四史》《续古逸丛书》）为报"。

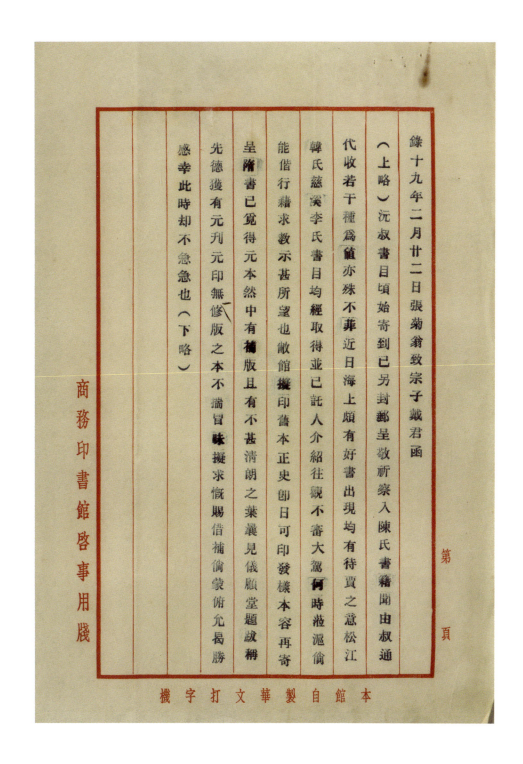

錄十九年二月廿二日張菊翁致宗子戴君函

第　頁

（上略）沉叔書目頃始寄到已另封郵呈敬祈察入陳氏書籍聞由叔通

代收若干種爲值亦殊不菲近日海上頗有好書出現均有待賣之意松江

韓氏慈溪李氏書目均經取得並已託人介紹往觀不審大駕何時澁滬倘

能借行籍求教示甚所望也敝館擬印舊本正史即日可印發樣本容再寄

呈隋書已覓得元本然中有補版且有不甚清朗之葉蕙顧堂題跋稱

先德獲有元刊元印無修版之本不揣冒昧擬求慨賜借補倘蒙俯允曷勝

感幸此時却不急急也（下略）

商務印書館啓事用牋

機字打文華製自館本

8. 张元济致宗舜年函

1930 年 2 月 22 日

宗舜年，藏书家，精鉴别，父宗源瀚。张元济告诉宗氏"近日海上颇有好书出现"，问其何时莅沪；又商务印书馆拟印日本正史，得悉宗父"获有元刊元印无一修版之本，不揣冒昧拟求慨赐借补。"

代 購
婉 藏
謝 乞
藉
頌

再前程君過訪攜示明刻楊龜山集已轉商同人因取價過昂未能

文殊少聲色欲撰題跋又不能不加以參校此則無可如何之事也

尊論極是元濟亦覺其困難萬分但分週出書每期一二種若無跋

示四部叢刊續編校勘一節

垂察至承

大稿全件暫留館中以備參考不必另付打字卽希

尊旨極為欣佩惟茲事體大一時未易率爾擬將

示出版計劃意見書雒誦後卽持與王雲五先生共同覆讀紬繹

大函並承

佐禹先生雅鑒接奉七日

廿三年

9. 张元济致姜殿扬函

1934 年

姜殿扬，商务印书馆职员。他的出版计划意见书让张元济和王云五共同覆读。特别是《四部丛刊续编》校勘之事，张元济以为"尊论极是。元济亦觉其困难万分，但分周出书，每期一二种若无跋文，殊少声色。撰题跋又不能不加以参校，此则无可如何之事也"。

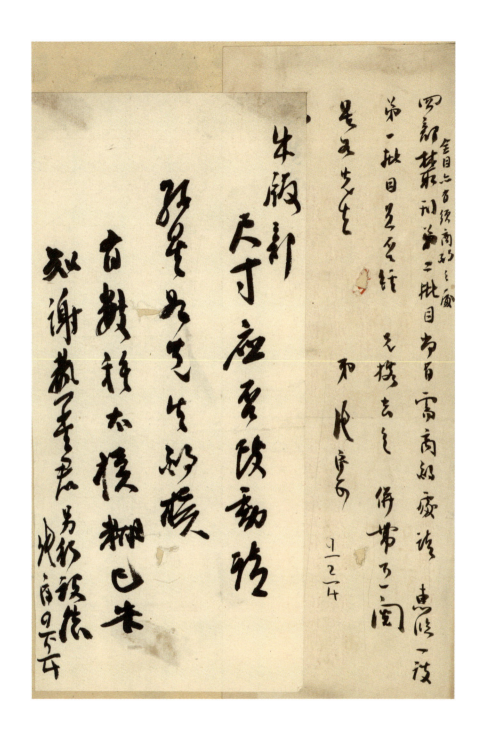

10. 张元济致孙毓修和出版部函

1920 年 5 月 4 日

孙毓修，商务印书馆职员。张元济邀孙毓修商酌《四部丛刊》第二批目，以及
张给出版部指示条，让孙毓修核对书之尺寸。

錄廿一年十二月廿一日張菊翁致翁克齋君函

別來彌月歲籥將更比維動定綏和潭禔迪吉定符下頌微公

司刻後恢復工廠設備尚未完善先師日記一時尚難覆印祗

可稍緩前經面陳知蒙鑒諒聞此外尚有遺著卷帙較少亦思

印行俾資傳播藉副盛意共有篇纍多少尺幅寬狹統祈示悉

以便布置無任禱盼

11. 张元济致翁之熹函

1932 年 12 月 21 日

翁之熹，张元济老师翁同龢的重孙，翁同龢藏书的传人。张氏与其讨论影印出版翁同龢日记和遗著事宜。

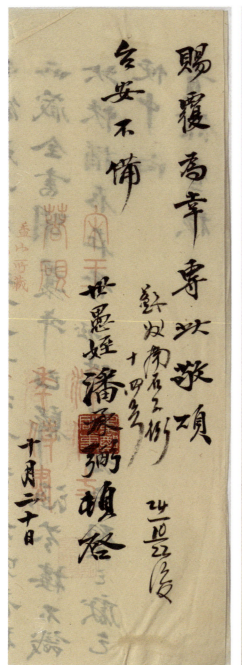

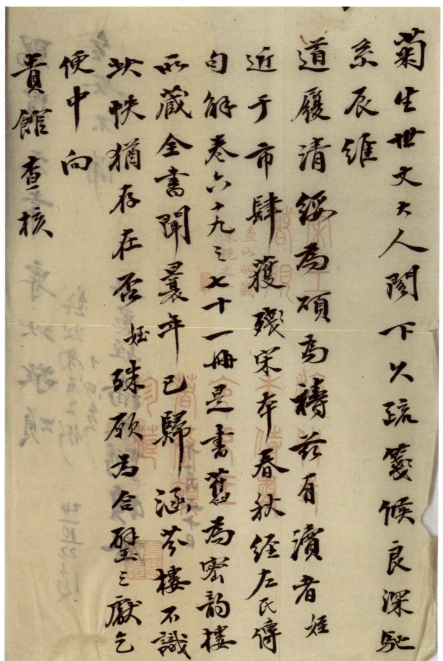

12. 潘景郑致张元济函

1936 年 10 月 20 日

潘景郑，潘承厚之弟，目录版本学家。潘景郑在市肆获残宋本《春秋经左氏传句解》，"是书旧为密韵楼所藏全书，闻曩年已归涵芬楼，不识此帙犹存在否？侄殊愿为合璧之献。"

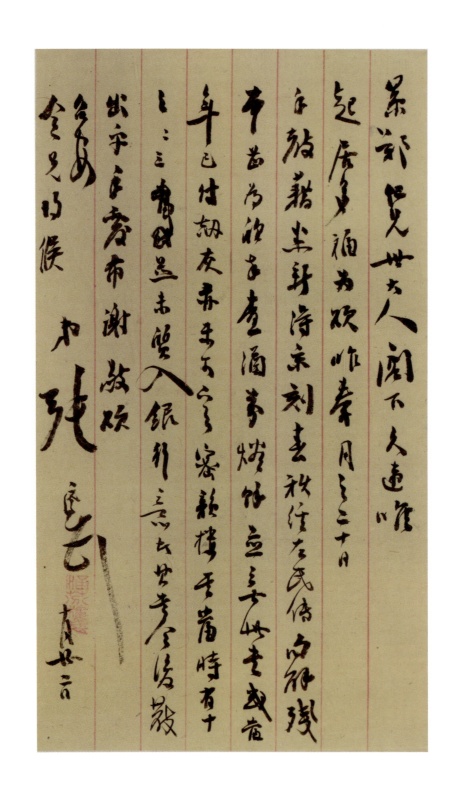

13. 张元济致潘景郑函

1935 年 10 月 22 日

张元济与论宋刻《春秋经左氏传句解》残本。

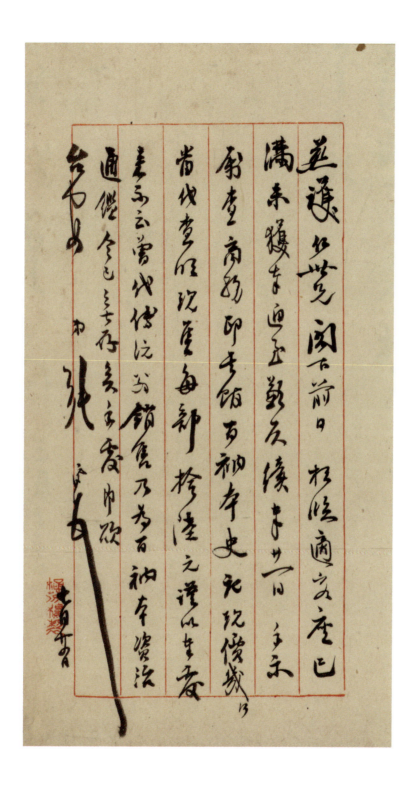

14. 张元济致沈颖函

□□年 7 月 24 日

沈颖，沈曾植之子。张元济告知沈氏商务印书馆百衲本《史记》现售每部拾陆元。

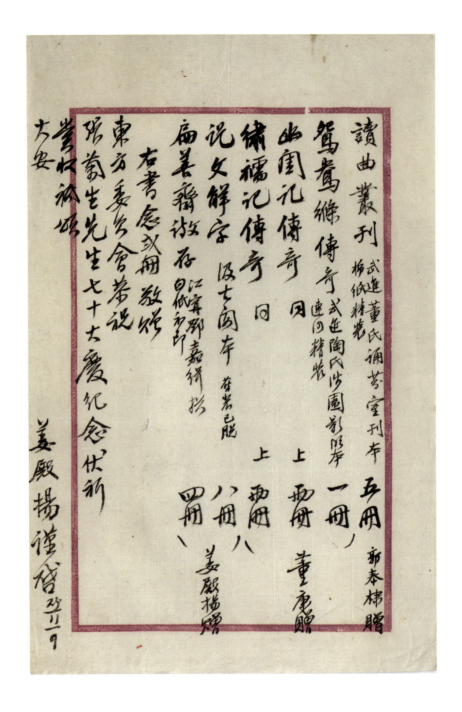

（五）七十寿庆

1. 姜殿扬致张元济函

1936 年 11 月 9 日

1937 年张元济七十岁大寿，他反对人们为他祝寿，但文化界和商务印书馆同人
还是以各种形式庆贺，姜殿扬代表藏书家郭泰棣、董康和他自己捐书给东方委
员会，以庆祝张元济七十大寿。

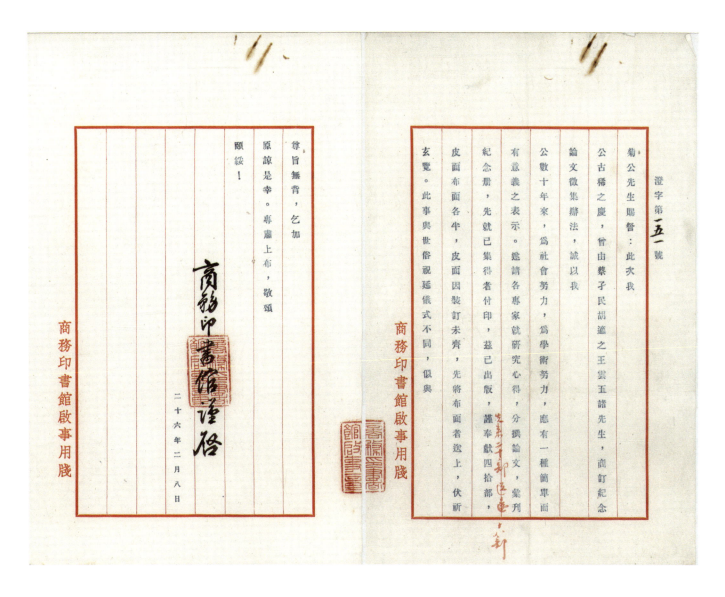

右侧信函（从右至左）：

澄字第一五一號

菊公先生賜督：此次我

公古稀之慶，曾由蔡子民胡適之王雲五諸先生，商訂紀念

論文徵集辦法，誠以我

公數十年來，爲社會努力，爲學術努力，應有一種簡單而

有意義之表示。遂請各專家就研究心得，分撰論文，彙刊

紀念冊，先就已集得者付印，茲已出版，謹奉獻四拾部，

皮面布面各半，皮面因裝訂未齊，先將布面者送上，伏祈

玄覽。此事與世俗祝延儀式不同，似與

左侧信函（从右至左）：

顧綏！

尊旨無背，乞加

原諒是幸。專肅上布，敬頌

商務印書館謹啟

二十六年二月八日

商務印書館啟事用牋

---

2. 商务印书馆致张元济函

1937 年 2 月 8 日

商务印书馆为张元济的古稀之庆，有"澄字第一五一号"编号信，打印件上用墨笔落款"商务印书馆"五字，并钤阳文篆字"商务印书馆启事章"，还加盖骑缝印。此函告知张元济在蔡元培、胡适之、王云五诸先生的倡议下，以先生数十年"为社会努力，为学术努力"，遂请专家撰论文编为纪念册，献给先生。

3. 王云五致张元济函

1937 年 12 月 5 日

尽管张元济反对寿庆之事，王云五还是致函张元济，云不待公许，"仿欧美出版物之例，各冠一献辞页"，发行《中国文化史丛书》以为纪念。

商務印書館啟事用牋

商務印書館啟事用牋

商務印書館啟事用牋

商務印書館啟事用牋

商務印書館啟事用牋

商務印書館啟事用牋

三、藏书

—— 从涉园到合众

张元济先生生于海盐藏书世家。其十世祖张奇龄在海盐南门外居所设"大白居"作读书之处。九世祖张惟赤将"大白居"拓建，改名"涉园"，开始藏书。延绵数代，藏书日富。"涉园"成为以藏书、刻书、读书著称的一邑之胜，名播江浙。但"自更洪杨之乱，名园废圮，图籍亦散佚罄尽，而先世所刻书，更无片板存焉"。张元济以恢复先世遗业为志，常自称"涉园主人"，多方收集图书，其中尤以原涉园藏书、刻书及乡邦文献为收集重点，其藏书冠名"海盐张氏涉园"。据1946年合众图书馆编印《海盐张氏涉园藏书目录》，计有原涉园藏书和刻书达104种，海盐先哲遗书355部，旧嘉兴府先哲遗书476部，另有石墨图卷各1件。

如果只是局限于藏书，张元济先生仅是一位固守传统的藏书家，能得到藏书界的称道，作为恢复祖业的一部分，也会得到族人的赞美。但是张元济先生的步伐并不止于此。

从二十世纪初开始，以向社会开放、为公众提供阅读为目的图书馆事业开始发展起来，公办的如1909年清学部奏请筹建京师图书馆，私人的如1910年盛宣怀创办的愚斋图书馆。在文化传播以纸张为主要载体的时代，图书馆无疑是学习知识、传播文化的殿堂。与时俱进的张元济，不可能不意识到旧式藏书楼的落伍与新式图书馆的价值。1904年张元济在商务印书馆编译所创立图书室，1909年定名为涵芬楼，起初仅为满足商务印书馆同仁编辑图书时参考所需，到了1926年将其改组为向公众开放的东方图书馆，其开幕被视为"上海文化上的伟举"。当然这个图书馆属于商务印书馆，是公有的。至于私人所有的涉园藏书，张元济先生也在考虑发挥其更大社会效益，即向有需求的公众开放。但建立一家向社会开放的图书馆需要相当的财力，单凭张元济先生一己之力显然做不到，需要采用另一种方式。1939年4月张元济与叶景葵、陈陶遗发起在上海筹组合众人之力而建的合众图书馆。合众图书馆成立伊始，张元济先生即将所藏涉园图书寄放馆中供公众阅读，后又改为永远捐助，随着1953年6月18日合众图书馆将全部资产捐献给上海市人民政府，涉园藏书从而成为上海图书馆馆藏的一部分。

"世界潮流浩浩荡荡，顺之者昌，逆之者亡"，孙中山所指固然是政治制度，其他各个领域又何尝不是如此。惟有与时俱进，站立在社会发展潮流的前列，在浩浩荡荡的世界潮流中成为一个站立潮头的弄潮儿，才能取得更大的成就，在社会发展历程中留下不可磨灭的一页，才会让后人永远铭记。张元济先生能够将千辛万苦、不惜重金收集起来的图书无私捐献，单凭这一点就足以让人敬佩。但更有意义的是，旧式的"涉园"转而为新式的"合众"，从藏书楼到图书馆，从个人玩赏到公众阅读，从传统迈进现代，顺应了潮流，切合了社会需求，完成了从传统到现代的华丽转身。

（一）藏书世家

1. （清）张柯辑、张元济续辑《涉园图咏手卷》

张元济先生十世祖张奇龄在海盐南门外居所设"大白居"为读书之处，九世祖张惟赤将"大白居"拓建，改名"涉园"，开始藏书。此后自康熙至嘉庆，张家一直对涉园进行扩建，而藏书亦日富，涉园成为合藏书、刻书、读书及游览的一邑之胜。太平天国期间涉园被毁。张元济先生从族人手中购得此图。图后原有名人题跋，张元济得到此图后又请不少名人作了跋语。

沙園圖詠

余家涉園經始於　大白公至　螺浮公而遍
觀厥成　偏亭公倩王補雲繪為長卷編
徵當代名人題詠今此卷猶在　容園公父
琴挖艸所　容園公次子　東谷公嘗倩查
圖末署名者為龍山查昉圖後錄葉星期
先生記一首為　東谷公手蹟前後有　公印
記五方是確為馮記所稱縮本無疑惟記
公自以小楷備錄諸公之作總萬餘言今僅
存葉星期先生一記又後附張（榕端）吳興陳
尊泰瀛洙同書　吳敦　吳錫麒　朱瑞格　阮元　劉
凱　諸林則徐諸公題詞皆非本人原書且亦非
東谷公所錄殊不可解
諸公所題書於別紙後人特逸錄於此耶是
先生一文辛而寓道耶柳此圖先付裝潢
君　軼如齋中余毛假親友錢君　移居滬上
均不可知已夫秋張君　樹屏語余曹見之於
意者之數公之墨蹟均為人割盜
言可為枋田之歸會擊友錢君　銘伯
為余作緣往復再四遂以銀餅四百枚得之嘉
慶丙寅　鷗舫公嘗集涉園題詠拜以傳後日
長無事將付裝重曰撿所載詩文涉及是圖
者患錄於後其有散見於他書者亦附及焉
所以繼　東谷公之志也
丁卯季夏九日裔孫允齋謹識　時年六十有一

2. （清）张廷栋撰《张文圃先生涉园图跋》不分卷

清光绪六年稿本

吾鹽城南三里古之烏夜邨即今之涉園故址也先八世祖
小白公諱維赤官至給諫去有功德於民歸田後於城南烏
夜村建亭臺起樓閣栽竹樹葺花卉疊石為山積水
成池為城南別墅名曰涉園中凡十有三景前名人
圖繪不一或其或世頁當時名公大人間多有題詠
云歷代相繼兩傳興守可替棟生也晚未能目觀芳躅
名人之手筆辛酉之役園亭院被賦毀園畫的歸烏
有屋宇樓臺盡成瓦礫樹林花草半為推薪目
觀傷心惟有空生嘆臾而已行林僑於釜船海
居委見案頭呈涉園舊畫冊李一冊華臺秀送
胡家宛出愛儌然一冊當存沒此求求華臺之三卿

噗息城南園之勝慶僅瓦礫花木衝倒二十年石穀叢豐
樓臺可復興古未難再得景盡畫二十年石穀叢豐
塞難尋尚多言将山衍寺物一兩楊州鹽行山徑
多款反飾花褐志開僕臥后橋側万涉操新人
圖會岂人植刀峯墓今未非偶芒捨作住有力攀犖罹上
和桐句岂安墜今未非偶芒捨作住方方君
舊時懃以翠遠山通由人間或未師比犹貴議
飲酒武飲棋荟荟荟墨拂拭此句權朱主乱時崖

謀園林之勝废俊復之子孫未經眼見園亭之美攬
是冊者仿彿真景在為時維光緒八年歲在庚
辰冬十二月第八世家和廷棟謹識

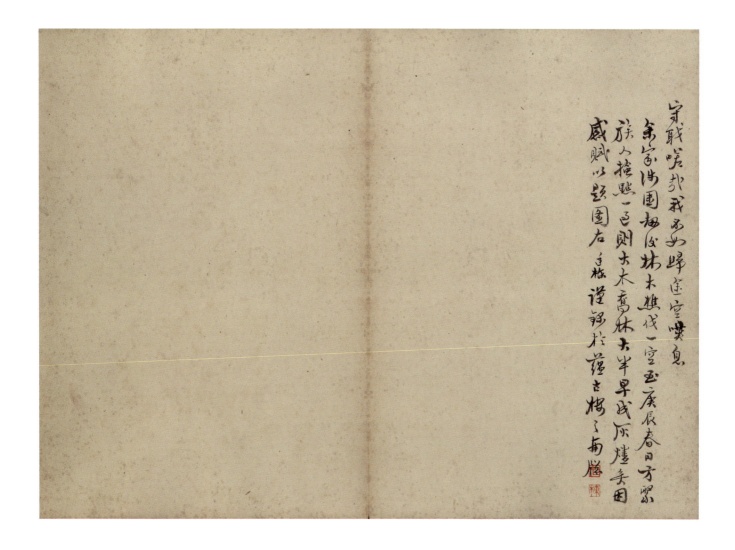

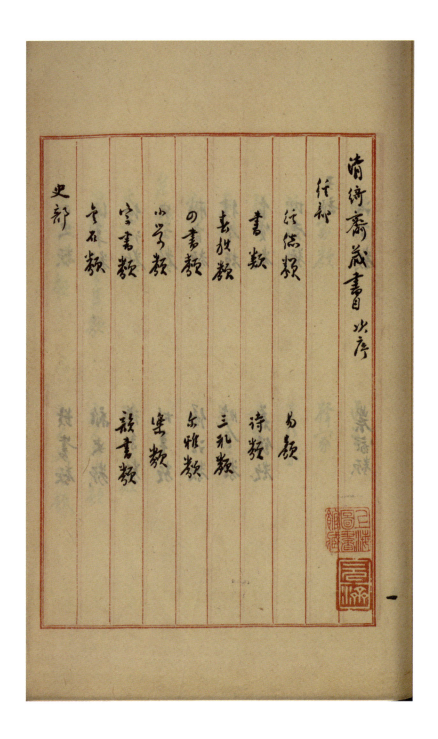

3.（清）张宗松编《清绮斋藏书目》

张元济手抄

张宗松，张元济先生六世祖。涉园藏书经几代人的建设，到张宗松时代已以藏书闻名，当时著名藏书家吴骞、鲍廷博、陈鳣、黄丕烈等都曾到涉园看书、借书，张宗松还刻了不少书。清绮斋为张宗松书斋名，《清绮斋藏书目》所载为张宗松个人收藏图书。

清绮斋者金公世祖青在公读书之所　公尝覆刻

至乾隆间王荆公济笺注署曰清绮斋藏板者此也

其定化序城之隍庙西首廛赁长房为士甫族伯堂

小庭苇棚绕挢所居館纬兵燮庐食闰沒族伯

株言幼时程及兄斋颂三言今山鄉美　明万历时案

十世祖　大白公迁于城南乌夜村改建淨园廣贮图

藉绦歴狱代云　公主世裔盘戲园为一邑胜境云

興摩復先弟绘诵其中首刊西雕湖王荆公笺注

诗弟六名著述刊布此地今所称带经堂诗话诗

林纪事和白庵诗评者皆之　微引蔡博古兄甞

时卑藏之富今维北方云煙獵编及於海内藏书家

金点程坊蛘蒐浮蘞十禩坊銛有六世祚祖　詠川

公画斋方印记雜园园中藏书为　大白公支下所公有

西二公居园中藏人迯而心嗜之书每邪銛私印於

上如茂绸而记盖为　公私有之物　松题清绮斋以别

之民平五万五九部　四数百漏次者石板知其详僅

而借芝巳一番有奇　甘承鄉人曝书雜九所殊之宗板

六山若沇海三琴题及　公而傲以慶刻之元板玉荆

只诗淮山石兄於目内盖遠漏为点嵗为皮此形此未

及八月尘巳育宗元刊今多平館抄本二百九十餘祋

潤甫云美富吳涵園所藏當嘉慶時為蘇州書
估閬元士柳吞捆載而去（余兄芙園集書後故有
此序）張月霄云精廬藏書志刊於道光丙戌猶云
清苦後人步禍世守陸編玉道光登印相距堂十
七年管莊湘獲見是本書目已入推僧院敷麗
時國家方柝承平而余家归以家逅若此余幼時及
見之雄中長者多生於嘉道年間日以絕石言及此
事澄園遺士編布海內而清浮沙所藏隆彥所兄之
亡此誉碧趣及精抄辣續方冊外六絕毫有此不兄
擁藏書家若子異如葉氏皆老死為友人
孫启先来

猶幸余借閲之特兄已錄存祖庭遺澤不致湮沒
残喜方不謂阿護百霎手購斗先型宣散永保功
督已裔孫元濟謹識

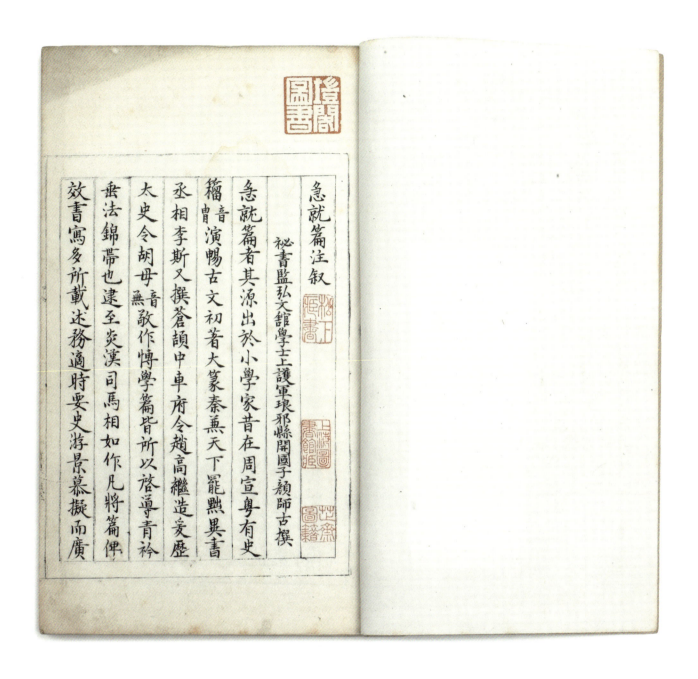

效書寫多所載述務適時要史游景慕擬而廣
垂法錦帶也逮至炎漢司馬相如作凡將篇俾
太史令胡母無敢作愽學篇皆所以啓導青衿
丞相李斯又撰蒼頡中車府令趙高繼造爰歷
籀音演暢古文初著大篆秦蕪天下罷黜異書
急就篇者其源出於小學家昔在周宣粵有史

祕書監弘文舘學士上護軍琅邪縣開國子顏師古撰

急就篇注叙

4. （汉）史游撰（唐）颜师古注《急就篇》一卷

监泉书室蓝格抄本

历代藏书家常在自己所藏图书上加盖藏书印，以明图书归属。此书上有"张印载华"（白文）、"佩兼"（朱文）、"松下藏书"（朱文）、"芷斋图书"（朱文）藏印，皆为张载华的藏书印。张载华，字佩兼，别号芷斋，张元济先生六世祖张宗松之弟。

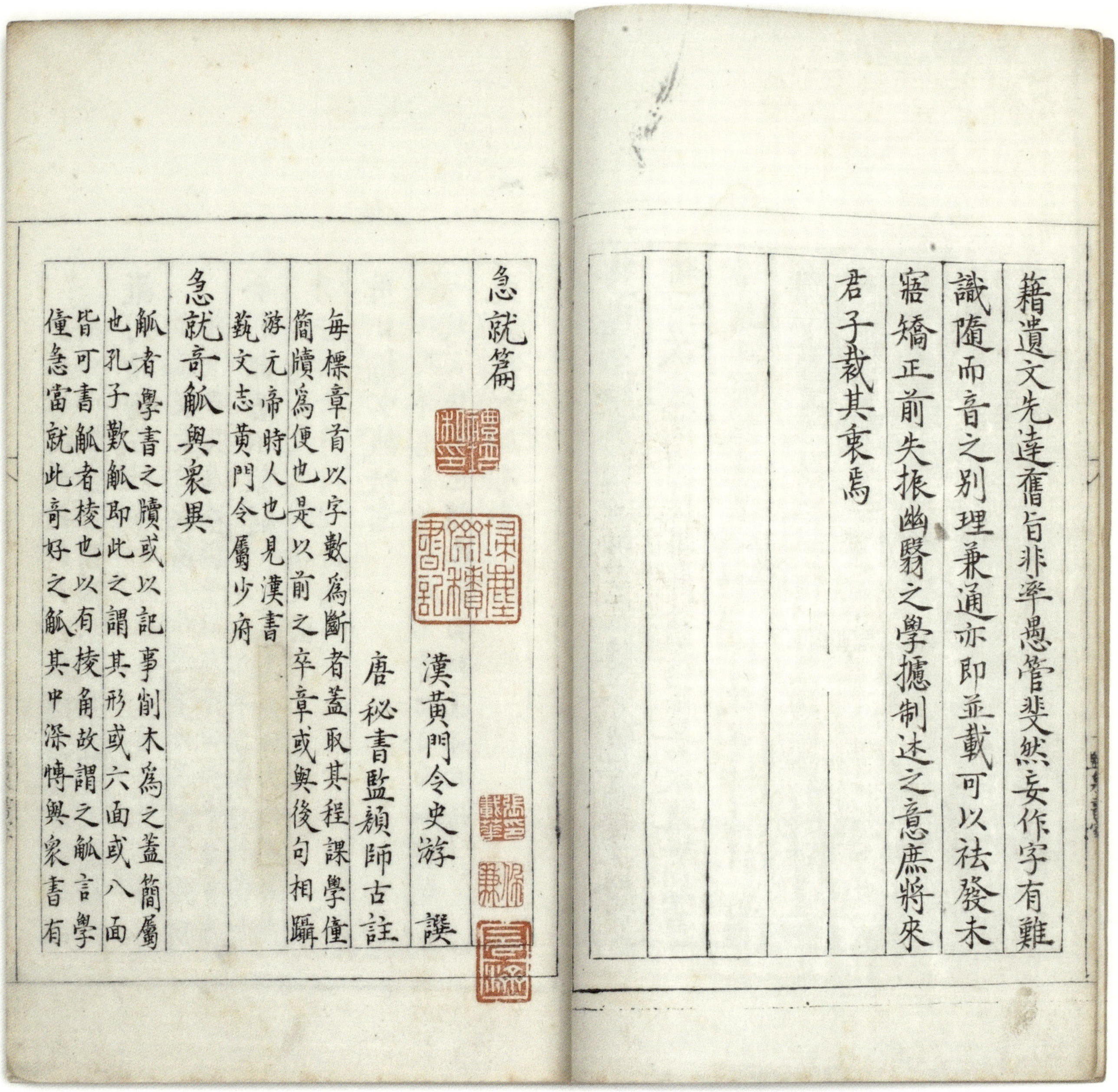

籀遺文先達舊旨非率愚管斐然妄作字有難
識隨而音之別理兼通亦即並載可以袪發未
寤矯正前失振幽翳之學攄制述之意庶將來
君子裁其衷焉

急就篇

漢黄門令史游　譔

唐秘書監顔師古註

每標章首以字數爲斷者蓋取其程課學僮
簡牘爲便也是以前之卒章或與後句相躡
游元帝時人也見漢書
藝文志黄門令屬少府

急就奇觚與衆異

觚者學書之牘或以記事削木爲之蓋簡屬
也孔子歎觚卽此之謂其形或六面或八面
皆可書觚者棱也以有棱角故謂之觚言學
僮急當就此奇好之觚其中深博與衆書有

5. （晋）陶潜撰（宋）汤汉等笺注《陶靖节集》十卷《总论》一卷

明万历十五年休阳程氏刻本

清张宗柟过录清查慎行校，张元济先生跋。

有"宗柟手勘"（白文）、"鸥舫珍藏"（朱文）藏印。宗柟为张宗柟，张元济先生六世祖张宗松之弟。鸥舫为张鹤征，字选岩，号云汀，别号鸥舫，张载华长子、张宗柟嗣子。

是書許點為余六世六世祖思弼公手筆　眉端紅藍筆名係與六世九
世祖岳齋公所輯初白菴詩許相合蓋據初白菴詩本過錄也惟
卷之三五六眉端墨筆各係則初白菴詩許俱不載然頗似先生手蹟卷
六閑情賦許語不肯身及其醜矣確似先生暮年出獄後口吻卷端題詩
明像思弼公手錄何以又有初白小印殊不可解撥先生平於雍正五年思
弼公生康熙五十年先生歿時公巳十八歲先生為余六世祖宴坪公題四時
行樂圖　見敬業堂續集浸興集下　在康熙六十一年越二年又為題捫腹圖　見思
岳公鈔年敬業堂續集刻於不載　是時先生詩名滿天下而公又從許萬廬先生學詩
思弼公藏村詞存謂合厂公三十和庚萬廬師自詩人家刻晴雲雅詞東谷公序謂萬廬館莎圖十餘午按思弼公並於合厂
公六世藏是十六七歲時萬廬必巳設帳莎圖矣　而公又從許岳齋公稱萬廬於先生名種許語手之不輝
度公過錄是集評點時必在十六七歲余七世祖妣陳太淑人為宋齋先生之女先生與
宋齋先生同里少同學往還唱和至老不輟　敬業堂續集餘生集下兩千年兩有陳宋齋有新年試筆
見寄詩即次去年中秋韻其疊奉訓　花朝偕韓楽家他乎赴陳宋齋有梅之招兩宵得宋齋見壽詩
期於中秋錢延蓋湖莊之約次誼奉壽詩以意度之必是公隨陳太淑人歸宵得見先生以過錄

之今呈閣先生獎揄後進為加印記其特增評語數則特後朱岳齋公輯初白菴詩許
不為朱入不無可疑意者偶朱之見歟卷末記陶詩畫冊一節為合厂公手筆餘皆行忡
亦必二公所書特余獲見者少不能辯認吳江安傳沆科同年今年春自京師南下過蘇州
以銀幣二十圓為我得之先人手澤幸得珠邃良朋雅誼至可感謝時國變後十三年癸
亥穀雨節　元濟識　[印]

　　　[印]

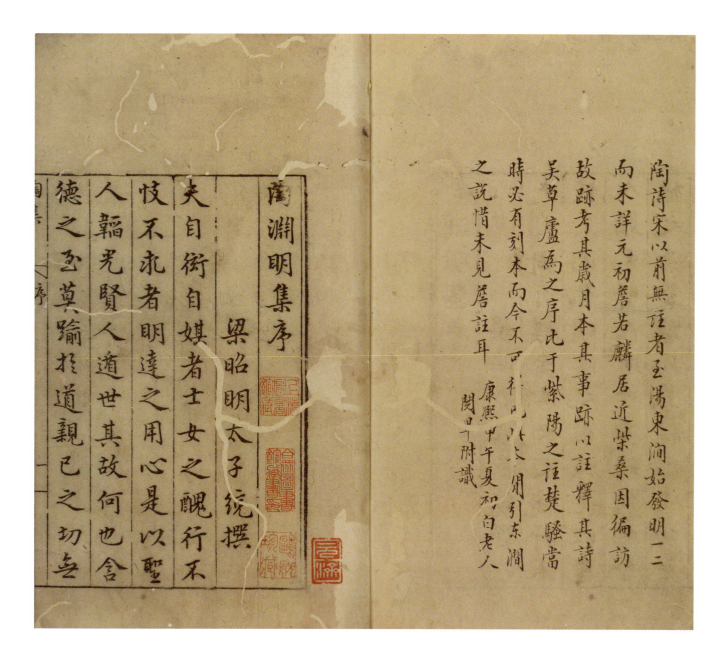

陶詩宋以前無注者至湯東澗始發明一二
而未詳元初若麟居近栗桑因徧訪
故跡考其歲月本其事蹟以註釋其詩
吳草廬為之序此于紫陽之註楚騷當
時必有刻本而今不可行矣月引東澗
之說惜未見湯註耳
　　康熙甲午夏初白老人
　　閱□□附識

�

陶淵明集序

梁昭明太子統撰

夫自衒自媒者士女之醜行不
怨不求者明達之用心是以聖
人韜光賢人遁世其故何也含
德之至莫踰於道親已之切無

济宁寓楼讀陶詩畢以題於後

顔謝非同調千秋第一人精溪涵道味

爛熳發天真有耻難偕俗無官不計

貧平生頑懦意感動賴先民 時余方困病乞假

癸巳七月望慎行志

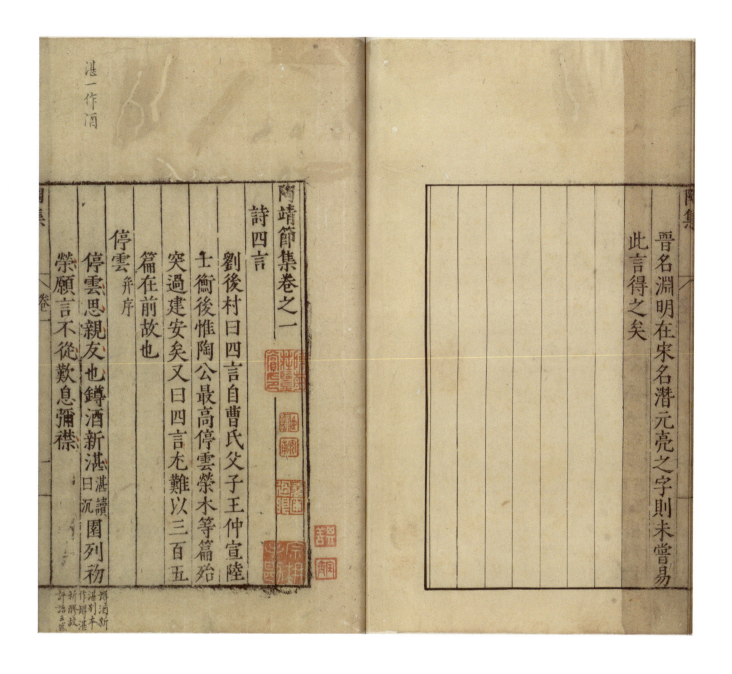

晉名淵明在宋名潛元亮之字則未嘗易
此言得之矣

湛一作酒

陶靖節集卷之一

詩四言

劉後村曰四言自曹氏父子王仲宣陸
士衡後惟陶公最高停雲榮木等篇殆
突過建安矣又曰四言尤難以三百五
篇在前故也

停雲并序

停雲思親友也罇酒新湛園列初
榮願言不從歎息彌襟

陶集　卷一　一

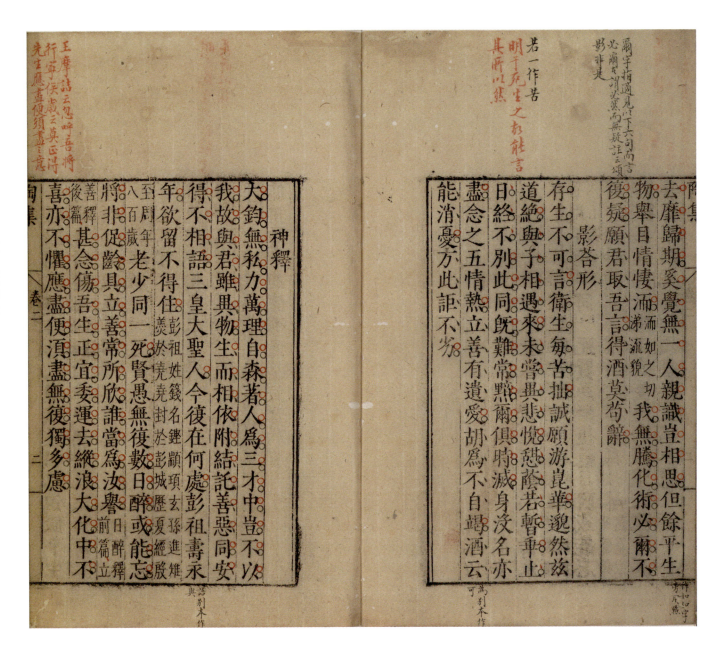

陶集

卷二

神釋

大鈞無私力萬理自森著人為三才中豈不以
我故與君雖異物生而相依附結託善惡同安
得不相語三皇大聖人今復在何處彭祖壽永
年欲留不得仕（羨於堯舜封於彭城歷夏經殷
至八百歲）老少同一死賢愚無復數日醉或能忘
將非促齡具（日醉前篇　立善釋前篇）立善常所欣誰當為汝譽
甚念傷吾生正宜委運去縱浪大化中不
喜亦不懼應盡便須盡無復獨多慮

影答形

存生不可言衛生每苦拙誠願游崑華邈然茲
道絕與子相遇來未嘗異悲悅憩蔭若暫乖止
日絕不別此同既難常黯爾俱時滅身沒名亦
盡念之五情熱立善有遺愛胡為不自竭酒云
能消憂方此詎不劣

去靡歸期奚覺無一人親識豈相思但餘平生
物舉目情悽洏而如之切我無騰化術必爾不
復疑願君取吾言得酒莫苟辭

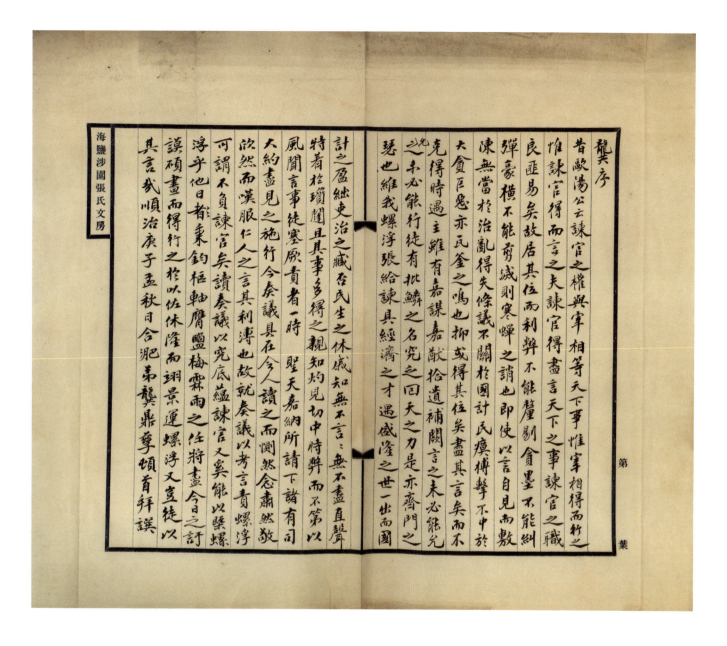

海鹽涉園張氏文房

龔序

昔歐陽公云諫官之權與宰相等天下事惟宰相得而行之惟諫官得而言之夫諫官得盡言天下之事諫官之職

良匪易矣故居其位而利弊不能釐剔貪墨不能糾陳豪橫不能剪滅則寒蟬之誚也即使以言自見而敷彈劾當於治亂得失條議不關於國計民瘼博擊不中於大貪巨惡亦瓦釜之鳴也抑或得其位盡其言矣而不克得時遇主雖有嘉謀嘉猷拾遺補闕言之未必能允尤未必能行徒有批鱗之名究之回天之力是亦齊門之瑟也維我螺浮張給諫具經濟之才遇盛隆之世一出而圖

第　葉

計之盧繼述治之藏吾民生之休戚知無不言言無不盡直聲特著拾瓊瑤且其事多得之親知灼見切中時弊而不第以鳳聞言事徒塞厥責者一時聖天嘉納所請下諸有司大約盡見之施行今奏議具在今人讀之而惻然念肅然敬欣然而嘆服仁人之言其利溥也故就奏議以考言責螺浮可謂不負諫官矣讀奏議以究底蘊諫官又豈能以螺浮乎他日都秉鈞柄軸膺鹽梅霖雨之任將盡今日之訏謨碩畫而得行之於以佐休隆而翊景之宣徒以浮文宣徒以其言我順治庚子孟秋日合肥弟龔鼎孳頓首拜譔

6. （清）张惟赤撰《入告初编》一卷《二编》一卷《三编》一卷

嘉庆二十三年莫逢泰补刊印本

张元济先生手补龚鼎孳序文。

《入告编》是张元济先生九世祖张惟赤的奏折汇集，幼年时张元济先生就从长辈处听说张惟赤的令其肃然起敬的事迹。后来"假得《入告编》，开卷庄诵"后，更使张元济悟出"晓然于致君泽民之道，而懔然于吾父诏以诵习之意"，坚定了他继承涉园精神、搜藏图书之志。

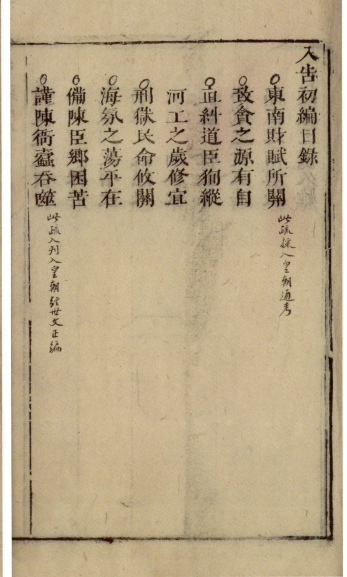

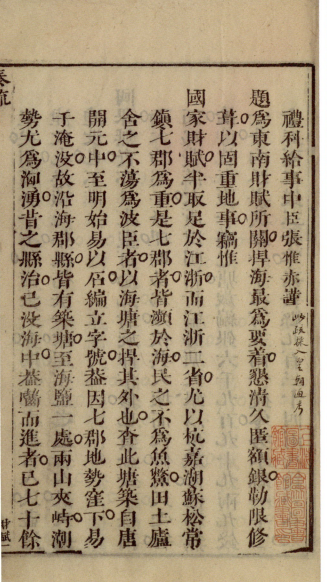

禮科給事中臣張惟赤謹　此疏採入皇朝通考
題為東南財賦所關捍海最為要著懇清久匱額銀勒限修
葺以固重地事竊惟
國家財賦半取足於江浙而江浙二省尤以杭嘉湖蘇松常
鎮七郡為重是七郡者皆瀕於海民之不為魚鱉田土廬
舍之不蕩為波臣者以海塘之捍其外也查此塘築自唐
開元中至明始易以石編立字號益因七郡地勢窪下易
于淹没故沿海郡縣皆有築塘至海鹽一處兩山夾峙潮
勢尤為洶湧昔之縣治已没海中基墟而進者已七十餘

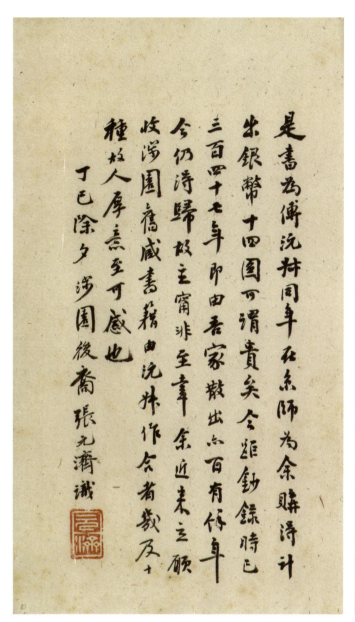

（二）蒐集古书

1. （宋）陈槱撰《负暄野录》二卷

明隆庆元年叶恭焕抄本

在寻觅蒐集图书的过程中，张元济先生得到友朋的热情帮助，傅增湘是其中之一。在《负暄野录》跋中张元济就写道："是书为傅沅叔同年在京师为余购得，计出银币十四圆，可谓贵矣。今距钞录时已三百四十七年，即由吾家散出，亦百有余年。今仍得归故主，宁非至幸！余近来立愿收涉园旧藏书籍，由沅叔作合者几及十种。故人厚意，至可感也。"

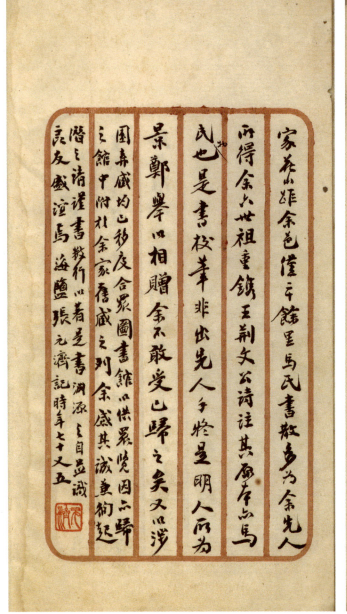

2.　（唐）王维撰《王摩诘集》二卷

明嘉靖黄埻刻《十二家唐诗》本

从张元济先生跋中可知，此书为潘景郑觅得，因此书为张元济六世叔祖张元龙（字雨岩）旧藏，潘景郑"举以相赠"。

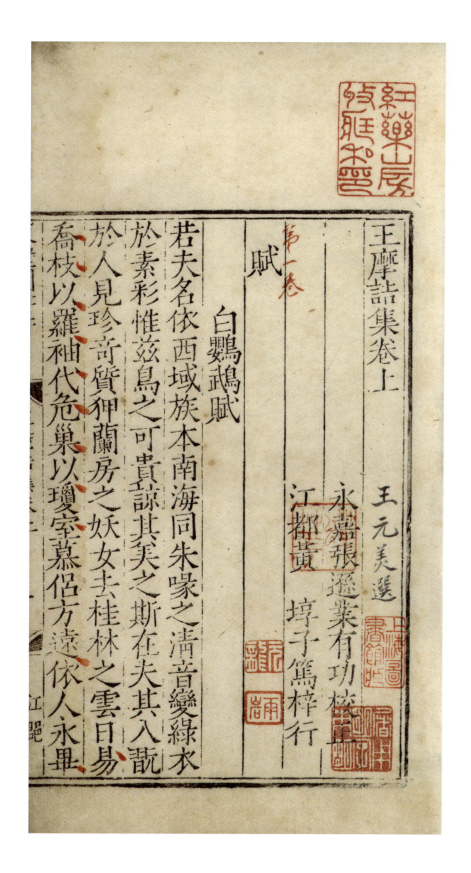

王摩詰集卷上

賦

白鸚鵡賦

王元美選

永嘉張遴業有功校正
江都黃 埻子篤梓行

第一卷

若夫名依西域族本南海同朱喙之清音變綠衣
於素彩惟兹鳥之可貴諒其美之斯在夫其入觀
於人見珍奇質狎蘭房之妖女去桂林之雲日易
喬枝以羅袖代危巢以瓊室慕侶方遠依人永畢

太冲詩鈔卷五

　　　　　　　海鹽　陸以謙　鳴貞

古今體詩五十首

遊天龍山

天龍孕靈秀中有梵王家晨興駕青驄載酒一來過出
門不數里輪蹄歷陵陀居民採石炭煤室漫山阿拂衣
黝烟墨到眼眯黃沙臨風一惘悵中道擬迴車山僧邀
我去路曲行如旋螺行離塵境杳杳入烟霞松柏散林
麓洞壑開谽谺琳宮敞巖半四面嵐光遮譬彼淤泥中
有此青蓮花回首望來徑塵寰隔幽遐

此談麟祥世兄所贈桴紙中縫有十三古印
齋字樣前二冊鈔寫甚精後一冊稍遜而和為
誰氏藏本如此為十五卷者惜之庫惜夷
首若干葉稍有損闕不知此間為有他本遂
以僧補至中與諸族祖唱和之作甚多宜珠藏
之　乙丑五月初三夜　張元濟識

偶閱朱晴嵐光暄先生健初詩鈔知十三古印為
先生齋名也　丙寅孟夏既望元濟再記

3.（清）陸以謙撰《太冲詩鈔》十五卷

清朱光暄十三古印齋抄本

从张元济先生跋中可知，此书为谈麟祥所赠。

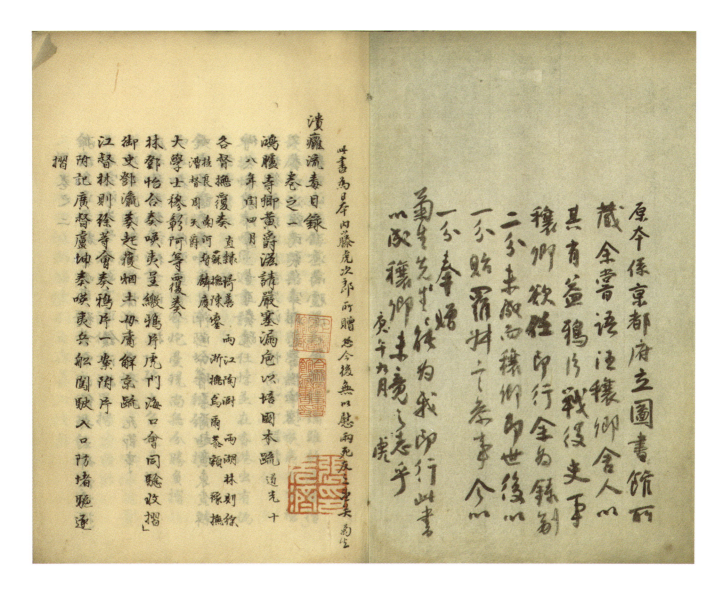

4. （清）王清亮辑《溃痈流毒》

日本抄本

从张元济先生跋中可知，此书为日本内藤虎次郎所赠。

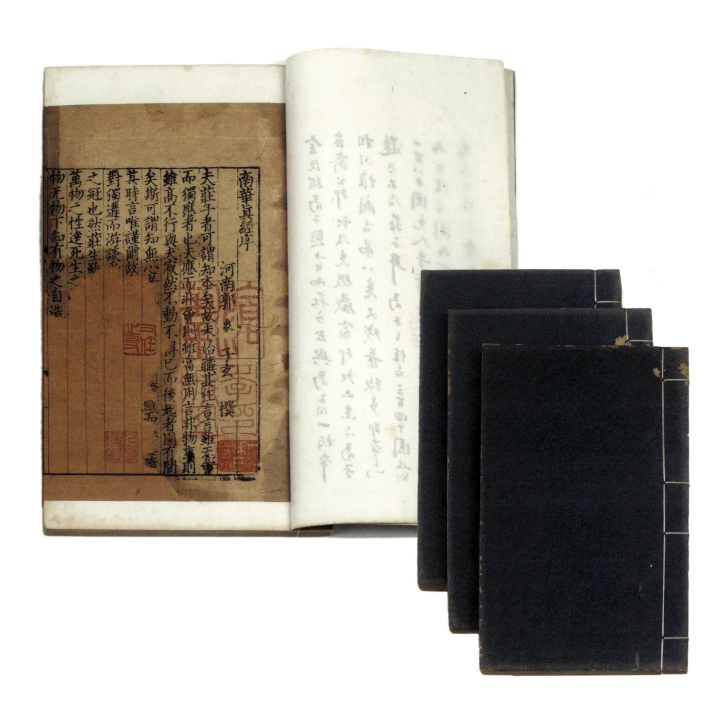

5. （晋）郭象注（唐）陆德明音义《纂图互注南华真经》十卷（存九卷：一至七、九至十）

元刻本

为了得到心仪的古籍，张元济不惜重金。从此书跋中可知，张元济先生为了得到此书，花了一百八十圆，而此前为了购得宋刻元修本《纂图互注荀子》更花了三百四十圆。张元济先生的态度是："先人手泽，得以来归，虽糜重金，亦所不惜。"

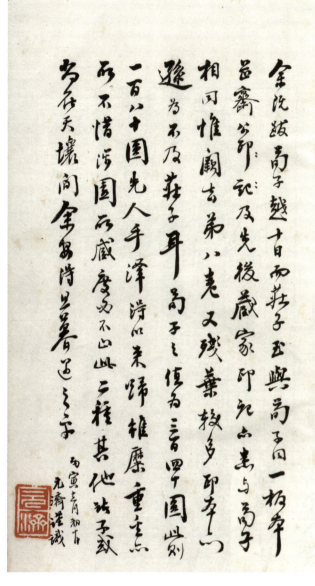

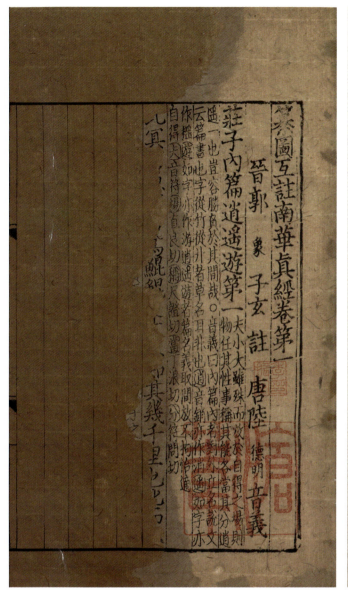

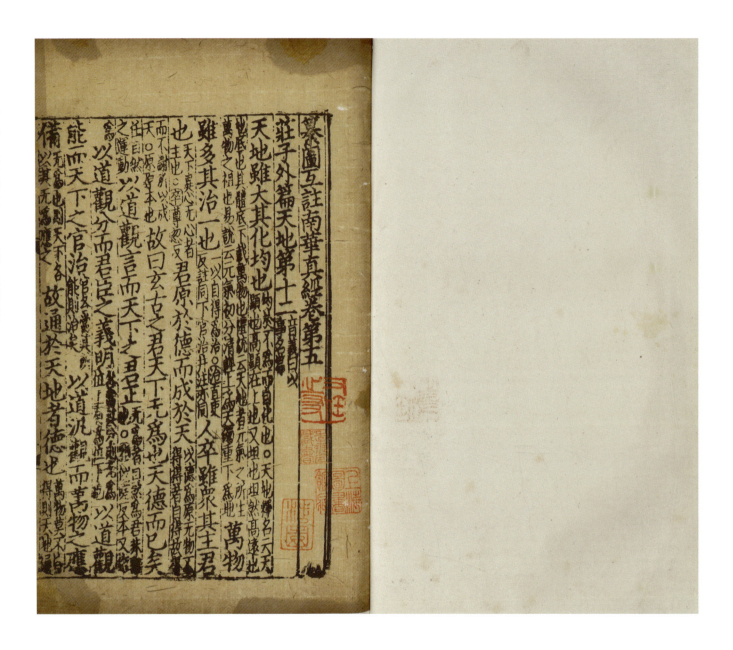

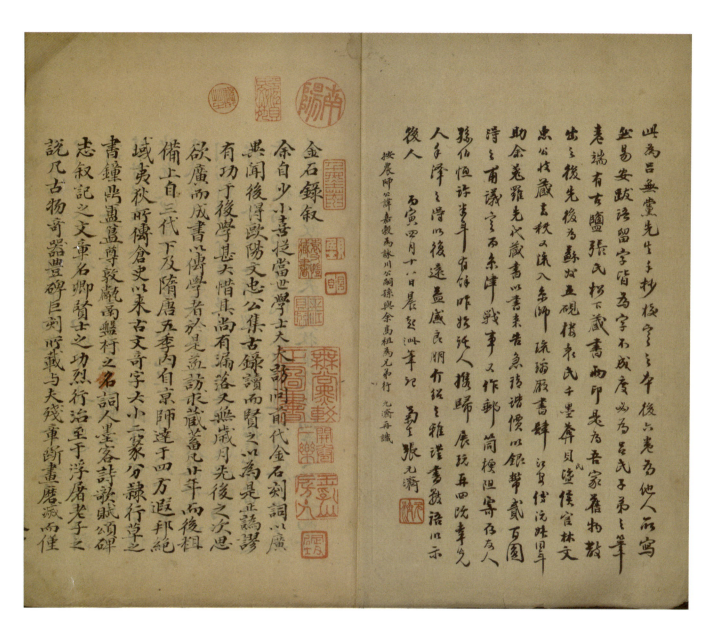

6. （宋）赵明诚撰《金石录》

清吕无党抄本

购书、取书的过程有时也备尝艰辛。从此书跋中可知，张元济先生得傅增湘帮助，在北京琉璃厂书肆花费重金购得此书后，恰逢战乱，"寄存友人孙伯恒许半年有余"，才托人携归。

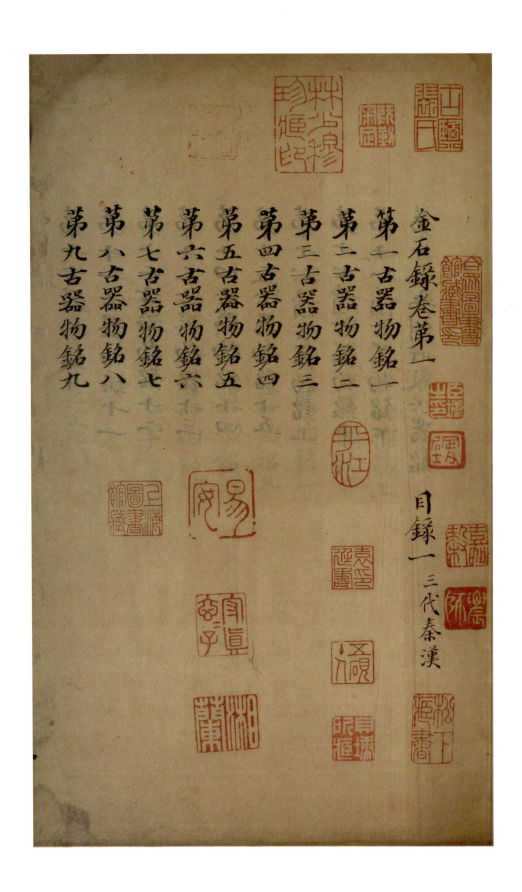

金石錄卷第一

目錄一 三代秦漢

第一 古器物銘一
第二 古器物銘二
第三 古器物銘三
第四 古器物銘四
第五 古器物銘五
第六 古器物銘六
第七 古器物銘七
第八 古器物銘八
第九 古器物銘九

久聞王佩初有此書攜至海上欲
得善賈索之不應今日忽得陳州
通兄訃聞以見貽良友雅意可感
之至　　　戊辰仲秋四日張元濟謹識

錢思復詩序
錢唐錢思復好學而有才當壯盛之年未嘗有紛華
之悅余見其詩益知其為人思復知余之知之也患
出其生平所著者以示余何其妥適清簡々乎有
唐人之流風焉夫詩本於性情之微觀其音響韻致
可以知其蘊於衷者尚怵于利欲而受變於世故之
紛紜雖飾其言以為詩固不能逃乎識者之目矣思
復養於內者完而接于外者不離故其發於言者若
此嗚呼詩豈可强為之哉余蚤歲亦嘗有志于是顧
為貧所驅奔走埃壒之塗蓋久矣安得從思復日襄

7. （元）钱惟善撰《江月松风集》十二卷《补遗》一卷

清抄本

张元济先生真心诚意欲购此书，而书商"欲得善贾，索之不应"。后来还是陈
叔通购得此书赠送给了张元济。

江月松風集卷之一　　錢唐錢惟善思復

古詩二首

鳳麟別千載騷雅流餘聲南入蒼梧天鴻鴈離〻鳴
騁目江上秋〻雲白英英扣舷欲何之山水遺韶頀

又

白馬幾潮汐震盪赤帝闕不洗鴟夷黿千年屬鏤血
我歆轎赤蚪東上探禹穴手披青玉書逍遙弄明月

送韓介石之平江財賦提舉分韻得館娃宮

吳宮沒花草千年遊麋麞鄉徑空陳迹琴臺餘故基

8. （清）徐卓撰《徐苹村全稿》十三种三十一卷

清康熙四十七年精刻本

踏破铁鞋无觅处，得来全不费工夫。张元济先生获取此书就是这样。张元济先生跋云："余求之十余年，终不可得。访之湖州藏书刘、蒋诸家，均称无有。今于无意中得之，可喜之至！"

此為吾六世伯祖吟廬公此藏之本卷端重
編目録為（葉井峤而更定）兩卷中評語則許蒿廬
先生依陸氏本追録者如首冊有鷗舫珍藏印
一方鷗舫公為公之長子工詩文能世其家學此
書不知何時散出先緒之季余為商務印書設
圖書館建檔度書題曰涵芬樓會稽陶氏書石
十位擱以賓之而此書適在其中余見兩慕之甚
以其為公有之物不敢遽诼為私有如前月偶至
博古齋見有此樣之書乃依吾家藏本過録也

（三）庋藏善本

1. （清）吕留良、（清）吴之振辑《宋诗钞初集》九十五卷

清康熙十年吴氏鉴古斋刊本

张宗橚手写目录并录陆辛斋评点，张元济跋。

张元济藏书重点明确，集中在嘉兴、海盐先哲遗书与乡邦文献，张氏先世著述、刊印评校之书及张氏旧藏书籍。本书编辑者吕留良、吴之振为嘉兴府石门县人。

张元济六世祖张宗松之弟张宗橚手写此书目录并录陆辛斋评点。

且有海寧管音湘先生評點手跡因以銀餅四十枚
贖得之商諸主者用以易歸吾家癸卯先人李澤
往百致十年流傳移分而流傳多甚子孫所有鑒
異之中有呵護之靈耶書畫有天字第一而
九八獅數字印涵芬樓編目之彌如丁巳四月
沈望汈元濟

謹授卷端目錄為吟廬公手筆而書眉評語則諭川公
所錄者也丙寅五月十日元濟又識

序

自嘉隆以還言詩家尊唐
而黜宋宋人集覆瓿糊壁
棄之若不克盡故今日蒐
購最難得黜宋詩者曰腐
此未見宋詩也宋人之詩

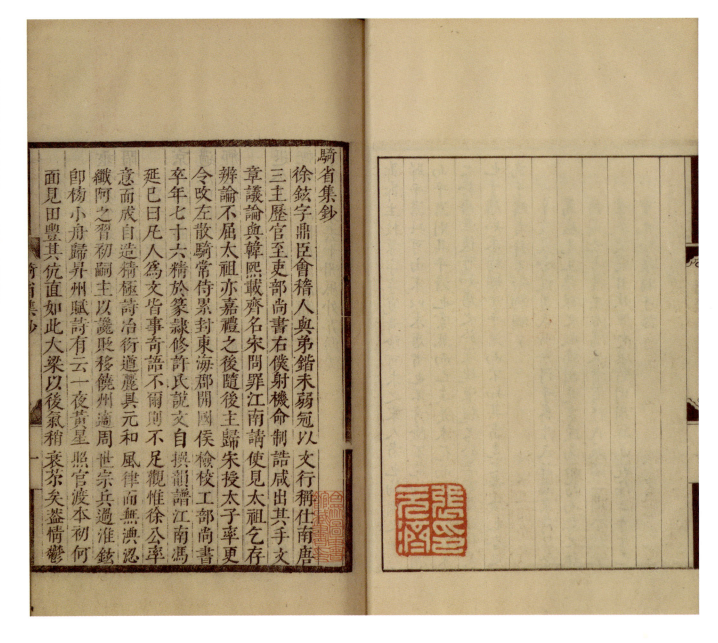

騎省集鈔

徐鉉字鼎臣會稽人與弟鍇未弱冠以文行稱仕南唐
三主歷官至吏部尚書右僕射機命制誥咸出其手文
章議論與韓熙載齊名宋問罪江南諸使見太祖乞存
辨論不屈太祖亦嘉禮之後隨後主歸朱授太子率更
令改左散騎常侍累封東海郡開國侯檢校工部尚書
卒年七十六精於篆隸許氏說文自撰惟徐公率
延巳曰凡人為文皆事奇語不爾則不足觀惟徐公率
意而成自造精極篆冶術道麗其元和風律而無溴忍
徽阿之習初嗣主以讒貶移饒州適周世宗兵過淮鉉
郎楊小舟歸异州賦詩有云一夜黃星照官渡本初何
面見田豐其伉直如此大梁以後氣稍衰苶矣蓋情鬱

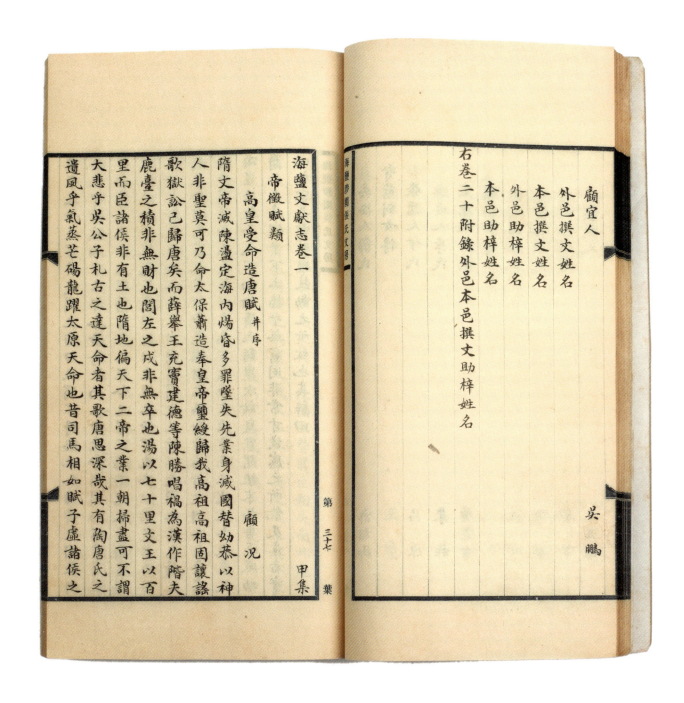

遺風乎氣蒸芒碭龍躍太原天命也昔司馬相如賦子虛諸侯之

大悲乎吳公子札古之達天命者其歌唐思深哉其有陶唐氏之

里而臣諸侯非有土也偏天下二帝之業一朝掃盡可不謂

鹿臺之積非無財也閣左之戍非無卒也湯以七十里文王以百

歌獄訟已歸唐矣而薛舉王充竇建德等陳勝唱禍為漢作階夫

人非聖莫可乃命太保蕭造奉皇帝璽綬歸我高祖固讓謠

隋文帝滅陳潘定海內煬昏多罪墜失先業身滅國替幼恭以神

高皇受命造唐賦并序　　　　　顧況

帝徵賦類

海鹽文獻志卷一

海鹽涉園張氏文房

第三十七葉

甲集

右卷二十附錄外邑本邑撰文助梓姓名

本邑助梓姓名

外邑助梓姓名

本邑撰文姓名

外邑撰文姓名

顧宜人

吳鵬

2. （明）王文禄辑《海盐文献志》二十卷

海盐张氏涉园抄本

此书为海盐乡邦文献。

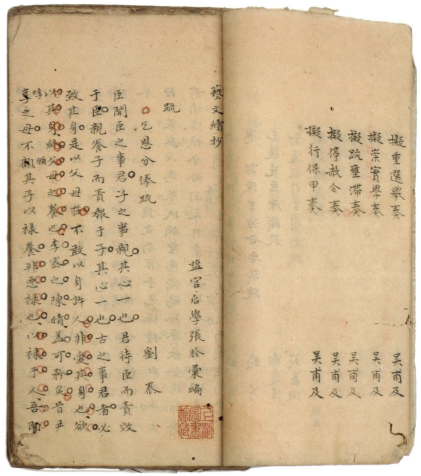

3.　（清）张衿辑《盐邑艺文续钞附补编残稿》不分卷

清抄本

此书为海盐乡邦文献，辑者张衿为张元济八世叔祖。

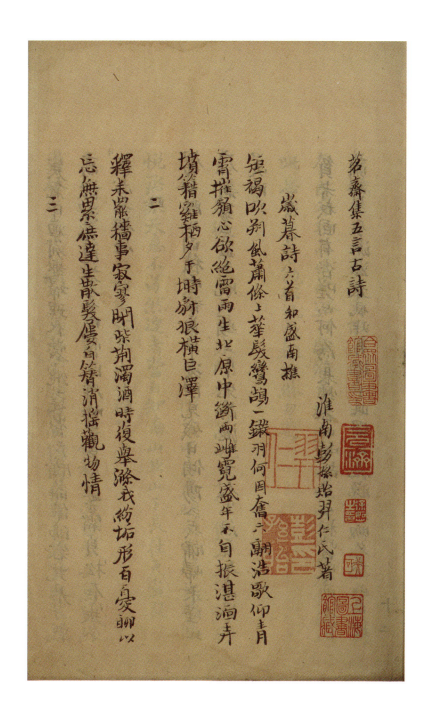

4.（清）彭孙贻撰《茗斋诗》十八卷，张元济辑《补》一卷（存十五卷：一至六、八至十、十二至十八，补一卷全）

稿本

作者彭孙贻，字仲谋，一字羿仁，号茗斋，海盐人，明末清初学者。张元济先生对彭孙贻学问极其为推重，在跋中谓"茗斋先生博学能文，于学无所不窥"。此书属海盐先哲遗书。

春斋先生博学於文推学无所不窥著述甚
夥然多不传即以诗论睹此钞怅焉为人
嘉庆时余族祖春溪公官甘肃时刊先生幼
年诗十卷闻同邑某氏藏先生手钞定本
全部思浼刊亦之不可得余欲钟成公志
先後攷请先生子稿五千种暨他人传钞先
生诗四百卅些所阙犹多邻友徐君行可善
言曰书祖余欲刻先生诗语余有是稿余请
携至上海展视则即先生手钞定本也行

可谓得自宦游鄞中海甯辛復禮許余请
以六百金為酬行可許之欵猶未全補以余先
所得傳鈔本猶不足則借余親家葛君詞廚
而藏先生十餘楼年輯補又得詩四百餘首
雜云未備凡所闕書無多矣正是棠輯先
生詩詞雜文凡得二十三卷圖印入四部叢刊
續編中今巳通行海內六可稍慰吾春溪公
未竟之顧矣玆因余旅令多賈於海上者余
既印先生全集访其後嗣欲與商彝藏先

生道禍事顑气甚為寶一似不知其家世
者數典忘祖可勝浩歎是禍凡十二冊皆
水先生手筆卷面記此作筆载卷者即編
入四部叢刊之次第其弟十三卷則为輯自
高氏藏本之詩凡四百有一首新抄本也高
氏藏書燬於此次兵火此書之必無存矣
傷哉

民國紀元三十年八月六日 張元濟識

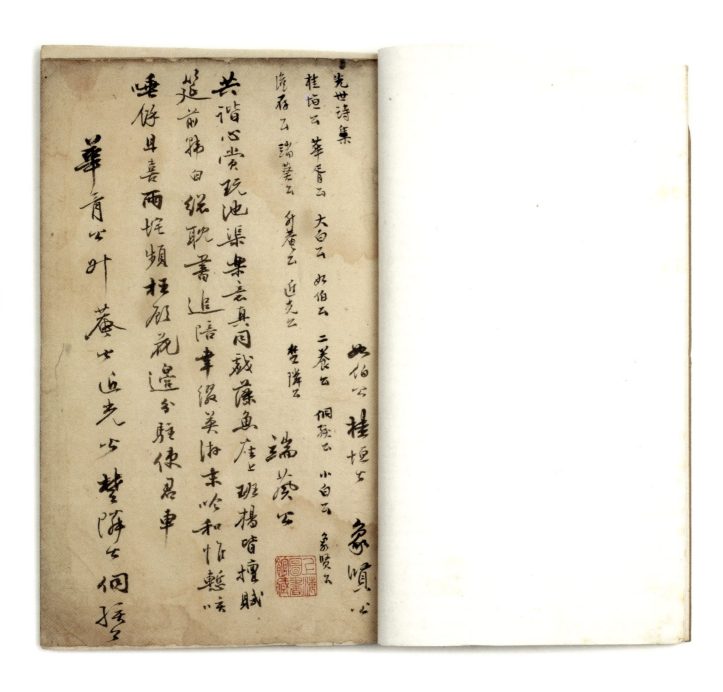

5. （清）张聆辑《张氏先世诗集》不分卷

清抄本

张聆，张元济八世叔祖。此为张氏先世著述。

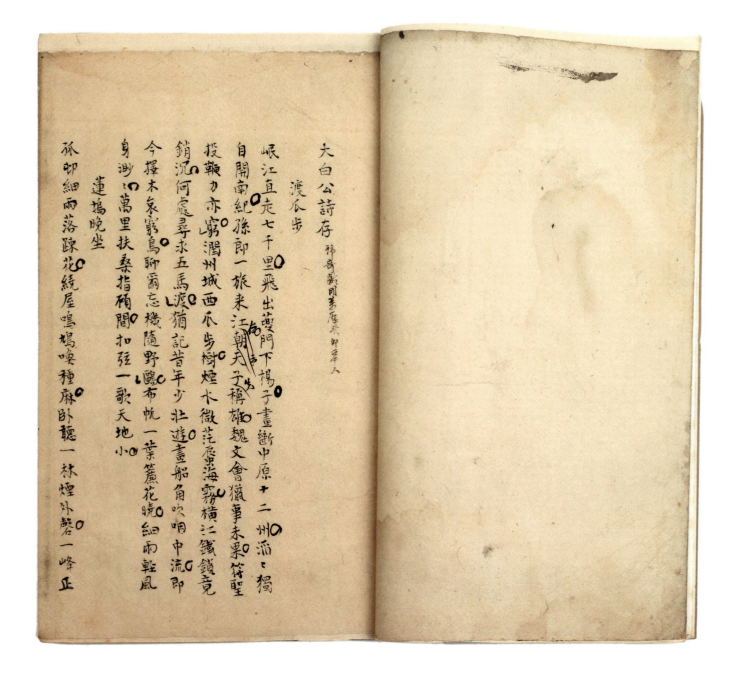

大白公詩存　神奇歘鬥書屋癸卯草草人

渡瓜步

岷江直走七千里飛出夔門下揚子畫斷中原十二州滔ゝ獨
自開南紀孫郎一旅来江朝天子稱雄魏文會獵事未果篙聖
投鞭力亦窮潤州城西瓜步樹煙水微茫盡東海霧橫江鐵鎖竟
鎖沉何處尋求五馬渡猶記昔年少壯遊畫船角吹咽中流即
今擢本氺窮鳥聊爾忘機隨野鷗布帆一葉簫花晩細雨輕鷗
身渺ゝ萬里扶桑指顧間扣弦一歌天地小

蓮塢晚坐

孤卬細雨落跡花繞屋鳴鳩喚種麻卧聽一𥸐煙外磬一峰正

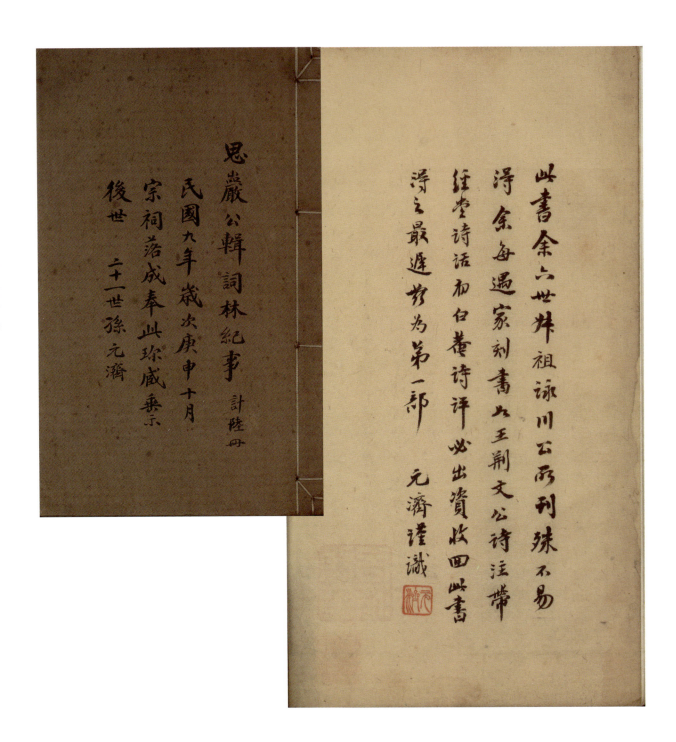

此書余六世胖祖詠川公所刊殊不易

得余每遇家刻書必王荊文公詩注帶

経堂詩話初白菴詩評必出資收囘此書

得之最遲兹為第一部 元濟謹識

思菴嚴公輯詞林紀事 計陸冊

民國九年歲次庚申十月

宗祠落成奉此琭藏垂示

後世 二十一世孫元濟

6. （清）张宗橚撰《词林纪事》二十二卷、
　　（宋）张炎撰《乐府指迷》一卷、（宋）陆韶撰《词旨》一卷、
　　（清）许昂霄撰《词韵考略》一卷

乾隆四十年海盐张氏涉园刊本

张宗橚，张元济六世叔祖。《词林纪事》为张氏先世著述，且为张氏涉园刊印。

詞林紀事卷一　唐

　　　　　　　海鹽　張宗橚　輯

元宗皇帝

帝諱隆基睿宗第三子初封臨淄王舉兵討韋
氏進封平王旋立爲太子以壬子受禪立乙未
安祿山反丙申幸蜀太子卽位靈武尊爲上皇
後還長安壬寅崩在位四十四年改元三先天

開元天寶

古今詞話敎坊記曰開元十一年初製聖壽樂以歌舞之所
司先進曲名以墨點者舞舞有曲敎坊惟得舞伊州五天重
來疊不離此兩曲餘悉讓內家也內家舞曲有二垂手羅廻
波樂蘭陵王春鶯囀牛社渠借席烏夜啼之屬阿
遂曲柘枝黃麞拂林大渭州達摩之屬謂之軟舞
遂曲柘枝黃麞拂林大渭州達摩之屬謂之健舞此崔令欽
所編曲名三百餘調始此

7. （清）查慎行撰《敬业堂诗集》五十四卷《补遗》一卷 《余波词》一卷《附录》一卷

清张宗橚抄本（卷一至四十八配清康熙五十八年刻本）

张元济先生六叔祖张宗橚抄录此书外，又作评点。张元济先生跋谓"先六世叔祖思晅公用最初刊本，评点一过，分红、蓝、黄三色笔，至精细"。

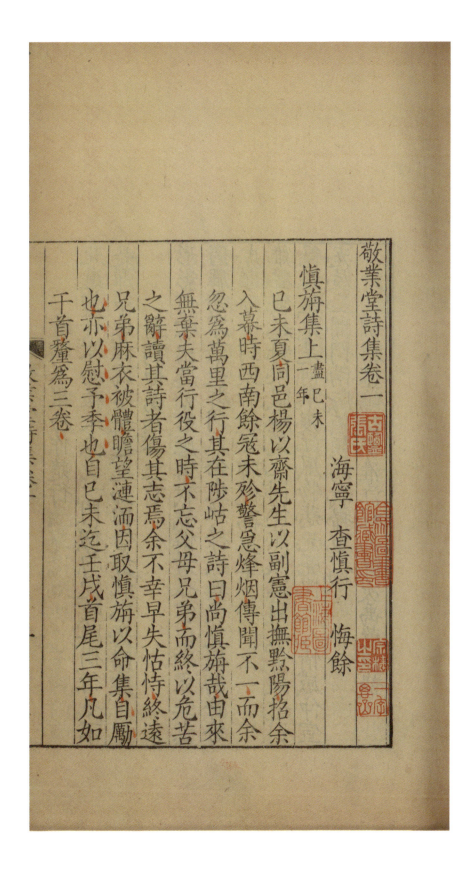

敬業堂詩集卷一

慎旃集上盡巳未一年

海寧　查慎行　悔餘

巳未夏同邑楊以齋先生以副憲出撫黔陽招余
入幕時西南餘寇未殄警急烽烟傳聞不一而余
忽爲萬里之行其在陝岵之詩曰尚慎旃哉由來
無葉夫當行役之時不忘父母兄弟而終以危苦
之辭讀其詩者傷其志焉余不幸早失怙恃終遠
兄弟麻衣被體瞻望連洏因取慎旃以命集自勵
也亦以慰予季也自巳未迄壬戌首尾三年凡如
干首釐爲三卷

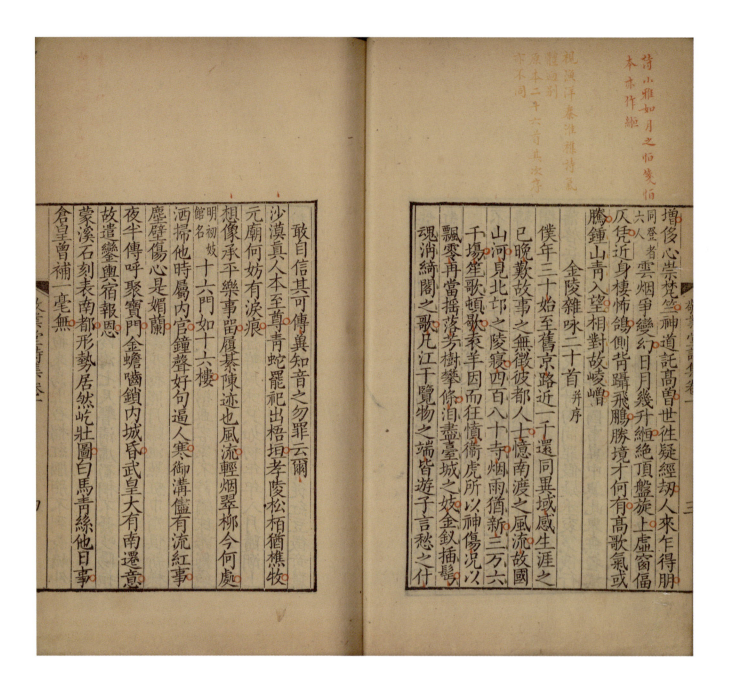

敢自信其可傳興知音之勿罪云爾

沙漠真人本至尊青蛇罷祀出梧垣孝陵松栢猶樵牧
元廟何妨有淚痕

想像承平樂事闌履綦陳迹也風流輕烟翠栁今何處
明初妓十六門如十六樓
館名

洒掃他時屬内官鐘聲好句遍人寒御溝儘有流紅事
塵壁傷心是媚蘭

夜半傳呼聚寶門金蟾齧鎖内城昏武皇大有南遷意

故遣鑾輿宿報恩

蒙溪石刻表南都形勢居然屹牡圖白馬青絲他日事
倉皇曾補一毫無

增俊心崇梵筞神道託高曾世往疑經劫人來乍得朋
同登者雲烟爭變幻日月幾升緪絶頂盤旋上虛窗偪
六人
凡凭近身棲怖鴿側背蹕飛鵬勝境才何有高歌氣或
騰鍾山青入望相對故崚嶒

金陵雜咏二十首　并序

僕年三十始至舊京路近一千還同異域感生涯之
巳晚戴故事之無徵彼都人士憶南渡之風流故國
山河見北邙之陵寢四百八十寺烟雨猶新三万六
千塲笙歌頓歇衰羊因而狂憤循虎所以神傷况以
飄零再當搖落芳樹攀條泪盡臺城之妓金釵插鬢
魂消綺閣之歌凡江干覽物之端皆遊子言愁之什

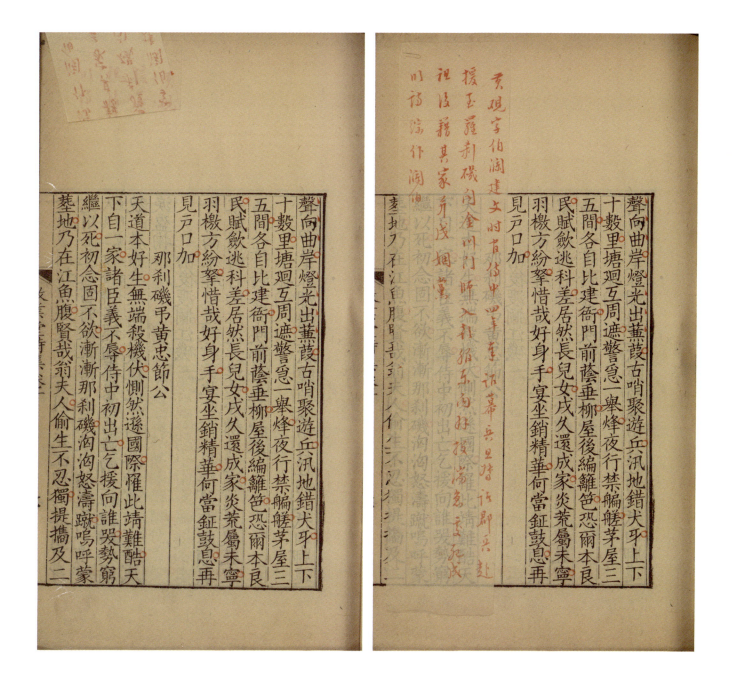

聲向曲岸燈光出蕙葭古哨聚遊兵汛地錯犬平上下
十數里塘廻互周遮警急一舉烽夜行禁徧舾茅屋三
五間各自比建衙門前蔭垂柳屋後編籬笆恐爾本良
民賦歛逃科差居然長兒女戍久還成家炎荒屬未寧
羽檄方紛拏惜哉好身手宴坐銷精華何當鉦鼓息再
見戶口加

那刺磯弔黃忠節公
天道本好生無端殺機伏惻然遂國際罹此靖難酷天
下自一家諸臣義不辱侍中初出亡乞援向誰哭勢窮
繼以死初念固不欲漸漸那刺磯洶洶怒濤蹴鳴呼蒙
塋地乃在江魚腹賢哉翁夫人偷生不忍獨提攜及二

右側欄外注：
陸子齋先生云兩結句句言外
不畫正得古人之意

陸云放翁佳句

漫說秦人曾避地而今此地是窮邊

如荼如火望中分鼓角鐃鉦一路聞黑齒舊疆仍結壘

綠旗別隊自將軍轅門誰上平巒策朝議先頒諭蜀文

輸與書生工笑奕疎簾殘局轉斜曛

再遊德山為雨雪所阻留宿乾明方丈次石間

周益公石刻舊韻二首

但令興到便登山路轉息貪第幾灣福地自留蒼翠外

閒身偏在亂離間殘碑日月看仍在前輩風流許再攀

五百年來如轉眄知從何處證無還

城外清江江上山依然白浪捲蒼灣雪飄燈事闌珊後

春到梅花淺淡間竹樹一丘迷出入樓臺幾處記躋攀

荷蓺簃詩集卷二

陸云境實則語自沃

忘當作止

茶烟茅火前因在信宿留人未遣還

春晴登朗州城樓

沅水湘烟入望深郡樓開上當昏臨晴邊日作董䙃氣

亂裏歌傷去國心芳草迎船迷舊岵綠楊般馬試新陰

劉申去後空城在水次猶傳上堵吟

三閭祠

平遠江山極目廻古祠漠漠背城開莫嫌舉世無知已

未有庸人不忌才放逐宵消忘國恨歲時猶動楚人哀

湘蘭沅芷年年綠想見吟魂自去來

朗州絕句四首

翎雀躍來新調多竹枝舊法定如何居人不解邊頭曲

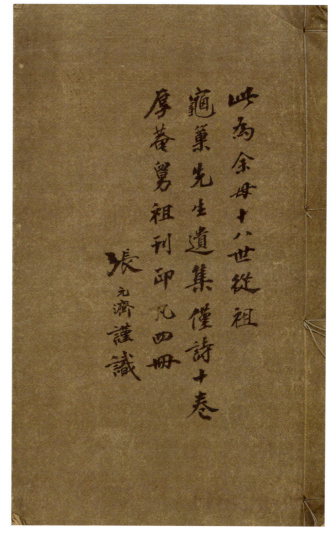

8. （元）谢应芳撰《龟巢稿》

清道光二十五年谢兰生刻本

张元济先生跋："此为余母十八世从祖龟巢先生遗集，仅诗十卷。厚菴舅祖刊印，凡四册。"

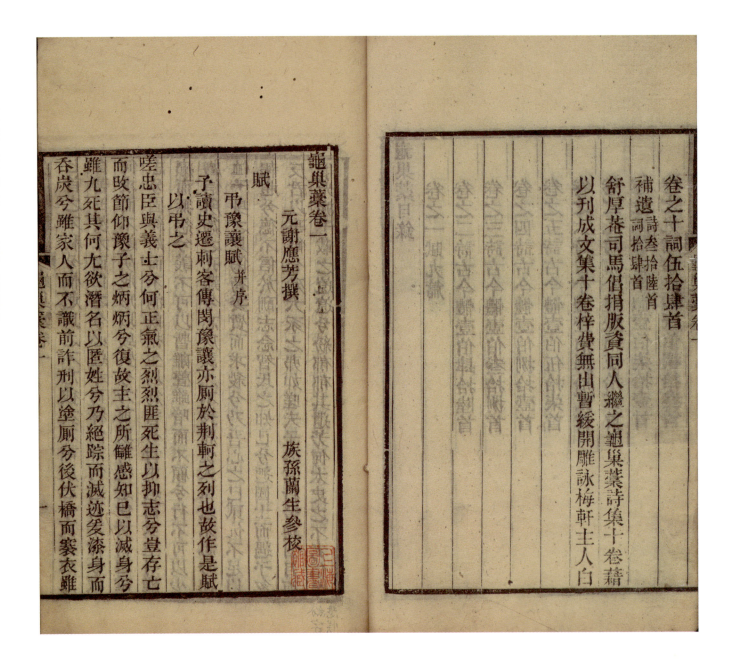

卷之十　詞伍拾肆首
補遺詩叁拾陸首
　　　詞拾肆首
舒厚菴司馬倡捐貲同人繼之龜巢藁詩集十卷藉
以刊成文集十卷梓費無出暫緩開雕詠梅軒主人白

龜巢藁卷一
　　　　元謝應芳撰
　　　　族孫蘭生參校
賦
弔豫讓賦　并序
子讀史遷刺客傳閱豫讓亦廁於荊軻之列也故作是賦
以弔之
嗟忠臣與義士兮何正氣之烈烈匪死生以抑志兮豈存亡
而改節仰豫子之炳炳兮復故主之所讎感知巳以滅身而
雖九死其何尤欲潛名以匿姓兮乃絕踪而滅迹爰漆身而
吞炭兮雖家人而不識前詐刑以塗廁兮後伏橋而褰衣雖

一

余童時待母自粵東回海鹽時洪楊
之亂軍就撫平清廷方詡其中興
之盛洪武遺蹟剗削惟恐不盡故太
平天國之稱絕未入耳偶見有
太平天國錢國字作囻與石草所刋
同錢所製甚小此至鑯陋未久此後不
見右單又有鄉官之名鄉人多有曾充
是職者每諱言之余年幼未能問其
藏掌今其人已無一存焉者矣顏氏家
居南鄭嘗遭兵燹房櫳無毫故足單
獲全六塵在掌故之資也
庚寅歲暮 張元濟年八十

9.（太平天国）章□□发《太平天国海盐县粮户易知由单》

太平天国十一年刻本

张元济先生所藏，除书籍外，尚有部分珍贵的特种文献（非书资料），此份《太平天国海盐县粮户易知由单》便是其中之一。

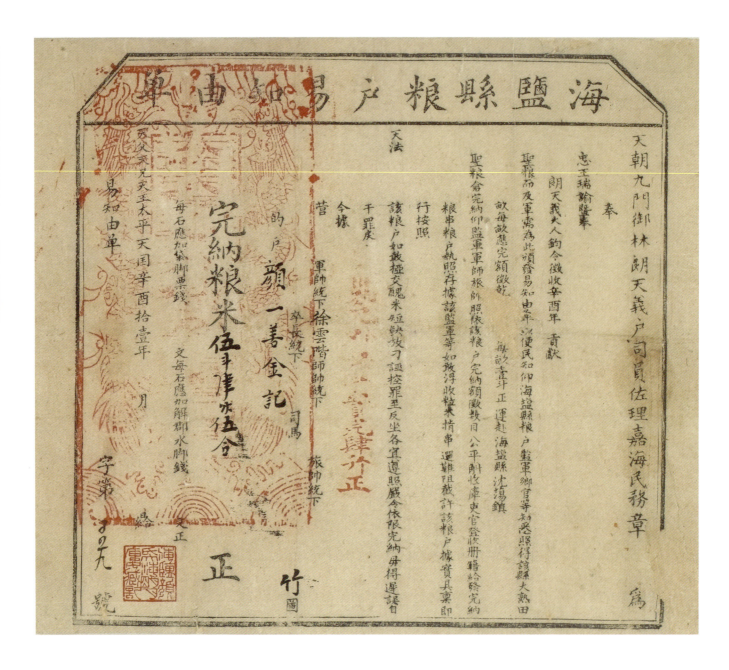

太平天國遺物現已難得此件完

整無缺甚可貴也

陳叔仲弘 一九四九年八月七日

誤作足研究太平天國史實

可寶之物之一

濤也年 一九0九年 十二月二日

太平天国海鹽縣糧戶易知由單

合眾圖書館藏

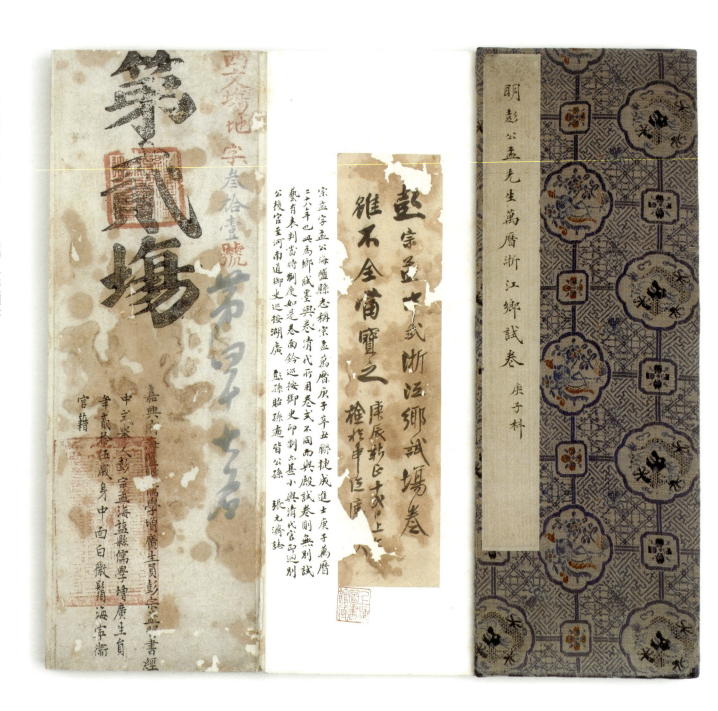

10.（明）彭宗孟撰《明彭孟公先生万历浙江乡试卷不分卷》

明万历二十八年写本

彭宗孟，海盐人，明万历二十八年（1600年）进士。

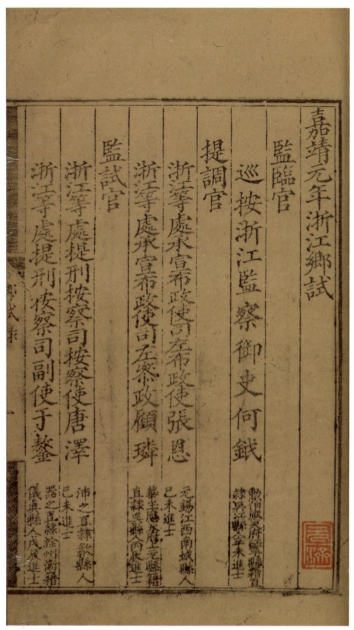

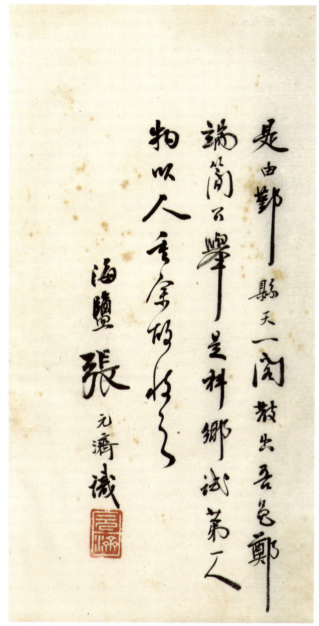

11.《嘉靖元年浙江乡试録》一卷；《嘉靖二年会试登科录》一卷

明嘉靖元年刻本；明嘉靖二年刻本

从张元济先生跋语可知，海盐名人郑晓于嘉靖元年（1522年）乡试第一，翌年中进士，"物以人重"，故特意收藏此两份科举题名榜。

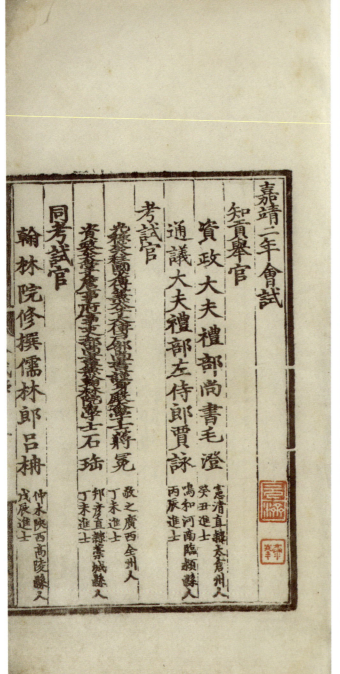

嘉靖二年會試
知貢舉官
資政大夫禮部尚書毛澄　憲清直隸太倉州人　癸丑進士
通議大夫禮部左侍郎賈詠　馮和河南臨潁縣人　丙辰進士
考試官
資善大夫……大學士蔣冕　敦之廣西全州人　丁未進士
資善大夫……大學士石珤　邦彥直隸藁城縣人　丁未進士
同考試官
翰林院修撰儒林郎呂柟　仲木陝西高陵縣人　戊辰進士

鄭端簡為吾毛閣人余既得公年譜慶幸錄文柴存於吾
學編尋書滓似多識前言往行良深於幸云爾
嘉靖元年浙江鄉試第一人天一閣藏書散平原
此譜是年鄉試題名錄公衮然居其首空年聯捷
咸庭至金及此譜之兩多雜名雄與興十八年
同年小錄實祐里錄登科尋欲而自吾毛視之
則不能不謂物以人重具耐錄善石尤為罕有徵
文致獻詢之路已

丁卯孟春沈池
張元濟識

光緒五年己卯科廣東鄉試文舉人錄

欽命主試正考官　周瑞清

欽命主試副考官　黃詒年

粤東羊城西湖黃文英聯桂堂刻

【己卯科榜吏姚沛勳】

12.　《蕊榜清芬：光緒五年廣東鄉試文舉人錄》

光緒五年刻本

在跋語中，張元濟先生回憶了自己科舉歷程中的一段經歷。

光緒己卯歲余年十三随官身卒室絲冬後於讀書

先生讀學為舉業是秋鄉試榜發一夕燈下余父
出廣東闈墨指第一名陳伯陶而為文為諱解言
次若不勝企羨著余私自揣他日余必為此以娛吾親
翌年侍母回海鹽其年冬余父以署理陵水縣事積勞病
歿住所越九年己丑恩科余獲中式本省鄉試闈墨
利余首藝余僅得捧呈吾母而吾父已不及見又四年壬辰
余舉進士睹同榜陳伯陶進憶己卯秋夕侍吾父誦廣
東闈墨事歷歷如在目前而吾父棄養已十有三年矣追
晤子礪同年語以是事真如舊識 豫泉岡年先與子
礪同登鄉榜是歲又同舉進士顧以病未與殿試其後復
不勝感愴者次著余私自揣

歐官外省故蹤跡較疎國變後來居上海時一相見始知
與子礪為兒女親家子礪第十二女適其弟七子俊堕掌衠
其无良士以年家子禮来謁余見之如見故人今歲余移
居霞飛路旺 豫泉為所近過従稍密舊事舉鄉試滿
六十年當重赴鹿鳴宴 豫泉今歲躬與其盛會新浮
當年坊刻題名錄一葉朋輩競為詩以張其事 豫泉
以際余三所識榜中僅崔磐石前輩劉問芻謝漱六三君顧
皆已作古人子礪六已於八年前下世獨 豫泉為僅存碩果
且精神覽鑠強健無殊五六十許人轉瞬壬辰再周重宴
瓊林亦意中事余欲為之賀而愧不能詩因記其與是榜
之因緣蕙豫為之十三年後遺 君同會瓊林之左劵焉
豫泉宗无同年大人推鑒 年小弟張元濟拜記

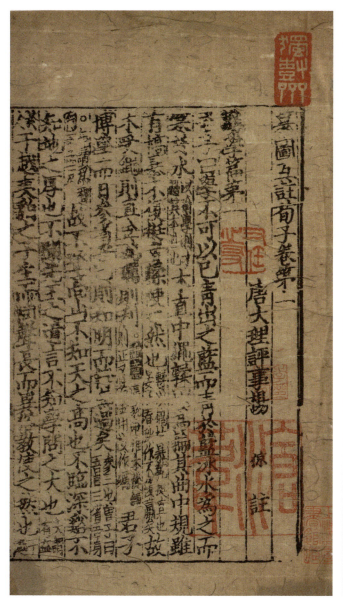

13. （唐）杨倞注《纂图互注荀子》二十卷

宋刻元修本

张元济先生藏书中不乏古籍善本。此书原为张元济先生六世叔祖张载华（号芝斋）所藏，张元济不惜重金购得。

14.（宋）徐梦莘撰《三朝北盟会编》二百五十卷

清抄本

此本为《四库全书》底本。清江声、吴城、朱文藻、彭元瑞等校，清吴城、朱文藻、彭元瑞及张元济跋，并过录傅增湘跋。

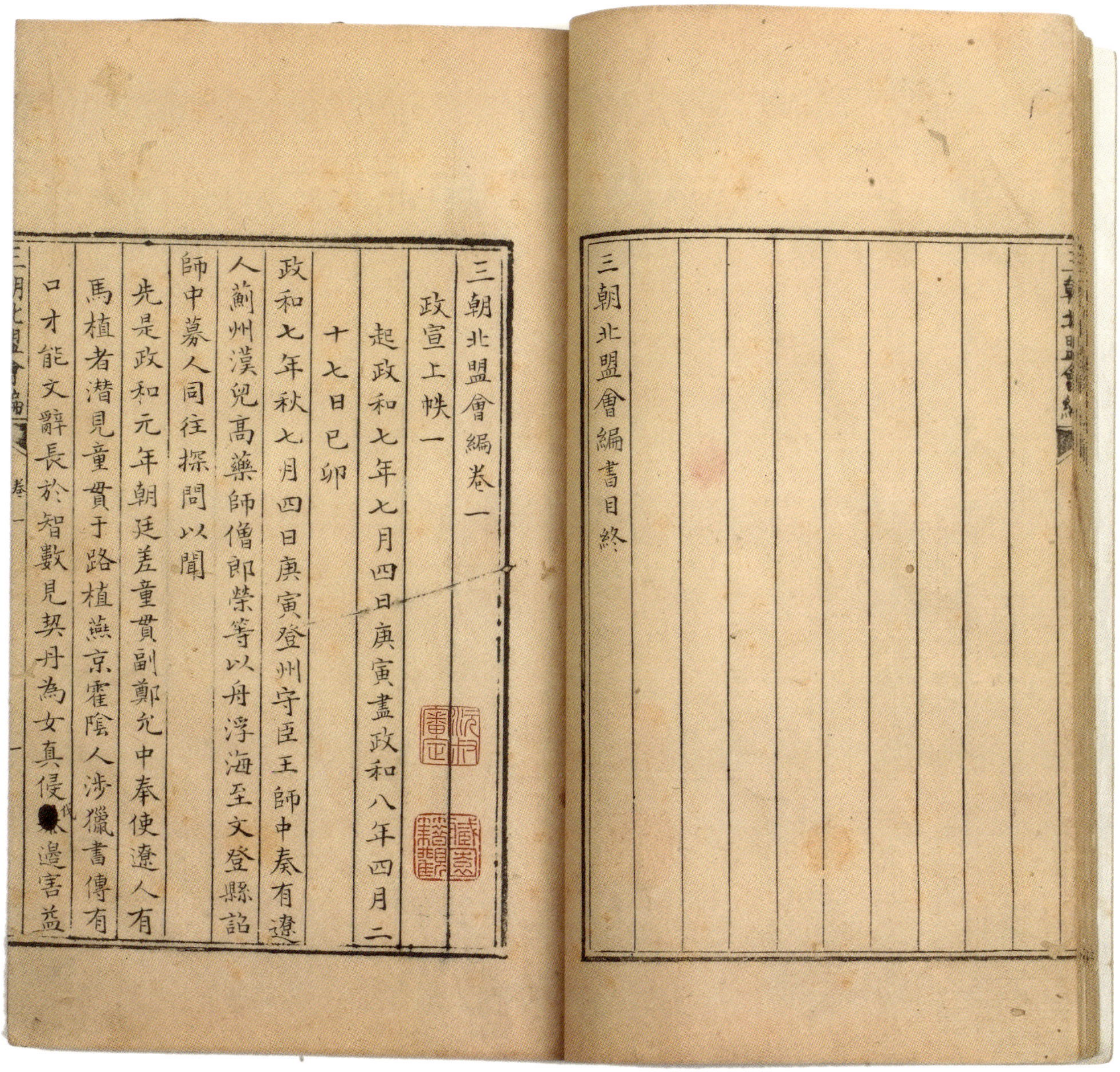
三朝北盟會編書目終
三朝北盟會編卷一
政宣上帙一
起政和七年七月四日庚寅盡政和八年四月二
十七日己卯
政和七年秋七月四日庚寅登州守臣王師中奏有遼
人薊州漢兒高藥師僧郎榮等以舟浮海至文登縣詔
師中募人同往探問以聞
先是政和元年朝廷差童貫副鄭允中奉使遼人有
馬植者潜見童貫于路植燕京霍陰人涉獵書傳有
口才能文辭長於智數見契丹為女真侵
邊害益

宋友阑君峄山县余以家藏写本三朝北盟會編卷首有

彭文勤跋又为杭州瓶氏齋吴氏舊藏後为文勤所得即

为四庫底本余首为涵芬樓收得是書写本二郡西

泰興延令書室季氏舊藏係朋人手写卷中遇宋諱迤

正憚字武缺筆或注廟諱而寧宗諱則注御名二王蓋

源生宗時最初刊本又一郡为長永鈔不足齋鮑氏鈔本

其餘皆以文先生校正所按書生題辛亥先生校韋是本西与

澗芬所藏前後衡接余得寫章目可補眼袖博原書被四

庫館臣窺易凡稍涉指斥[人]詞句幾无一字留遗前

人言四庫書多不可信得此可以證明宣統李年蜀藩

許涵慶又攜吳本雕印雜桌從庫本而凡經悄区改刷

之字仍一一元明列為夫注使人浩覩廬山真面此宗谓

有心人矣星易盞此許氏刊本跋閱因埘記為年必語

余是書為甚　先德得自束師揣蜀中曾經燧

大肇未表其後由蜀而贛而蘇盞遭兵燹邙矢而

復得此為世間珍秘三年自當有神物護持而手澤

長存尤為為博家之實遠報講識教後世在

中華民國紀元二十九年元月七日海盬張元濟

宋自宣和靖康以後史籍散止幸夢莘此書紀戴特詳故事

蹟所存特為重要然宋版又止惟特鈔本流傳至今余生平所

見寫本不下十許涵芬樓藏明鈔本大字淵行源出宋刊為張

子謙舊物斷推革一惜其微有趾卷耳次則周牀彼藏鬱岡齋

鈔本点稱罕祕余皆得假觀昽稜媧有勝異此本雖傳鈔昽晚

而字畫工雅首尾以一又經吳氏朱氏江氏先後詳校視張王二本

張如膝之新矣文淵閣本以嫌忌之故文字迴非舊觀此帖正為能

臣删割之底本覽之可以得寬易之蹟則此本之足貴又可由乙而

蹲於甲矣　心如陶君家藏是書先緒季年許布政涵度開雕此

書於吾蜀其校行正綠此本故近世推為佳槧余囷之舊矣而原

本記未得寫目今心如搞以相承回為審定緻記於冊亦以自欣

眼福云爾己卯東坡生日藏園傅增湘

是書四庫著錄所收即萬曆刊本此為未刊以前抄存

福今五古凡二十八首刊者十四七古凡四十七首刊者二十

三長短句凡三十五首刊者十四五言律凡七十六首刊者二

十排律凡五首刊者一七言律凡二百三十六首刊者六十四

五言絕句凡一百四十七首刊者二十五七言絕句凡三百十五首

刊者八十三是刊者僅什之三弱然見於刊本而為抄本所無者

六有五古七古二首五言律十一首七言三十首五言絕句一首

六言二首七言九首又同見於兩本者六微有異同或先生在日

手自訂外人傳錄有先後多寡之別故此本也非全貌而其孫

蒐輯所得摹以付刊又名當時別存也今刊本也極不易得而此抄本

乃增出三分之一殆為世間孤本矣

海鹽後學張元濟謹識

西村詩集序

朱翁少而好詩及壯以至終老

八十有六年端居自課未嘗崇

朝廢聲律也砣砣乎斯已勤矣

藏去遺卅不啻若千萬言去取

而存之殆千有餘篇又去取而

15.（明）朱朴撰《朱西邨诗稿全集》八卷《诗余》一卷

明抄本

张元济先生跋："今刊本极不易得，而此抄本乃增出三分之一，殆为世间孤本矣。"

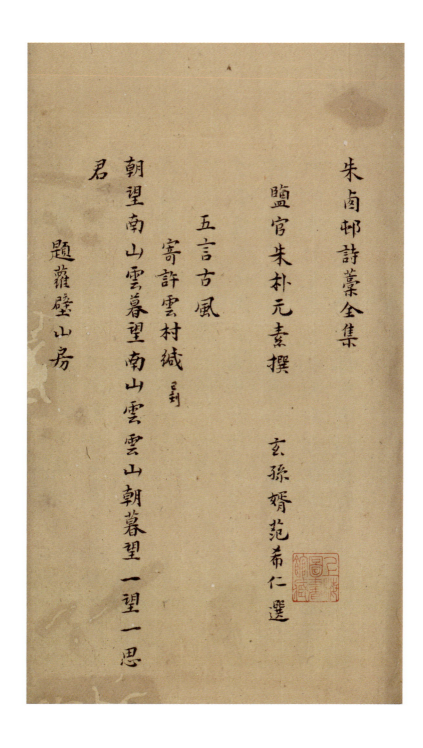

朱匊邨詩棠全集

臨官朱朴元素撰　　玄孫婿范希仁選

五言古風

寄許雲村緘　弟引

朝望南山雲暮望南山雲雲山朝暮望一望一思

君

題蘿壁山房

16.（唐）莫休符撰《桂林风土记》一卷

明抄本

张元济先生藏书中也不乏名人批校本。此书即有杨守敬及前人签校。

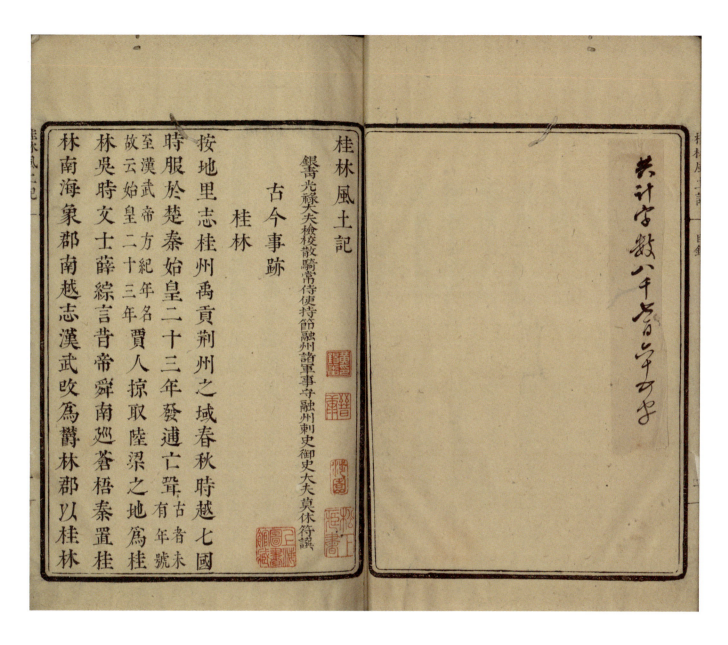

共計字數八千七百二十五字

桂林風土記

　鄩耉光祿大夫檢校散騎常侍使持節融州諸軍事守融州刺史御史大夫莫休符譔

古今事跡

　桂林

按地里志桂州禹貢荊州之域春秋時越七國時服於楚秦始皇二十三年發遍亡聲有年號古者未至漢武帝方紀年名故云始皇二十三年賈人掠取陸梁之地爲桂林吳時文士薛綜言昔帝舜南巡蒼梧秦置桂林南海象郡南越志漢武改爲鬱林郡以桂林南海象郡

為縣吳書孫皓鳳凰三年分鬱林象郡爲桂林

又按圖經云吳甘露年分鬱林象郡爲桂林今

以魏書證之甘露乃高鄉貴公曹髦所紀年號

非吳書也古有名人張衡詩云我所思兮在桂

命周電擊南越南越王趙佗拔險爲城電不能

諭今靈川全義嶺有越城漢紀有周電爲泗水

是呂后時非高祖也地里志云周電未知其

實

川一本作州誤

川字不誤

舜祠

舜祠在虞山之下有澄潭號皇潭古老相承言

舜南巡曾游此潭今每遇歲旱張旗震鼓請雨

多應中有大魚遇洪水泛下至府東門河際有

停客巨舫往往載起然終不爲人之害舊傳舜

葬蒼梧丘在道州江華縣九疑山也

雙女塚

在府城北十里俗傳舜妃壽帝卒而葬於此塚

高十餘丈周廻二里餘

舊誤一本作舊

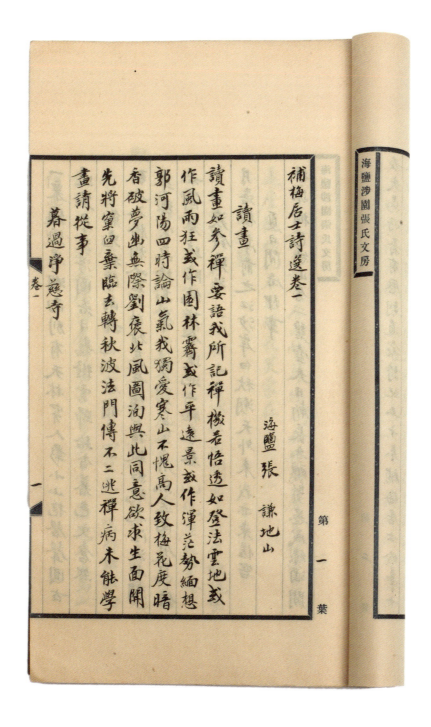

17.（清）张谦撰《补梅居士诗选》四卷

民国十三年张元济抄本

遇到罕见图书，张元济先生抄录收藏。此书即为张元济先生从友人处借得稿本
抄录。

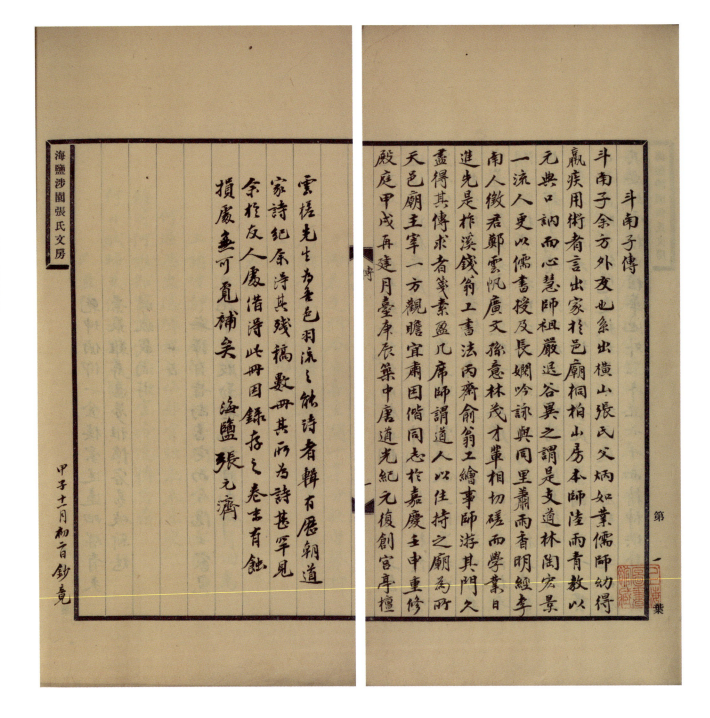

斗南子傳

斗南子余方外友也条出横山張氏父炳如業儒師幼得
嬴疾用術者言出家於邑廟桐柏山房本師陸兩青教以
元典口訥而心慧師祖嚴退谷異之謂是支道林陶宏景
一流人更以儒書授及長嫻吟詠與同里蕭雨香明經季
南人徵君鄭雲帆廣文孫意林茂才軰相切磋而學業日
進先是柞溪錢翁工書法丙齋俞翁工繪事師游其門久
盡得其傳求者箋素盈几席師謂道人以住持之廟為所
天邑廟主軍一方觀瞻宜庸困偕同志於嘉慶主申重修
殿庭甲戌再建月臺庚辰築中唐道光紀元復創宮亭檀

第 一 葉

雲樵先生為吾邑羽流之能詩者輯有歷朝道
家詩紀存浮其殘稿數冊其而為詩甚罕見
余柞友人屢借浮此冊因錄存之卷末有蝕
損屢無可覓補矣　海鹽張元濟

甲子十一月初百鈔竟

海鹽涉園張氏文房

18.（清）黄仙根撰《银花藤馆诗集》十卷

民国十四年张元济手抄本

此书亦为张元济先生手抄本。

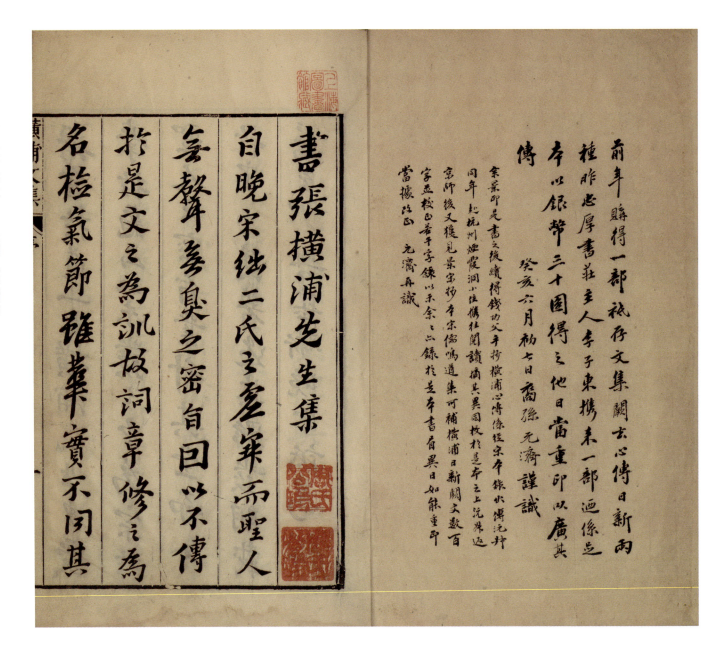

19. 《横浦先生文集》二十卷《无垢横浦心传录》三卷
　　《横浦日新》一卷《施先生孟子发题》一卷
　　《横浦先生家传》一卷

明万历三十三年吴惟明刻本

张元济先生是著名的校勘学家，在部分藏书中，张元济先生作了精审的批校。
此书有傅增湘、张元济校。

158

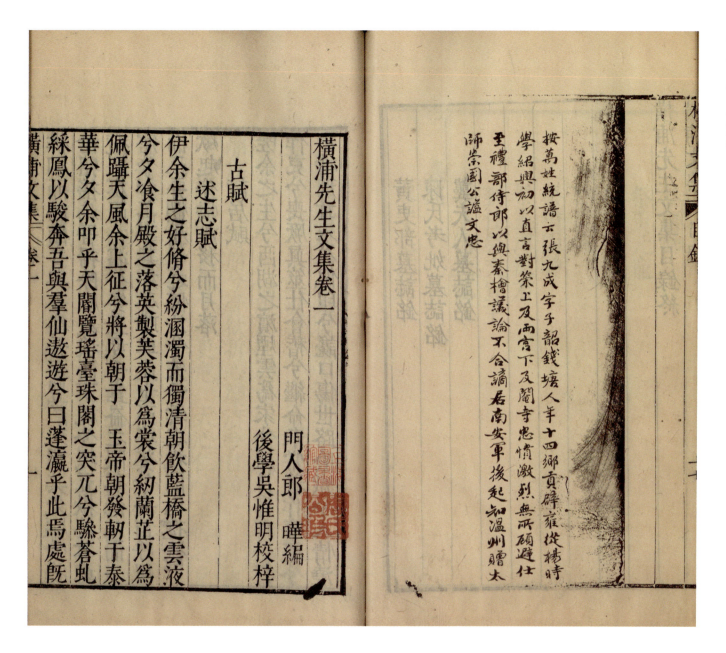

按萬姓統譜云張九成字子韶錢塘人羊十四鄉貢辟雍從楊時

學紹興初以直言對策上及兩宮下及閹寺忠憤激烈無所顧避仕

至禮部侍郎以與秦檜議論不合謫居南安軍後起知溫州贈太

師崇國公諡文忠

橫浦先生文集卷一

門人郎曄編

後學吳惟明校梓

古賦

述志賦

伊余生之好脩兮紛溷濁而獨清朝飲藍橋之雲液

兮夕飱月殿之落英製芙蓉以爲裳兮紉蘭芷以爲

佩躧天風余上征兮將以朝于　玉帝朝發軔于泰

華兮夕余叩乎天閽覽瑤臺珠閣之突兀兮驂蒼虬

綵鳳以駿奔吾與羣仙遨遊兮曰蓬瀛乎此焉處旣

橫浦文集／卷一

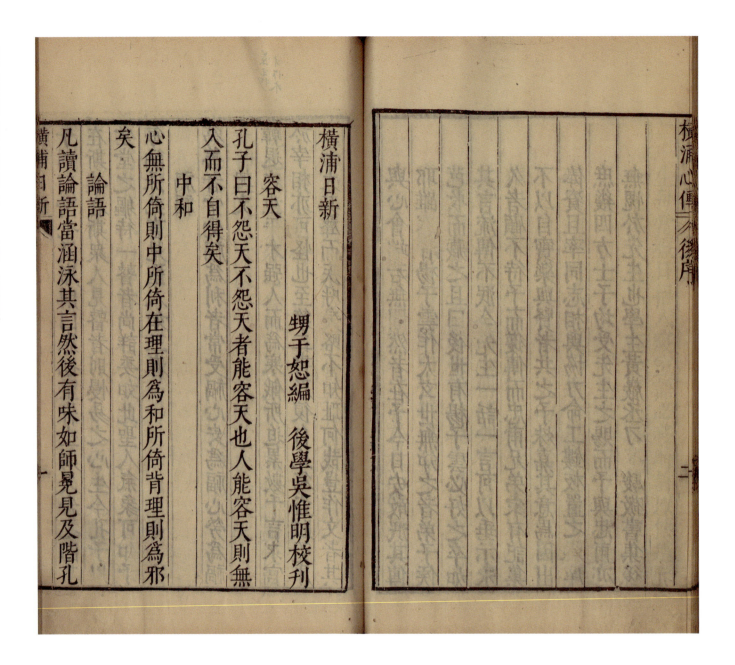

橫浦日新

甥于恕編 後學吳惟明校刊

容天

孔子曰不怨天不怨天者能容天也人能容天則無

入而不自得矣

中和

心無所倚則中所倚在理則爲和所倚背理則爲邪

矣

論語

凡讀論語當涵泳其言然後有味如師晃見及階孔

子則曰階也及席則曰席也至皆坐則又告之曰某
在斯某在斯衆人見瞽者則慢易之心生今孔子以
堂堂之軀待一瞽者尚詳委如此聖人氣象可知予
每涵泳此言見聖人如三春

禍福

爲善者常受福爲利者常受禍心安爲福心勞爲禍
韓文恕天不恕
韓退之生平才強人而爲寒餓所迫累數千言求官
於宰相亦可怪也至第二書乃復自比爲盜賊笑庫
且云大其聲而疾呼矣略不知耻何哉豈作文者其

文當如是其心未必然乎當與有道君子議之

夾谷之會

觀孔子當夾谷之會折強齊卻萊人戮侏儒歸侵疆
此卽大禹決汝漢排淮泗周公膺戎狄驅猛獸之規
模也盛矣哉

文集

書猶麴蘖學者猶秫稻秫稻必得麴蘖則酒醴可成
不然雖有秫稻無所用之今所讀之書有其文雄深
者有其文典雅者有富麗者有俊逸者合是數者雜
然列于胷中而咀嚼之猶以麴蘖和秫稻也醞釀旣

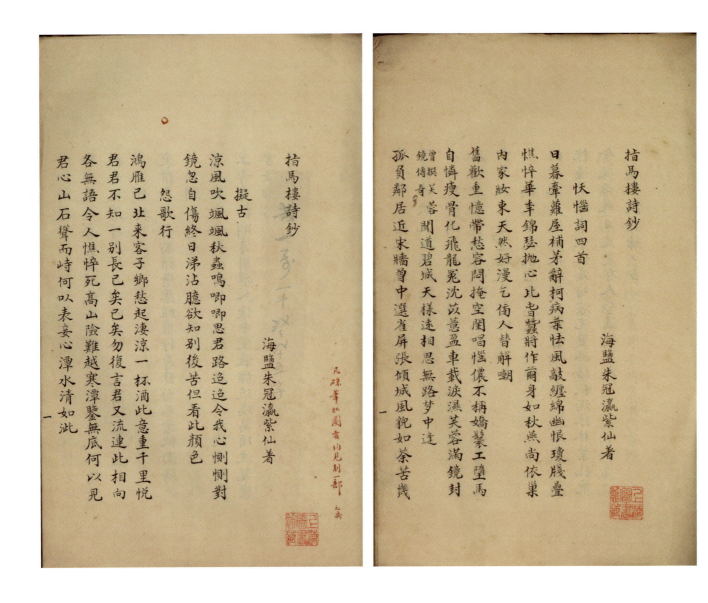

右ページ：

指馬樓詩鈔

海鹽朱冠瀛紫仙著

忮惱詞四首

日暮牽蘿屋補茅辭柯病葉怯風鼓纏綿幽恨瓊戔疊
憔悴華羞錦瑟拋心北曾寶將作繭身如秋燕尚依巢
內家妝束天然好漫乞傭人替解嘲

舊歡重憶帶愁容問掩空閨唱惱儂不耐嬌鬟工墮馬
自憐瘦骨化飛龍冕沈菇蒽盦車載淚濕芙蓉滿鏡封

曾撰芙蓉聞道碧城天樣遠相思無路夢中逢
鏡傳奇

孤負鄰居近宋牆曾中選雀屏張傾城風貌如荼苦戔

左ページ：

指馬樓詩鈔

海鹽朱冠瀛紫仙著

擬古

涼風吹颯颯秋蟲鳴唧唧思君路迢迢令我心惻惻對
鏡忽自傷終日淚沾臆欲知別後苦但看此顏色

怨歌行

鴻雁已北來客子鄉愁起淒涼一杯酒此意重千里悅
君君不知一別已矣已矣勿復言君又流連此相向
各無語令人憔悴死高山險難越寒潭鑒無底何以見
君心山石犖而峙何以表妾心潭水清如泚

20.（清）朱冠瀛撰《指马楼诗钞》三卷

抄本

张元济手校。

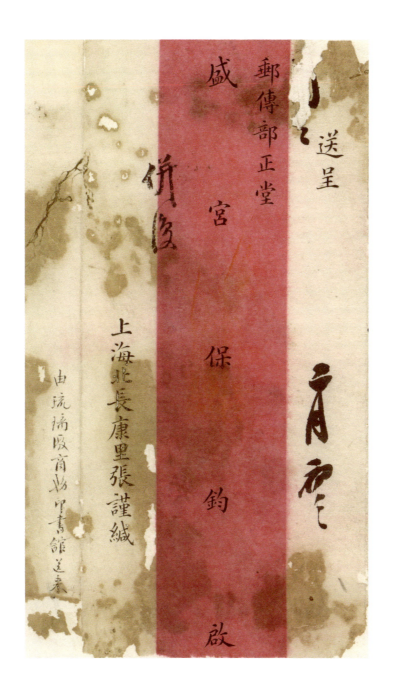

（四）兰台建设

1. 张元济致盛宣怀函

1911 年 3 月 3 日

二十世纪初，向公众开放的图书馆在中国出现。与时俱进的张元济先生敏锐地
感受到新式图书馆取代旧式藏书楼的必然性。

时盛宣怀正筹办愚斋图书馆（亦名上海图书馆）。函中谓"图书之府何日观成"、
"能否邀求特允先往参观"，对图书馆表示兴趣。

杏蓀宮保鈞座去年游歷歐洲欣聞

曳履星辰拜揚

庥命瞻

尚書之北斗煥新律於東躔

勘相蓋勞

勛福懋介欽企無似元濟歲晚回滬積冗滋多輒無善

狀可述前在倫敦時晤　伯行星使曾以

尊屬詢問採購西書辦法據言係公家者自可由使館

以公文咨取其餘種類較繁似宜指定何項擇其舊

本售之價頗廉而易致今　星使已列

同僚此事當可

面為折衷矣圖書之府何日觀成去歲曾有彼此互換

重出書籍之議未知果可行否能否邀求

特允先往參觀不勝感幸之至專肅祗請

鈞安伏惟

融照不既　張元濟謹肅

2. 《涵芬楼购书杂记》不分卷

民国稿本

1904 年张元济在商务印书馆编译所创立图书室，1909 年定名为涵芬楼。起初是为满足商务印书馆同仁编辑图书时参考所需，但这只不过是第一步，而非张元济先生的目标。

稿本中有傅增湘、董康等致张元济先生便条。

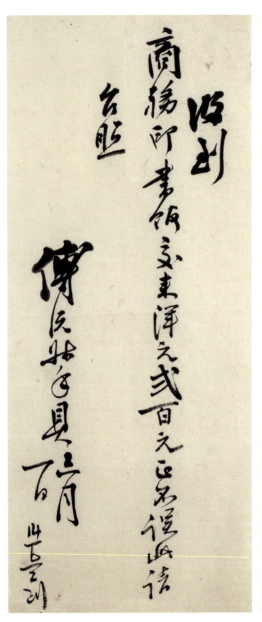

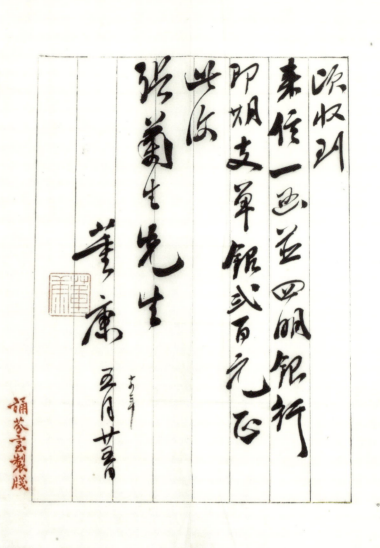

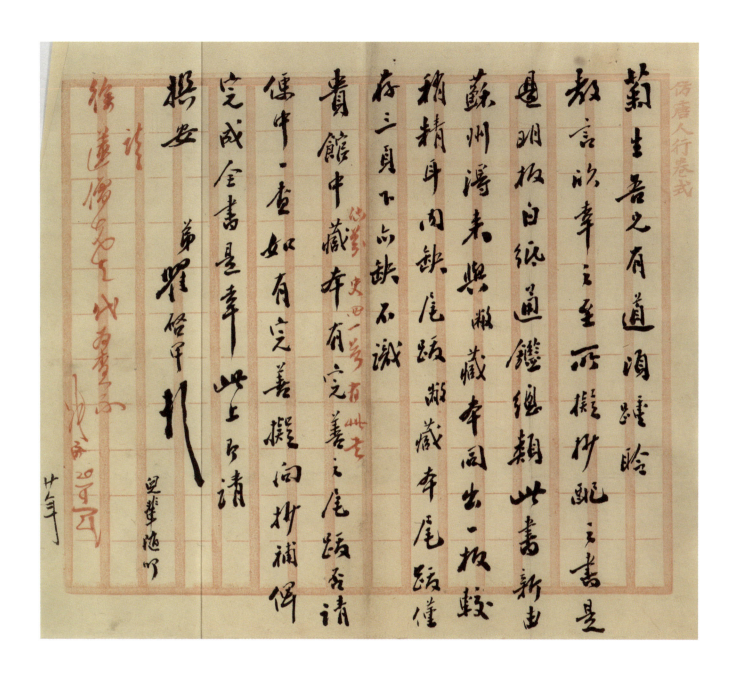

3. 瞿启甲致张元济函

1931 年 9 月 21 日

1926 年商务印书馆涵芬楼改组为东方图书馆，对外开放。开馆之日，便被时人誉为"上海文化上的伟举"。

函中瞿启甲为抄配《通鉴总类》问张元济借东方图书馆藏本。

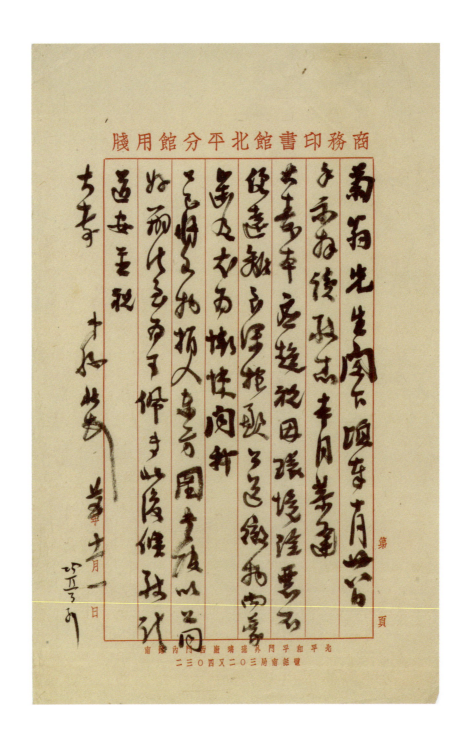

4. 孙壮致张元济函

1936 年 11 月 1 日

1932 年东方图书馆于"一·二八"战火中被毁后，1933 年商务印书馆又设立东方图书馆复兴委员会开始重建。

函中提到张元济先生"将文物捐入东方图书馆，以公同好"。

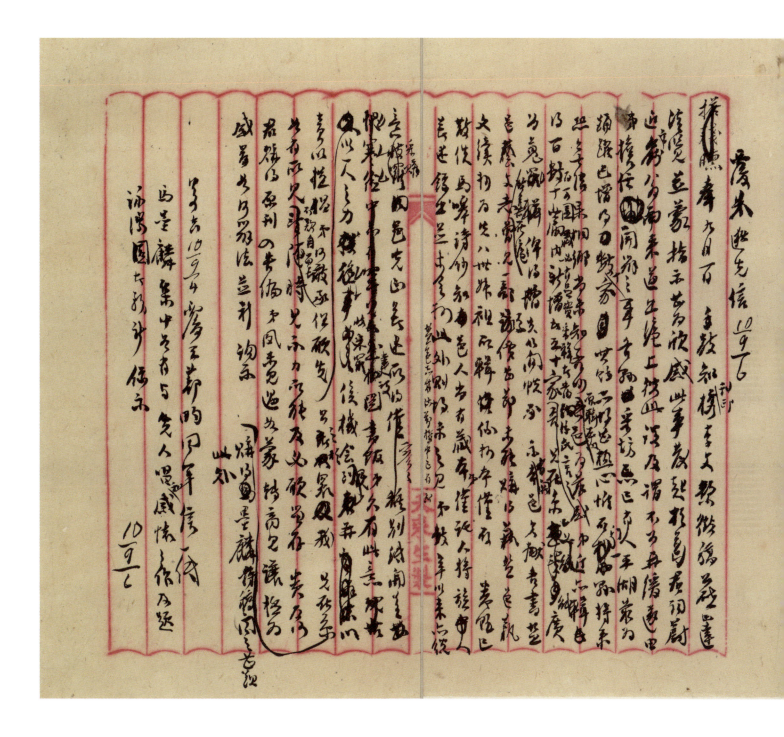

5. 张元济致朱希祖函

1921 年 9 月 6 日

东方图书馆属于商务印书馆，是公有的。至于私人所有的涉园藏书，张元济先
生也在考虑发挥其更大社会效益。

此函中，张元济写道："建设图书馆，弟久有此意。责以提倡，弟何敢承。但
愿先以一人之力从事收罗，俟机会到来，再以公之于众。"

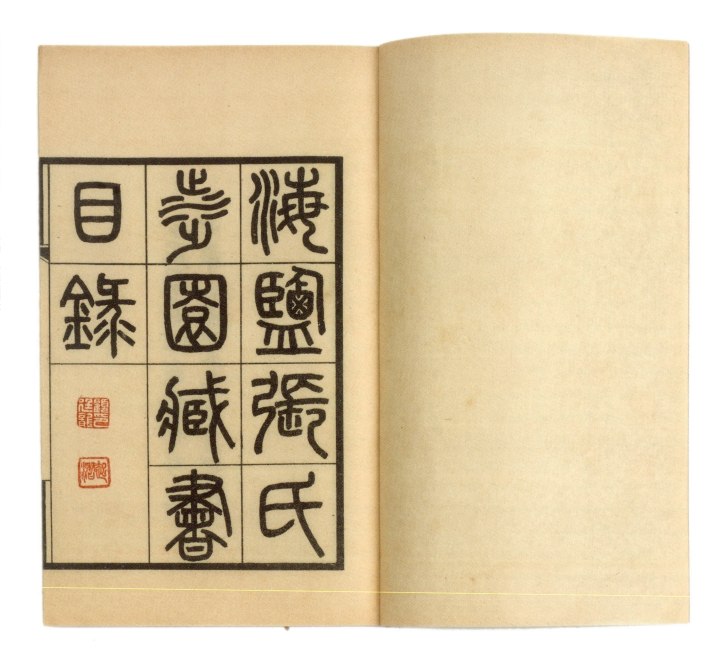

6. 合众图书馆编印《海盐张氏涉园藏书目录》四卷

1946 年

起初，张元济先生的意向是将图书馆建在家乡海盐，后因社会动荡而改变。
1939 年 4 月张元济与叶景葵、陈陶遗发起在上海筹组合众人之力而建的合众图
书馆。合众图书馆成立伊始，张元济先生即将所藏涉园图书寄放馆中供公众阅
读之需，后又改为永远捐助。

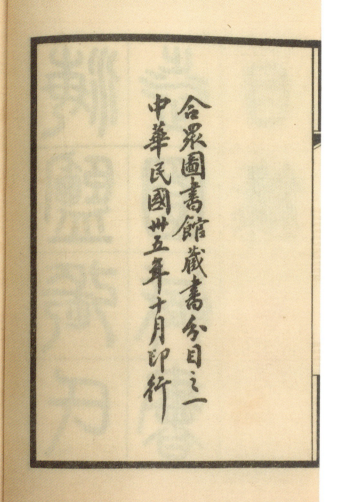

合眾圖書館藏書分目之一

中華民國卅五年十月印行

序

二十八年五月張菊生先生與陳陶遺先生發起籌備私立合眾圖書館於上海市景葵亦附驥焉三十年八月開發起人會選舉董事租屋舊法租界辣斐德路六百十四號成立籌備處菊生先生即以歷年收藏舊嘉興一府前哲遺著四百七十六部一千八百二十二册贈與本館並以海鹽先哲遺徵三百五十五部一千一百十五册又先世著述及刊印評校藏弆之書一百四十部八百五十六册及石墨圖卷各一事先作寄存冀日後宗祠書樓恢復或海鹽有地方圖書館之設領回移貯既經倭亂鹽於祠屋半毀修復無力本地圖書館之建設更屬無望遂改爲永遠捐助本館即屬潘君景鄭從事書目錄之編纂三十年八月自建館屋落成遷居後閉門整理愧無進展三十五年一月始克在本市教育局立案五月開第五次董事會臨時會議菊生先生當選董事長迨書目告成適逢先生八秩誕辰爰集資以謀印行書目之嚆矢本館編印目錄之計畫凡各家專藏別編分目復合館中自有之藏以表章鄉賢先世之精神勤求博訪鍰而不舍者數十載始克臻此其難能可貴爲何如是目也可以嘉興

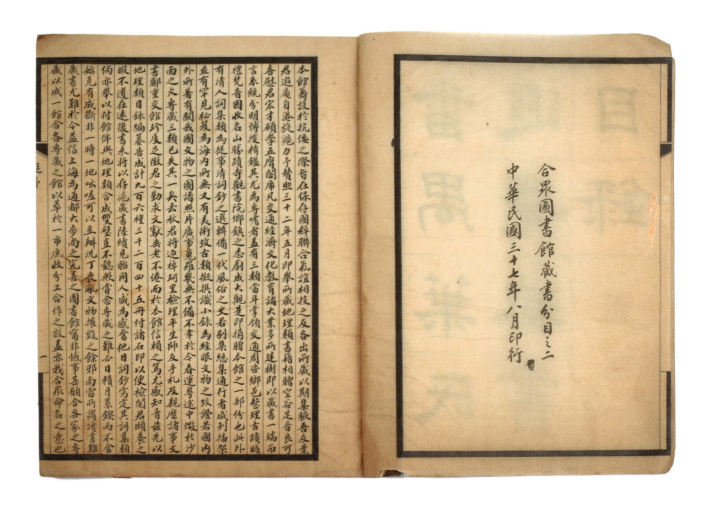

7. 潘景郑初稿、顾廷龙重编并缮写《番禺叶氏遐庵藏书目録》一卷

合众图书馆，合众人之力而建。叶恭绰、胡朴安、顾颉刚、李宣龚、冯雄、朱启钤、潘景郑、蒋抑卮、叶景葵等藏书家都捐助自己的藏书。此为叶恭绰（号遐庵）捐助的图书书目。该书目序文为张元济先生所撰（顾廷龙抄写）。

專志奇觀之屬
專志祠廟之屬
專志茔墓之屬
專志園亭之屬
專志書院之屬
專志聖門之屬
專志會館之屬
雜記之屬
游記總錄之屬
游記原至明之屬
游記清代之屬
游記近代之屬
游記游外國之屬
游記外國人著述之屬
邊防北徼之屬
邊防江海之屬

外紀之屬
總錄之屬
叢刻之屬
方志之屬
輿圖之屬

番禺葉氏遊庸藏書目錄　　　　合眾圖書館藏書分目之二

史部

地理類

水道總錄之屬

禹貢川澤攷二卷　清南海桂文燦(耔庭)撰　民國三十五年排印本　一冊

水經注四十卷　後魏酈道元(善長)注　明漳州朱謀㙔箋　清康熙五…

水經注匯校四十卷附錄二卷　後魏酈道元(善長)注　清仁和趙一清(誠夫)撰…本　十冊

今水經一卷表一卷　清餘姚黃宗羲(梨州)撰　六有齋刊本　一冊

水道提綱二十八卷　清天台齊召南(次風)撰　清光緒四年津門徐士鑾霞城精舍重刊…

水道河之屬

河防通議二卷(元沙克什撰)一冊　民國二十五年中國水利工程學會排印本　中國水利珍本叢書

河防一覽十四卷　明歸安潘季馴…民國二十五年中國水利工程學會排印本　中國水利珍本叢書
　附河防一覽附存一卷　民國南豐趙世暹…

至正河防記一卷(元歐陽玄原功撰)…民國二十五年中國水利工程學會排印本　中國水利珍本叢書

河渠紀聞綫八卷　清合河康基田(茂園)撰…清合河康基田茂園撰本叢書　…民國二十五年中國水利…

各一　一

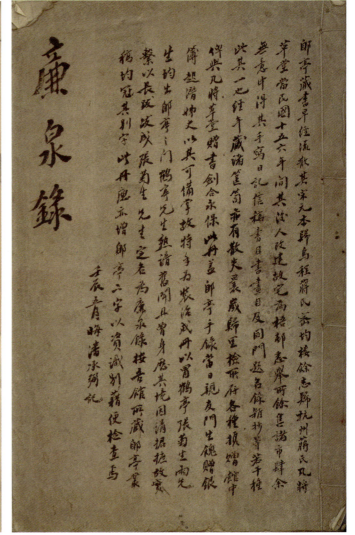

8.（清）汪鸣銮撰《郋亭廉泉录》不分卷

清光绪十一——十二年稿本

对于与友朋一起创建的合众图书馆，张元济先生倾注了大量心血。张元济先生不仅在自己的不少藏书上留下题跋，在合众图书馆所藏的一些古籍上也不吝笔墨，亲撰跋语。应顾廷龙先生之请，张元济先生为此书手书跋语。

9.（汉）贾谊撰《新书》十卷

清乾隆卢氏抱经堂刻本

潘博山先生（潘景郑先生之兄）觅得此书，张元济先生欣然为之书跋。

此书卷一至四清黄丕烈批校。吴湖帆、徐乃昌、瞿凤起等名家题款。叶景葵、
张元济、傅增湘、赵尊岳、顾颉刚等名家跋，并过录赵万里跋。

戊辰秋友人吳甍生歿於蘇州不數月而藏書盡
散余友潘博山得此書於肆中寶為黃甍
圃先生所校攜至海上以眎余乂謂博山所
議為至確也奉一後有硃筆八字曰成化癸卯齋
續本牧墨筆六八字曰正德九年陸相本校之
二本今皆不復見雖校出之空有時似不逮廬
本世敦敦謂廬必是而齋陸皆非我鄉賢平
澤善本遺文博山其珍祝之海鹽張元濟

重刻賈誼新書序
西漢文武之世有兩大儒焉曰賈子曰董子皆以經
生而通達治體者也二子之書世多有顧其善本絕
少余不揣固陋茲為校讎賴友朋之助先以賈子開
雕既成因為之序其緣起曰班書藝文志儒家載賈
誼五十八篇今世所行本其目祇五十有六然過秦
有三篇而唯載上下兩篇又禮容語宋本分上下兩
篇而本復不分故視漢志所載缺其二篇隋書經籍
志載賈子十卷錄一卷舊唐書志則云九卷其稱賈
子則同新唐書志始稱賈誼新書其卷則十隋唐志

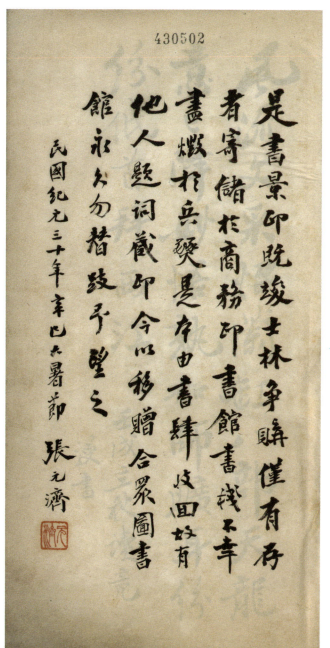

10.　（宋）王安石撰《王荆文公诗》五十卷

1922 年海盐张氏影印元大德本

1941 年张元济为此书手写跋语："是书景印既竣，士林争购。仅有存者，寄储于商务印书馆书栈，不幸尽毁于兵燹。是本由书肆收回，故有他人题词藏印。今以移赠合众图书馆，永久勿替。跂予望之！""跂予望之"，不仅是对此书永久保存的期望，也是对合众图书馆未来的期望。

四、著书

—— 馆藏张元济书稿

张元济先生著述，首先是在商务印书馆任职期间，为处理馆务记载的工作日记。此外，则主要集中在30年代末40年代初，接连有《中华民族的人格》（1937）、《校史随笔》（1938）、《宝礼堂宋本书录》（1939）、《涵芬楼烬余书录》（1939年基本定稿）、《校订孤本元明杂剧来往信札》（1941）等。这些著述原稿有的留在商务印书馆，有的存于合众图书馆。上海图书馆今藏《张元济日记》、《涵芬楼烬余书录》、《校订孤本元明杂剧来往信札》三部手稿，主要来自合众图书馆。作为图书版本的最初形态，张元济著述稿本没有传写翻刻的谬误，最能体现张元济作品的原貌。即使像《张元济日记》、《涵芬楼烬余书录》这类刊印过的稿本，仍可以用来校正印本之误，也还不失其参考价值。

现存张元济馆务日记时间范围为1912年至1926年，共35本，每本60页。日记本为商务印书馆自制的表格形式，除标注月、日、星期和发信、收信外，相关内容可以分别填入"关于编译事件"、"总公司事"、"用人"、"关于印刷事件"、"应酬"等栏目。如日记第一本第一页（1912年5月22日）"关于编译事件"中记："请步云编英文教授书系伊所条陈。即如所议，试办字典暂停；托闰全请李质斋改订翻译金针，并询报酬之数。时质斋过沪将入京。""关于职员事件"中记："吴步云要求增月薪二十两。到馆时已与闰全说过，允于暑假后加送。"编译和职员内容分开填写，使人一目了然。

由于张元济交游广泛，日记中有时看似简单的几笔记录，往往成为秉笔而来的信史。譬如《日记》1916年7月27日"用人"栏所记"伯恒来信，卢鉴泉荐沈德鸿，复以试办，月薪二十四元，无寄宿。试办后彼此允洽，再设法。"这里提到的沈德鸿，即后来文学大家茅盾。而这条记载，也反映了茅盾进入商务印书馆的具体细节。

《校订孤本元明杂剧往来信札》是1938年至1941年间，张元济为整理出版明代赵琦美也是园旧藏孤本元明杂剧，与郑振铎、王季烈、姜殿扬等人之间的往来信札。凡存手迹348通、录副120余通，装为7册。时间起自1938年6月2日，讫于1941年12月10日。内容包括商务印书馆与教育部商借出版事宜以及这批元明杂剧具体的整理编次等。其中整理编次所占比重最大，可谓"函牍往返，推敲入细"。譬如选目方面：民国二十八年九月王季烈拟《校印也是园杂剧总目》，选目一百五十种。他在附注中说："印此一百五十种，其中惟《单刀会》、《遇上皇》、《博望屯》、《不伏老》、《绯衣梦》、《僧尼共犯》、《题桥记》、《苦海回头》八本，世有传本，而或缺宾白，或罕印本，故复印之。此外一百四十二本，皆前人所未□之孤本也"。张元济在《校印也是园杂剧总目》首页批注："自《不伏老》起，次序与前六月廿五日寄来、七月廿二日寄来之目不同。"由此可知《也是园杂剧总目》已修订三次，前后次序各有不同，而张元济主持其事

的认真细致于此可见一斑。

涵芬楼系商务印书馆庋藏善本之处，毁于1932年"一·二八事变"。所幸之前张元济曾遴选涵芬楼善本之尤者寄存上海金城银行，故躲过日寇侵略战火劫难。1953年，商务印书馆将该批善本悉数捐献政府，今藏国家图书馆，计547部，其中宋刻本90部、影宋抄本22部、金刻本1部、蒙古刻本2部、元刻本87部、名家批校本72部、稿本17部，其余多为刊刻于万历前之稀见明本、明活字本以及经名家递藏之明清旧抄本。《涵芬楼烬余书录》系张元济于"一·二八事变"后编撰的一部版本目录力作，1951年由上海商务印书馆排印出版。自序谓"题曰'烬余'，所以志痛"者也。此为该书的修改稿本，乃商务印书馆排印所据底本。凡十册，纸捻毛装，第一、二册为经部，第三、四册为史部，第五、六册为子部，第七至十册为集部。全书皆经张元济统一修改（包括版式、标点），首册存有顾廷龙先生为排印本手书篆文"涵芬楼烬余书录"、"上海商务印书馆藏版"真迹二纸。较之印本，此稿本保留成书过程的原始面貌，有其不可忽略的价值。如为考订版本，张元济每撰校勘记，详列避讳字，抄录名家题记，但在出版时恐篇帙过繁，曾作删削，幸稿本尚存，犹可为读者及研究张氏版本学者利用。

（一）《张元济日记》

1.　《张元济日记》

《张元济日记》稿本，凡 35 册，装 3 函。时间跨度为 1912 年至 1926 年。

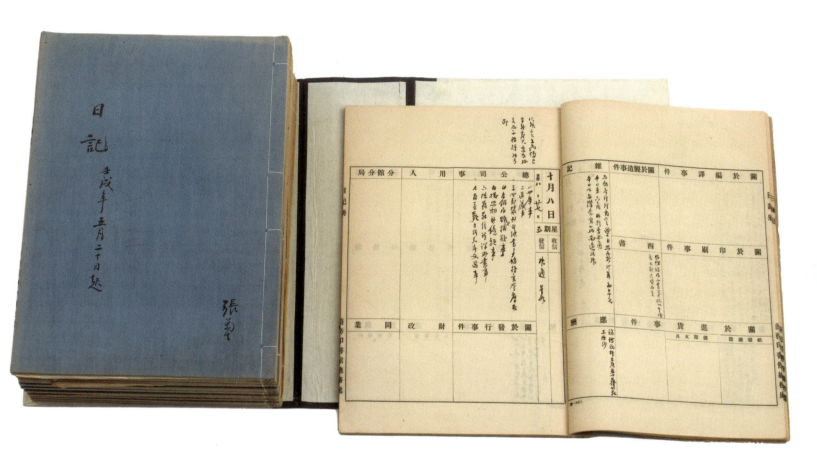

2. 日记一

1912 年 5 月 22 日 星期四

张元济日记的第一页，主要包括"关于编译事件"、"关于职员事件"两方面的内容。其中都提到了吴步云这个人。一是请吴步云编英文教授书，另吴步云要求增月薪二十两。

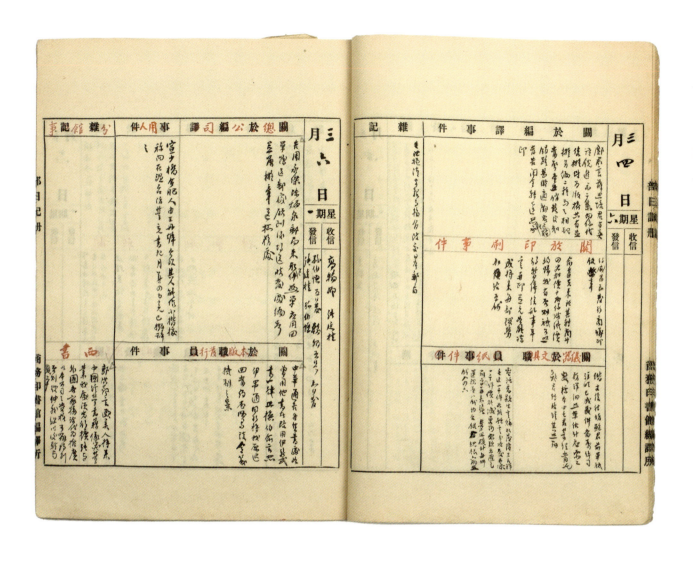

3. 日记二

1916 年 3 月 6 日　星期一

1916 年是张元济开始全面主持商务印书馆工作的第一年，3 月 6 日是个繁忙的
周一。这天的日记，公司、印刷、发行、用人、编译各个栏目都记满了内容。

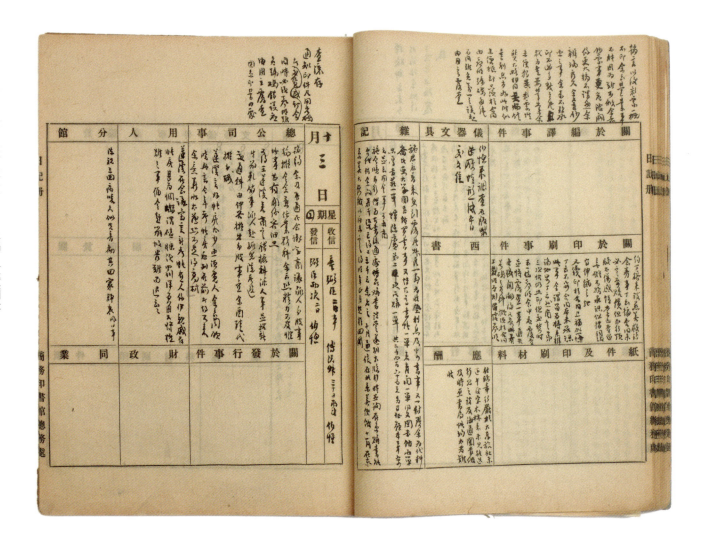

4. 日记三

1918 年 10 月 3 日　星期四

当天商务印书馆召开了一次重要会议，张元济日记填满公司、分馆、用人、各个栏目。其中"公司"栏的内容最多，涉及业务科、稽核科、交通科分股事宜。

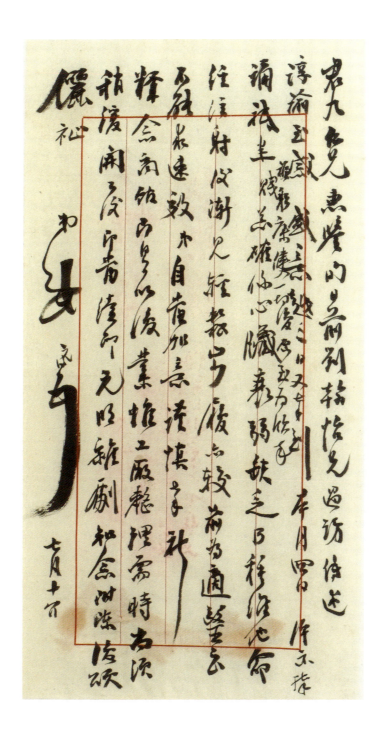

（二）《孤本元明杂剧往来信札》

1. 张元济致王季烈函

1941 年 7 月 18 日

告以刘承幹来访及商务印书馆开工后续印元明杂剧事。

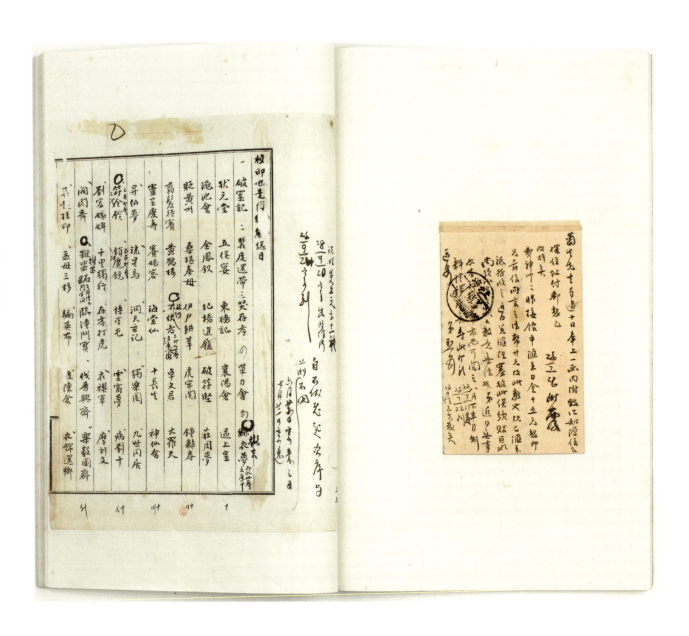

2. 校印也是园杂剧总目

1939 年 9 月 20 日

王季烈手稿，张元济批校。王季烈开列 150 种《也是园杂剧总目》，并说明其
中大半皆前人未见之孤本。

脉望馆 钞校本古今杂剧 题塔记

聚兽牌　　定时捉将
十样锦　雪臺门　战邳全
陈食道
阳平关　　棕四郡
石榴园
刀劈四寇　　破蚩尤
桃园结义
杏林庄　　东篱万
亲擲政诏
老君堂　智淹水寨　鞭打雄信
贵端阳
龙门隐秀　　浣花溪
紫泥宣
千时牌　下江南　鞭锏
活拿天祐
打董达　穆凌阁　岳飞精忠
女员观
黄花峪　五虎知军　闹铜臺
东牟府
下西洋　五学士　村乐堂
勘金环
渔樵闲话　富泽退仙　贫富兴衰
北灵记
迎金梳
渭塘奇遇　失金环　南牢记
薛旦退母

60　70　80　90　100　116

苏九淫奔　僧尼共犯　释迦坐化　鱼篮记
登仙会　邯郸店　度黄龙　遇洞宾　拔宅飞升
王兰卿　太平仙　玩江亭　桃符记　锁白猿　李云卿
齐天大圣　哪吒三变　斩健蛟　宝光殿　戏娇桃　锁魔镜
庆长七　贺元宵　万国来朝　八仙过海　闹钟馗
长春寿　五龙朝圣　太平宴
贺延年　广成祝寿　黄自赐福　屡仙朝圣

群仙祝寿　黄道回头

也是园杂剧，总计二百四十二本，其中市秘有五本，赵清常存者

打虎绯衣梦、错桃食锁魔镜，见之元曲选者六十二本，赵淡京秋、住风
子、兵汤楼、青衫泪、黄梁梦、鸳鸯被、碑持高卧丽春堂、范张鸡黍、秦修然
庆玉镜台、切鲙、路旦、谢天香、㑇梅香梦、窦娥冤、金钱池、梧桐雨、墙头马上
单鞭夺槊、㑇梅、抽秀、王粲登楼、倩女离魂、燕青博鱼、魔合罗、风光好、度

120　130　140　150

二八

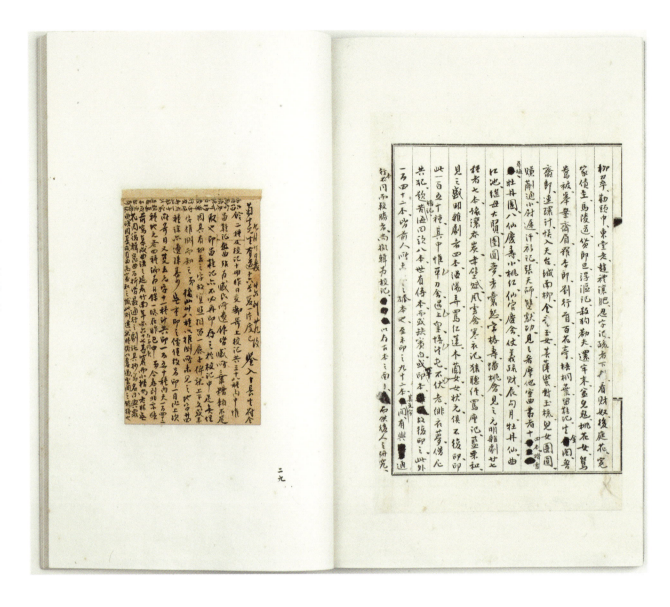

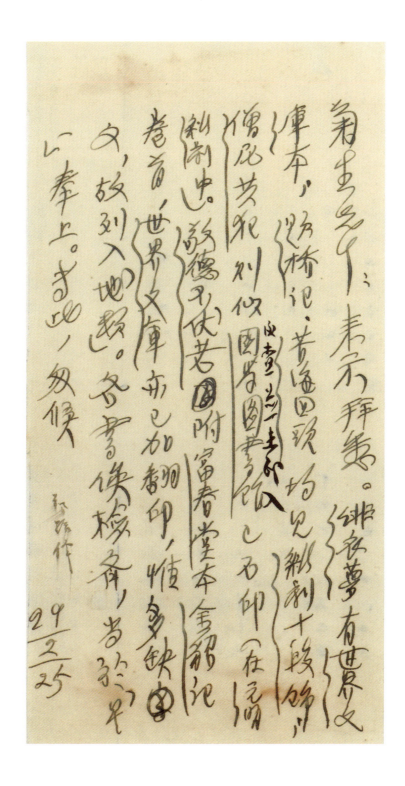

3. 郑振铎致张元济函

1940 年 2 月 25 日

说明《绯衣梦》《题桥记》等剧目的已版情况。

4. 王季烈致张元济函

1940 年 4 月 6 日

欲参考《诚斋乐府》等书印证《也是园杂剧》选目，并拟分四集出版。

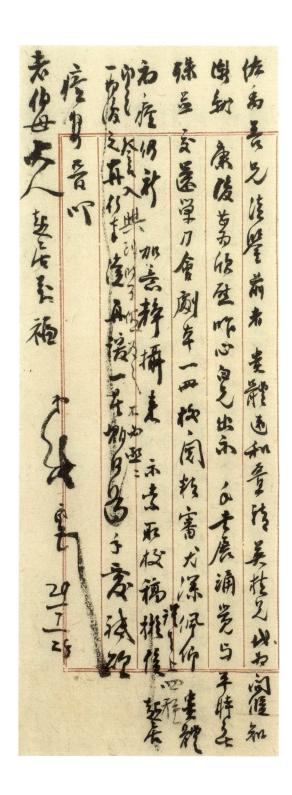

5. 张元济致姜殿洋函

1940 年 7 月 28 日

对姜殿洋校阅的《单刀会》剧本表示"尤深佩仰"。

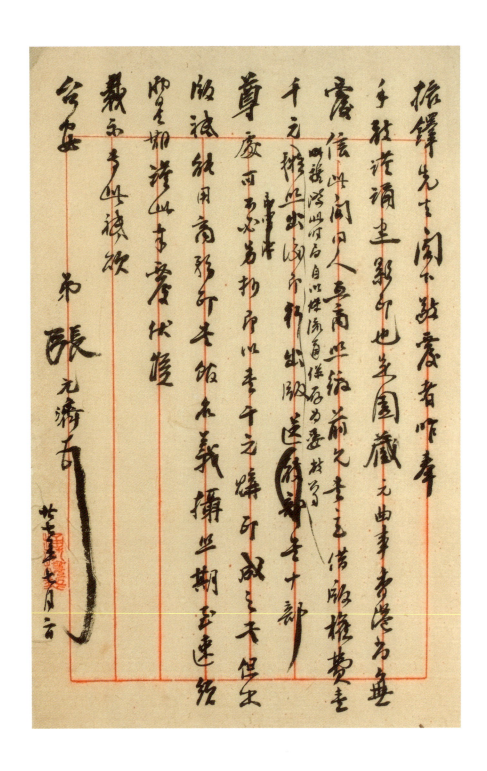

6. 张元济致郑振铎函

1938 年 7 月 2 日

商讨商务印书馆影印也是园元曲的版权费事宜。

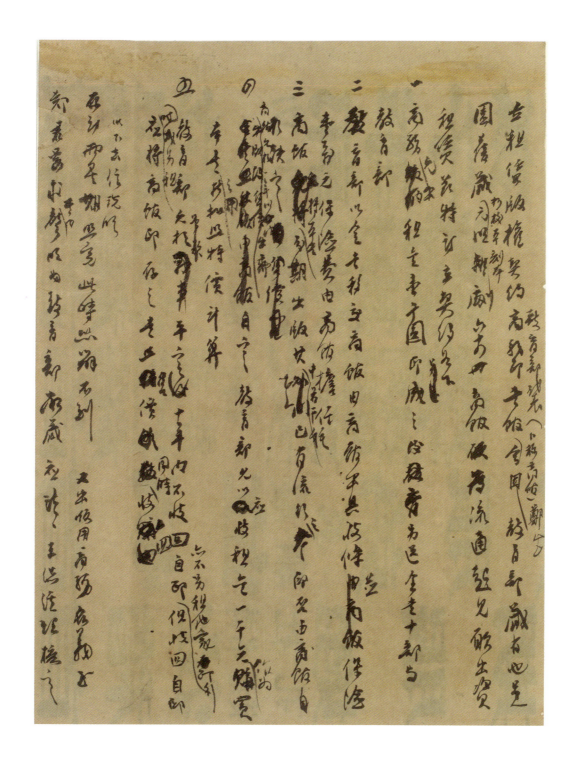

7. 立租赁版权契约

1939 年 1 月 14 日

教育部与商务印书馆就影印《也是园元明杂剧》达成的协议。前页为张元济手拟的草稿。

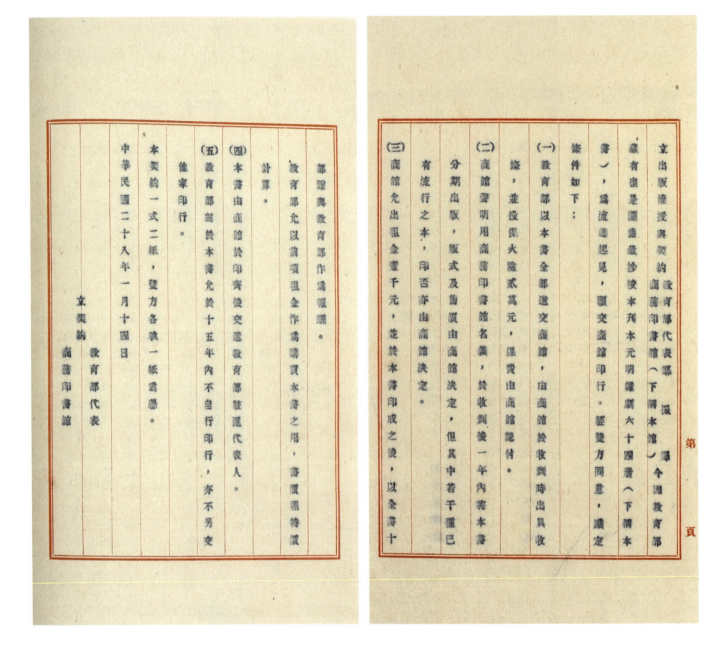

立出版權授與契約教育部代表部振今因教育部藏有迎是圖書藏抄校本刊本元明雜劇六十四册（下稱本書），爲流通起見，願交商館印行。經雙方同意，議定條件如下：

（一）教育部以本書全部遂交商館，由商館於收到時出具收條，並投保火險貳萬元，保費由商館認付。

（二）商館聲明用商務印書館名義，於收到後一年內需本書分期出版，版式及售價由商館決定，但其中若干種已有流行之本，印否亦由商館決定。

（三）商館允出租金壹千元，並於本書印成之後，以全書十

部贈與教育部作爲獲酬。

教育部允以前項租金作爲購買本書之用，書價照特價計算。

（四）本書由商館於印書後交還教育部駐滬代表人。

（五）教育部對於本書允於十五年內不自行印行，亦不另交他家印行。

本契約一式二紙，雙方各執一紙爲憑。

立契約
教育部代表
商務印書館

中華民國二十八年一月十四日

第

頁

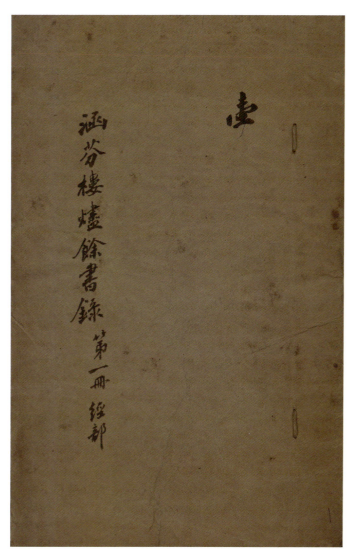

（三）《涵芬楼烬余书录》

1. 《涵芬楼烬余书录》

《涵芬楼烬余书录》稿本，凡 10 册，纸捻毛装。上海图书馆藏。前有顾廷龙手
书篆文"涵芬楼烬余书录"贴条。

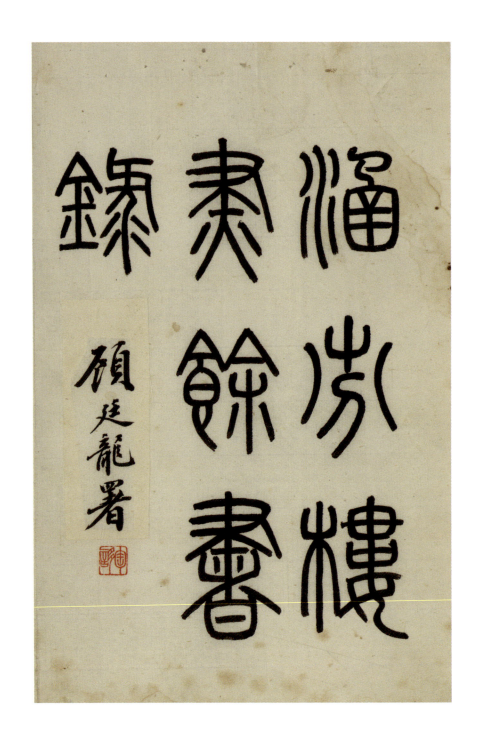

涵芬樓燼餘書錄

頌廷龍署

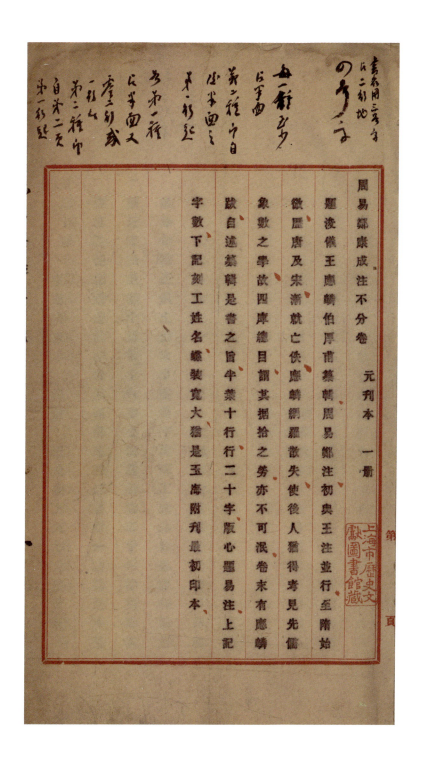

2. 经部：《周易郑康成注》不分卷

元刊本，一册。东汉经学大师郑玄（127—200），字康成，其所注《周易》至隋唐以后亡佚。本书为南宋学者王应麟辑佚而成。

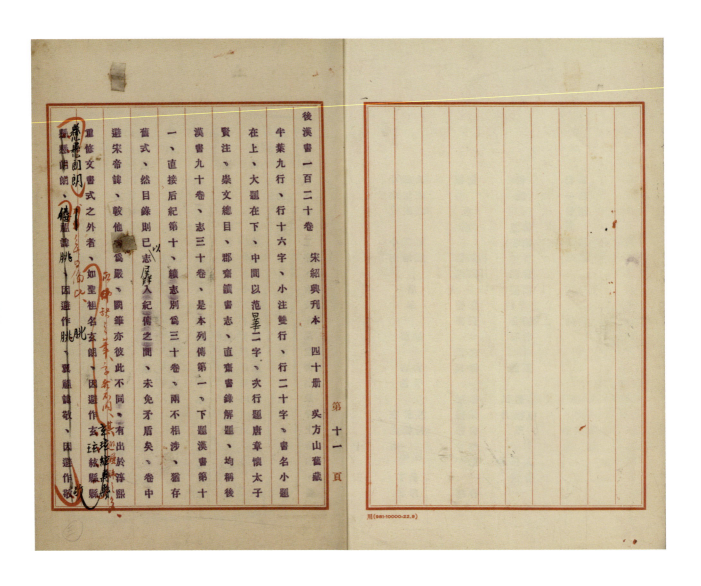

後漢書一百二十卷

宋紹興刊本

四十冊 吳方山舊藏

第十一頁

半葉九行、行十六字、小注雙行、行二十字、書名小題在上、大題在下、中間以范曄二字、次行題唐章懷太子賢注、崇文總目、郡齋讀書志、直齋書錄解題、均稱後漢書九十卷、志三十卷、是本列傳第一、下題漢書第十一、直接后紀第十、續志別為三十卷、兩不相涉、猶存舊式、然目錄則已志屧入紀傳之間、未免矛盾矣、卷中避宋帝諱、較他書嚴、闕筆亦彼此不同、有出於淳熙重修文書式之外者、如聖祖名玄朗、因避作玄

3. 史部:《后汉书》一百二十卷

南朝宋范晔撰,梁刘昭、唐李贤注。宋绍兴刊本,40 册。张元济对所有宋帝避讳字都以墨笔悉数注出,之后又加以删除。像这样的版本信息,刊印本上荡然无存。

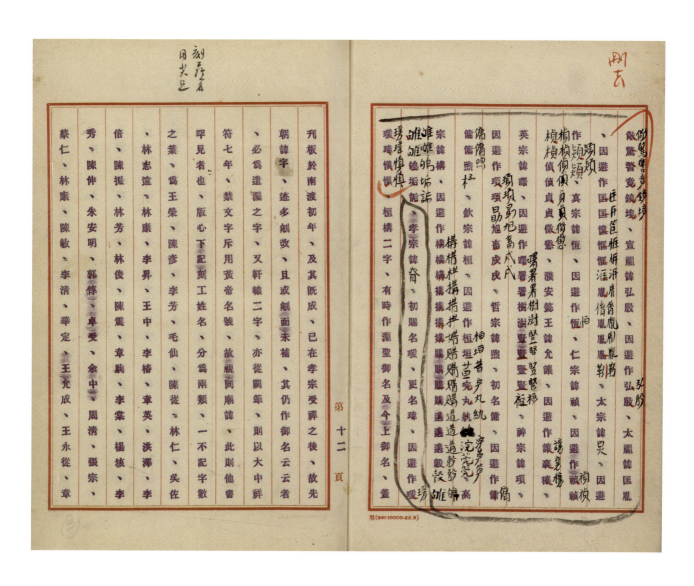

微驚聲竟鋪境、宣祖諱弘殷、因避作弘殷、太祖諱匡胤
作頻頻、因避作匡筐恇忻泝眥肎胤胤削胤弼、
真宗諱恆、因避作恆、仁宗諱禎、因避
太宗諱炅、因避
檜檜偵偵、身貞徵懲、漢安懿王諱允讓、因避作讓竟褫、
英宗諱曙、因避作曙署樹尌暨瞖瞖、神宗諱頊、
楨楨偵偵、
因避作頊朂畜高成戌、哲宗諱煦、初名傭、
備備煦煦、欽宗諱桓、
桓垣昔曳丸紈、
、李宗諱眘、初賜名瑗、更名瑋、因避作
瑗瑗慎慎、
雎雎慎慎、
雎雎鳴踦訴訴
宗諱構、因避作構構構構構構、
桓構二字、有時作淵聖御名及今上御名、蓋

刊板於南渡初年、及其既成、已在孝宗受禪之後、故先
朝諱字、迹多剷改、且或剷而未補、其仍作御名云者
、必爲遺漏之字、又軒轅二字、亦從闕筆、則以大中祥
符七年、蔡文字斥用黃帝名號、故視同廟諱、此則他書
罕見者也。版心下記刻工姓名、分爲兩類、一不記字數
之葉、喬王燊、陳彥、毛仙、陳從、林仁、吳佐
、林志遠、林康、李昇、王中、李椿、章英、洪澤、
倍、陳振、林芳、陳俊、陳震、章駒、李棠、楊宗、李
秀、陳伸、朱安明、郭偉、卓受、余中、周清、張宗、
蔡仁、林康、陳敏、李清、華定、王允成、王永從、章

第十二頁

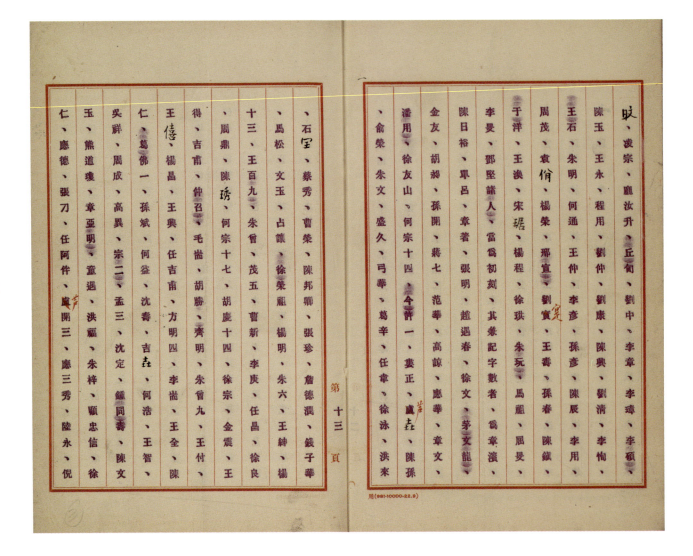

旽、凌宗、龐汝升、丘旬、劉中、李章、李瑋、李碩

陳玉、王永、程用、劉仲、劉康、陳興、劉清、李怕

王石、朱明、何通、王仲、李彥、孫彥、陳辰、李用

周茂、楊榮、邢宣、劉實、王壽、孫春、陳鑌

于洋、王渙、宋琚、楊程、徐琪、朱玩、馬祖、屈旻

李旻、鄧堅蕭人、當爲初刻、其兼記字數者、爲章濱

陳日裕、單呂、章耆、張明、趙遇春、徐文、茅文龍

金友、胡郝、孫開、蔣七、范華、高諒、應華、章文

俞榮、朱文、盛久、弓華、葛辛、任韋、徐泳、洪來

潘用、徐友山、何宗十四、〇今計一、裴正、盧垚、陳孫

、周鼎、陳琇、何宗十七、胡慶十四、徐宗、金震、王

十三、王百九、朱曾、茂五、曹新、李庚、任昌、徐良

、馬松、文玉、占諫、徐榮祖、楊明、朱六、王紳、楊

、石宝、蔡秀、曹榮、陳邦卿、張珍、詹德潤、錢子華

王偆、楊昌、王興、任吉甫、方明四、胡勝、齊明、朱曾九、李崀、王全、陳

得、吉甫、仲召、毛崀、王付、

仁、葛佛一、孫斌、何益、沈壽、吉垚、何浩、王智、

吳祥、周成、高異、宗二一、孟三、沈定、鍾同壽、陳文

玉、熊道瓊、章亞明、童遇、洪寵、朱梓、顧忠信、徐

仁、應德、張刀、任阿仵、盧開三、廬三秀、陸永、倪

第十三頁

用(981-10000-22.9)

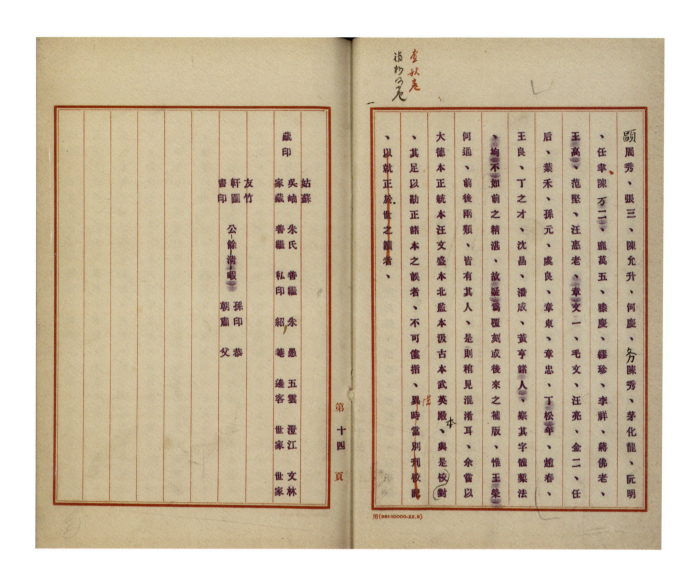

頤周秀、張三、陳允升、何慶、务陳秀、茅化龍、阮明
、任韋陳万二、龐萬五、滕慶、繆珍、李祥、蔣佛老、
王高、范堅、汪憲老、章文一、毛文、汪亮、金二、任
后、葉禾、孫元、虞良、章東、章忠、丁松年、趙春、
王良、丁之才、沈昌、潘成、黃亨諸人、蔡其字體藥法
、均不如前之精湛、故疑當覆刻或後來之補版、惟王榮
何通、前後兩類、皆有其人、是則稍見混淆耳、余嘗以
大德本正統本汪文盛本北監本汲古本武英殿本、與是校
、其足以勘正諸本之誤者、不可僂指、異時當別刊校記
、以就正於世之讀者、

藏印
姑蘇
吳岫　朱氏善繼　朱愚　五雲　澄江文林
家藏　善繼私印　紹芑　逸客　世家
友竹
軒圖　孫印恭
書印　公餘清暇　朝廘父

第十四頁

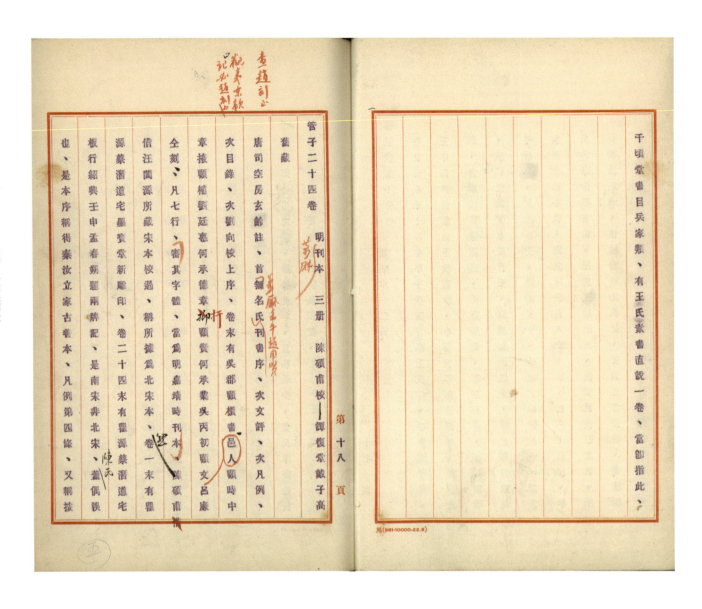

4. 子部:《管子》二十四卷

明万历刊本，3册。著录重点在刻本年代考订方面，张元济起先认为"审其字体，当为明嘉靖时刊本"，后来"观卷末款记，必赵刻也"，乃定为万历年间赵用贤刊本。

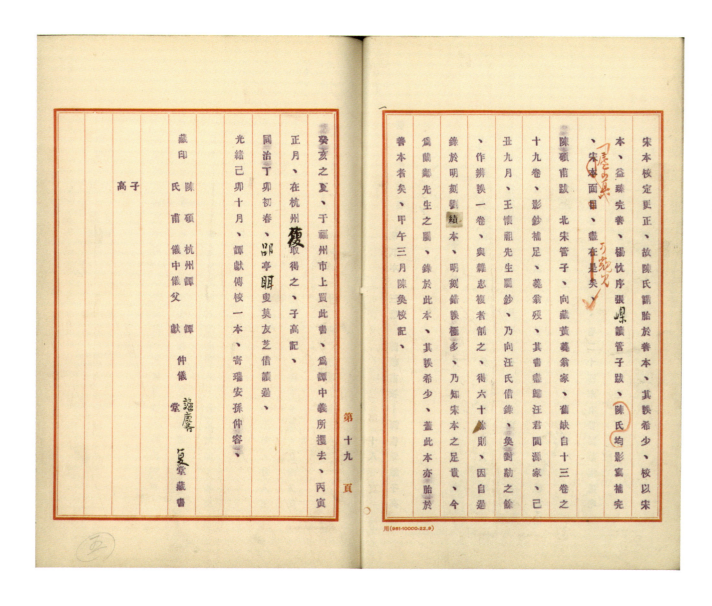

宋本校定更正、故陳氏謂胎於眷本、其誤希少、校以宋

本、益臻完善、楊忱序張嶧讀管子跋、陳氏均影寫補完

、宋本面目、盡在是矣

陳碩甫跋　北宋管子、向藏黃蕘翁家、舊缺自十三卷之

十九卷、影鈔補足、蕘翁歿、其書盡歸汪君閬源家、已

丑九月、王懷祖先生屬鈔、乃向汪氏借鈔、奐對勘之餘

、作辨誤一卷、與雜志複者削之、得六十餘則、因自遍

錄於明刻劉績本、明刻錯誤極多、乃知宋本之足貴、今

為蘭鄰先生之屬、錄於此本、其誤希少、蓋此本亦胎於

眷本者矣、甲午三月陳奐校記、

癸亥之夏、于福州市上買此書、為譚中義所攫去、丙寅

正月、在杭州復取得之、子高記、

同治丁卯初春、邵亭胡叟莫友芝借讀過、

光緒己卯十月、譚獻傳校一本、寄瑞安孫仲容、

藏印　陳碩甫杭州譚

氏甫儀中儀父獻　仲儀

高子

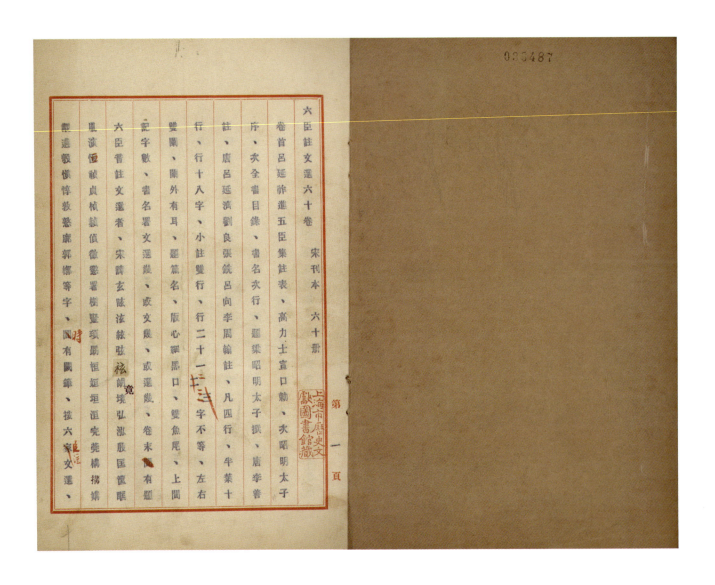

5. 集部：《六臣注文选》六十卷

南朝梁昭明太子撰，唐李善并五臣注。南宋福建刻本，60 册。张元济从字体判
定版本："是本无刊版时地，审其字体，当为建阳刊刻。"

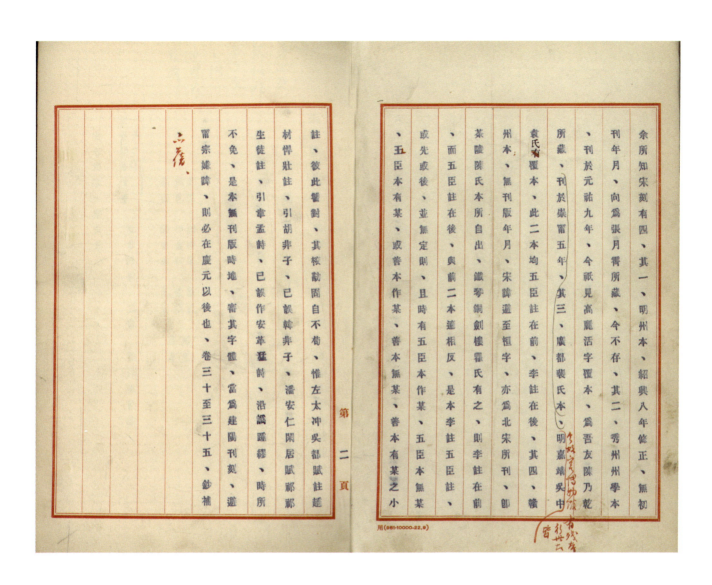

余所知宋刻有四、其一、明州本、紹興八年修正、無初刊年月、向爲張月霄所藏、今不存、其二、秀州州學本、爲吾友陳乃乾所藏、刊於元祐九年、今祇見高麗活字覆本、刊於崇寧五年、其三、廣都裴氏本（袁氏有覆本、此二本均五臣註在前、李註在後、其四、贛州本、無刊版年月、宋諱避至桓字、亦爲北宋所刊、即茶陵陳氏本所自出、鐵琴銅劍樓霍氏有之、即李註在前、而五臣註在後、與前二本適相反、是本李註五臣註、或先或後、並無定則、且時有五臣本作某、五臣本無某、五臣本有某、或善本作某、善本無某、善本有某之小

註、彼此譬對、其核勘固自不苟、惟左太冲吳都賦註延材僻壯註、引胡非子、已誤韓非子、潘安仁閑居賦祁祁生徒註、引韋孟詩、已譌作安革孟詩、沿譌遝繆、時所不免、是本無刊版時地、審其字體、當爲建陽刊刻、避冒宗嫌諱、則必在慶元以後也、卷三十至三十五、鈔補

六卷、

第二頁

五、会友

—— 社会交往

张元济有着丰富的人生经历，其一生与众多政界、学界名人都有很深的交往。这些因工作抑或私人的交往，产生了数量巨大的往来书札，后通过各种途径，收藏于上海图书馆。张元济的日记虽然为商务印书馆时期的工作日记，但也偶有详细记录与人晤谈等内容。其他诸如题字、诗文、照片等，皆为记录其社会交往的重要载体。因此，本编以书札为主，辅以少量日记和其他文献，来展现张元济社会交往的各个方面。

本编选印了40件文献，按内容分为友朋往来、乡邦情谊、谋事荐人、保护古籍和社会活动五个部分。张元济与南洋公学、商务印书馆等有关的社会交往内容，归入本书专设的另两编中。张元济一生交游广泛，"友朋往来"部分不仅选取了与私交甚笃的沈曾植、陈三立等晚清遗老之间的来往信件，亦有与壬辰科同年唐文治等人共同资助庶师母的记录。张元济日记中记载了与法国汉学家伯希和的交往，以及对后辈学者丁文江的资助皆为不可多得的史料。张元济虽然出生、成长于广州，但对故乡海盐的深情是贯穿其一生的。"乡邦情谊"部分着重于张元济收集、整理海盐及嘉兴地方文献，和抵制外国资本入侵浙江铁路建设两个方面。张元济的地位和声望，使得来请他推荐谋职的人络绎不绝，其中亦不乏日后成为名家之人。"谋事荐人"部分中围绕王蘧常求职，张元济和胡适、蒋梦麟、蒋维乔等学界要人多有书信往来，该部分中皆有收入。张元济一生致力于收藏和保护古籍，本书"藏书"编中收入了大量张氏涉园、涵芬楼及东方图书馆、合众图书馆收藏的珍贵古籍书影。"古籍保护"部分

侧重张元济在与友朋交往中体现出的古籍保护意识，如山东杨氏海源阁藏书散出后，他与叶恭绰、傅增湘等藏书家之间频频通信，讨论如何集资购入，使其不致流往海外。"社会活动"部分主要收入了张元济为晚明上海籍科学家徐光启逝世三百周年题词，为营救被捕学生联名致函上海市长和上海警备司令等文献。其中，新中国成立之初，张元济参加第一届全国政协会议保存的档案资料，尤为珍贵。

张元济这位"富于新思想的旧学家，实践新道德的老绅士"，他的社会交往和活动无疑在知识界、教育界和政界之间架起了一座桥梁。本编力求通过所选文献，向读者生动展示张元济这位学者和事业家的人生交往轨迹。

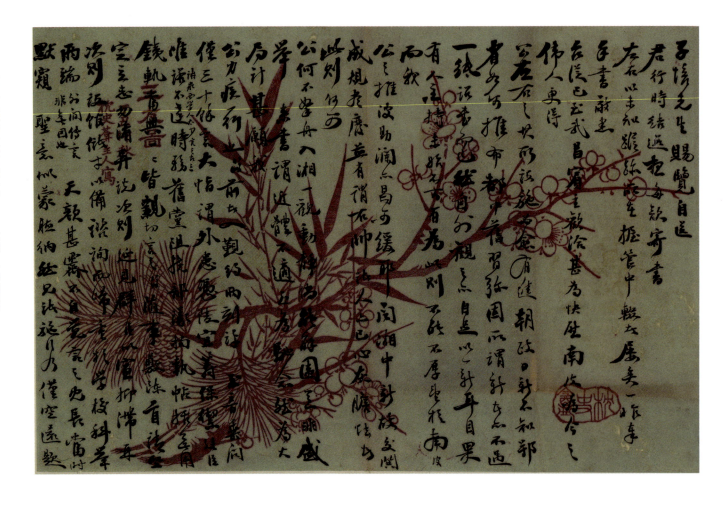

（一）友朋往来

1. 张元济致沈曾植函

1898 年 8 月 5 日

此信写于百日维新期间。张元济是戊戌维新变法的参与者，1896 年前后就与文廷式、沈曾植等京官在北京陶然亭集会，筹商改革救国之策。戊戌变法时期，沈曾植正因丁母忧，而去湖北主持张之洞创办的两湖书院。张元济在信中向沈曾植汇报了新政在朝廷的推进情况，如设制度局一事，并希望沈曾植能代为观察湖北、湖南两省的形势。

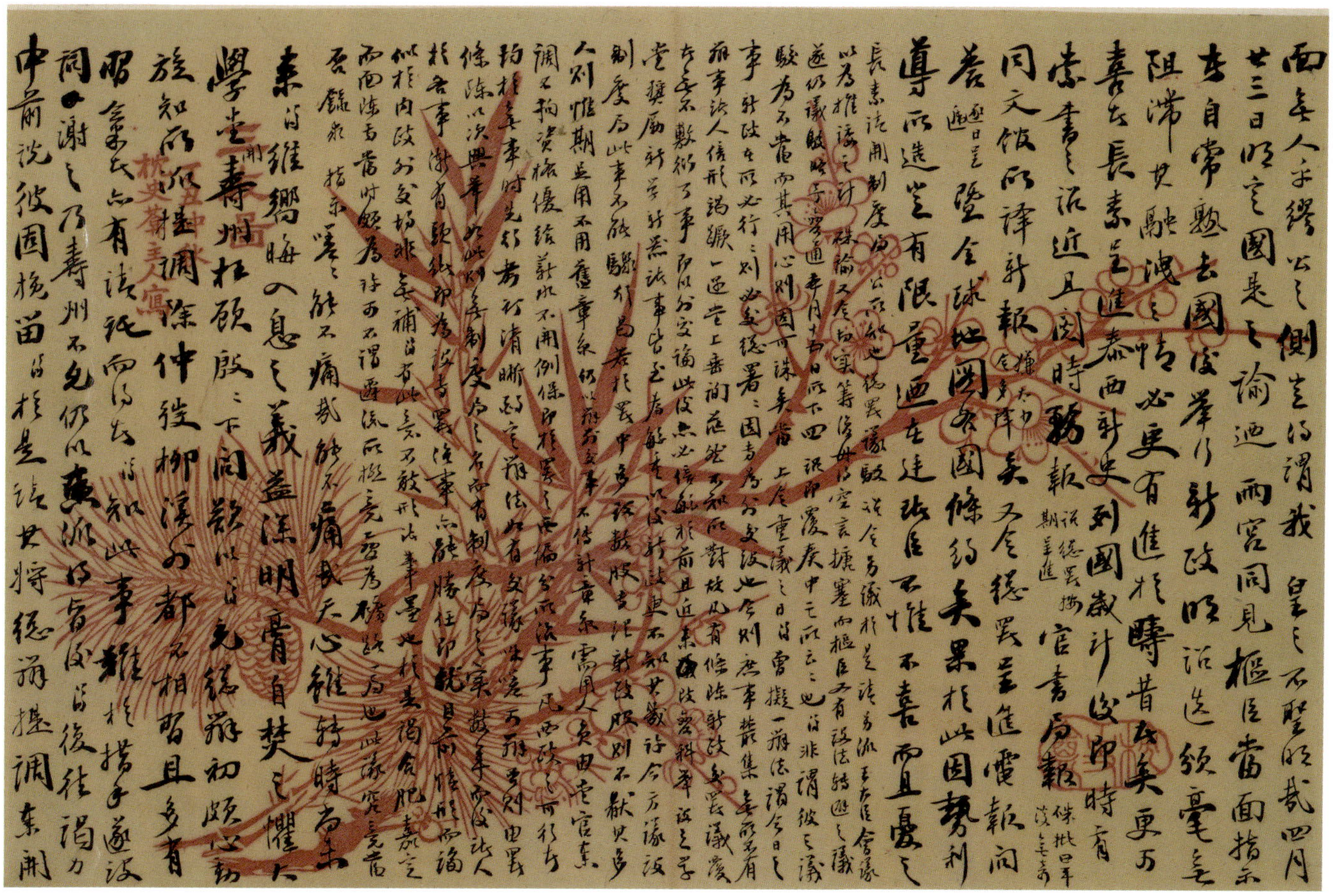

鞠生老兄大人執事前上一楷想經
惠鑒丽言嗣後僮賣原富一書作定值
百抽幾給予憑據以為譯人永遠利益
一節未得
還雲示知能否辦到殊深懸系鄙知
老兄相為之誠無漱弗至点点此事空贵
大神代為道地俱以檜冇丽属或不涓
竟如

台情此僕丽以深為懸之者也夫平情而
論擬葉阮售之後於以後銷售之利原不
應更有餘思而僕於此而不能忘情者
一此書全稿幾十萬言經五年三久而後
告成使泰西理財首出之書為東方人士
所得討論而當時給價不過規元二千兩
為優為紲自冇空論
二舊總辦何梅荪在日於書價分沾利

2. 严复致张元济函

1901 年 9 月 18 日

1900 年 2 月，严复拟将《原富》译稿交付张元济主持的南洋公学译书院出版时，附信给张元济，希望在书出版后抽取一定比例的版税。到了 1901 年 9 月，为了顺利取得版税，严复再次致信张元济，谈了自己对于抽取《原富》一书版税的具体操作办法。为了保护著译者的权利，他要求出版者出具版税书面凭据。后来，在张元济的支持下，严复拥有了《原富》高达 20% 的版税。

盖本有感言

三於時刷（現）二千部業蒙

台端雅意以售值十成之二見贶事固

已可行而僕兩請者不過有一字撰以完

以後人事變遷時多出一番唇舌而非強

至而必不可

四科舉歧絢譯纂方始南北各局執筆

之士甚多分以消售利益庶有以泯其作

且僕誠蒙

倘納兩言而　譯局准予售書分利憑據則

一切細目尚有可商以期平允如

一可限以年數外書國著書專利版样本

嫁為他之塞責而動以洛陽紙貴之可欣求

達難猴之情期讀者之皆喻則此舉不獨使

譯家風氣日上而求兩譯之有用與治彼學

者之日多皆之於此寓贶微權

青年限盛五十年盛三十年今此書譯者

分利得二十年止云

二三朱分利如嫌過多十年之後尚可遞減

如前十年二成後十年一成亦無不可

以上種切統祈

卓奪好是　國督辦　勞搭辦諸公皆挥堂似

不淺當不玉　靳此區二而不予畀也阿使事屬

難乃志祈

明示自沪上揖别以来到津昔又匝月日间

到局办事晚归耸下惟以逸泽自揣日平云

大板洋书两蒯刻名誊部甲乙记美循此以

徙仍年此时其书宽于庚子一支弟事皆非

仰释天时俯索时支觉弦新自强为必无三子

凡一高一地一洋瓶别日有起色华瓶别与奖自业

竟子夭生黄种以保白人延策且此白人为之

别一切皆梦此当此者两闻两见悟此最为可哀

支那气象如此语恃能免于印度波兰之续

吾不信也顾固欲为蛙蜍吾笔欲为精卫安

皆不自量者也于此奉溃叩叩

篆安不具

别希烦致仲宣

　　　　弟后〔花押〕 八月六日

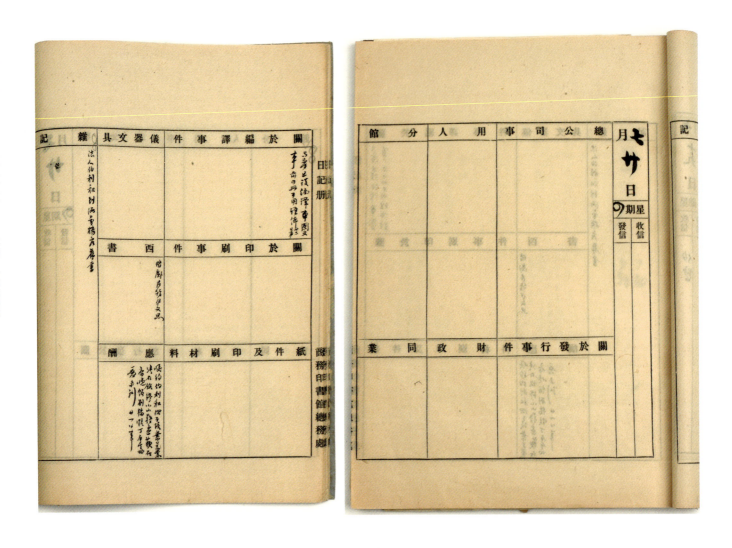

3. 张元济日记

1916 年 7 月 20 日　星期四

1910 年 10 月，赴欧美考察的张元济，由法国著名汉学家伯希和（Paul Pelliot）陪同，参观了法国国家图书馆，并浏览了该馆所藏中国敦煌文献。中法两位学界巨擘由此相识。1916年，伯希和奉派至北京法国驻华使馆任陆军武官次官，是年 7 月 20 日，来上海拜访张元济，并往涵芬楼看所藏旧书。21 日晚，张元济在寓所宴请伯希和，沈曾植（子培）、叶昌炽（菊裳）、张钧衡（石铭）、缪荃孙（筱珊）、蒋如藻（孟萍）作陪。日记中的"伯利和"即伯希和。

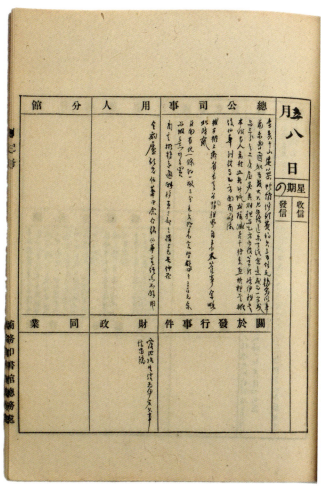

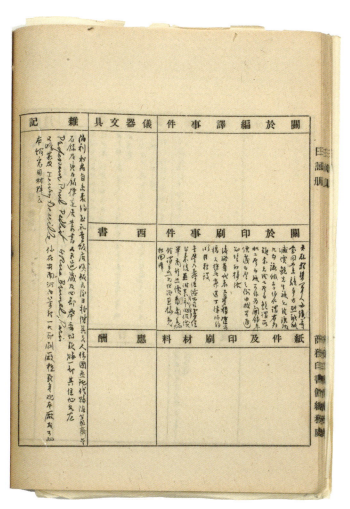

4. 张元济日记

1919 年 5 月 8 日 星期四

1919 年第一次世界大战结束，伯希和于 1919 年 5 月归国，途经上海。5 月 8 日，伯希和约张元济在礼查饭店共进晚餐，并托张元济代购《金石录》和张石铭的《择是居丛书》，《道藏》和《四部举要》也各订购一部。其间，还会晤了伯希和的友人 Henry Deseille，其人在越南河内管理一家大型印刷厂，想参观商务印书馆的印刷厂，并向商务采购原料等。其中"陈簠斋"应为陈介祺，"簠"似为"簠"之误。

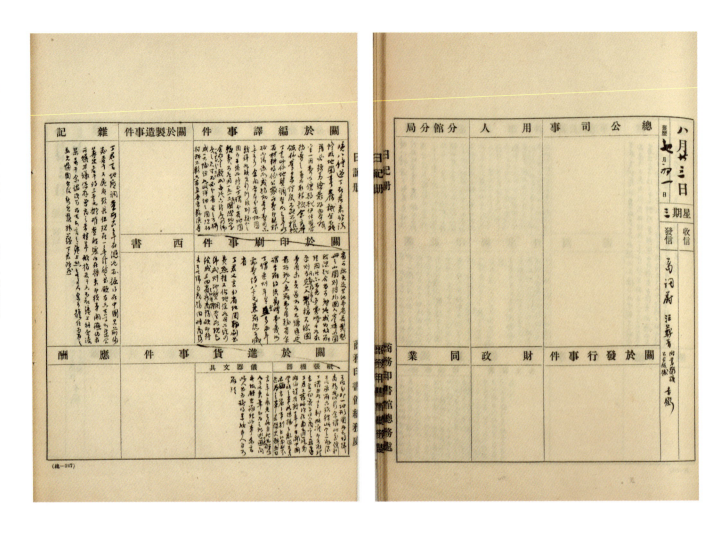

5. 张元济日记

1922 年 8 月 23 日　星期三

这一天的日记,张元济主要写了丁文江来访的内容。两人除了讨论印地图的款式、尺寸、人工、费用外,还有两件事:一是丁文江热心抢救一些珍贵的近代史料,发现马相伯对晚清掌故很熟悉,想找一个人来帮他做笔录;二是 1920 年,河南渑池县发现史前陶器,即仰韶文化遗址,但丁文江所在的地质调查所没有经费,希望有志考古学者能众筹,张元济表示愿意资助 500 元,并把罗振玉介绍给丁文江。

老柏初度猥辱

集查句為祝切索渾妙出自天然拜嘉

寵錫感媿妄極　叙丞畫六高峻勝常覆

花雙璧為幸多矣　詞蔚光索景白亭記

墨本昊君已為抍出荷以一弁呈上乞

轉寄為荷卒復布謝印頌

菊生先生道安　弟三立

昭扆先生尚未出山專丏致候

6. 陈三立致张元济函

1932 年 10 月 20 日后

1932 年 10 月 20 日是陈三立八十寿诞，为此，亲朋好友纷纷寄来贺诗、贺联，寓居庐山的几位老友亲临松门别墅颂祝，张元济就是其中之一，并赠七绝四首。事后，陈三立来此函，称赞了张元济的诗和夏敬观（剑丞）的画。信中亦提及，陈三立送给张元济亲家葛嗣浵一份陈三立所撰《花径景白亭记》的拓本，请张元济转寄。

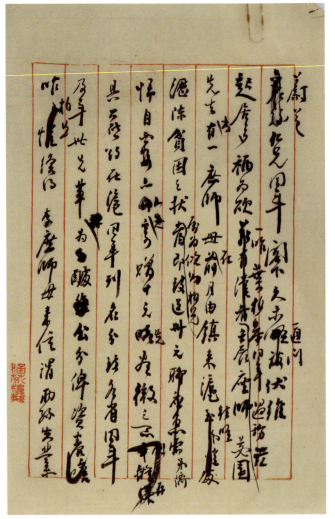

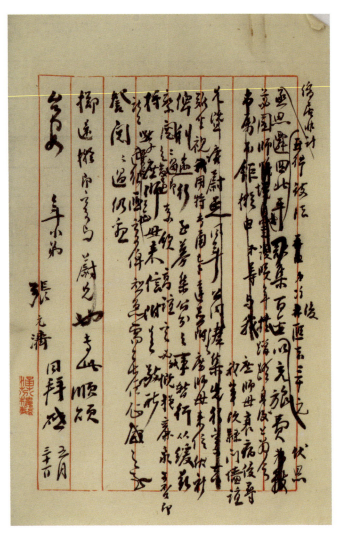

7. 张元济致唐文治函

1935 年 5 月 31 日

张元济和唐文治同为光绪壬辰科（1892 年）进士。当时的副主考官李端棻，字苾园，曾任刑部左侍郎、礼部尚书等职。"戊戌变法"失败后，因曾大力推行新政而被革职流放。李端棻侧室李高氏生活窘迫，其孙李骏良也失业在家，因而求助于张元济等壬辰科同年。张元济和叶尔恺都出资襄助，并致函唐文治希望能得到响应。信后附有部分壬辰同年通信地址。

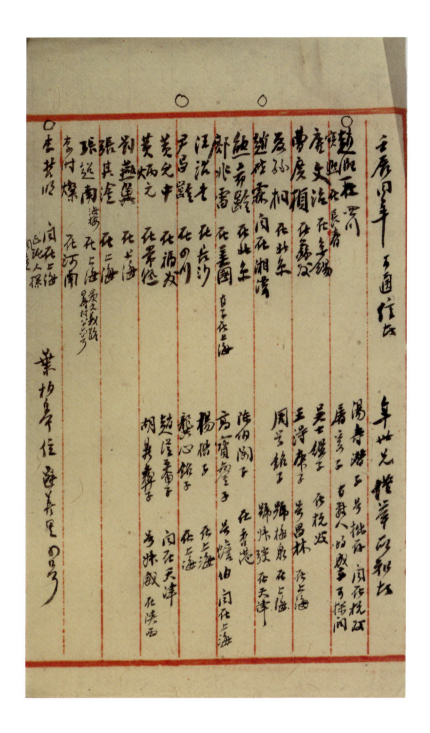

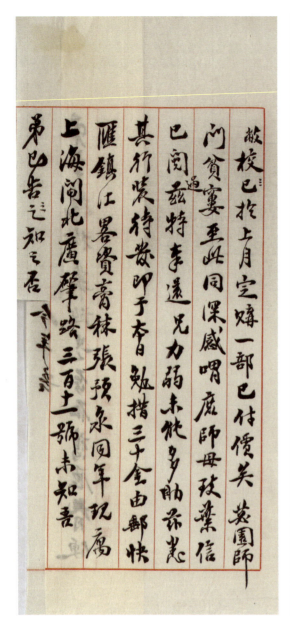

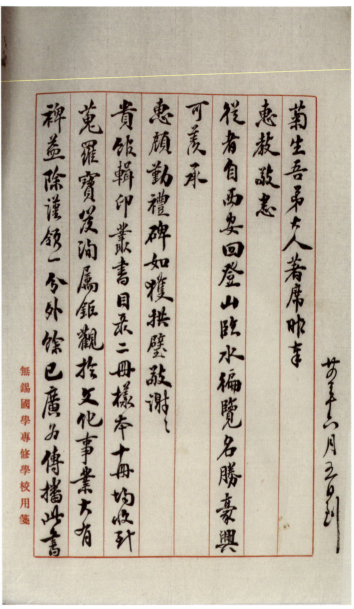

8. 唐文治致张元济函

1935 年 6 月 5 日

唐文治在收到张元济的来信后，马上回复"勉措三十金，由邮快汇镇江，略资膏秣"，并提供了另一同年张预泉的地址。从张元济的来信中可以看到，壬辰科同年尚有汤寿潜、屠寄、吴士鉴、汪诒书、尹昌龄等诸人。唐文治回信中，提到商务印书馆辑印丛书，应该是指 1935 年起影印出版的《丛书集成初编》。

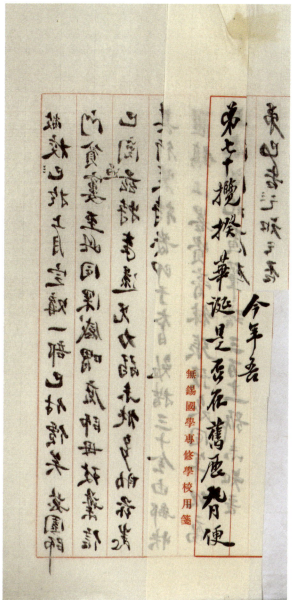

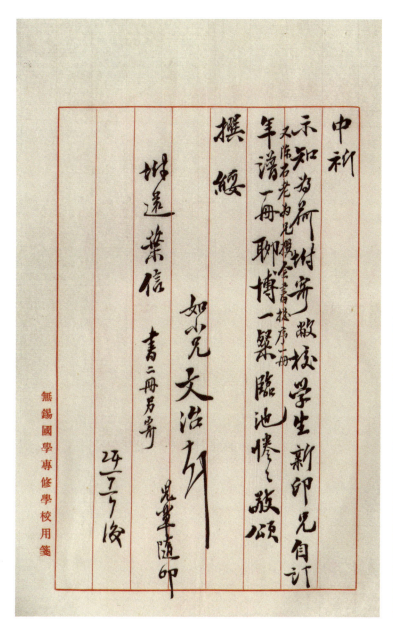

伯劉先清鑒

庚辰冬日余因患癃閉入上海大華醫院療治今漸就痊
還家休養病中蒙　親朋殷勤存問祇以體力未復尚
未能趨前詣謝至深慚歉病榻無聊率成俚句八首謹
先錄呈藉博　一粲

自昔文人多水厄散原海日兩相仍手揮目送渾無事欲往從
之病未能
　義甯陳伯嚴嘉與沈子培二公均患此疾且均在高年但時發時止幾若行所無事余所
　患似比二公爲重

十年癥結蹉跎甚差幸禍根猶可除人道藏珠曾剖腹我翻剖
腹取吾珠
　曹晨濤醫師語余病爲膀胱內攝護腺肥腫若不取出難期痊愈

故道九河盡竇滅鑿山鬼斧有神工新流終使宣房塞舊迹仍
還微禹功
　余入院後小溲全阻頻以金屬管通導痛苦殊甚曹醫師爲施手術先從少腹啓一小
　穴通至膀胱以皮管插入其中使小溲改道徐徐就管中洩出越若干日再施手術將膀
　胱內攝護腺摘去使正道無所阻塞逐漸將少腹穴口封閉於是悉歸故常

素衣縞袂絕纖塵病榻周遭撫視頻佛氏慈悲耶博愛西來文
化此精神
　院中看護諸女士均曾受高等教育並實地練習數年故能於病人心理體貼入微其照
　料之周至尤能脫盡恆蹊無所嫌避直視爲神聖之職業病人受惠若此不能不有感於
　泰西文明之輸入矣

有報報道天下事讀罷耳熱余能詳偶聞與國戰必勝刀針餘
痛全相忘
　看護莊繼靜女士每日閱報在牀前爲余講誦余聞英希兩國捷音輒爲之歡欣不置

故人聞訊倍關情知是衰齡一險程每近奏刀前後日屬垣幾
未駐機聲
　友人鄭安壽博士在巴黎習醫有年語余此病除割治外別無他術法國名人克利蒙梭
　霞飛諸人均以高年患此亦以割治而愈余入院後親朋多爲憂慮道遠者函電絡繹同
　居滬上者日夕存問至施行手術之際電話探詢絡繹不絕情誼懸擊感何能忘

臨牀慰問意殷拳果餌紛貼戶限穿最愛筠籃花掩映盎然生

天寗許我長偷活國豈容人作冗民莫負殘生任虛擲試看大
地正更新

中華民國三十年二月　菊生張元濟　時年七十有五

9. 答谢亲友问病诗八首

1941 年 2 月

1940 年 12 月初，张元济因病入大华医院诊治。12 月中旬和下旬经历两次手术，切除前列腺，并在医院静养至次年 2 月 14 日出院。返家后，张元济撰七绝八首，托商务印书馆排印，分赠亲友，聊表谢忱。每首诗的后面，还有一小段注文，说明成诗的背景。从中可以看到，陈三立（伯严）、沈曾植（子培）均患有此疾。

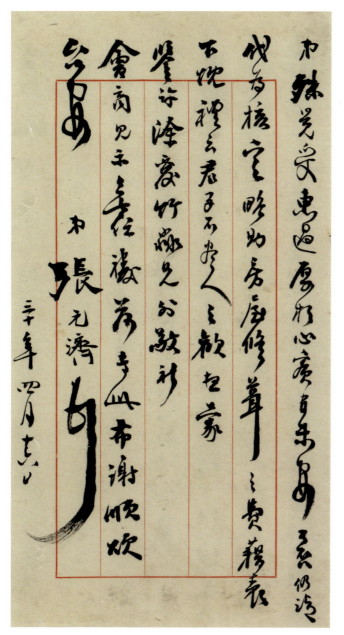

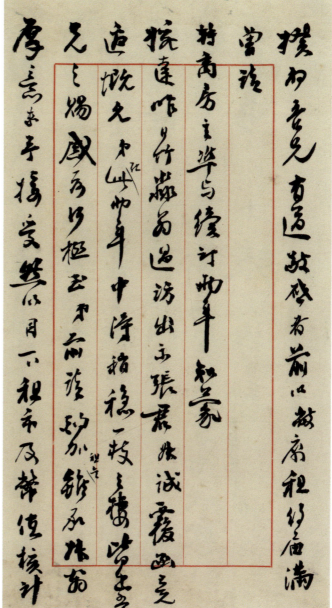

10. 张元济致叶景葵函

1941 年 4 月 16 日

抗战中上海沦陷后，张元济因家境日益拮据，寓所周围环境趋于恶化，决定将极司非而路住宅售出。当时，浙江兴业银行正在霞飞路（淮海中路）建造沙发花园（上方花园）新式里弄房屋。张家通过浙江兴业银行董事长叶景葵介绍，租下其中第 24 号，并于 1939 年 3 月迁入。张元济致函叶景葵，告知房东愿意续约两年，并表示感谢，"弟在此两年中，得稍稳一枝之栖，皆出吾兄之赐"。

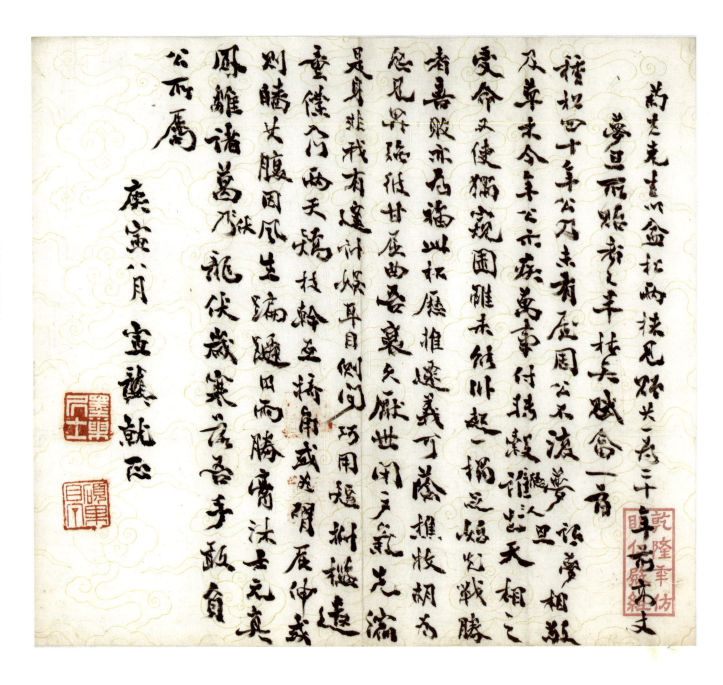

11. 李宣龚五言律诗

1950 年 9 月

年谱记载，张元济在 1950 年 9 月将家中盆栽的松树分赠给王志莘、陈星炜（沧舟），并赋诗。据张树年回忆，张家在搬迁到上方花园时，将极司非而路老宅四盆松树一同迁来。李宣龚在此文开头提到，张元济送给他的两盆松树，其一是二十年前高梦旦所赠。可见张元济因半身不遂，无法再去自家花园，故将非常珍惜的松树都送予他人。李宣龚这首作答的五言律诗一式二份，皆写于"乾隆年仿明仁殿纸"上，所选者有修改文字，钤有"墨巢居士"、"硕果亭"印。

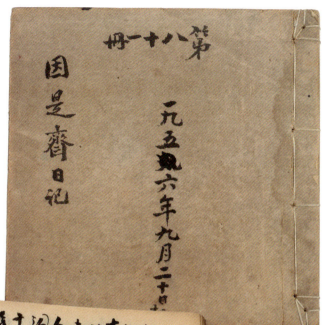

12. 蒋维乔日记

1956 年 10 月 25 日、10 月 30 日

蒋维乔因长期为商务印书馆编写教科书，与张元济接下了不解的情谊。1956 年
农历九月二十八日（10 月 31 日）是张元济九十寿辰，作为上海市政协常委和
上海文史馆馆务委员的蒋维乔，10 月 25 日参与了这次祝寿活动的筹备。生日
前一天中午（10 月 30 日），市委统战部在张元济寓所设宴两桌以示庆祝，蒋
维乔这两天的日记做了详细记载。

敬略者竊查本月十一日十二日十三日新聞報載有浙紳請辦墅

浦鐵路公牘係由上海縣境浦東起經過浙江乍浦海口復由乍浦

至杭州城外湖墅止已與德商榮華洋行合訂草議條款各認股銀

二百五十萬兩業經浙撫批示咨達

尊處核辦原圖並未得見揣其路線必經由江蘇之南匯奉賢金山

浙江之平湖海鹽海甯諸州縣 元濟 籍隸海鹽事關桑梓不敢緘默不

言查以上各州縣並非往來通衢地方出產除繭絲外並無他項大宗貨

物川河交錯水路儘足轉運無須鐵路以為之助且民情雖懦而風氣

極為閉塞風水之說深入人心洋人剖心挖眼之言不絕於耳青幇紅幇伏

莽叢集將來購路設軌洋匠羣集難保不釀成事變方今各國環伺

平地尚起風波若更予以口實竊不乘機攫取且德人自佔膠州以來山

東交涉萬分棘手膠濟鐵路未成即派員駐紮濟南辦理事務駸

（二）乡邦情谊

1. 张元济致盛宣怀函

1904 年 6 月 13 日

1904 年初，上海德商荣华洋行勾结浙绅，要求承办上海浦东经浙江乍浦致杭州城外湖墅的约四百数十华里铁路，推沈守廉（洁斋）主其事。5 月张元济在《新闻报》上看到这个消息后愤怒异常，率先投入阻止德商的行动。6 月 12 日，他在《中外日报》发表《请中止墅浦铁路节略》，系统阐发德人承筑墅浦铁路之危害。6 月 2 日与 13 日，他两次致函盛宣怀请其出面干涉。6 月 13 日信的内容与《中外日报》所发表《节略》同。

駿乎有囊括席卷之勢近由北洋奏請開為商埠隱相抵制然后勢

已成殆不可救友人客遊其地歸言德人種種暴橫土人種種戁憤情

形聞之痛憤近來德人政策專尚進取其手段之激烈幾駕乎諸國

之上無論興辦此路有害無利即與德人合股一節已種後來無窮禍

根而猶曰設法牽制可免英國獨佔豈非夢中囈語且具呈列名諸

人皆非真正紳士錢錦孫係編修嘉興錢駿祥之子年僅弱冠

徐文翰係已故吏部尚書海鹽徐用儀之孫年十六歲其胞叔祖胞叔

均在何以不由父兄出名謂其父兄不與聞則其事必不可恃謂其父

兄與聞而不肯出名則其事尤為詭秘其顧浩袁榮裳許寶樞諸

人無非能達少年亦斷不能膺此重任現在事未定議尚可挽回元濟

不肖敢為浙西億萬生靈請命於

宮保之前伏乞

俯念大局嚴詞批駁不勝感禱之至

2. 张元济致汪康年函

1904 年 6 月 27 日

1904 年 5 月底前后，张元济已就墅浦铁路事告函汪诒年，请他致函其兄汪康年
及浙籍京官设法阻止。6 月 27 日，张元济致函汪康年，嘱他在北京继续活动，
坚持到底，称此事关大局，若能中止，是浙西亿兆生灵之福。信内详告沈守廉
等在浙江的动向，并告知请办浙绅列名之六许宝枢系自己的内侄，"其人行径，
形同无赖"，沈守廉亦舐犊之流。

3. 张元济致汪康年函

1904 年 8 月 14 日

由于张元济的呼吁和呐喊，德商的阴谋未能得逞。张元济在 8 月 14 日给汪康年的信中，感谢他在北京的活动，使得与德商合办墅浦铁路一事遭政府否决。信中"浙西数百万生灵同戴大德"等语句，尤可见他"不忍目睹桑梓之邦沦于虎狼之德"的拳拳之心。此后，张元济又积极投入到推动浙路商办的活动中去。

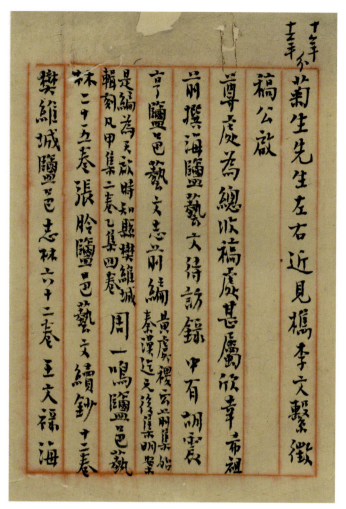

4. 朱希祖致张元济函

1921 年 9 月 1 日

上海图书馆所藏张元济与朱希祖的来往信件，是从编辑《槜李文系》开始的。《槜李文系》是历代嘉兴文献总集，由嘉兴人忻虞卿在清光绪年间辑成四十六卷，但一直未能刊行。1921 年，张元济等人发起增补、续辑。朱希祖看到了《申报》上刊登的征集遗文启后，于 9 月 1 日致信张元济积极响应，并提供多种海盐地方文献名录。

在海鹽城內創立一圖書館一面以藏
新舊各書通書籍以藏邑人知識一面徵
求邑人一著作以保存文獻以力微未遂厥
志頻年在北京見邑人遺箸顧多覽覽
此事之不可緩
先生曰量較厚未識有暇能提倡以
事否昔徐仙舟先生曾言於布祖謂
彼曾搜羅邑人詩文集數十種藏於百

可圖祠堂此種書籍想高未散佚
先生可就近一訪定必有助於攜李大繫
也希祖近得吾邑先輩馬墨林麟詩
十二卷而歇友何君栢臣贈得
尊祖螺浮先生入告編原刻木四冊有
初編二編三編遺編康熙時刻本有
馬印玉堂及笏齋收藏圖章全編
目錄與

先生排印本一告編全不相同排印本
訛字之處卅本多全原跋次第排列六
異遺編目錄末多預備軍餉疏一篇
惟夢莊一闕字四編版式一律且頗寬
大版心僅有發疏二字不分編
先生排印此書時僅得嘉慶補刻
本十年以來眽藏家富想已得到原
刻本惟何君本印刷高早字無漫漶

先生如欲得此希祖可代為商量何
君本寒士願欲得商務印書館石印
善本書籍如能交換可調兩得其所
矣有暇祈复數行為感敬頌
曼福
　　　弟朱希祖敬上
　　十年九月一日
此五色稳勝门内華廠
友垞

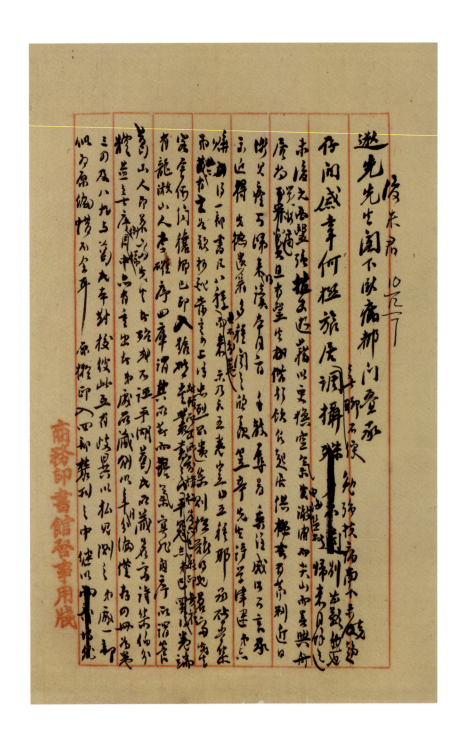

5. 张元济致朱希祖函

1921 年 12 月 7 日

张元济在这封信中和朱希祖重点讨论了《茗斋诗集》,作者彭孙贻亦为海盐人,张、朱二人也是因为编《檇李文系》开始在来往书札中探讨彭孙贻的。张元济原拟将此诗集印入《四部丛刊》,后来因为其亲家葛嗣浵的藏本体例未善,故未列入。张元济和朱希祖却以此为契机,开始南北联手收集乡贤彭孙贻的作品。

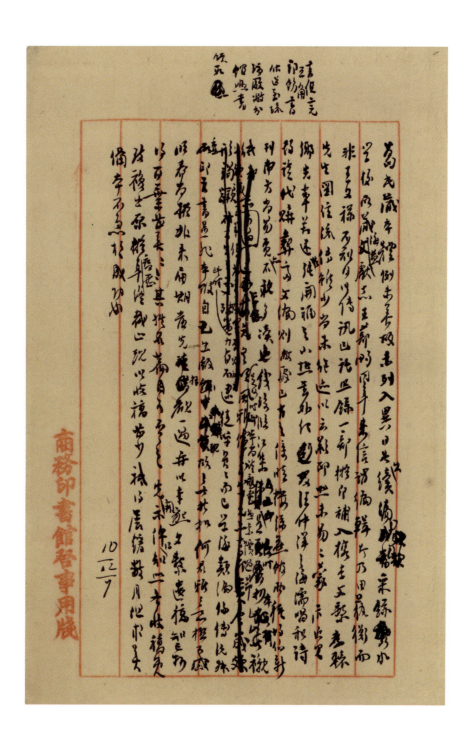

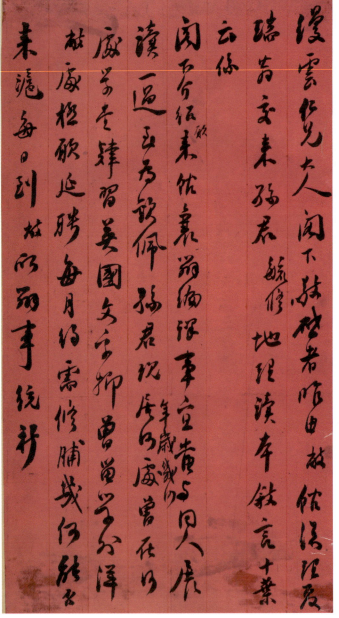
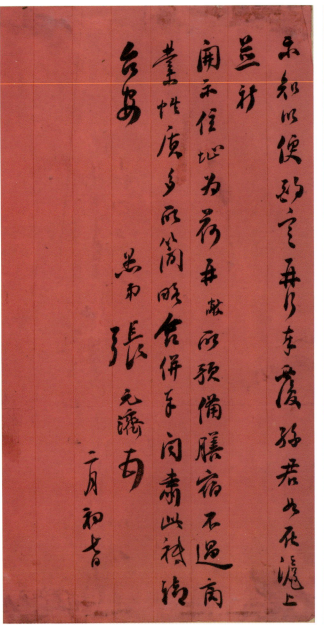

（三）谋事荐人

1. 张元济致沈缦云函

[1907 年 3 月 20 日]

此信系言实业家沈缦云介绍孙毓修入商务印书馆襄办编译事宜。孙毓修因屡试不中，放弃科举，学习英文和各种西学，并决心从事著译。孙早年在南菁书院执教，得到缪荃孙指教，目录学根底颇深。张元济看了孙毓修的地理读本叙言后，颇为赏识，表示极愿延聘，并在信中询问孙毓修的住址、年龄、学习经历等。

2. 张元济致孙毓修函

1910 年 10 月 14 日

孙毓修进入商务印书馆编译所后，任高级编辑，编辑中小学教科书等。另一方面，张元济委任其筹建图书室。1909 年，商务印书馆购得绍兴徐氏、太仓顾氏、长洲蒋氏之书，设图书馆于其编译所，即"涵芬楼"，孙毓修出任涵芬楼负责人。此函张元济转达了高梦旦等人的建议，希望孙毓修将工作重点转移到编译方面。是信采用意大利罗马 Milan 旅馆信笺，应系 1910 年旅欧时所写。

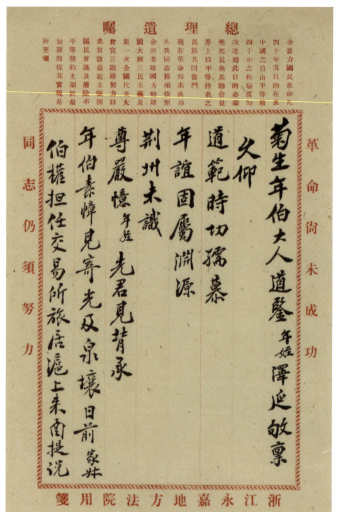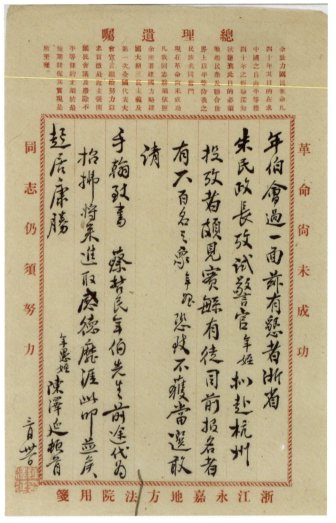

3. 陈泽延致张元济函

1928 年 3 月 31 日

陈泽延是张元济光绪壬辰同科进士陈祖绶之子。陈祖绶，字伯印，号墨农，浙江永嘉人，曾任山西武乡、灵石、赵成等县知县。其子陈泽延来信称父亲去世后，家庭状况非常艰难，目前的工作不足以瞻身家，欲至杭州投考警官，但因报名者众，恐无人引荐，不易入选。所以请求张元济写信给蔡元培为其汲引。

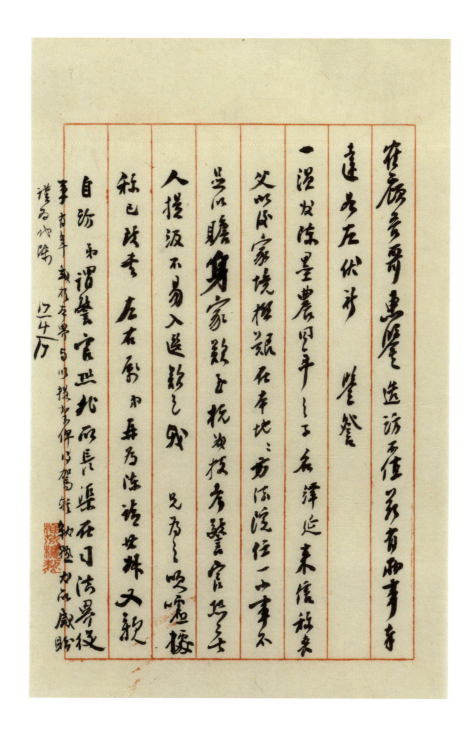

4. 张元济致蔡元培函

1928 年 4 月 17 日

张元济和蔡元培两人从光绪己丑（1889 年）浙江乡试，开始了他们的交谊。三年后一同考取进士，同被点为翰林，又在南洋公学为同事，共同创办《外交报》。此函为草稿，只写到了陈祖绶之子陈泽延的求职之事，正式函另有请蔡元培为他整理影印先祖旧藏和遗著而成的《海盐张氏涉园丛刻》续编写序言一事。

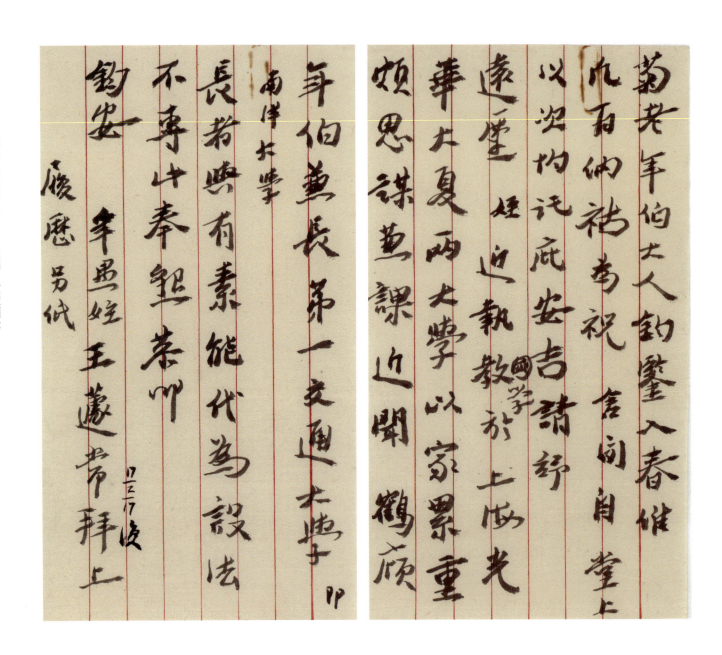

5. 王蘧常致张元济函

1928 年 2 月 17 日

著名书法家、历史学家王蘧常从无锡国学专修馆毕业后，曾在无锡中学、无锡国专等校任教。1927 年起，在上海光华大学附中、大夏大学预科执教国学。由于家庭负担较重，想另觅兼职。而此时，被国民政府接管的南洋大学，被改组为第一交通大学，由蔡元培（鹤顾）兼任校长。1928 年 2 月，王蘧常写信给张元济，有意通过张元济与蔡元培的关系，去交通大学兼课。

菊生年伯大人尊前 曹两上书谅邀

钧览缚暑至祷

起居如下学问如永灵兹荐资料计为善视计颂

里英因主学校一席以叩虔渎

钧祈自如兑状幸

学愿王伯掌班已如上 奕通似来易易为力迟向因主册地

学小後全文理院别招如 子弟典拓校幸 梦麟玉耕如

从今年二要劳引张立辞有碍 新载子弟妹此愿

世兄须中殊兄

哈掷驷川一画子孙八本拟斜屈面畏以暇虔来壹句

正恉

世兄抹垂迂回邀者之才才吐祷

尚安

小姪 王遽常拜之 □□元

附古诗蒋梦庆一信

必之领项

---

6. 王蘧常致张元济函

1928 年 7 月 16 日

1928 年夏，下学期仍将在私立光华大学附中任教的王蘧常，颇欲在国立学校觅一席职位。此前在交通大学掌校的蔡元培，已于是年 6 月因政务繁忙而辞去校长一职。此时的交通大学校长由交通部长王伯群兼任。此时，王蘧常听闻国立浙江大学要在杭州设立文理学院，而浙江大学校长蒋梦麟又和蔡元培至稔。7 月 16 日，王蘧常致函张元济，想通过张元济向正在上海的蔡元培说情。

国立浙江大学用箋

第　頁

菊生鄉長先生惠鑒久違渴念昨由王君瑗仲

自嘉興轉到

手書如獲晤

教無任欣幸承

介王君甚盛甚盛王君國學邃深凤榘欽佩甚顧借

重惟本大學文理學院下學期開辦僅設一年級一班國

文科祇需教授一人業已聘定目前殊苦無法延攬客

俟異日需才再行奉約勷請

中華民國　年　月　日

国立浙江大学用箋

第　頁

見諒為幸王君處弟已將此意函達以免盛暑長行之

勞專此奉復並頌

台安

晚蔣夢麟啟

十七年七月二十八日

中華民國　年　月　日

7.　蔣梦麟致张元济函

1928 年 7 月 28 日

王蘧常（字瑗仲）通过蔡元培的关系和浙江大学校长蒋梦麟建立了联系，并转寄了张元济给蒋梦麟的亲笔信。7 月 28 日，蒋梦麟给张元济回信，信中先赞赏了王蘧常"国学邃深"，但因浙江大学文理学院只开办一年级一班，只需要教授一人，业已聘定。这样，王蘧常进入国立大学的愿望，又暂时落空了。

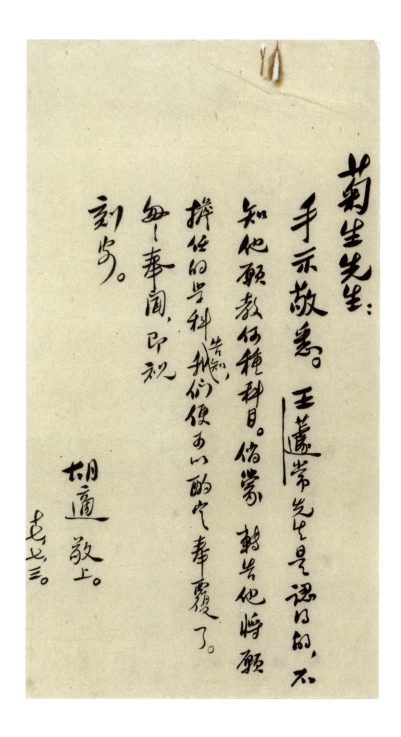

8. 胡适致张元济函

1928 年 7 月 3 日

王蘧常在 1928 年 6、7 月间，致函张元济，再次提及觅兼课职。此前寄希望于
蔡元培执掌的交通大学，但蔡在 6 月辞职后，便转向胡适任校长的中国公学。
张元济便写信给胡适，转陈王蘧常想在中国公学大学部谋一兼任国文讲席。胡
适即刻回信，表示认识王蘧常，并询问愿教何种科目。

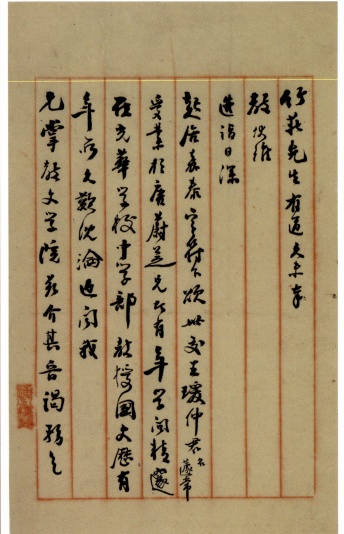

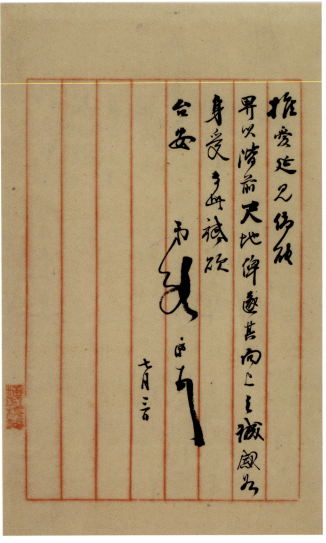

9. 张元济致蒋维乔函

[1929年] 7月3日

蒋维乔，字竹庄，中国近代著名教育家，1929年应上海光华大学之聘，任哲学教授，后又历任中文系教授，兼文学院院长等职。张元济介绍在光华大学附中教授国文的王蘧常晋谒，希望能得到蒋的帮助。信中介绍王蘧常在无锡国学专修馆时，受教于唐文治（蔚芝），学问精邃，并在光华附中任职历有年所。

10. 蒋维乔致张元济函

[1929 年] 10 月 7 日

张元济在 7 月 3 日致函蒋维乔后，又于 10 月 3 日再度去信。信中述及王蘧常因减薪，不克维持生活。并听闻有国文教授不能到校授课，希望能推荐王蘧常。蒋维乔在 10 月 7 日的复信中作了解释，光华教员一律解约重聘，并减薪至五折以下；那位不能来授课的周君，本来就不在聘用之列，四位国文教授都已聘定，并没有空缺职位。

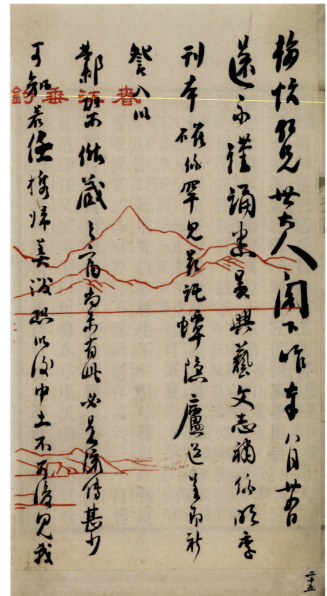

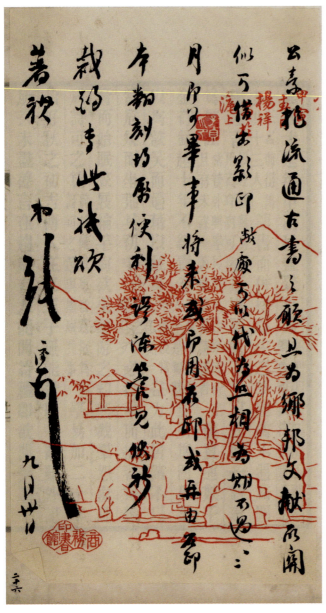

（四）保护古籍

1. 张元济致刘承幹函

1918 年 9 月 30 日

1918 年，美国哥伦比亚大学图书馆的施永高在上海购得一部明季刊本《吴兴艺文志补》，此书不仅为罕见之物，而且是刘承幹所关注的乡邦文献。张元济得知后，几次写信给刘承幹，在 9 月 30 的信中，张元济认为"若任携归美洲，恐以后中土不可复见"，表示可代刘承幹照相复制。在此后 11 月 6 日的信中，张元济又交待了影印的各种方案，可见其保护古籍的诚意。

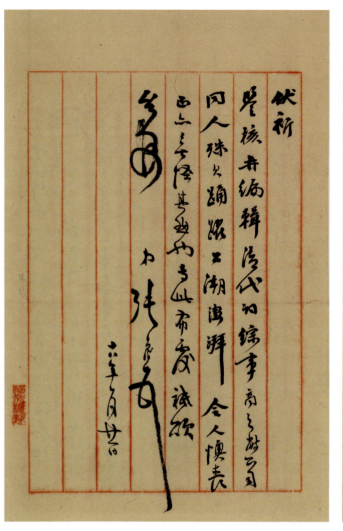
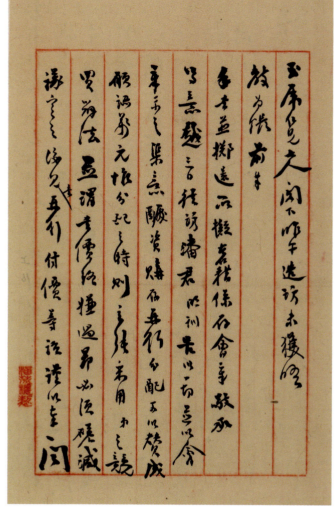

2. 张元济致叶恭绰函

1929 年 1 月 21 日

张元济在这一天内给叶恭绰连发两函,主要是围绕购买山东杨氏海源阁因战乱而散失的藏书,建议约若干人,以五千元一股合资购书,并要去函询问刘承幹。宝礼堂主潘宗周(明训)对此也有兴趣,但对书价很谨慎。信中还提及"古书保存会"及章程,系张元济想联络叶恭绰、傅增湘等志同道合的藏书家成立"古书保存会",并草拟了章程,但并未能如愿。

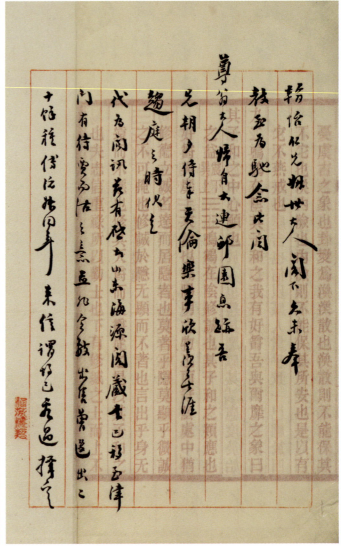
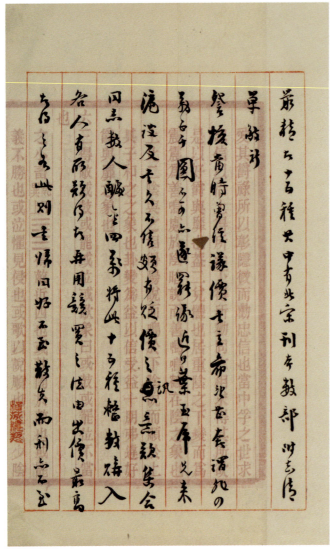

3. 张元济致刘承幹函

1929 年 1 月 23 日

1929 年初，傅增湘告诉张元济，山东海源阁藏书已移至天津，有待贾而估之意，但非全数出售，张元济从中择定最精品 15 种，其中有北宋刊本数部。在此信中，张元济与刘承幹商量，希望合数人之力，集资先将这批书买下，"各人有所欲得者，再用竞买之法，由出价最高者得之。如此则书归同好，不至散失，而利亦不至于外溢。"

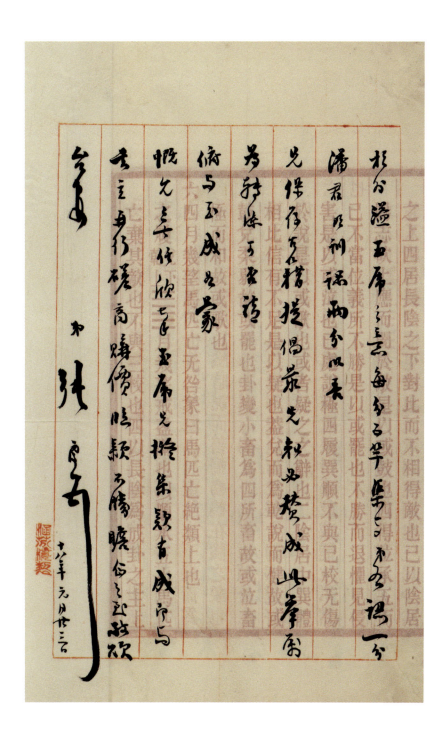

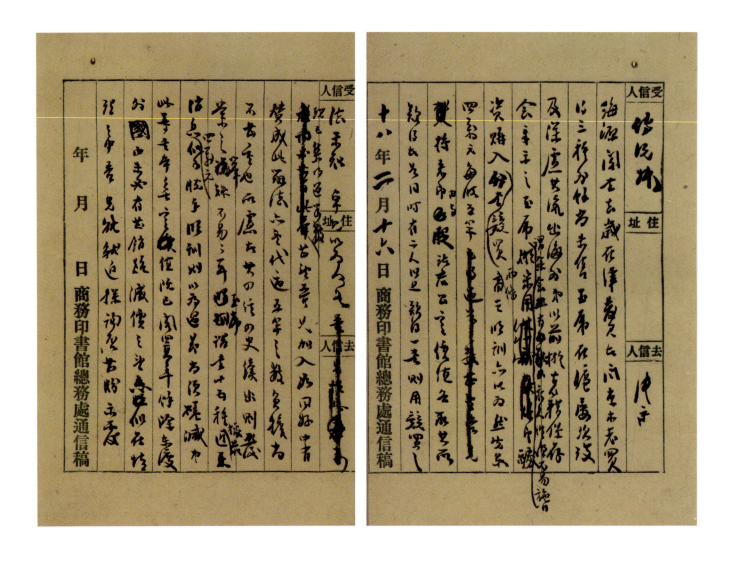

4. 张元济致傅增湘函

1929 年 2 月 16 日

张元济在 2 月 16 日给傅增湘的信中再次提到"古籍保存会",说叶恭绰认为集会有永久性质,不易施行,而其中的醵资购入、竞买分书两条可以采用。潘宗周也同意这一点,希望傅增湘也能加入。叶恭绰提供最新消息认为海源阁的十五种书四万元可以购入,但潘宗周又觉得价格过高。张元济认为这些书在国内没有销路,希望傅增湘能就近探询。

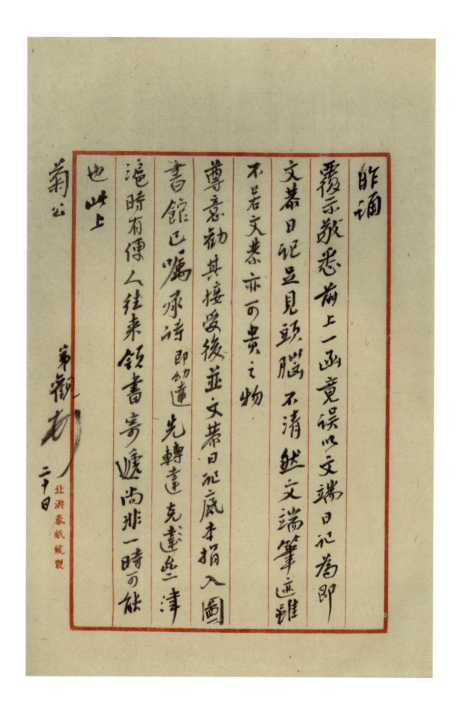

5. 夏敬观致张元济函

[1951 年]□月 20 日

在"孤岛"时期，张元济购得常熟翁氏流散出来的翁心存（翁同龢之父）日记稿本二十五册。原拟由商务印书馆排印出版，因时局不靖，未能实现。因翁同龢是张元济会试主考官，原拟将此日记归还翁家，但一直没有得到翁氏后人答复。1950 年，张元济再次致函翁之熹，翁称可由其姻兄夏承诗（夏敬观之子）代取。夏敬观来函述及此事。

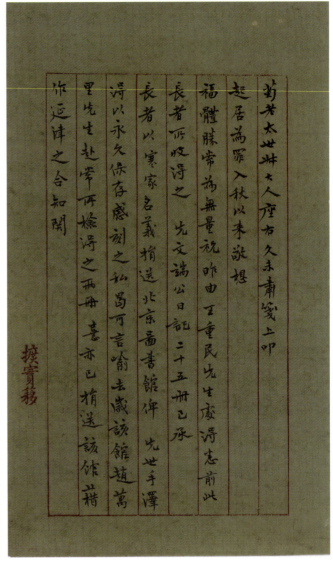

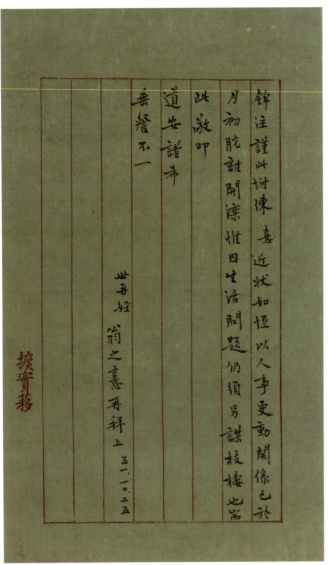

6. 翁之憙致张元济函

1951 年 10 月 25 日

因翁氏后人翁之憙，十余年来一直没有取走翁心存日记，张元济在得知翁氏家藏遗书都已捐赠北京图书馆后，便决定将此日记也捐出。1951 年 5 月张元济托郑振铎将日记带到北京，代翁氏后人捐于北京图书馆。此函是翁之憙在得知这个消息后的答复，并提及赵万里在翁氏捐赠的书中找到另两册翁心存日记，可与张元济捐的二十五册互补。

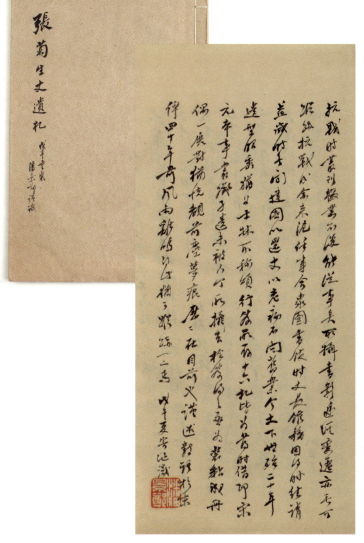

7. 潘景郑跋张菊生丈遗札

1978 年夏

此文乃潘景郑为张元济在 1929 年与潘博山、潘景郑昆仲十六封通信所写的跋文。1978 年夏，潘景郑在整理、装订这些书札时，回忆了当年张元济向潘家借宋元本影印，续编《四部丛刊》之事。后来张元济从潘氏滂喜斋选书二十余种，其中宋刊《诗本义》等五种，辑印入《四部丛刊续编》，宋刊《北周书》影印入《百衲本二十四史》，《张乖崖全集》和《竹友集》则印入《古逸丛书》。

徐文定公三百年紀念冊書後

景教流行碑石可考而天主教入中國最早天主教之有教堂建於前明之燕都輦轂地亦最先最早其事實自上海

徐文定公成之公於未通籍前即與法人利瑪實遊既登朝不數年即成建立教堂之功而西學東漸凡天文麻算格致製造諸大端皆由

公引賢贊治盛極一時清初諸儒精天文麻算得窺西來法者何莫非

公所飼遺

公生於上海自明至有清海通時代而上海一地遂為西學傳習之總匯迄今又幾及百年上海更成為中國與歐美各國溝通文化之中樞烏乎此則大上海之建設雖謂

公在二百餘年前即已播其種而造其因焉可矣

公既有功於鄉如是之久且遠抑亦有功於全中國方興未艾豈不偉歟故讀此紀念冊不禁低佪景仰而不置也　海鹽張元濟謹撰

（五）社会活动

1. 徐文定公逝世三百年纪念册书后

1933 年

1933 年 11 月 24 日是明末上海科学家徐光启逝世三百周年。时任徐家汇天主堂藏书楼主任，徐光启第十一世孙徐宗泽倡议举行纪念活动，发起征集各界名流题詠。徐宗泽致函张元济："特呈上宣纸一方，敬求宠锡鸿文，俾可制成册页，陈列于徐汇天主堂藏书楼，以作永远之纪念。"张元济因病"请汤颐翁代撰一文"，亲自改定后，请公司同人代书。于 1934 年 3 月 3 日寄送徐宗泽，复信云："书后数语，藉表敬忱。"（见《张元济全集》第三卷，第 83 页，商务印书馆 2007 年版）本题辞评述了徐光启的历史贡献。

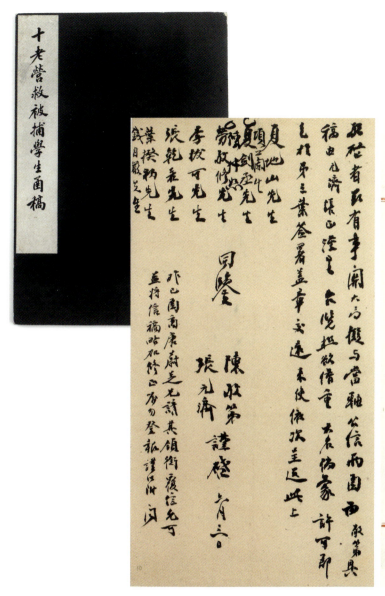

2. 十老签名营救被捕学生

1947 年 6 月 3 日

1947 年 5 月，上海学生进行反内战的宣传示威，国民党上海警备司令部逮捕了大批学生。陈叔通立即联合张元济、唐文治、李宣龚、叶景葵、张国淦、胡焕（藻青）、项藻馨（兰生）、钱崇威（自严）、陈汉第（仲恕）等老人共同具名，分函吴国桢（上海市长）、宣铁吾（上海警备司令），要求立即释放被捕学生，在社会上引起强烈反响。这就是当时盛传的"十老上书"。

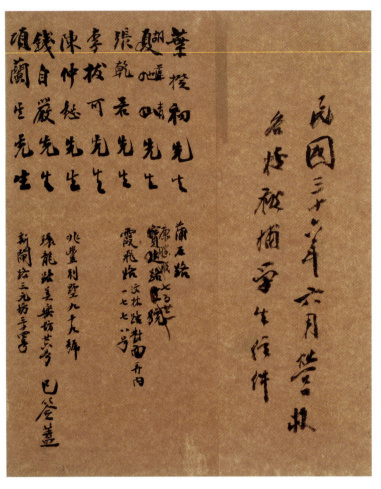

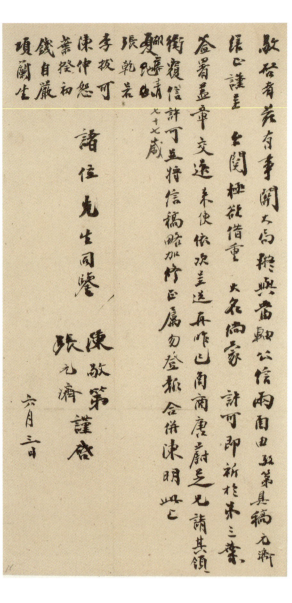

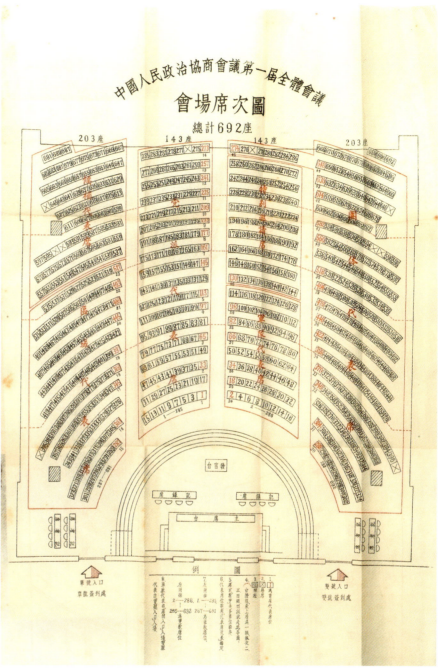

3. 中国人民政治协商会议第一届全体会议张元济席次表

1949 年 9 月

1949 年 9 月，张元济作为特邀代表参加中国人民政治协商会议第一届全体会议。
这是张元济的席次表。

雙數席次表

雙數席次表

單位名稱	席次號數	姓名	單位名稱	席次號數	姓名	單位名稱	席次號數	姓名	單位名稱	席次號數	姓名
特別邀請人士	158	錢昌照	特別邀請人士	186	周善培	特別邀請人士	214	江庸	特別邀請人士	242	程硯秋
	160	謝家榮		188	陳瑾昆		216	汪世銘		244	袁雪芬
	162	秉志		190	張曙時		218	沙彦楷		246	賽福鼎
	164	任鴻雋		192	安文欽		220	許聞天		248	阿里木江
	166	張難先		194	張伯秋		222	鄧昊明		250	涂治
	168	李書城		196	陳蔭南		224	程潛		252	劉英源
	170	張元濟		198	張治中		226	陳明仁		254	闔存林
	172	何燏時		200	邵力子		228	傳作義		256	戎冠秀
	174	黃琪翔		202	章士釗		230	鄧寶珊		258	李德林
	176	李明灝		204	黃紹竑		232	林遵		260	李時良
	178	李明揚		206	劉斐		234	鄧兆祥		262	董和亭
	180	張酴村		208	李蒸		236	程星齡		264	曹鳳岐
	182	胡子昂		210	盧郁文		238	周信芳		266	周建寅
	184	甯武		212	顏惠慶		240	梅蘭芳		268	

二〇　二一

中國人民政治協商會議第一屆全體會議宣言(草案)
(一九四九年九月三十日中國人民政治協商會議第一屆全體會議通過)

全國同胞們：

中國人民政治協商會議第一屆全體會議業已勝利地完成了自己的任務。

這次會議，包含了全中國所有的民主黨派、人民團體、人民解放軍、各地區、各民族、國外華僑和其他愛國民主分子的代表，代表了全國人民的意志，表現了全國人民的空前的大團結。

這種全國人民的大團結，是戰勝了美帝國主義援助的蔣介石國民黨反動政府之後所獲得的。一百多年以來，中國人民，包括領導辛亥革命的孫中山先生在內，為了推翻帝國主義和中國反動政府的壓迫，進行了不斷的鬥爭，百折不撓，再接再厲，到現在，終於達到了目的。當着我們舉行會議的時候，中國人民已經戰勝了自己的敵人，改變了中國的面貌，建立了中華人民共和國。我們四萬萬七千五百萬中國人現在是站立起來了，我們民族的前途是無限光明的。

在人民領袖毛澤東主席領導之下，我們的會議齊心一志，按照新民主主義的原則，制定了中國人民政治協商會議組織法，制定了中華人民共和國中央人民政府組織法，制定了中國人民政治協商會議共同綱領，決定了中華人民共和國定都於北京，制定了中華人民共和國的國旗，採用了義勇軍進行曲為現時的國歌，決定了中華人民共和國的紀年採用世界公元，選舉了中國人民政治協商會議全國委員會，選舉了中華人民共和國中央人民政府委員會。從此開闢了一個新的時代。

全國同胞們，中華人民共和國現已宣告成立，中國人民業已有了自己的中央政府。這個政府將遵照共同綱領在全中國境內實施人民民主專政。它將指揮人民解放軍將革命戰爭進行到底，消滅殘餘敵軍，解放全國領土，完成統一中國的偉大事業。在國際上，它將聯合一切愛好和平自由的國家、民族和人民，首先是聯合蘇聯和各新民主國家，以為自己的盟友，共同反對帝國主義者挑撥戰爭的陰謀，爭取世界的持久和平。它將領導全國人民克服一切困難，進行大規模的經濟建設和文化建設，掃除舊中國所留下來的貧困和愚昧，逐步地以善人民的物質生活和提高人民的文化生活。它將保衛人民的利益，鎮壓一切反革命分子的陰謀活動。它將加強人民的陸海空軍，鞏固國防，反對任何帝國主義國家的侵略。

全國同胞們，我們應當進一步組織起來。我們應當將全中國絕大多數人組織在政治、軍事、經濟、文化及其他各種組織裏，克服舊中國散漫無組織的狀態，用偉大的人民羣眾的集體力量，擁護人民政府和人民解放軍，建設獨立民主和平統一富強的新中國，為人民解放戰爭和人民革命而犧牲的人民英雄們永垂不朽！

中國人民大團結萬歲！

中華人民共和國萬歲！

中央人民政府萬歲！

4. 张元济批注的《中国人民政治协商会议第一届全体会议宣言（草案）》

1949年9月

据张元济日记记载，张元济曾在9月30日的政协会议上发言，建议在宣言稿中加入"保全我国领土"字样，此项建议被采纳。上述内容在批注中有所反映。

5.　政协代表参观券、入席证

1949 年 9 月

政协筹备处等发给政协代表参观券、入席证等。

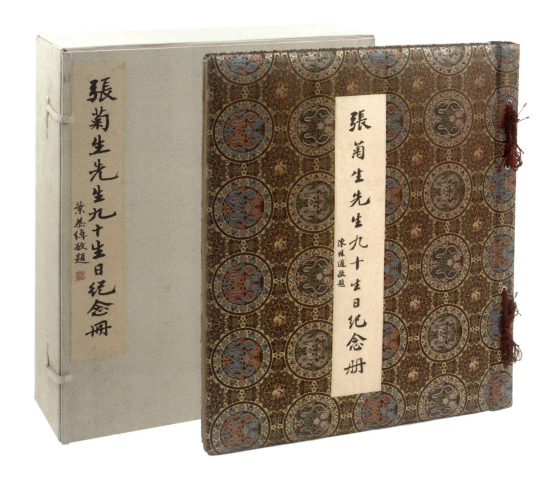

6. 张菊生先生九十生日纪念册

1956 年 10 月

1956 年 10 月，张元济（菊生）九十寿诞，商务印书馆邀请文化界和社会知名人士撰写祝词、赋诗、作画，以示庆贺。先后征集到诗文、书画作品 112 篇（副），精工装裱成《张菊生先生九十生日纪念册》两巨册，作为寿礼呈现先生。纪念册上、下册分别由陈叔通、黄炎培题签。其中大部分作品未经发表，具有较高的文献史料价值。

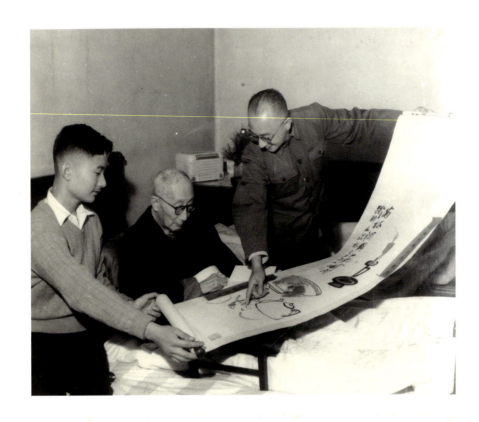

家祖孙三人

晨间陈叔云兄

柯庆施老兄所赠

巳在老人室

　　元济

一九五六年青甘世摄

九峯叠翠

丙申十月為

菊生世文九十嵩壽

吳湖帆寫祝

高阶涪江一老归轮哺歌未休渊
沙园家桑门承通德汝南月旦
誉整群流九服声名五朝闻见待
访审徒滪范畴灵光在数维新薰
籍有羲遂留　古稀佳话送颐忆
献寿曼庵万卷楼　先生七十生日
　　　　　　　余曾为文以祝看
书刊四部众铭嘉惠史传百衲晚黄
旁搜衛武威仪高壶述作庵学精
勤付汗牛东南座祝青燕光焰永
耀神州　调寄沁园春

菊生先生九十生日

葉恭綽敬祝

下编　文献研究

一、古籍整理

影印《涵芬楼烬余书录》稿本前言

上海图书馆 陈先行

1932 年"一·二八事变"爆发，上海商务印书馆东方图书馆连同存藏大批古籍善本的涵芬楼，尽毁于日寇侵略战火之中，积蓄二十多年的近五十万册图书顷刻之间化为灰烬。这场近代藏书史上骇人听闻的浩劫，犹如刀绞吾国人心，留下难以抚平的创伤。不幸之中尚感万幸的是，由于张菊生元济先生的远见卓识，于兵燹早有防范之心，先事将涵芬楼中最可珍贵之善本移存上海金城银行保管库，方使其免遭灭顶之灾。《涵芬楼烬余书录》（以下简称《涵录》），就是张菊老于事变之后经年编撰，介绍该批幸存善本的一部版本目录力作，于 1951 年由上海商务印书馆排印出版。菊老自序谓"题曰'烬余'，所以志痛"者也；顾廷龙先生后序称，发表《涵录》，"不仅烬余之书有一详细之纪载，亦且示举世毋忘日寇之暴行，更惕励后人作勿替之爱护也"。距离"一·二八事变"八十五年后的今天，上海图书馆与商务印书馆合作影印出版这部过往鲜为人所关注的《涵录》稿本，固然出于对商务印书馆创办一百二十周年、张菊老诞辰一百五十周年之纪念，亦是以告诫世人铭记历史为首要出发点。而藉此机会对《涵录》及其版本所展开的讨论，则攸关版本学的传承、发展以及古籍保护，同样具有积极的现实意义。

一、"烬余书"反映张元济的"善本"观

涵芬楼是商务印书馆专藏古籍善本之处。据《涵录》排印本所附《涵芬楼原存善本草目》之著录，以及张菊老自序所称该目录漏略"犹千有七百余种"推算，楼中原藏善本至少有三四千部（尚不包括大批地方志），皆由菊老耗心费力访得，大多出自会稽徐氏镕经铸史斋、北京清宗室盛氏意园、广东丰顺丁氏持静斋、太仓顾氏谠闻斋、乌程蒋氏密韵楼，以及溧阳端氏、江阴缪氏、巴陵方氏、荆州田氏、南海孔氏、海宁孙氏等清末民初著名藏书之家，可谓流传有绪，富甲东南。何为"善本"，菊老未下过明确的定义，但对入贮涵芬楼之善本，其自序概括为"宋元明旧刊暨钞校本名人手稿及其未刊者"。而移存金城银行之书，又系从涵芬楼所藏善本中遴选者，遴选应当有其标准，但菊老亦未曾作详细的说明，仅言"择其尤者"。何为善本之尤，我们从这批"烬余书"本身，大致能够看出端倪。《涵录》著录之善本总共 547 部，仅占涵芬楼藏书十分之一强。其中宋刻本（含元修、元明递修本）90 部，影宋抄本 22 部，金刻本 1 部，蒙古刻本 2 部，元刻本（含明修本）87 部，名家批校本 72 部，稿本 17 部，其余多为刊刻于万历前之稀见明本、明活字本以及经名家递藏之明清旧抄本[1]。据此可知，菊老以"宋元明旧刊暨钞校本名人手稿及其未刊者"概括涵芬楼所藏之善本，其实也是他遴选移存金城银行善本之标准。换言之，"烬余书"而外，涵芬楼中的其余善本纵有这般那样的价值，多因相对逊色而未能入菊老法眼。他如遭焚毁的 2600 余种地方志，其中明刻本逾 40 部，诸如嘉靖刻本《潼川州志》《廉

州府志》《海宁县志》《龙岩县志》，万历刻本《南皮县志》《建阳县志》《宝鸡县志》《黄安初乘》等，时至今日皆已难寻踪迹；菊老自序亦谓该批地方志"其间珍贵之纪述，恐有比善本为尤重者"，但它们最终并未被纳入移存金城银行之列（其余清代以后的方志实际上连涵芬楼都未得入）[2]。显然，在菊老眼中，即便"善本"也有等第高下之区别，其衡量标准以历史文物价值高低为主。可以这样理解，涵芬楼中的"烬余书"属一、二等善本，其余则为普通善本。

菊老的"善本"观并非别出心裁，而是渊源有自。"善本"之名，元代之前已有，专指经过审慎校勘，文字准确无误之写本或印本[3]，属于校勘学范畴，重在文献价值。明代中期以降，"善本"的含义发生嬗变，即不仅具有文献价值，而且具有文物价值的书本方称善本，尤其重在文物价值。发生这种变化，有其历史背景。在明代中期以前，人们从未视书籍为文物，故书籍的自然损毁普遍寻常。例如唐五代以前的写本，在今天看来件件可宝，但在宋代，雕版印刷兴盛之后，写本式微，旧写本亦不受重视，若非清季敦煌遗书的发现，原有幸保存下来的唐五代以前写本，甚至不如存世晋唐书画的数量为多。以往人们总认为天灾、人祸（即兵燹与官方禁毁）是书籍损毁的主因，殊不知无时不刻发生的自然损毁其实更加严重。迨至明代中期以后则不然。在旧写本濒临绝迹、人们早已视宋本为两宋及以前文献的第一手资料的情况下，宋本也成了稀有之物。几乎与官方、私家四处寻觅宋本大举翻刻同时，市场上出现作伪的宋本[4]，人们开始研究如何鉴定版本，版本学于是发端。制造假宋版的目的是为了牟利，而从其商业现象的背后，透露出当时宋版已被视为与畴昔寻常文献不可同日而语的珍贵文物，人们竞相收藏。由于存世宋版的面貌不一，价值亦各不相同，因此在鉴定版本真伪的前提下，评估宋版乃至其他版本的文物价值也随之成为热门[5]。自是以后，书籍便具有文物与文献价值的双重属性，"物以稀为贵"不再只是古董家的理念，也成为藏书家们的共识。随着版本学的发展，不特宋元旧本，未刊或已刊稿本（稿本在明代中期以前与宋元本一样未被刻意收藏，《中国古籍善本书目》著录的稿本，几乎都是明季以后产生与保存者便是明证）、未刊或绵延古本一线之传的明清抄本、清代名家的批校本等，凡属独一无二或流传稀见之本，皆相继被人们奉为善本而受到呵护珍藏，"善本"遂成为版本学的专门名词，并于清初催生出第一部私家善本目录《读书敏求记》。到了清乾隆时代，更出现了第一部官修善本目录《天禄琳琅书目》，除较以往更精于鉴定考订版本者外，其所著录之内殿庋藏宋元明本，每册前后皆钤有"乾隆御览之宝"、"天禄琳琅"二玺，以示珍贵；不仅如此，还用不同材质的函套装潢，以区别宋金版及影宋钞、元版、明版之不同等第[6]。这充分说明，生发于民间的版本学以及新的"善本"观，已得到官方的认可与推行。其影响所及，不仅使公私藏书目录著录版本形成风气，而且因前所未有地崇尚善本，致使后来的公私版本目录多为善本目录。此种现象的产生，归根到底，是人们对书籍价值再认识的结果。可以说，我国古籍尤其是善本，长期以来受到由民间至官方的高度重视与保护，是从人们普遍认识到书籍具有文物属性、进而改变"善本"观才真正开始的。

由此可见，菊老的"善本"观，与明末清初以来的版本学家们的理念是一脉相承的。总体而言，"烬余书"客观反映了将文物价值放在首位的择善标准，其能够幸存，洵非偶然。由于协助菊老整理《涵录》的顾廷龙先生后来执掌上海图书馆，这种"善本"观也在上图得到了传承与体现。上图是最早将馆藏善本定为不同等级的公共图书馆，其择善本之尤者分别定为一级、二级藏品，其余为普通善本，与菊老选择涵芬楼善本移存金城银行的标准基本相符。

《涵录》发表后越二十六年，政府发起编纂《中国古籍善本书目》（以下简称《善目》），有学者试图对"善本"作出貌似全面的解读，提出所谓"三性"，即历史文物性、学术资料性与艺术代表性，"三性"并重，只要符合其中一、二性者便可称为善本。在当时形势下，虽无人公开对"三性"提出不同意见，但《善目》编委会为便实际操作，制定了收录《善

目》的九条标准[7]。明眼人不难看出，该九条标准的要旨依然是以稀为贵，以少称善。纵使强调学术资料性、青睐艺术代表性，只要流传多，便不能入《善目》。即如被张之洞盛称、《书目答问》为学子所开列的乾嘉汉学家们的精校精注刻本，若无名家手书批校题跋，《善目》是不收的。因此，不论有意无意，"九条"与"三性"相抵牾是不争的事实。其实有史以来，人们从未忽略过书籍的文献价值（包括所谓的学术性与艺术性），版本学家们甚至比别人更为重视，但若要选善本，主要遵循历史文物性，其他两性则是附庸。这样做符合"物以稀为贵"的规律，没有必要去改变，也改变不了。

二、以版本学发展的眼光看待《涵录》

《涵录》是一部藏书志体式的版本目录。欲评价《涵录》，首先对藏书志性质要有清楚的认识。以往有些治目录学者，每将《读书敏求记》《天禄琳琅书目》以及《涵录》等藏书志体式的版本目录，与宋代晁公武的《郡斋读书志》、陈振孙的《直斋书录解题》等提要目录混为一谈，以为彼此都旨在宣介藏书，从目录形式上看，两者皆有解题；从解题涉及内容上看，也不无相同之处。但他们没有认识到，版本目录是明代中后期版本学问世以后的产物，版本学既以鉴定版本发端，作为版本目录的藏书志，自然具有鲜明的版本学特征，那就是鉴定版本真伪，区分版本源流与辨别版本优劣。这是藏书

志与其他提要目录最根本的区别。而古籍目录真要达到章学诚所言"辨章学术，考镜源流"的境地，除对古籍予以合理的类分、撰写提要以阐述其学术源流之外，还应对版本予以准确的鉴定著录。如果版本的来龙去脉未明，文本的面貌不清，"辨章学术，考镜源流"又从何谈起。因此，重在鉴定考订版本，是藏书志区别于其他提要目录的标志，亦是衡量一部藏书志质量高低的重要依据。

对《涵录》鉴定考订版本之成就，在许多研究者的著述中已有颇为详尽的介绍，无需赘言。但如果以版本学发展的眼光重新审视《涵录》，人们不禁会思考，相较《涵录》，当今之版本学，哪些尚且不如，哪些需要在其成就基础上更上层楼。

《涵录》于鉴定版本有其鲜明特点，兹举数端：

（一）前人鉴定版本、考订版本源流，多注重"刻"，即该刻本是其书的原刻抑或翻刻。而《涵录》不仅重视"刻"，亦重视"本"，即这部涵芬楼藏本是该刻的初印本抑或后印本。若属后印且有补版，则进而辨别孰为原版，孰系补版。如宋绍熙刻本《礼记正义》（存二十八卷，即两浙东路茶盐司本，又称黄唐本），《涵录》区分原版与补版的不同形制，详列其各自刻工，辨析甚明。又如宋庆元刻本《春秋左传正义》，《涵录》指出刻工姓名与黄唐本《礼记正义》大都相同，而亦分两类：凡版心不记字数、有宋瑜等刻工名者，皆为原版；版心兼记字数、有郑垫等刻工名者，皆系补版，并特别强调，补版也非同出一时。从只注重"刻"到亦注重"本"，是

版本学的进步。因为古籍的传播与利用，所凭藉依附的往往是某一具体的"本"，且不论宋元孤本，研究利用者只能惟其本是据，即使某"刻"存多部印本，各印本的面貌也未必皆同，若率尔将某一印本指代某刻，恐有盲人摸象之虞，故弄清"本"的面貌很重要。《涵录》辨识"本"之精到如此，不特前贤少有，即便后出之《中国版刻图录》《善目》也有所不及。如旧藏吴县潘氏滂喜斋、今藏上海图书馆之宋江西刻本《王荆公唐百家诗选》，避讳至"构"字；原版单鱼尾，补版则以双鱼尾居多，且版心上下或镌有字数，与原版字体也有差异。原版刻工有高智广、高智平、蔡侃、周彦、龚授、余山、彭师文、刘浩、刘正、虞仲、吴士明、蔡昭、黄明、杨才、刘仁等，其中高智广、高智平、蔡侃又参与刊刻绍兴二十二年（1152）抚州本《谢幼槃集》；补版刻工有余安、高安国、高安道、高安平、高文显、周昂、李皋等，其中余安、高安国、高安道、高文显于淳熙间（1174—1189）为抚州公使库雕刻《礼记注》《春秋公羊经传解诂》等书。据此，知该本雕版于绍兴后期，修版于淳熙间，雕、修版皆在抚州。而《中国版刻图录》于此并未能作出明确揭示；《善目》仅著录为"宋绍兴刻本"，也未注意修补版面貌。类此鉴定著录版本有缺陷者，今人须循《涵录》之道逐一加以弥补。

（二）《涵录》注重根据各时代、各地区版刻字体风格鉴定版本。如宋刻本《六臣注文选》解题有云："是本无版刻时地，审其字体，当为建阳刊刻；

避宁宗讳，则必在庆元以后也。"又如明覆元刻本《礼经会元》解题云："余尝见元本，版式行款悉同，是本无覆刻序跋可考，审其椠法，当在有明正嘉之间。"再如明如隐堂刻本《洛阳伽蓝记》解题云："察其版刻，当在明代嘉隆之际。"这种鉴定方法旧时称为"观风望气"，端由长期鉴定版本实践中积累经验而得。出于各种原因，许多存世古籍版本无刊记、序跋等刻书依据，其刊刻时地，每赖"观风望气"作出判断，此乃版本学家鉴定实力之体现，非纸上谈兵者所能措手。孰料后来在编纂《善目》之时，"观风望气"遭受莫名其妙的批判，认为其缺乏科学依据。由于《善目》是汇集各地相关人员共同编纂，水平既参差不齐，版本学理念亦各不相同。前辈专家为顾全大局，不得不采取某种程度的忍让与妥协。于是，有些明明可以凭"观风望气"定夺的版刻，如嘉靖、万历刻本，《善目》只能一律著录为"明刻本"（若按照批判者的"理论"，即使定为明刻本，似乎也无"科学依据"）。而《善目》施行的编排规则，凡有确切刊刻年代者排在前，否则列于后。于是出现嘉靖本置于万历本之后的荒谬情况。如上海图书馆藏清莫友芝跋明刻本《吴越春秋》十卷，视其字体风格，《善目》主事者不可能不辨其雕刻于嘉靖时代，但出于无奈，只能置之于万历十四年冯氏卧龙山房刻本之后。《善目》诸如此类的错误不少，亟待一批象菊老那样具有"观风望气"本领者进行纠正。

（三）《涵录》于稿抄本鉴定考订甚精，此又为菊老治版本学的一大亮点。如傅增湘校抄本《巴西文集》，傅氏未曾注意该抄本有作伪嫌疑，今人或有识其非鲍氏知不足斋抄本而自诩为新发现者，不知菊老早已指出"卷末鲍以文跋及知不足斋藏印均伪造"。令人殊感遗憾的是，《涵录》有些鉴定成果未能在《善目》中得到反映。如王引之稿本《周秦名字解故》，《涵录》解题曰："是书已先刊成，引之复取刊本重加修订，满纸涂乙，无异初稿。"而《善目》则著录为"清嘉庆刻本，清王引之订补"。按书稿之形成，有初稿、修改稿、定稿三类，已刊印者未必是最终定稿，这在古籍中并不少见。而王引之适有一习惯，为方便征求意见，每将初稿先行付梓分送师友，俟汇聚各家意见之后，在刻本上再事修改，《周秦名字解故》如是，上海图书馆所藏《经义述闻》稿本亦如是。因此，凡作者修改自己的著作，无论修改于写本或印本，都应视为修改稿本。就揭示版本性质特点而言，当以《涵录》为胜。又如明影宋抄本《麟台故事》残存三卷，有明钱榖题记、清黄丕烈题跋，《善目》著录为"明抄本"，不以"影宋抄"为然。按此为今存宋本系统最早传本，与武英殿聚珍版辑佚《永乐大典》五卷本系统颇相出入，黄氏考之稍简，菊老辨之为详。黄氏与菊老皆定此为影宋抄本，自有道理。盖影抄本之出现，与明正嘉间仿宋刻本同时，虽早期影抄本或不若后来毛氏汲古阁影抄本那么讲究（如不影抄版格、刻工，抄写或不似毛抄精美），但如果以为影抄本自汲古阁毛氏始，或只有毛抄才能算影抄本，显然缺乏认知，因为在毛扆《汲古阁珍藏秘本书目》中，就已特意著录自家抄本之前的影抄本，以示与其他抄本之区别。故《善目》之版本著录将"影宋"两字删去，有欠妥当。再如清袁氏五砚楼旧藏抄本《昭德先生郡斋读书志》，经袁廷梼、顾广圻、黄丕烈、李富孙、汪士钟等校勘题跋，《涵录》通过考订，指出此乃嘉庆二十四年（1819）汪氏艺芸书舍刊刻该书之底本。而《善目》既忽略之，又因不当之编排体例（刻本在前，抄本列后），将此抄本置于汪氏刻本之后，版本源流尽失矣。

诚然，《涵录》于鉴定版本也有未到之处。譬如将怡府旧藏之《新编方舆胜览》定为宋本，其实为元翻本；将两部《大广益会玉篇》皆定为元延祐刻本，实际前一部刻于明初，后一部刊刻更晚，等等。《北京图书馆善本书目》及《善目》，对《涵录》有关版本著录曾作过改正，但也有失辨者，如对前一部《大广益会玉篇》仍著录为元刻本。所有问题的存在，主要有两方面因素造成。其一，囿于客观条件，无法作相关版本比对。不仅《涵录》，前人编制古籍版本目录，往往只能以自己的藏书与别家的目录（包括藏书志、题跋记）进行校核，而无法将包括别家在内原书版本作同案比对，甚至连别家的书影都难以见到，这种状况直至编纂《善目》也未获根本改变，故前人所定版本出现偏差难以避免。其二，也因为受历史条件的制约，过去前辈们的版本学研究虽成就卓著，毕竟有所局限。譬如对宋末元初、元末明初之间的版刻，对明初至明中期

福建地区的版刻，未及做全面系统的整理与比较研究，故于相关版本的鉴定，或未能客观准确。凡此，正需要我们努力利用当今检书阅本无比便利的条件加以研究解决。

《涵录》的精彩过人之处，还体现在别具一格的编撰方法，值得今人借鉴。其采用四库分类编排；著录书名、卷数、版本、册数、名家批校及旧藏信息；解题包括描述版式行款，备录刻工姓名、避讳字及藏书印等。遇有版本等问题的考证需要，或抄录前人题跋，或详撰校勘记予以说明。表面看来，这些都是过往藏书志的常见编例，《涵录》只是有所侧重而已，似无新鲜发明之处。但落实到逐种书解题之撰写，《涵录》显示出自己的特点。它没有僵化的固定体例与模式，博采前人之长而不拘泥于成法，因书制宜，灵活运用，要皆围绕考订版本、揭示版本特征之需求展开。譬如：

与前人提要目录或藏书志截然不同，《涵录》于著者爵里大多不作介绍，偶有涉及，亦仅三言两语；若他人题跋中已涉及说明，则惜墨如金，不再多书一字。而于名不见经传者，只要此人值得关注，即使是藏书之家或批校题跋者，也一应介绍，甚或其生平事迹系请教别人而得。如明抄本《三朝北盟会编》，曾经常熟藏书家张承焕收藏，菊老既录张氏爵里，复注明由瞿凤起先生提供。其不落俗套者如此。

《涵录》或有抄录原书序跋者，但绝非如《爱日精庐藏书志》那样，不管有用无用，一律抄录，

而是仅限于稀见的稿抄本,欲使读者全面了解著书旨意与版本面貌。如吴暻《左司笔记》,入《四库存目》者为二十卷本,而《涵录》著录者为吴氏手稿本,仅存疆域、户口、田地附屯田三卷,其他未载,菊老疑该书当时分别属稿,故录其原序以备检览。

《涵录》于著录或抄录手书题跋,同样有所选择。有些无关版本宏旨之题跋,其不但不录文,且或有不予以著录者。而对能于版本辨析清楚、无须再作说明之题跋,甚至包括过录题跋,则不计长短,皆备录无遗。如刘喜海手稿本《金石苑》,抄录王国维一千一百余字手书长跋;袁氏五砚楼旧藏抄本《昭德先生郡斋读书志》,抄录黄丕烈过录钱大昕题跋;吴云旧藏抄本《庶斋老学丛谈》,菊老甚至于该本未置一词,除厉鹗、黄丕烈题跋外,连佚名过录之林佶题跋(《善目》未著录)也一并抄录。

《涵录》撰写之时,虽可供参考之版本目录已颇夥,但《涵录》凡所提及别家收藏之本,皆直接与考订涵芬楼藏本相关,而不会盲目径据各家目录悉数罗列看似著录相同的版本。如前所言,菊老十分重视"本"的面貌,若非经眼,岂能轻言同异。

此外,《涵录》亦偶记版本流转之掌故,趣味盎然。如明刻本《诗经疏义》,讲述该本如何由瞿入丁。其云:"是为铁琴铜剑楼所藏。闻诸瞿氏后人,丁禹生(日昌)抚苏时,扬言将往常熟观瞿氏藏书,瞿氏亟检藏目中如干种以献,丁纳之,始不果往,是书在焉。越数十年而入于涵芬楼,瞿氏藏印尚存,其后人亦识为故物。"读来颇觉有"黄(丕烈)跋"韵致。

毫无疑问,《涵录》是一部极为出色的藏书志,在版本学史上具有不可磨灭的地位。由于其所著录之书于1953年整体捐公而入藏北京图书馆(今国家图书馆),从某种意义上说,《涵录》可被视为新中国成立后发表的第一部公藏书志。当今大陆正兴编撰公藏书志之风,以期将古籍保护工作引向深入,但有关方面讨论来研究去,几乎没有提出以《涵录》为典型者,为可惜耳。当然,欲使《涵录》能与时俱进,充分发挥其学术借鉴作用,窃以为不妨对《涵录》作某些修订或笺注。如可将其与《北京图书馆善本书目》《善目》相较出入,遇后者纠正《涵录》之讹,或属后者本身之误,皆分别注明并述其原委;或有分歧难以判断而暂时存疑者,也应作如实反映,以俟将来。又如《涵录》原未注明其藏本的直接来源[8],不能了解整个递藏源流,也不便后人考订版本;而《北京图书馆善本书目》对各私家捐赠之书分别注明,唯独于涵芬楼之书缺如,亦不便检核、研究涵芬楼烬余之书,倘若皆能补所未备,则善莫大焉。此项工作务实多益,富有学术内涵,企盼有朝一日能够施行。

三、《涵录》稿本的价值

此番影印的《涵录》稿本，并非菊老原始手稿，而是在经过整理的打字油印本上，菊老再事修改，最终以此发排付印的稿本。为便四方征求意见，打字本曾油印多部（与王引之采用之法类似）。此稿本至少由两部油印本配成，凡十册，纸捻毛装，第一、二册为经部，第三、四册为史部，第五、六册为子部，第七至十册为集部。第一、四、五、六册书皮上之书名系顾廷龙先生题署，其余六册书皮有菊老"发排"、"可以发排"之亲笔签署，十册皆经菊老统一修改（包括版式、标点），首册存有顾廷龙先生为排印本手书篆文"涵芬楼烬余书录"、"上海商务印书馆藏版"真迹二纸。

该稿本从上海私立合众图书馆到上海历史文献图书馆乃至最终入藏上海图书馆，六十余年来，几乎无人借阅，连研究版本学者也少有问津，人们研究《涵录》，一依排印本为凭。然而，与许多已刻印的稿本一样，该本自有其不可忽略的价值，主要反映在两个方面：

（一）稿本保留成书过程的原始面貌，与印本参互比较，可弥补仅以印本研究《涵录》之不足。譬如：

1. 印本除校改稿本打字时发生的讹字外[9]，还于版本著录纠正稿本之误者，如明新安汪士贤校刻《阮嗣宗集》，乃万历天启间汪氏辑刻《汉魏诸名家集》之零种，稿本著录为嘉靖刻本者未妥，印本

改为万历刻本者是也。但也有稿本不误而印本修改失当者，如《芥子园重镌三种曲》六卷附《北曲谱》十二卷（印本作《芥子园重镌范氏三种曲》），稿本著录为崇祯刻本，印本改为康熙刻本，《善目》则作"明末刻清初芥子园印本"，则稿本所定刊刻时代不误也。

2. 稿本著录刻工名，或有用括号者，以示与前者为同一人而免生歧义。如宋抚州刻本《周易》，稿本著录刻工朱谅（朱京）、詹奐（占焕）。而印本将括号除去，纯按客观著录。作此极微小的改动，至少可以保证不犯错误，却不经意将菊老所作的判断及其治学风格掩去，若无稿本存在，世人哪得知印本失却的精彩。

3. 印本著录钤印或有漏略者。如元刻本《书集传》，印本失录"墨妙楼"、"额尔登氏"二印；明世德堂本《南华真经》，印本失录"叶氏菉竹堂藏书"一印；翁方纲旧藏明陆时雍刻本《楚辞榷》，印本失录"竹契"、"覃溪审定"二印；孙星衍、郁松年递藏明嘉靖刻本《重校鹤山先生大全文集》，印本失录"臣星衍"、"孙伯渊"、"泰峯"诸印。

4. 或有稿本删而印本保留者。如元刻残本《楚辞后语》，因仅有行款之简单著录，尚未及作版本考订并撰写解题，菊老原已删去，而印本仍予以保留，或许是出于保存"烬余书"整体面貌的缘故。又如五代刻本《妙法莲华经》八卷[10]，旧为袁克文之物，姚朋图题跋称该本系五代初年活字版印，菊老以为不经，考虑再三，最终决定删去姚跋（见天

头朱墨笔删改留痕），但印本却作保留，未悉何因。

5.《涵录》得以发表，顾廷龙先生协助整理之功不可或没。其余曾贡献意见者应当不少，惜未见诸记载。印本中仅出现瞿凤起先生之名，而检览稿本，至少知道冒广生先生也改过稿子。如影宋钞本《春秋繁露》，稿本眉上有菊老批语："原稿有误，经鹤亭为之指正改定。此稿惟末节未用鹤亭之言。"

（二）菊老在修改过程中删去众多版本信息，稿本虽经勾乙，尚保留原貌，印本则荡然无存矣。包括：

1. 有已撰校勘记复删去者。如汪启淑旧藏宋刻本《礼记要义》，菊老曾将宋本与江苏书局本对校，异同有近百处；成化刻本《张文献公集》，因与《四部丛刊》影印底本南海潘氏藏本分卷不同，编次有异，菊老曾校列其异同；宋刻本《元微之文集》，仅与明本校首二卷，便揭示异同及明本讹误者近九十处。

2. 有详列避讳字复删去者。如宋绍兴刻本《后汉书》，所有避讳字悉数注出，因打字不能反映缺笔面貌，还特地重以墨笔书写。

3. 有已录名家题记复删去者。如毛氏汲古阁刻本《说文解字》，原选录孙星衍、顾广圻校勘题记数十条；汪刻《说文繫传》，原录陈鳣多条校识；鲍廷博校抄本《三朝北盟会编》，原录鲍氏题记五十余条。

凡所删削者，于考订版本皆有价值，意者菊老恐排印本篇帙过繁，不得不割爱也。所幸稿本尚在，读者犹可利用，庶几其心血未白费也。

最后需要作如下影印出版说明：

（一）稿本未存菊老自序与顾廷龙先生后序原稿，兹据排印本补入。

（二）稿本原无目录，而排印本之目录或有与稿本面目不符者，兹据稿本新编目录，不作任何更改。譬如宋刻元明递修本《宋书》《南齐书》《梁书》《陈书》《魏书》《北齐书》《周书》，因旧称"眉山七史"，印本归列于《蜀大字本七史》之下，以丛编形式著录，而稿本无此名目，今依稿本逐种著录。

（三）经部第二册所缺第十七至廿七叶，系覆通志堂本《经典释文》一篇，菊老题云"抽去十一叶，要大改"，但修改发排之后，未及将修改稿装订还原，兹用排印本补其所缺，惜稿本修改面貌不获见矣。

2017 年 8 月撰于上海图书馆

1. 宋元本之数量，与张元济先生序文所言稍有出入。由于《北京图书馆善本书目》《中国古籍善本书目》对《涵芬楼烬余书录》之著录有所改动，宋元本的实际存量与此统计亦有所出入。

2. 该批地方志详见上海图书馆所藏民国排印本《涵芬楼志书目录》（索书号512180）、抄本《涵芬楼志书钞目（在印本目录外者）》（索书号568315）。张元济先生未将明代稀见方志移存金城银行可能事出有因，或许想保持整批方志面貌、不令其分散也未可知。

3. 如宋朱弁《曲洧旧闻》卷四有云："宋次道家藏书，皆校雠三五遍，世之蓄书，以次道家为善本。"又如宋江少虞《事实类苑》："嘉祐四年，仁宗谓辅臣曰：《宋》《齐》《梁》《陈》《后魏》《北齐》《北周书》罕有善本，可委校官精加校勘。"再如元延祐六年（1319）陈良弼《通鉴纪事本末序》云："赵与訔以为严陵（本）字小且讹，于是精加雠校，易为大字，成为天下之善本。"

4. 明高濂《遵生八笺·燕闲清赏笺》云："近时作假宋板书者，神妙莫测。将新刻模宋板书，特抄微黄厚实竹纸，或用川中茧纸，或用糊扇方帘棉纸，或用孩儿白鹿纸，筒卷用槌细细敲过，名之曰刮，以墨浸去嗅味印成。或将新刻板中残缺一二要处，或湿霉三五张，破碎重补；或改刻开卷一二序文年号；或贴过今人注刻名氏留空，另刻小印，将宋人姓氏扣填；两头角处或妆茅损，用砂石磨去一角，或作一二缺痕，以灯火燎去纸毛，仍用草烟熏黄，俨状古人伤残旧迹；或置蛀米柜中，令虫蚀作透漏蛀孔；或以铁线烧红锤书本子，委曲成眼，一二转折，种种与新不同。用纸装衬，绫锦套壳，入手重实，光腻可观，初非今书仿佛，以惑售者；或札伙囤，令人先声，指为故家某姓所遗。百计瞽人，莫可窥测，多混名家收藏者，当具真眼辨证。"

5. 胡应麟《经籍会通》曰："凡书之值之等差，视其本，视其刻，视其纸，视其装，视其刷，视其缓急，视其有无。本视其抄、刻，抄视其讹正，刻视其精粗；纸视其美恶；装视其工拙；印视其初终；缓急视其时，又视其用；远近视其代，又视其方。合此七者参伍而错综之，天下之书之值之等定矣。凡本，刻者十不当钞一，钞者十不当宋一，三者之中自相较，则又以精粗久近、纸之美恶、用之缓急为差。凡刻，闽中十不当越中七，越中七不当吴中五，吴中五不当燕中三，以此地论，即吴、越、闽书之至燕者，非燕中刻也。燕中三不当内府一。五者之中自相较，则又以其纸、其印、其装为差。凡印，有朱者，有墨者、有靛者、有双印者、有单印者，双印与朱，必贵重用之。凡版漶灭，则以初印之本为优。凡装，有绫者、有锦者、有绢者，有护以函者，有标以号者。吴装最善，他处无及焉。闽多不装。有装、印、纸、刻绝精而十不当凡本一者，则不适于用，或用而不适于时也。有摧残断裂而值倍于全者，有模糊漶灭而价增于善者，必代之所无

6. 据1977至1978年间颁行的《〈全国古籍善本书总目〉收录范围》，其九条收录标准为：

   一、元代及元代以前刻印、抄写的图书（包括残本与零页）。

   二、明代刻印、抄写的图书（包括具有特殊价值的残本与零页）。但版本模糊而流传尚多者不收。

   三、清代乾隆及乾隆以前流传较少的印本、抄本。

   四、太平天国及历代农民革命政权所印行的图书。

   五、辛亥革命前，在学术研究上有独到见解或有学派特点或集众说较有系统的稿本以及流传很少的刻本、抄本。

   六、辛亥革命前，反映某一时期、某一领域或某一事件资料方面的稿本及流传很少的刻本、抄本。

   七、辛亥革命前的名人学者批校、题跋，或过录前人批校而有参考价值的印本、抄本。

   八、在印刷上能反映我国古代印刷技术发展，代表一定时期技术水平的各种活字印本、套印本、或有较精版画的刻本。

   九、明代印谱全收。清代的集古印谱、名家篆刻印谱的钤印本，有特色或有亲笔题记的收，一般不收。

7. 《天禄琳琅书目·凡例》有云："其宋、金版及影宋钞，皆函以锦，元版以蓝色绨，明版以褐色绨，用示差等。"

8. 譬如涵芬楼收得蒋氏密韵楼藏书后，张元济先生编有《涵芬楼所收蒋氏密均楼藏书目录》稿本一册（今藏上海图书馆，索书号T41606），计宋本70部（经12，史28，子15，集15），元本78部（经15，史23，子16，集24），抄本449部（经43，史146，子113，集147），校本142部（经33，史50，子14，集45），明刊757部（经59，史253，子217，集228），杂品10部（经1，史4，子2，集3），稿本33部（经14，史12，子7），共1539部。而547部"烬余书"中，哪些为密韵楼旧藏，《涵芬楼烬余书录》却未加注明，甚至蒋氏藏书印也未著录，旁人只能用《涵芬楼所收蒋氏密均楼藏书目录》与《涵芬楼烬余书录》校核，或能窥财其究竟，但颇费周章。而欲调查来自其他各家旧藏，更恐非检阅原书不能办矣。

9. 如首篇元刻本《周易郑康成注》解题，稿本"据拾之老"之"据"，印本改为"捃"；又如明刻本《博雅》解题，稿本"两窗"，印本纠正为"雨窗"；等等，请读者阅览稿本时注意。

10. 此本未见《中国古籍善本书目》著录，疑《涵芬楼烬余书录》著录有误。

张元济与《国藏善本丛刊》

上社会科学院 周 武

《景印国藏善本丛刊》系商务印书馆继《续古逸丛书》、《四部丛刊》、《百衲本二十四史》等大型古籍善本丛刊之后拟推出的又一个规模宏大的古籍善本影印计划，抗战爆发前一个月该丛刊第一辑已编妥，且已开始刊登广告，预约发售。抗战爆发后，商务印书馆进入"非常时期"，这套凝聚着许多学人智慧和心血的善本丛刊影印计划遂付诸东流。曾参与此事者莫不扼腕叹之，张元济更引以为终身遗憾。由于该丛刊最终并未刊成，有关它的编纂原委，至今鲜为人知。即使偶有提及，亦语焉不详。[1]本文依据相关当事人的档案、日记、书信及书籍广告等史料，究其原委，详其始末，俾使此一书林往事不致湮没无闻。

一、傅斯年的"微意"与《国藏善本丛刊》景印缘起

编纂《国藏善本丛刊》之议，倡始于傅斯年。傅斯年治学以史学为归，虽然版本和校勘非其所长，但对"旧本正史"的版本优劣亦常有自己的独到之见。在他与张元济的往来书信中，除了"假印"之外，对版本的取舍亦有所交流与商讨。1936年4月5日，傅斯年就曾致函张元济，对《百衲本二十四史》中《史记》和《明史》的版本问题坦率地提出自己的建议。就是在这封信的最后，傅斯年提出了编纂《国藏善本丛刊》的构想：

闻《四部丛刊》四编或不复付印，极觉可惜。营业自以销路为前提，然如此事业能勉为之，则勉为之。望先生更力排困难，行强不息也。年来斯年有一微意，以为北平各国立机关藏有善本者，不妨各出其所藏，成一丛书，分集付刊，先自有实用、存未流传之材料者始，其纯粹关系版本问题者，可待将来社会中购买力稍抒时。书式如《四部丛刊》，以保原来面目，且可定价低廉（《续古逸丛书》书式不适用），至于各机关之分配，可如下表：

故宫	60%
北平图书馆	25%
北大	7%
历史语言研究所	8%

如选择时宗旨不在玩赏，而在流传材料；不多注重版本，而多注重实用，销路当可超过续《四部丛刊》之上。兼以公家所藏，名声较大。故宫之菁华（包括观海堂包括在内）、北平图书馆之秘籍，未尝不可号召，在日本及西土尤动听闻。此事就事业论，就生意经论，皆有意思。果此事有先生与子民师之提倡，斯年自当效奔走之劳。至于各处之出其所藏，斯年可保其必成也。便中幸先生详计之为感。

傅斯年的这一"微意"，即建议将北平各国立机关，如故宫博物院、北平图书馆、北京大学、中央研究院历史语言研究所所藏之善本书，印成一部书式如

《四部丛刊》那样的大型丛书，分集付刊。张元济对傅斯年的建议极为重视，当即在信上批注"请岫庐、拔可先生台阅"[2]。并于同年4月13日复函傅斯年，其中特别回应了傅斯年的倡议：

> 国立机关所藏善本流通行世，极所欣愿。惟故宫及北平图书馆索酬较重（前在日本图书寮、内阁文库、静嘉堂文库等处借书，印成之后仅送书十部耳），同人为营业计，以是不免趑趄。贵所藏书倘蒙慨假，为之先导，感荷无既。书目编成，尚祈示阅，尤深企盼。[3]

关于"分集付刊"北平国立机关所藏善本事，张元济原本就有此打算，只因"故宫及北平图书馆索酬较重"未能如愿，现在傅斯年愿鼎力促成此事，并愿以史语所所藏"为之先导"，他当然"极所欣愿"了。

傅斯年是个说干就干的行动派，既已提出倡议，且这一倡议又得到张元济及商务印书馆诸君子的赞成，因此，他立即付诸行动，与国立北平图书馆、故宫博物院、北京大学图书馆联络，商量具体的编印办法。1937年初，国立北平图书馆草拟了一份《〈国藏善本汇刊〉编印办法》[4]，该办法规定：

> 一、参加机关特发北平图书馆、故宫图书馆、北京大学、历史语言研究所为限。
> 二、为办理此事，由参加机关共同推举一委员会担任选书及其他事项。

> 委员长：蔡先生（孑民）；副委员长：袁守和；委员：张菊生，马叔平，袁守和，傅孟真，傅沅叔，沈廉士，王云五（商务），徐森玉（故宫），赵斐云（平馆），陈寅恪（历史所），陈援庵，李泽彰。

除了成立一个专门委员会（全称为"景印国藏善本丛刊委员会"）外，参加机关还共推了一组发起人，名单如下：任鸿隽、江翰、朱希祖、李煜瀛、李宗侗、李四光、沈兼士、易培基、周诒春、周作民、马鉴、马叙伦、胡适、容庚、陈寅恪、陈垣、傅斯年、傅增湘、张继、张元济、张星烺、杨铨、叶恭绰、福开森、刘复、蔡元培、谈荔孙、蒋梦麟、罗家伦、袁同礼。这个名单丝毫不亚于《四部丛刊》发起人，几乎囊括了当年主要学术机构的领导人和新旧学界领袖。同年3月，上述四家国藏机构与商务印书馆议定了条件，草拟《国藏善本汇刊》契约书，立契约：国立北平图书馆、故宫博物院、国立北京大学、国立中央研究院历史语言研究所（以上称甲方），商务印书馆（以下称乙方），今为流通古籍起见，甲方愿将所藏善本书委托乙方影印发行。[5]契约既立，影印乃正式启动。

二、选目甄采、商榷与"定局"

就影印而言，最难的当然是选目。上述四家国藏机构庋藏善本极为丰富，哪些善本值得优先向读者推荐，哪些善本可以稍缓，委员会各位委员的意见并不一致。据目前掌握的史料看，《景印国藏善本丛刊》最初的草目是由国立北平图书馆的赵万里（斐云）拟就的。1937 年 2 月 27 日赵万里在致张元济的一封信中曾提到此事：

> 《国藏善本丛书》由袁、傅诸公发起，嘱里代拟草目，不过就诸家所藏，择其精要者，备尊处参考而已，未敢以为有当也。闻有油印本寄呈，请赐加斧正为幸。瞿目有汲古阁抄张小山《北曲联乐府》，似出元本，且属罕见（友人任君辑《散曲丛刊》，所见似不及此本之善），可否影入《四部丛刊四编》，以广流传。此间各学校友好治元明散曲者多以此相询，故里有此请也。[6]

信中提及的袁即袁同礼（守和），傅应为傅斯年。张元济接信后，于 3 月 3 日回复赵万里，其中说：

> 承示瞿氏所藏张小山《北曲联乐府》甚属罕见。遵当与书主商假印入《四部丛刊四编》。惟拟先行《国藏善本丛刊》，恐须稍迟。善本书目前由守和先生寄到。因沪上典书者李君前月请假回平，近始返沪，昨日前往展阅，已看过四十余种，尚需三四次方能完了也。

《四部丛刊》是张元济主持的一项大型古籍影印工程，初编、续编甫经出版，即受到学界的交相称誉，此时三编已就绪，四编正在筹划。张元济"拟先行《国藏善本丛刊》"，暂缓《四部丛刊四编》，可见他对《国藏善本丛刊》的重视程度。

《国藏善本丛刊》草目拟定后，曾有针对性地征询有关学人的意见，如袁同礼就曾寄一份给叶渭青 [清][7]，请他提出意见。叶在复函中阐述了自己对这套丛刊选目的看法：

> 二月十九日奉读十六日还教，及所附《国藏善本丛书拟目》敬悉。青惟前人刻丛书，多系小品零种，或就全书中抽印，故卷帙繁重之书，例所不收……即今刻所选择，当以希见、重要、完备三者为标准。小品、零种、希见者有之，若重要、完备，不如钜帙多矣。青谓如《通典》、《通志》、《通考》、《山堂考索》、《朱子文集》、《文苑英华》诸书，馆藏宋、元、明刻诸古本，不妨列入，一则此类书极关重要，沾溉艺林。二则小品书，好事者力所能逮。大部书非有国家政府力量，即不能刻。实则书之流传，大部则钞刻并难，容易湮没。其著者如《旧五代史》宋刻，山阴祁氏有之，兵乱落水。商务旧本《廿四史》，广征是书逾二年而无应者（闻扬州有半部），又沪报某君云，广西有金刻本，然商务印书馆卒不得云。此其原因，不外国家未刊板，私家无力，仅赖当时千百部印本，辗转藏储，经过水火刀兵风雨诸劫，归于沦失而后已，

此真可为痛心之事。吾曾既知其所以然，若又蹈常袭故，先小品零种而后鸿篇巨制，则中国大书之为《旧五代史》者多矣。[8]

由于《国藏善本丛刊》是国藏机构与商务印书馆合力推动的一套大型古籍善本丛刊，他主张选目"当以希见、重要、完备三者为标准"，先鸿篇巨制而后小品零种，因为小品书"好事者力所能逮"，"大部书非有国家政府力量，即不能刻。实则书之流传，大部则钞刻并难，容易湮没"。这种看法当然是有道理的。但是，影印大部头书，工迟费巨，即使像商务印书馆这样首屈一指的大出版家，也是不易承受的。譬如，故宫博物院院长马衡曾拟将故宫珍藏的《石渠宝笈》、《祕殿珠林》全书与《切韵》、《山海经》交商务印书馆印行，这本是商务印书馆"增光铅椠"的好事，可是当张元济派员到该院沪库检齐各书、查明页数后，乃致函婉谢，信中说："据称《石渠宝笈》计壹万九千六百八十九叶，《祕殿珠林》计壹仟六百三十九叶，卷帙过繁，成本綦重。就令缩少叶数，定价仍属高昂，不易馆售，踌躇至再，只得暂从缓议。"[9]张元济考量了成本与市场之后，实际上婉拒了马衡的建议。

《国藏善本丛刊》草目拟定后，张元济即开始"检阅"国藏善本。他是国内有数的版本目录学大师，他对选目中的国藏善本的价值当然是非常了解的，但作为一个出版家，他除了关注版本的价值之外，对该版本能否影印，即能否达到影印的要求，以及规模的大小等亦同样关注。此时华北形势危急，故宫博物院南迁南京，北平图书馆亦将善本古籍运抵上海，并在亚尔培路533号（今陕西南路）科学社设立国立北平图书馆驻沪办事处。这为张元济就近检阅国藏善本提供了极大的便利。为了尽快落实《国藏善本丛刊》选目，张元济在《百衲本二十四史》和《四部丛刊三编》基本就绪后，开始腾出手来筹划《国藏善本丛刊》。1937年初，他就决定亲自到南京"检阅版本"，后"因校印《廿四史》即须结束"，不得已而推迟行程，直到4月13日晚才成行[10]。但他"检阅版本"的工作却并不是到那时才开始的。3月2日，他便携丁英桂等"同往科学社访李照亭，看国藏善本，拟选印各书凡四十余种"。次日，又致书李照亭，"开出拟添阅各书，共分甲、乙、丙三类"[11]。据《张元济日记》记载，此后他又于3月9日和3月30日到科学社选书，颇有所获[12]。

全面检视了国立北平图书馆驻上海办事处的国藏善本后，张元济于4月13日晚启程赴南京"参观"故宫博物院和中研院史语所的藏书，行前他特别关照丁英桂"携带应查书目"，"并带检查页数表纸"[13]。张元济自己也把此次南京之行称为"检书之行"，为期3天，4

月 14 日晨抵京，16 日晚便乘火车返沪。其间除拜客访友外，绝大部分时间均在马衡（叔平）陪同下入故宫博物院书库看书。15 日午后，赴中央研究院史语所晤傅斯年、董作宾，并检阅图书馆藏书。返沪后，张元济与王云五一道"归纳参核，就原定书目略有商榷，拟定大概"[14]。4 月 29 日张元济分别致函傅斯年、马衡表示感谢[15]，原函如次：

> 孟真先生大鉴：新都把晤，邕接清谭，仰承玉体初痊，殷殷招待，且感且悚。比来起居想已复原，至为驰系。弟别后即日旋沪，当将善本目录复加参核，与王岫庐兄商定大概。谨遵尊旨，已将平馆所藏增加多种，惜有数书以有残缺，未能列入，甚为惋惜。拟目已由岫兄迳呈，计蒙鉴及。余不多赘，专此布谢。

从张元济此函可知，张、傅"新都把晤"，中心话题是委印"国藏善本"事。傅斯年于本月 30 日曾有一复函，进一步商讨"国藏善本"选目，惜此函已佚。但从张元济 5 月 13 日给傅斯年的复函[16]仍可知其中大概，兹将张元济复函照录如下：

> 久雨快晴，伏想起居定已康复，驰念无似。
> 前奉四月三十日手教，备承指示，至深感荷。当与岫庐兄将前拟国藏善本选目重加检校，谨复如左：
> 《神庙留中奏疏》《山海关志》，遵已加入。

《宋史全文资治通鉴》原拟选印，以配补明刻太多，故而割爱。今承谆命，仍以入目。倘能觅得元本，俾成完璧，则更美而无憾矣。

《千顷堂书目》吴兔床校补极精，惜多用蓝色笔，无法摄照。

《龙虎山志》印刷模糊，不易制版。

《西游记》亦多烂版。岫庐兄请同事与坊肆通行本比对，云异同无多。

以上三书仍未能列入，甚歉如也。

《国朝献征录》敝馆最近购得一部，价格不昂，故亦未列入。

《南北史合注》遵已撤出。

合计选定之书可得七万叶，千册之数，较见整齐。未审卓见以为如何？

写本书已选用十余种，惟已加墨，不易制版，或挽晚近者未录耳。小说、传奇，鄙见颇思别行，再图机会。

改定目录即日邮呈，仍乞裁核，无任祷企。贵院所藏善本，特许随时借印，尤深感谢！

辑印"国藏善本"计划由傅斯年发起，他不仅表示愿意竭力促成此事，将中央研究院暨史语所所藏善本无条件向张元济开放，"特许随时借印"，而且随时与张元济、王云五商讨"国藏善本选目"，并提出具体的建议，张元济此函即是对傅斯年所提建议的答复。从张元济的复函可知，这是一个极庞大的计划，"合计选定之书可得七万叶，千册之数"。

张元济对傅斯年的意见亦相当尊重，每改定选目必呈傅斯年裁核。此次"改定目录"邮呈傅斯年后，因袁守和"复有商榷"增入数种，又令王云五将详目呈上，请傅斯年核定。并于5月29日致函傅斯年[17]，告知原委，原函如次：

前函缮就，尚未封发，续得袁守和兄信，复有商榷，不欲过违其意，又遣人赴南京复加检阅，现又增入数种，由岫兄另呈详目，统祈核定。《国朝诸臣奏议》及《龙虎山志》底本甚模糊，今将草样附呈。守兄坚属印行。《奏议》凡二千六百余页，《事林广记》、《龙虎山志》印工亦略相等，修润须增费数千金，亦不便计较矣。因改书目，致复延搁。弟近又病目，久稽裁答，统祈鉴宥。

这是目前已知张元济致傅斯年的最后一封信函，也是傅、张商讨辑印"国藏善本"的最后见证。

除了与傅斯年反复"商榷"外，张元济与袁同礼、马衡、赵万里等相关人士也书信往返不断，就《国藏善本丛刊》选目进行深入讨论，其中与老友傅增湘的讨论尤富建设性。傅增湘对张元济主持的古籍影印工程，一向极为支持，《国藏善本丛刊》亦不例外，可以说是张元济在古籍版本鉴定方面最为仰赖的一位挚友。对于这套丛刊，傅增湘不仅自己关切，而且还召集京中的文献学大家一起会商。1937年5月11日，傅增湘特致函张元济，告知他们会商的结果，这封信函极为重要，特录如下：

昨日守和、森玉、庾楼[18]、斐云诸人集于园中，商定国藏丛书目录事，决定删去大部者数种，加入十数种，以冀仍符千册之数。兹述其大略，祈酌采定是幸。

删去各书如左：

《唐音统签》（此侍所主删，以其不过全唐诗之先驱也）。[张批：可缓。]

《心经》、《政经》（光绪间有殿本）。

《南北史合注》（此傅孟真所主张）。

《玉海》（侍拟异时印四开本）。[张批：可缓。]

《识大录》（此为《龙飞纪略》之改名）。

《道学源流》（可缓）。[张批：以上均删。]

《按辽疏稿》（有明刻本）。

《四镇三关志》（平馆拟印明代志书，故提出）。[张批：如印《山海关志》，此拟配入。]

后增各书：

《事林广记》（元本，少见，与明本不同。日本有刻本，亦不赅备）。[张批：已选在内。]

《宣和画谱》（元本，极少见。视嘉靖本为佳。长沙叶氏有书谱，他日可合也）。[张批：因无书谱，故未选。]

《吴文正集》（此宣德本，有蒙古文序，少见）。[张批：纸墨黯敝，难于制版。]

《四书集义精要》（四库本不足）。[张批；

原选定，被漏去。]

《汲冢周书》（元刘桢本，少见）。[张批：未见原书，据云在展览会，到会又不见。]

《周易玩辞》（此书确为宋本，可校通志堂本。北平馆中宋本完全而清朗可印者只此及童蒙训耳）。[张批：疑非宋刻，故未选。既公认可，即照加。]

《诸臣奏议》（此中重要文字甚多，取各部参配当可全。如有缺叶，可留空叶。此次不印，恐永无印行之日耳）。[张批：印迟，纸黯，不能用。]

《献征录》（碑传之大观，极有用）。[张批：本馆有此书，以非难致，故未选。]

《龙虎山志》[张批：黯淡，制版难。]

《金陵新志》[张批：缺卷三中下，又缺叶甚多。]

《息机子杂剧》（元本，少见）。[张批：以无总目，疑未全，故不选。]

《神庙留中奏疏》（此董其昌所编，极有用）。[张批：已选入。]

《千顷堂书目》（此最足本，比张氏刻异同极多）。[张批：蓝色笔甚多，无法照像。]

《西游记孤本》[张批：请同人与通行本对勘，据云异同无多，且首册甚多烂版。]

《宋史全文》（此书可补《宋史》及《长编》，但印本不佳，恐修版难了）。[张批：

已补入，但明本印不佳，难制版。]

以上各书只要印本尚清，仍盼加入。但曲子、小说非侍所主张也。别有北大增明人集三部，侍所选录，亦取其有用耳。

这封信还有一个"附志"，特别希望纳入《周易玩辞》和《诸臣奏议》两种宋本：

《周易玩辞》（确为宋本，书既完整，印本亦清朗，似可加入。此书只有通志堂本，大可校勘）。

《诸臣奏议》（宋版难得，其中多一代关系文字。原书虽有残缺，然各处访求，或取活字本，当可补全）。[19]

傅增湘此函对《国藏善本丛刊》选目所做增删，各有理据，最重要的标准有两条：一是少见，二是有用。张元济对傅增湘的意见向来是极为尊重的，对他提出的应删、应增各书，张元济基本上都予以采纳，未采纳的多半是基于"纸墨暗淡，难于制版"，或缺卷缺叶过多，不易补配者。5 月 14 日，张元济得傅函后，即携函赴商务印书馆总管理处，与王云五商定选目，上函夹杂的"张批"，可能就是张元济与王云五晤商过程中，张元济随手在傅增湘来函上所作的记录。张元济与王云五取得一致意见后，即作复函，一方面对傅增湘"殷殷指示"

表示感谢，另一方面针对傅增湘的意见，重新核定选目，复有增删，并对增删各书逐一做了简要的说明。原函如次：

　　本月十二日肃上寸函，由分馆转呈，计蒙察及。顷奉十一日发手书，于《国藏善本丛书》选目有所损益，殷殷指示，至为感幸。当与王岫庐兄晤商，拟定办法如左：

　　《唐音统签》、《心经》、《政经》、《南北史合注》、《识大录》、《道学源流》、《按辽疏稿》均照删。

　　《玉海》先是有人以元本见借，拟收入《四部丛刊》，嗣见故宫藏本较佳，放弃丛刊而就国藏。卷帧太多，印四开本恐难销售，此书拟仍留。

　　《四镇三关志》原可删，但加印《山海关志》（傅孟真兄力劝印行），则拟留以为配。

　　至所增各书如：

　　《神庙留中奏疏》、《宋史全文通鉴》，本已补入。

　　《四书集义精要》，本经选用，被抄录人漏去。

　　《周易玩辞》，弟认为复刻，故未采。既公定为宋刻，自应补入。

　　《汲冢周书》，原拟选用，因故宫已送展览会，到会又未见，不知印本如何，故未入目。拟托故宫抽照样张，可用即印。

　　《息机子杂剧》系万历版，非元本，以无总目，疑不全，故未收。如不能证为完本，有无不妥，祈酌之。

　　《西游记》，有烂板。岫兄昨倩本馆同人与通行本对校，据云无甚异同，当再详查。

　　以下数种均拟不用，再说明如左：

　　《事林广记》似系类书，未见有何特色，且印本亦欠精。

　　《宣和画谱》，认为明刻，且无书谱为配，单印似不宜。

　　《吴文正集》，纸墨黯敝，难于制板。

　　《诸臣奏议》、《龙虎山志》，弊与前书同。

　　《金陵新志》，缺卷三中下，又各卷多有缺叶，不易补配。

　　《千顷堂书目》，吴兔床校补极精，惟多用蓝色笔，无法摄照。

　　《国朝献征录》，馆中亦有此书，且购价亦不贵，书非甚罕见，故不用。

　　北大增选明人集部三种，未知为何人所撰，甚盼能早日寄示。

　　依此增减，约计不过五万页，岫兄谓改为八百册，亦属相宜。草草奉复，统祈转达守和、森玉、庚楼、斐云诸君子，酌核见示。时日甚促，并盼速复为幸。

　　经过反复"商榷"，《景印国藏善本丛刊》第一辑选目大致确定，但这套丛刊最终"定局"却要到 6 月初。据张元济 6 月 4 日写给丁英桂的信中称："《国藏善本》，昨得王先生电话，可以定局。"就是说，王云五是到 6 月 3 日才拍板定案，并电话告知张元济，张元济再告知丁英桂，并要他抓紧进行。该函写道：

> 选用样张八种是否着手？《尚书注疏》、《周礼疏》、《玉海》故宫已否照来？《山海经》已照到。《宋史全文》、《诸臣奏议》（想已制成）北平图书馆可取，《皇朝经世文编》（用凡例）北京大学已寄到，《历代名臣奏议》中央研究院如未寄到，或即向北平图书馆先借一叶。统祈与王先生接洽。目录五十种请胡先生先行排定次序，交下一阅。[20]

函中提及的各书均已列入《国藏善本丛刊》，说明丛刊的影印已进入实质性操作阶段。[21] 至于"选用样张八种"，那是在为预约发售准备"样本"。函末句"目录五十种"，表明丛刊第 1 辑五十种书目已选定，并请胡文楷先行排定次序。当然，最后的次序仍由张元济排定。

三、"预约样本"的制作与《国藏善本》预售

丁英桂、胡文楷是张元济影印古籍方面的重要助手，胡文楷负责编辑，丁英桂负责制版印刷。由于丁英桂长期专责办理商务印书馆影印善本古籍的具体制版印刷事务，更为张元济所信赖和倚重，张元济为商务印书馆主持编校的众多影印古籍丛刊基本上都是经过他之手完成的。现存张元济写给他的 943 封珍贵信件，绝大多数是关于影印善本古籍的，这些信件经张人凤先生整理后已收入《张元济全集》第 1 卷中，可以说是商务印书馆影印古籍史的一个缩影。其中 1937 年 6 月、7 月的信件比较集中地保存了《国藏善本丛刊》影印过程的一些踪迹，特辑录于后：

> 《宋史全文通鉴》一篇已采入《国藏善本》，必需摄照。望即向该办事处全数借出。昨来本书提要，望亦速排长条，先打草样，与正书同时交下。其中文字似有须改动之处也。[22]
>
> 昨交到《国藏善本提要》并原稿，闻尚有续到若干种，拟请饬从速排成长条发下，以便同阅。凡例撰成，亦祈交下。预约简章及样张附刊广告（今日已送还推广科）等可请先印，以期速成。[23]
>
> 提要四十三种，昨交任心翁送还，想荷察入。《国藏善本》九月底至少出一百册。鄙见能多些更好。拟出何书应早为预备，即祈见示为幸。[24]
>
> 《国藏善本》第一期书已选出三类，以○、○○、○○○为记。顷送王先生选定即送台阅。[25]
>
> 《国藏善本》有应做传真者，请即发下。[26]

这几封信件联系起来看，大致反映了《国藏善

本丛刊》"定局"后的筹备"预约样本"过程及分期出书计划。民国时期出版社在推出大型丛书之前，一般都会制作精美的"样本"，备预订该丛书的机构和读者索阅。商务印书馆先前在影印《四部丛刊》、《百衲本二十四史》等大型编纂的时候，都曾制作过极精致的"样本"，予以推广。《景印国藏善本丛刊样本》列"缘起"、"凡例"、"提要"、"预约简章"、"预约定单"、"样张"及附刊广告，是了解这套大型古籍丛刊最重要的资料。"缘起"写于1937年6月，署"景印国藏善本丛刊委员会"，全文不长，但对了解丛刊"甄采之旨"极为重要，特抄录于后：

　　昔周官分职，太史外史，各设专司。凡邦国经籍图书，皆掌之于官。稽之汉制，如石渠石室延阁广内，皆贮之外府者也。兰台秘书及麒麟天禄二阁，皆藏之内禁者也。沿及晋隋，下逮唐宋，虽建置不常，而职掌如旧，牙签缥裹，宫省深严，匪独内府中经，使人望如天上，即馆阁之书，亦非词垣近从，不得寓观。文章公物，视同禁脔，隘矣。赵宋以降，雕版盛行，偶值好文之朝，时降刻书之勒。然经史之外，镌校无多，胄监所颁，传播未广，文籍之散佚，亦学术之忧也。近世海宇大通，技术新异，镌印之业，因之勃兴。历代图书，藉以流布，连车充栋，无虑万签。语其显赫，如《四库珍本》，多为未见之书；《四部丛刊》，至于三续未已，珠渊玉海，沾溉弥阔。顾新旧两京，官库所存，夙称鸿富，密藏逸典，冠绝一时。溯其原委，则今之故宫博物院，拥有秘阁文楼之胜，实古之内禁；北平图书馆，推为群玉策府之宗，即古之外府。而南北国学所储，亦七略所谓太常博士之书也。举先后六朝，历年数百，宸宸所征求，臣工所进御，州郡所括访，柱史所留贻，集宫殿台阁之珍，充甲乙丙丁之库，神物呵护，存此菁英，设令久付缃滕，何以发扬典籍，用是载披簿录，妙选精华，勒为丛书，公诸当世。其甄采之旨，首取群经疏义，历代典章，以及经世鸿编，名儒遗著，而典类艺术之品亦附著焉。其版本之类，则取宋元古刊，名家妙绩，以及孤行秘笈，罕见异编，而旧本精善之帙亦兼采焉。凡经之部九，史之部十有八，子之部九，集之部十有四，都为卷者二千有奇，合成一千册。咸摄原书，付诸石印，微减板匡，并臻画一。缩为中册，藉便取携，既佥议之攸同，庶观成之有日。昔者文渊著录，囊括群书，归之四库，蔚为巨观，然徒侈美于缥缃，未遑登之梨枣。迨武英开版，用聚珍之字，成丛刻之编，庶兼两美。所采皆学人必备之书，所摹为流传有绪之本，非仅供儒林之雅玩，实以树学海之津梁，搜奇采逸，期为古人续命之方。取精用宏，差免坊肆滥芋之诮。敢述引言，聊抒悃臆，海内贤达，幸垂教焉。[27]

观其"甄采之旨",实与《续古逸丛书》、《四部丛刊》、《百衲本二十四史》及《四库珍本初集》一脉相承,所以"搜奇采逸",立意都在于"为古人续命",并"树学海之津梁"。

"缘起"之外,另创"凡例",交代丛刊甄采轨则及修润补配之方,兼及卷末附撰跋文:

一、国立北平图书馆、国立故宫博物院、国立中央研究院历史语言研究所、国立北京大学所藏善本,多世间罕见之书,不敢自秘,兹先择五十种景印,以供士林之用;

一、是编所录,多属精椠名钞,然仍以希有及切于实用者为主,并无偏重版本之见;

一、旧时版刻,每多漫漶,是编依据原本,略加修润,以期悦目,其原已磨泐,无可辨认者,祇得悉仍其旧,间有为后人标抹句读者,则概从削除,不使稍损原书真相;

一、原本阙卷欠叶,均经加意访求,或得同式印本,或取其他旧椠,俾成完璧,若孤本仅存,无从补配者,亦援抱残守缺之例,不愿割爱;

一、每书卷末,附撰跋文,或叙述源流,或考证旧文,以为读者探讨之助;

一、景印发售,委托上海商务印书馆悉心经营,冀收流通之效。

丛刊选录的五十种"精椠名钞"都是张元济百

觅而不得的"世间罕见之书",其中唐写本1种,宋刻本9种,元刻本11种,元写本1种,明刻本22种,明景宋钞本1种,明抄本2种,旧抄本3种。虽然丛刊"凡例"中称丛刊的甄采"并无偏重版本之见",但版本价值仍是首要标准。这也是张元济为何宁愿暂缓《四部丛刊》四编而先推《国藏善本丛刊》的根本原因所在。黄裳先生在《谈影印本》一文中说,《国藏善本丛刊》所选各书,无法与《古逸丛书三编》相媲美,"如果说'三编'选印的是甲等书,那么不够甲等资格的就统统收在这里"[28]。这是毫无根据的。

"样本"中最核心的部分当属《景印国藏善本丛刊第一辑提要》,提要按经、史、子、集四部分类排列,每一篇提要首列书名、卷数、藏本,次列该书作者、成书经过、版本源流及其价值,如原版本有缺卷,则扼要说明补配情况。兹举数例:

《周易玩辞》十六卷,国立北平图书馆藏宋刻本

宋项安世撰。书成于宋嘉泰二年之秋,兼明象数,于《伊川易传》外别树一帜,传世有《通志堂经解》本。此则元初俞玉吾(琰)读易楼旧藏本,宋刻宋印,并世无两,洵秘笈也。

《周礼疏》五十卷,国立北平故宫博物院藏宋刻本

唐贾公彦撰。此宋两浙东路茶盐司刻本,

半叶八行，经文行十四至二十一字不等，注疏双行二十二至二十六字不等。序半叶十二行，行二十一字。每卷首行题《周礼疏》，分卷五十，皆仍单疏之旧。注疏编次之法，亦与后来不同。考北宋时群经注与疏本各单行，南宋初越中始合而梓之。此本自宋历明，递有补板，为明初板入南监时所印。原板桓字缺笔而慎字不减，显是高宗朝刻，盖注疏合刻始于越本，此又合刻之最初一种也。书中可以校正后来各本之误者，随在皆是，不可胜举。《周礼》单疏佚而不传，此本诚无上秘笈矣。

《切韵》五卷，国立北平故宫博物院藏唐写本

唐王仁昫撰　此本《平声》上、下及《上声》中有阙佚。《去》、《人》二声俱全。首题"朝议郎行衢州信安县尉王仁昫撰，前德州司户参军长孙讷言注，承奉郎行江夏县主簿裴务齐正字"，前有王仁昫、长孙讷言二序，盖王氏用长孙氏、裴氏二家所注陆法言《切韵》重修者，故兼题二人之名。考王氏此书，自宋以来世久无传，今法京图书馆藏有敦煌古写残卷，不谓中土尚有此书，信足与敦煌本媲美矣。

《山海经》十八卷，国立北平故宫博物院藏元写本

晋郭璞注。此元至正二十五年曹善写本，

乌丝栏，半叶十一行，行二十二字，注双行三十余字，每篇后附图赞，与宋《中兴馆阁书目》合。书法秀劲而超逸，名贤手迹，历久长新，钞本中无上妙品也。此书世行各本，皆不附图赞，《道藏》本有赞而不全，且多舛乱。宋尤袤刻于池州者，其板明初入南监，今虽罕见，尚有传本，惟图赞亦阙。前人校辑以严可均《全晋文》本为最备，然舛误仍不能免，严氏自以无从考定为憾。此本十八篇之图赞，厘然具在，毫无讹夺，真前人欲求观而不得者。埋晦多年，一朝复显，岂非艺林快事耶。

《滨山先生文集》六十卷附录一卷，国立北平图书馆藏旧抄本

宋黄裳撰。此书卷数，与《直斋书录解题》合，盖犹宋时原本。平阙之式甚古，当从宋椠传录，乾道初季子玠裒辑成帙。建昌军教授廖挺刻于军学，即此本祖刻也。裳所作诗文，骨力坚劲，不为委靡之音。此本初为曹倦圃（溶）藏书，后入怡府，转归东郡杨氏海源阁，亦劫后仅存之秘笈矣。

《督师奏疏》十六卷，国立北京大学藏明刻本

明孙承宗撰　起天启二年，迄六年。承宗以辅臣督师山海关时作也。承宗大节凛然，彪炳史策。文集一百卷，奏议三十卷，茅元仪、

范景文尝刻之，今未之见。世行文集二十卷，其孙之涝掇拾于兵燹之余，非完本也。是集虽只一时之作，在奏议亦非全豹，然谋国忠忱，筹边硕画，略见一斑。书无序跋，不知何人所刻。间有阙叶，无从补完。孤帙仅存，亦足宝已。[29]

从上举数例可知，提要出自熟悉版本源流的作者之手，每篇提要要言不烦，提纲挈领，短者百余字，多者二三百字，已将该书的版本源流及其价值交代得清清楚楚。提要作者为谁，待考。但据前引张元济写给丁英桂的信函可知，每篇提要均经张元济亲自修改、订正后才付印。从第一辑五十种国藏善本提要看，丛刊的确体现了"凡例"所称"以希有及切于实用者为主"的甄采之旨。收入第一辑的五十种国藏善本，都是经过"景印国藏善本丛刊委员会"诸位版本目录学大家与出版家的反复"商榷"，最后才确定下来，的确堪称是"载披簿录，妙选精华"。

在"样本"中，还附录了"《景印国藏善本丛刊》第一辑预约简章"，该简章详列丛刊册数书式（全书共五十种，分订一千册，以金属版用手工制连史纸照六开本影印，并于书根加印书名册次）；预约期限（自民国二十六年七月一日起，发售预约，至同年十月三十一日截止，分馆自其开始日起，满四个月截止，函购以发信时邮局戳记为凭）；出书期（全书分六期出齐，民国二十六年九月底出第一期，以后每隔三月出售一期，每期出书自一百册至二百册，至二十七年十二月底出齐）；定价预约价（全书定价国币六百元，预约价一次交款者国币四百二十元，分次交款者国币四百八十元，于定购预约时，先交一百三十元，以后每取书一期，续交七十元，至取第五期书时交齐，五期共交三百五十元，取第六期书时不再交款）；邮运包扎费（向上海本馆发行所定书，约定邮寄，或向各地本馆分支馆定书，无论自取或邮寄，均须照左列规定，交付邮运包扎费，于预约时一次付清：国内及日本：国币十八元，香港澳门：国币六十二元，邮会各国：国币一百四十元。逴购多部寄递办法变更者，邮运包扎费另行商定）；预约凭单（订户交款后，当即交奉预约凭单，出书后，按照左列规定分别办理：甲、声明自取者，交奉自取凭单，出书后，请持凭单向原定书处取书，但在分支馆定购者，请约计运道远近，略缓若干日再往领取；乙、订明邮寄者，交奉邮寄凭单，出书后，由本馆交邮局挂号寄奉，其凭单不必寄还；丙、前项寄书办法，定户如须变更，或住址迁移，应随时知照原定书处，原定书处在未得知照以前，如已照原住址寄发，不负追回之责。预约凭单限制如下：甲、如有涂改，作废无效；乙、如有抵押转让等事，必须经原定书处承认，方为有效；丙、如有遗失，须具殷实铺保，向原定书处挂失，并登报声明，满两个月后，方能补给）；样本（本书备有样本，函索即寄）；定单及银行汇款用纸（定购预约者请扯下后面所附定单，并将姓名住址及寄款数目，详细填入，交邮局挂号寄交上海本馆发行所或各地本馆分支馆。当地有中国银行、交通银行、浙江兴业银行、上海银行、金城银行、江苏省农民银行之分行者，得将预约价及邮运包扎等费，按照本馆与银行特定免收汇费办法，托其汇交本馆上海发行所，定购者请扯下后附银行经汇贷款用纸，填就后，连同款项交与银行转下，无须另填定单）；书橱（本书另制书橱，以便庋藏，但不能邮寄，橱价另定，不在书价之内）。各款均极为细致，让预订者一目了然，商务印书馆还准备为这套丛刊特制书橱。从这个简章亦可以管窥，民国时期出版社的出版风气和读者至上的经营理念。这种风气和理念构成了民国出版文化最迷人的风景。

《景印国藏善本丛刊样本》制成后，商务印书馆即在《国闻周报》1937 年第 29 期上刊出整版预售广告，大力推介《国藏善本丛刊》[30]：

> 敝馆前印四库珍本，多为未见之书，深荷士林赞许。顾新旧两京，官库所存，凤称鸿富，秘藏逸典，有待于流通者尚多。国立北平图书馆、国立北平故宫博物院、国立中央研究院历史语言研究所、国立北京大学，爰各就其所藏善本，妙选精华，先得五十种，付敝馆景印。其甄采之旨，首取群经疏义、历代典章，以及经世鸿编、名儒遗著，并附典类艺术之品。其版本之类，则取宋元古刊、名家妙迹，以及孤行秘笈、罕见异编，兼采旧本精善之帙。全书摄景摹印，画一版式，既存真相，复便取携，每书卷末，附撰跋文，或叙述源流，或考证旧文，亦足为

读者探讨之助。书成有日，先售预约，目录版本、胪列下方，提要样张，别具单册。

经部

　　周易玩辞　宋项安世撰　宋刻本
　　附释文尚书注疏　唐孔颖达撰　宋刊本
　　周礼疏　唐贾公彦撰　宋刻本
　　仪礼要义　宋魏了翁撰　宋刻本
　　春秋集注（及纲领）　宋张洽撰　宋刻本
　　孟子注疏解经　题宋孙奭撰　元刻本
　　四书集义精要　元刘因撰　元刻本
　　类篇　宋司马光等撰　明景宋钞本
　　切韵　唐王仁昫撰　唐写本

史部

　　宋史全文续资治通鉴（附《宋季三朝事实》）
　　　　不著撰人　元刻配明本
　　崇祯长编　不著撰人　旧钞本
　　汲冢周书　晋孔晁注　元刻本
　　皇明诏令　明傅凤翔辑　明嘉靖刻本
　　督师奏疏　明孙承宗撰　明刻本
　　国朝诸臣奏议　宋赵汝愚辑　宋刻本
　　历代名臣奏议　明黄淮杨士奇等奉敕编
　　　　明永乐刻本
　　神庙留中奏疏汇要　明董其昌辑　明钞本
　　宋遗民录　明程敏政撰　明嘉靖刻本
　　国朝列卿纪　明雷礼撰　明刻本

四镇三关志 明刘效祖撰 明万历刻本

龙虎山志（及续编） 元元明善撰 元刻本

大元圣政国朝典章附新集至治条例

　　不著撰人 元刻本

皇明制书 明张卤校刊 明万历刻本

经国雄略 明郑大郁撰 明弘光刻本

大明律例（及附录） 明太祖敕修

　　明隆庆刻本

子部

　　盐铁论 汉桓宽撰 明弘治刻本

　　童蒙训 宋吕本中撰 宋刻本

　　孔氏六帖 宋孔传撰 宋刻本

　　玉海 词学指南 宋王应麟撰 元刻本

　　纂图增类群书类要事林广记 元陈元靓撰

　　　　元刻本

　　山海经 晋郭璞注 元写本

集部

　　元丰类稿 宋曾巩撰 元刻本

　　栟桐先生文集 宋邓肃撰 明刻本

　　演山先生文集（及附录） 宋黄裳撰 旧钞本

　　雪窗先生文集（及附录） 宋孙梦观撰

　　　　明刻本

　　中庵先生刘文简公文集 元刘敏中撰 元刻本

　　江月松风集 元钱惟善撰 元刻本

　　成都文类 宋程遇孙等编 明刻本

皇明经世文编 补遗 姓氏爵里 明陈子龙

　　等选辑 明崇祯刻本

新刊名贤丛话诗林广记前后集 元蔡正孙撰

　　元刻本

息机子杂剧选 明息机子辑 明万历刻本

旧编南九宫谱 明蒋孝辑 明万历刻本

曲律 明王骥德撰 明天启刻本

　　广告中胪列的目录版本仅 43 种，并没有预约简则中宣称的 50 种，有 7 种未列入，包括史部中的《国朝列卿年表》（明雷礼撰，明刻本）、《山海关志》（明詹荣辑，明刻本），子部中的《宣和画谱》（不著撰人，元刻本）、《宣和书谱》（不著撰人，明刻本）、《永乐琴书集成》（明成祖敕撰，明抄本），以及集部中的《玉楮诗稿》（宋岳珂撰，明刻本）、《词林摘艳》（明张禄辑，明万历刻本）。但在备索的《景印国藏善本丛刊样本》所载的"提要"却列入了丛刊第 1 辑 50 种的完整目录版本。其中经部 9 种，史部 18 种，子部 9 种，集部 14 种。该丛刊第一辑 50 种国藏善本中，选自国立北平故宫博物院 22 种，国立北平图书馆 21 种，国立中央研究院历史语言研究所 5 种，国立北京大学 2 种。详见附表。

四、抗战军兴与《国藏善本》停刊

　　令人扼腕的是，就在《景印国藏善本丛刊》预约发售之际，抗战军兴，四家"咸出家藏"的国藏机构于神州板荡之中四处播迁，商务印书馆亦进入极艰难之历史时期，其在上海各厂均在战区之内，无法正常运作，显然已没有可能大规模影印善本古籍，辑印"国藏善本"计划遂付诸东流。由于商务印书馆此前已开始发售预约，商务印书馆特在《东方杂志》1937年第16、17期合刊的首页刊出"启事"，说明不得已"暂行停刊"之故：

> 敝馆五年以来，两遭国难，二十一年一二八之役，总馆及总栈全毁，损失奇重，总馆因是停业半年。复业后，鉴于学术救国之重要，于同年十一月一日，宣布每日出版新书至少一种，五年以来，从未间断，且逐渐增加至每日三四种，教科书及大部书尚不与焉。本年八一三之役，敝馆上海各厂，因在战区以内，迄今无法工作，书栈房亦无法提货，直接损失虽未查明，间接损失实甚严重。自沪战发生之日起，所有日出新书及各种定期刊物，预约书籍等，遂因事实上之不可能，一律暂停出版。月余以来，就较安全之地点，设法调剂，决自十月一日起，恢复新出版物，惟是能力有限，纸张短缺，运输亦重感困难，祇能量力分别进止；其继续进行者，亦祇能分别缓急次第出版，邦人君子鉴于敝馆今日处境之困难，与始终为文化奋斗之诚意，当能垂谅一切也。

在该"启事"的最后，特别提到已预约发售的《景印国藏善本丛刊》的处理办法：

> 因工作繁重，需纸甚多，当此非常时期，应付殊感困难；加以一部分原本尚在北平，无法摄照，祇得暂行停刊，所有预约定户，请凭原定单，向原定书处收回书款。[31]

《景印国藏善本丛刊》从1936年4月5日傅斯年发出倡议，到1937年10月1日商务印书馆在《东方杂志》上刊出"暂行停刊"启事，前后历时近一年又六个月。一直密切关注《丛刊》并投入许多心力的傅增湘亦深知中日开战后随着战事的蔓延已无出版的可能，他在1937年9月12日写给张元济的信中说："老厂损失如何，印刷停工否，《善本丛书》仍续印否？《国藏丛书》大可作罢，嗜书如下走者亦袖手矣！禹贡图及册府印本均不便寄。谅目下亦谈不到也。"10月1日的另一封信中又说："《善本丛书》能否续印，《国藏丛书》自宜展缓矣。"[32] 其实，"大可作罢"、"自宜展缓"云云，说的都是感叹、无奈和不甘。时祸难方殷，兵戈满地，商务印书馆再受巨创，四处播迁，维持尚且有所不能，哪还有余力将《景印国藏善本丛刊》推出？1938年10月26日，张元济在回复励乃骥的一封信函中曾特别提到丛刊，信中说："敝馆影印国藏善本，去岁以战事陡作，在南京摄照仅成数种，亦已停辍，不知何时始能了此愿也。"[33] 随着战局的恶化和战事的蔓延，张元济再也没有机会"了此愿"。于是，这套凝聚着许多人心血的大型善本丛刊，虽已刊登了预售广告，终于没能刊成！回首这段几乎被湮没的书林往事，不禁感慨系之。

附：《景印国藏善本丛刊》书目简表

分类	书目及卷数	作者	版本	收藏机构
经部（9种）	周易玩辞十六卷	宋项安世撰	宋刻本	北平图书馆
	附释文尚书注疏二十卷	唐孔颖达撰	宋刻本	故宫博物院
	周礼疏五十卷	唐贾公彦撰	宋刻本	故宫博物院
	仪礼要义五十卷	宋魏了翁撰	宋刻本	故宫博物院
	春秋集注十一卷纲领一卷	宋张洽撰	宋刻本	故宫博物院
	孟子注疏解经十四卷	题宋孙奭撰	宋刻本	故宫博物院
	四书集义精要三十六卷	元刘因撰	元刻本	故宫博物院
	类篇四十五卷	宋司马光等撰	明景宋钞本	故宫博物院
	切韵五卷	唐王仁昫撰	唐写本	故宫博物院
史部（18种）	宋史全文续资治通鉴三十六卷附宋季朝事实二卷	不著撰人名氏	元刻配明天顺本	北平图书馆
	崇祯长编六十六卷	不著撰人名氏	旧钞本	中央研究院历史语言研究所
	汲冢周书十卷	晋孔晁注	元刻本	故宫博物院
	皇明诏令二十一卷	明傅凤翔辑	明嘉靖刻本	北平图书馆
	督师奏疏十六卷	明孙承宗撰	明刻本	北京大学
	国朝诸臣奏议一百五十卷	宋赵汝愚辑	宋刻本	北平图书馆
	历代名臣奏议三百五十卷	明黄淮杨士奇等辑	明永乐刻本	中央研究院历史语言研究所
	神庙留中奏疏汇要四十卷	明董其昌辑	明抄本	北平图书馆
	宋遗民录十五卷	明程敏政撰	明嘉靖刻本	北平图书馆
	国朝列卿纪一百六十五卷	明雷礼撰	明刻本	北平图书馆
	国朝列卿年表一百三十九卷	明雷礼撰	明刻本	北平图书馆
	山海关志八卷	明詹荣辑	明嘉靖刻本	北平图书馆

	四镇三关志十卷	明刘效祖撰	明万历刻本	北平图书馆
	龙虎山志三卷续编一卷	元元明善撰	元刻本	北平图书馆
	大元圣政国朝典章六十卷新集至治条例不分卷	不著撰人名氏	元刻本	故宫博物院
	皇明制书二十卷	明张卤校刊	明万历刻本	中央研究院历史语言研究所
	经国雄略四十八卷	明郑大郁撰	明弘光刻本	中央研究院历史语言研究所
	大明律例三十卷附录一卷	明太祖敕修	明隆庆刻本	北平图书馆
子部（9种）	盐铁论十卷	汉桓宽撰	明弘治刻本	故宫博物院
	童蒙训三卷	宋吕本中撰	宋刻本	北平图书馆
	宣和画谱二十卷	不著撰人名氏	元刻本	故宫博物院
	宣和书谱二十卷	不著撰人名氏	明刻本	北平图书馆
	永乐琴书集成二十卷	明成祖敕撰	明抄本	故宫博物院
	孔氏六帖三十卷	宋孔传撰	宋刻本	故宫博物院
	玉海二百卷词学指南四卷	宋王应麟撰	元刻本	故宫博物院
	纂图增类群书类要事林广记四十二卷	元陈元靓撰	元刻本	故宫博物院
	山海经十八卷	晋郭璞注	元写本	故宫博物院
集部（14种）	元丰类稿五十卷	宋曾巩撰	元刻本	故宫博物院
	栟榈先生文集二十五卷	宋邓肃撰	明刻本	故宫博物院
	演山先生文集六十卷附录一卷	宋黄裳撰	旧钞本	北平图书馆
	雪窗先生文集二卷附录一卷	宋孙梦观撰	明嘉靖刻本	北平图书馆
	玉楮诗稿八卷	宋岳珂撰	明刻本	北平图书馆
	中庵先生刘文简公文集二十五卷	元刘敏中撰	元刻本	北平图书馆
	江月松风集十二卷	元钱惟善撰	钞本	故宫博物院
	成都文类五十卷	宋程遇孙等编	明刻本	故宫博物院
	皇明经世文编五百四卷补遗四卷姓氏爵里一卷	明陈子龙、徐孚远、宋征璧等选辑	明崇祯刻本	北京大学
	新刊名贤丛话诗林广记前十卷后集十卷	元蔡正孙撰	元刻本	中央研究院历史语言研究所

息机子杂剧选二十五卷	明息机子辑	明万历刻本	北平图书馆
词林摘艳十卷	明张禄辑	明万历刻本	故宫博物院
旧编南九宫谱十卷	明蒋孝辑	明万历刻本	北平图书馆
曲律四卷	明王骥德撰	明天启刻本	北平图书馆

资料出处：《景印国藏善本丛刊第一辑提要》，载《景印国藏善本丛刊样本》，商务印书馆1937年印行，后收入韦力主编：《中国近代古籍出版发行史料丛刊补编》第24册，线装书局2006年版，第469‐496页。

---

1. 《景印国藏善本丛刊》在筹编的过程中出现过各种不同的名目，如"国藏善本"、"国藏善本丛书"、"国藏善本丛编"、"国藏善本汇刊"等，直到制作预售样本和预售广告时才最终确定和使用这个名称。黄裳在一篇题为"谈影印本"的笔记中曾简单提及："商务印书馆影印的古籍，此外还有《四部丛刊》、《四库全书珍本》、《元明善本丛书》等许多种。他们还曾打算印一套《国藏善本丛书》，目录、说明、样张已印成一本精致的小册子，作为广告品散发，后来却并未印出。这个丛书是作为《续古逸丛书》的补充而设计的，其实与《四部丛刊》的性质也是相近的。不过没有严密的分类比例，只从版本角度出发加以选择而已。这与今天拟印的《古籍善本丛书》（第一集）性质也是相近的。如果说'三编'选印的是甲等书，那么不够甲等资格的就统统收在这里。"（黄裳：《谈影印本》，《书之归去来》，中华书局2008年版，第93页）1997年笔者应邀赴台湾访学，在"中研院"历史语言研究所所属傅斯年图书馆查阅傅斯年档案，见到多封张元济写给傅斯年的书信，并据此撰成《从张、傅往来书信看张元济与傅斯年暨历史语言研究所之关系》一文，刊于"中研院"史语所70周年纪念文集《新学术之路》。笔者曾将该文寄呈山东大学王绍曾先生指教，他来信称："绍曾于菊老拟编《国藏善本丛书》，曾于菊老致丁英桂先生书中（第182、183、184、185通）略知梗概，但未详始末，原定收录43种，且均有提要，预定1937年9月底至少先出100册。迨抗战军兴，即行作罢。今读《新学术之路》，始知此书首先由傅斯年先生所倡议，并由故宫博物院图书馆、北平图书馆、北大图书馆、史语所图书馆各出善本，由菊老总其成。倘不睹傅斯年原札，则张傅之交来龙去脉，即树年兄亦未必能道其详。鄙意大作似可改写后在大陆发表，题目用《张元济与傅斯年》较为醒目。不识尊意以为何如？"经绍曾先生此一提示，笔者加意留心有关该丛刊史料的搜集，本文即缘于此。

2. 本文所引傅斯年致张元济信均由张元济哲嗣张树年、张人凤父子提供，谨此致谢。

3. 原件藏"中央研究院"历史语言研究所傅斯年图书馆。

4. 袁咏秋、曾季光主编：《中国历代国家藏书机构及名家藏读叙传选》，北京大学出版社，1997年，第142页。

5. 袁咏秋、曾季光主编：《中国历代国家藏书机构及名家藏读叙传选》，第142页。

6. 以上两封信均录自《张元济全集》第2卷，商务印书馆2007年9月版，第533页。

7. 叶渭清（1886—1966），字左文，清末举人。曾师事史学家陈黻宸，与马叙伦等同门。1929年应邀赴北平任京师图书馆编纂部主任。1930年底辞职。1933年1月再度受北平图书馆之聘，与傅沅叔、陈援庵、章式之等学者同任《宋会要辑稿》编印委员，至1935年秋编成200册。1935年华北事变后回衢州，继续研究宋史，系著名宋史专家。

8. 袁咏秋、曾季光主编：《中国历代国家藏书机构及名家藏读叙传选》，第143页。

9. 1936 年 4 月 9 日张元济致马衡函，见《张元济全集》第 1 卷，第 167 页。

10. 张元济原本准备于 1937 年 2 月 20 日左右到南京参观故宫藏书，傅斯年听说后，马上致书张元济，恳请张元济告知确切行期，并"惠临敝所指教一切"；得知张元济南京之行改期后，因为傅斯年 3 月 16 日必须赴北平开会，恐与张元济之行相左，又于 3 月 11 日致函张元济，告以"若适值斯年北上之期，则已托敝所同事黄彦堂先生及张苑峰君（主管书籍），竭诚欢迎"。详见周武：《从张、傅往来书信看张元济与傅斯年暨历史语言研究所之关系》，《中研院史语所 70 周年纪念文集：新学术之路》（上），"中研院"历史语言研究所 1998 年版。另外，张元济 1937 年 2 月 16 日致朱希祖信中亦曾提及行期延宕的原因，云："再弟本有南京之行，现因校印《廿四史》即须结束，恐须稍迟。"该函见《张元济全集》第 1 卷，第 371 页。

11. 张元济著、张人凤整理：《张元济日记》（下），河北教育出版社 2001 年版，第 1169 页。

12. 1937 年 3 月 10 日，张元济致书丁英桂专谈 9 日看书事，函称："昨看北平图书馆各书，兹在目录上选出若干种，于书名上加以△△（红墨双尖，或上或下）标记，均拟印，可不必再数页数。惟《周易玩辞》前日列入丙类，通知不数页数，兹拟撤回前议，仍请照数。再尚有《国朝诸臣奏议》、《西关志》、《丁鹤年诗集》、《盛世新声》四种，似未曾见。不知是否漏看，抑系弟看而未记？如已取出在外，请李君（即李照亭）暂缓收存，俟雨霁有暇，当再诣藏书处补看。若未检出，俟后来编定书目时，如需用，当再请检。"（《张元济全集》第 1 卷，第 96 页。）另据张元济 1937 年日记残本记载：3 月 30 日，"午后赴科学社看北平图书馆书《国臣（朝）诸臣奏议》及《丁鹤年集》二种。前者印迟纸暗，不能照；后者抄不旧，亦非鲍氏亲笔。沅叔云有金本《本草》。取阅却佳，图精，印亦清朗。惜缺十卷，并见秦蕃本允中道人序，云取苏州本覆刻之。"（张元济著、张人凤整理：《张元济日记》（下），河北教育出版社 2001 年版，第 1176 页。）

13. 1937 年 4 月 12 日张元济致丁英桂函，见《张元济文集》第 1 卷，第 98 页。

14. 1937 年 4 月 29 日张元济致马衡函，见《张元济全集》第 1 卷，第 168 页。

15. 张树年先生藏原信底稿。他给马衡的致谢信也表达了相近的意思，该函称："新都聚首，罄接雅谭，并承指导殷拳，感难言喻。发箧陈书，琳琅满目，获饱眼福，尤深欣幸。返沪后与王岫庐兄归纳参核，就原定书目略有商榷，拟定大概，另由岫兄迳行函达，想邀鉴及，恕不赘陈。专此布谢，祗颂台祺。"见《张元济全集》第 1 卷，第 168 页。

16. 张树年先生藏原信底稿。

17. 张树年先生藏原信底稿。

18. 庚楼，张允亮字。张允亮（1889-1952），字庚楼，别号无咎。河北丰润人。古籍鉴定专家。曾任清度支部主事，北洋政府财政部金事等职，后专门从事古书版本目录研究，先后在故宫博物院、北平图书馆、北京大学图书馆、北平古物陈列所任编纂员、善本部主任、研究员、图书馆主任、所长等职。著有《故宫善本书影》、《故宫善本书目》、《北京大学善本书目》、《方志目》、《故宫善本书志》等，与他人合编《项氏瓷谱》（中英文彩版线装）。

19. 《张元济傅增湘论书尺牍》，第 353 - 355 页。

20. 1937 年 6 月 4 日张元济致丁英桂函，《张元济全集》第 1 卷，第 99 - 100 页。

21. 其实，自傅斯年倡议影印《国藏善本》以来，张元济和傅斯年等人一起筹划丛刊的编纂、影印，在最终的选目确定之前，不少国藏善本已开始陆续汇集到张元济手边，1937 年 1 月 25 日，北平图书馆驻沪办事处李照亭就交来袁同礼（守和）嘱交善本一册，"备《国藏善本丛编》之用"。（张元济著、张人凤整理：《张元济日记》（下），第 1159 页。）一些已确定入选的善本，如故宫博物院所藏《山海经》及《切韵》等书在 1937 年 4 月 12 日之前就已拍摄完毕，事见 1937 年 4 月 12 日张元济致丁英桂函，《张元济全集》第 1 卷，第 98 页。

22. 1937 年 6 月 16 日张元济致丁英桂函，《张元济全集》第 1 卷，第 100 页。

23. 1937 年 6 月 24 日张元济致丁英桂函，《张元济全集》第 1 卷，第 100 页。

24. 1937 年 6 月 25 日张元济致丁英桂函，《张元济全集》第 1 卷，第 100 页。

25. 1937 年 7 月 5 日张元济致丁英桂函，《张元济全集》第 1 卷，第 100 页。

26. 1937 年 7 月 28 日张元济致丁英桂函，《张元济全集》第 1 卷，第 101 页。

27. 《景印国藏善本丛刊缘起》，载《景印国藏善本丛刊样本》，商务印书馆 1937 年印行，后收入韦力主编：《中国近代古籍出版发行史料丛刊补编》第 24 册，线装书局 2006 年版，第 463 - 468 页。

28. 黄裳：《谈影印本》，《书之归去来》，中华书局 2008 年版，第 93 页。

29. 《景印国藏善本丛刊第一辑提要》，载《景印国藏善本丛刊样本》，商务印书馆 1937 年印行，后收入韦力主编：《中国近代古籍出版发行史料丛刊补编》第 24 册，线装书局 2006 年版，第 469 - 496 页。

30. 《国藏善本丛刊》，《国闻周报》1937 年第 29 期，第 58 页。

31. 《商务印书馆启事》，《东方杂志》第 34 卷，第 16、17 号，1937 年 9 月 1 日。

32. 《张元济傅增湘论书尺牍》，第 357、358 页。

33. 陈正卿、彭晓亮整理：《张元济来往书札之二》，载《上海档案史料研究》第 5 辑，第 242 - 243 页。

《百衲本二十四史》：现代古籍整理的典范

柳和城

正史从《四部丛刊》脱钩

张元济先生向来主张为古人"续命"，最好的方法就是将古书印出来，流传下去；多印一部，多流传一部，也就是多续古代文化之命，多续民族文化之命。1915 年，商务印书馆在他的擘画下筹划影印出版大型古籍丛书《四部举要》（后改名《四部丛刊》）。孙毓修作为张元济印行古籍的主要助手，起草了《四部举要启》和目录。张元济该年 5 月 19 日致傅增湘的信说："本馆拟印旧书，以应世用，拟定名《四部举要》。第一集种类业已选出，约在一万卷以上。……兹将目录附呈，伏乞代为察核。如有应增应减者，并求指示。""敝处藏本尚不敷用，将来尚拟就邺架借印。所缺书名已用朱笔标出。如所选之本有未善者，亦乞代为改定。"[1]拟目中史部包括正史，当时计划采用殿本《二十四史》。1915 年 7 月 1 日郑孝胥在日记中写道：

> 杨寿彤谈《四部举要》中全史几居其半，若仍用武英殿本，则与各家所印无异，不若自《宋史》以上别觅佳本，四史可用宋本，《三国志》有明本，注有大字，低一格，似亦可用。

郑"深然之"，"遂至本书馆以告拔可，使转语菊生"[2]。郑、杨的建议肯定对日后张元济的决策有过积极影响。

殿本《二十四史》系清乾隆四年（1739）官修的正史，流布最广，翻印最多，影响也最大。商务当时也在翻印，张元济日记与友朋通信中都有迹可寻，《四部举要》拟用的可能就是这一部。如 1915 年 5 月 17 日日记，张告高凤池、李宣龚："《廿四史》《饮冰室丛著》可函送样本等与有购买力之股东。但两书性质不同，须因人而施。"[3]6 月 7 日日记，知照包文德"《廿四史》缓印"[4]。6 月 10 日，告小平元，"托金港堂代售《廿四史》，照同行例，每部提酬五两，并交去样二十分"[5]。

1917 年 4 月 12 日张元济日记写道，高梦旦开出《四部举要》估价单，全书约 17 万页，除《廿四史》外，约 10 万页，用连史纸印订，共约 15 万元。张决定用连史纸，"不印《廿四史》"[6]。张元济将正史与《四部丛刊》脱钩，已初见端倪。殿版总非善本。涵芬楼翻印的那套殿本《二十四史》，未再列入《四部丛刊》序列而于 1927 年单独发行。

张元济《影印百衲本二十四史前序》谈到辑印《衲史》的动机，说："长沙叶焕彬吏部语余：'有清一代，提倡朴学，未能汇集善本，重刻《十三经》《二十四史》，实为一大憾事。'余感其言，慨然有辑印旧本正史之意。"[7]在《校史随笔自序》中又说："曩余读王光禄《十七史商榷》，钱宫詹《廿二史考异》，颇疑今本正史之不可信。会禁网既弛，异书时出，因发重校正史之愿。"[8] 自清末开始，张元济就为商务编译所创办涵芬楼图书室，广收流散于民间的古籍善本，其中不乏宋元明正史。如《汉书》《后汉书》《周书》《隋书》《宋史》《辽史》《金史》等，涵芬楼都有善本收藏。最著名的由日本流回中国的南宋黄善夫刻《史记》三家注本，张元济于宣统季年购自北京琉璃厂正文斋书铺，可惜只有半部、66 卷[9]。涵芬楼其他几种宋元古本正史同样存在缺胳臂少腿状况，需要配补缀合成"百衲本"方能影印行世。

"选用最早最好的版本"

张元济 1926 年从商务监理任上退休。其实"退而未休"，最重要的工作之一就是揽下古籍印行一大摊子事务。1927 年 10 月 27 日，他在致傅增湘的信中开呈一份"影印旧本《廿四史》办法"，即《衲史》第一份书目[10]。傅氏既有精湛的版本目录学知识，其双鉴楼藏书闻名海内外，而且在北方有着广泛的人脉，1912 年起两人的通信中，经常谈及搜求古本正史的事。从上述《衲史》第一份书目看，"已照""已校"的书已有多种，但也有尚未确定版本，后来改变版本的就更多了。举几个较为典型的例子。

前后《汉书》，虽则涵芬楼藏有几部善本，但不甚理想，因而最初版本未定。同年 11 月 19 日张致傅信说："拟印旧本正史，两《汉》均欲得一最佳之本。刘翰怡新复宋本均逊一筹，且嫌掠美。汪文盛本涵芬楼藏初印本者，只以钱泰吉不满于是书，故不愿再印。如宋本必不可得，无已其唯大德、正统两本乎？叔弢有正统初印《前汉》，闻之甚喜。如需借时，当再奉托。"[11] 刘翰怡，即南浔嘉业堂主人刘承幹；叔弢，即天津藏书家周暹。张元济希望前后《汉书》能都用宋本，元大德、明正统本总次一等。经过努力，1928 年 1 月终于从常熟瞿氏铁琴铜剑楼借得北宋景祐本《汉书》，缺卷《沟洫志》《艺文志》以元正统本配补。瞿氏另有宋本《后汉书》，因版印模糊，无法摄影，只能另想别法。1929 年《重印四部丛刊书录》的《二十四史目录》，《后汉书》用蜀大字本，最后以涵芬楼藏宋绍兴刻本，缺卷以北平图书馆、东京静嘉堂文库藏元复宋本残册配补。

1930 年前，张元济对《晋书》已校过四种，"可谓一无善本"[12]。先用江南图书馆藏小字本，已经制版，打出毛样，校对中发现很多脱漏。李盛铎藏有一部宋刻《晋书》，版本较好，张元济得知后通过傅增湘商量借影。对方提出条件颇为苛刻，要《衲史》数部为酬，原书还不能借至上海摄影。几经协商，定三部《衲史》为酬，但书主仍不愿将书送出。期间，傅氏竭尽斡旋之力，前后数月方才得以较好解决。

《唐书》有新旧两部，《五代史》也有新旧两部。欧阳修的《五代史记》出，薛居正的《旧五代史》（原称《五代书》）慢慢退出人们视野，几乎消失在人间。张元济抱有一线希望，追踪薛史的热情始终不减。1930 年 10 月 8 日致傅增湘信中说："金本（指金承安四年南京路转运司刊本）踪迹半年，总无确据。此书拟留待最后付印。在此时间，尽以广告宣传。天之未丧斯书，或能发现，亦未可知。"[13] 从 1930 年 3 月《衲史预约样本》和《东方杂志》等刊物上，不断刊登《征募薛史原书启事》。据记载，明万历间连江陈一斋有此书，明清之际，薛史也尚在。民初安徽歙县汪允宗所著《今事庐笔乘》和《货书记》，清楚地记载了他曾收藏过薛居正金承安南京路转运司刊《旧五代史》。汪允宗，张曾有交往，但他从未谈及藏有薛史。张元济不停打听，知道这批书已转归湖州人丁少兰。闻讯后立即托人探询，据说确有此事，不过其金陵旧寓先被军队占据，后为财政部借用，曾请亲戚前往检寻，竟不复见。张元济对此书失之交臂，悔恨交加。1933 年，他与丁少兰同乡俞恒农谈话时说：

> 《旧五代史》有全刻本，为安徽汪某所藏。于民国四年货与广东书贾，后为贵同乡丁少兰所得。弟托人往问，答云确有其书，但近已失去。此等奇书，视为无足重轻甚矣！人不读书买书藏书，真可恨也！闻尚有残本一部，印本阔大，但书主不知为何时刻本。弟允以重价，但在江西内地。[14]

直到 1936 年《衲史》结束时，《旧五代史》不得不影印刘氏嘉业堂藏《大典》有注本。他在跋文里，仍然希望有朝一日南京路转运司本会重现人间。

汉司马迁《史记》成书之后，先后有刘宋裴骃《史记集解》、唐代司马贞《史记索隐》与张守节《史记正义》三家注本。原单独成书，或《集解》与《索隐》合为一种，三家注合为一书现存最早的只有南宋建安福建刻书家黄善夫本《史记》，流传极罕，明代以后国内已不见藏书家著录。涵芬楼藏有半部，张计划用明嘉靖震泽王延喆本补配。经过校勘发现王本虽出自黄本，但文字又不一一吻合，王本《正义》也脱漏。1931 年 1 月 15 日，张元济告诉傅增湘："黄善夫《史记》《衲史》仅得六十九卷，余以震泽王本补配。近访得日本上杉侯爵藏有全部，已托友人借到，不日即可摄照，想兄闻之必为欣慰。"[15] 这就是最后全用黄善夫本的原因所在。关于《史记》底本来源与校勘问题，本文下面另有专节讨论。

涵芬楼藏《周书》两部为明初印本，1932 年初正在厂内照相，恰逢"一·二八"事变，化为劫灰。后来用明北监本替代，"原书多模胡不清，用朱粉修饰，每页费钱总在一元以外"[16]。其他已印未印的底版也同赴劫难。《衲史》印制中的坎坷艰辛可见一斑！据 1935 年商务一份广告写道："敝馆影印《百衲本廿四史》，原定分四期出版，不意第二期出书以后，即遭'一·二八'之变，影存底版，悉付一炬。复业以后，继续进行，无如事变易，原书有不可复得者，即辗转觅得，而版本远不如前，描润校勘极难措手（即如《周书》原印极佳，而重照者远逊；《宋史》尚有半部，未能访得元刊），祇得将原定出版期限展缓。曾于廿三年三月通告，至是年岁底，计已出书四期，成十四史。廿四年预备出版者，为《隋书》《南北史》《元史》，或加出《新旧唐书》。余书拟于明年出齐。"[17]

《宋史》延至最后也因所缺部分卷叶，没能访得与原书相近的元椠，只得准备用钱谷抄本补照。1936 年 10 月，张元济听到苏州潘博山家有明成化残本可以补配，立即让丁英桂去苏州查对，如有可补，就不用抄本来补了[18]。这样不计商业成本，只为文化传承的出版家能有几人！

胡适曾谈到张元济印行《四部丛刊》，"都是选用最早最好的版本"[19]，《百衲本二十四史》何尝不是如此呢！

《衲史校勘记》命运多舛

清代的校勘学随着小学训诂的发展，到乾嘉时已届成熟，出现了两位有代表性的校勘大师，一位顾千里，一位段玉裁。校勘学上历来主张"版本有异同，他校定是非"，但方法上有不同。一种主张网罗众本，校勘古籍，遇有版本异同，拈出异同，施以校记，顾千里就主张这种"死校"。段玉裁则主张"活校"，说到底就是改字。他在《答顾千里书》中明确提出："夫校经者，将以求其是也，审知经字有讹则改之，此汉人法也。汉人求诸义而当改则改之，不必其有佐证。"[20] "求其是""名理义"，是段氏学术精神的体现，他对校勘目的必然定为"定是非"。这是一种层次更高、难度更大的校勘功能。

张元济显然服膺于段玉裁的"活校"方法，并付诸实践。

1930 年 3 月，商务刊印《衲史预约样本》，预定每年 8 月出书，1933 年出齐。原先几乎张元济一人在校勘，为了减轻他在具体事务上的负担，1930 年 8 月初，商务在张宅附近极司菲尔路中振坊设立校史处，由汪诒年、蒋仲茀任正副主任，配备有十一二位成员。1990 年代唯一健在的王绍曾先生就是其中一员。据王先生回忆，校史处备有全史的各种版本，常用的有明南北监本《二十一史》，汲古阁《十七史》，殿本和五局合刻本《二十四史》，以及各种单刻善本。另备有大量善本书目与题跋。校史处有两大任务：一是校勘，二是描润。[21]

先说描润。古书千百年流传中多有污损，为便于流传与阅读，影印时第一道工序，即是将底样认真细致地描润，用石粉涂掉污点或原书上的前人批点，遇有断笔、缺笔、花淡笔等，则一一用朱笔加以弥补。张元济撰有《记百衲本二十四史影印描润始末》以及《修润古程序书》《修润要则》《填粉程序》等，都有极为详细的规定。经过这样一次、二次乃至三次、四次修改清样，原先模糊变为清朗，然后再照相制版。譬如，《史记》百衲本中借自日本上杉隆宪所藏黄善夫本原本栏外行间批点极多，而影印本却极为干净清朗，这便是描润与修版的结果。所有《衲史》在影印过程中都或多或少地经过了这种加工。[22]

段玉裁的改字主张，是有条件，有分寸的。他强调不诬古人，不惑后人。在《与黄荛圃论〈孟子音义〉书》说："凡宋板古书，信其是处则从之，信其非处则改之，其疑者则姑存以俟之，不得勿论其是非，不敢改易一字，意欲存其真，适滋后来之惑也。"[23]张元济在一般情况下也不主张改字，但遇到底本确有讹误和脱衍字句，张在清样相应处下栏批"修""补""删"等字样，并用小字批注"工友办"。如《史记》黄善夫本《楚世家》"王缉缴兰台"正义"乃收戈弋缴于兰台桓山之别名也。"张批："去'戈'字，将本行各字收紧，补'兰台'二字。"[24]一二字如此，数十字的删补也如此。如《司马相如列传》《龟策列传》大段的重复被删掉，下面的文字就依次上移。[25]《史记》百衲本出校4900余处，实际改字者仅2000余处，可以说正是段玉裁"其疑者则姑存以俟之""活校"思想的最佳注释。

对于描润与修版，均有极严格的检查制度。《衲史校勘记》手稿中曾有两页考核表。表上列有工友姓名、工作时间、毛样应修字数、初样校出漏修擅修新增字数、覆样校出漏修擅修新增字数、评语等项。从填写内容之细致而严格，连应涂掉的污点都有记录。张元济覆校中发现错漏，均批注明白，有的还很严厉，要求改正重修。[26]

胡适与张元济的通信中，多次提及《衲史》校勘，希望"早日将校本全史付印，以惠学者"[27]。1930年3月27日胡适致信张元济云：

《廿四史》百衲本样本今早细看，欢喜赞

叹，不能自已。此书之出，嘉惠学史者真不可计量。惟先生的《校勘记》功力最勤，功用最大，千万不可不早日发刊。若能以每种校勘记附于每一史之后，则此书之功用可以增加不止百倍。盖普通学者很少能得殿本者，即有之亦很少能细细用此百衲本互校。校勘之学是专门事业，非人人所能为。专家以其所得嘉惠学者，则一人之功力可供无穷人之用，然后可望后来学者能超过校史之工作而作进一步的事业。[28]

胡适建议将校勘记附于正史之后刊印，只是当时张元济忙于出书，校勘记整理需要时日，张打算全史出齐后，再整理付印。但1937年之后的时局与年龄已不允许他这么做了。尽管如此，张元济还做了两件重要的事情。其一，请蒋仲茀将校勘记整理成"定本""未定稿"与"留作参考"等几类。今天能见到的许多"定本"上均有蒋仲茀签署"民国廿七年""民国廿八年"某月某日，乃至"一九五八年"某月某日等字样，清楚地说明整理工作起自1938年前后，直到1958年还在进行。[29]其二，在校勘记事实上无法印行的情况下，张元济于1938年从校勘记中摘选出164则，撰成《校史随笔》。他在《自序》中写道：

商务印书馆既覆印旧本行世，先后八载，中经兵燹，幸观厥成。余始终其事，与同人共成《校勘记》百数十册。文字繁冗，亟待董理。

际兹世变，异日能续印否，殊未敢言，友人傅
沅叔贻书，属先以诸史后跋别行。余重违其意，
取阅原稿，语较详尽，更摘如干条，用活字集印，
备读史者之参证。[30]

《校史随笔》的出版受到学界的热烈欢迎和好评，
至今仍是研读正史和了解《衲史》校勘的一把重要
"钥匙"。

1960年代，中华书局出版点校本《二十四史》，
向商务借用这套《衲史校勘记》作为参考。中经十
年动乱，《校勘记》有散失。1987年以来，经顾廷
龙、王绍曾等专家一再呼吁，商务印书馆决定整理
出版《百衲本二十四史校勘记》，中华书局先后向
商务归还《校勘记》原稿十六种。除《明史》本无
校勘记外，可惜缺失《晋书》《北齐书》《周书》《北
史》《旧五代史》《辽史》与《元史》七种校记。

王绍曾先生主持《衲史校勘记》的整理工作，
自1997年至2004年先后由商务印书馆出版除上述
七种之外的十六种。每种校勘记都有顾廷龙《序》、
王绍曾《百衲本二十四史校勘记整理缘起》《整理
凡例》《整理说明》以及校记正文，有些还有"补遗"。

环绕《史记》百衲本的公案

前已所述，《史记》百衲本全用南宋光宗、宁
宗时福建建安黄善夫家所刻三家注本为底本。黄本
明代以后失传，在日本却时有现身。明治时日本汉

学家森立之在《经籍访古志》卷三记载日本米泽上
杉氏所藏黄本《史记》全帙的同时，介绍了另一藏
家求古楼也藏有黄本残本72卷。清光绪末，担任
我国留日学生监督的湖北人田吴炤（字伏侯）从日
本带回半部黄善夫本《史记》。宣统季年张元济在
北京琉璃厂正文斋为涵芬楼购得66卷、25册，其
中有"求古楼"印鉴，显然正是森立之书中提到的
那部残本。

张元济开始计划用同出一源的明王延喆本配
补。傅增湘曾建议用比较完整的北宋单注本为底本。
张考虑到黄本刻印早，印本精美，三注俱全，其后
各种《史记》三家注本均与黄本直接或间接有关。
"书贵初刻"，因此他仍锲而不舍寻找原本。功夫
不负苦心人。不久有黄本《河渠书》一卷归傅增湘
所得，潘明训宝礼堂也藏有同书《平准书》《刺客
列传》二卷，这三卷均由袁克文家流出，张元济先
后借影编入百衲本。于是黄善夫本《史记》有了69
卷，但与森立之所记72卷还相差3卷，直到借得
上杉侯爵家藏黄本《史记》，才补足全帙。

1936年4月5日傅斯年致信张元济，就《史记》
的版本提出质疑意见，说：

> 《史记》所用之本，其半为王本，其半为
> 王本之祖本。《史记》之善本不少，先生所以
> 独选此者，意者以其兼备《集解》《索隐》《正
> 义》耶？然王本流传尚多，其局刻翻本尤为普及。
> 祖本纵有一家之长，轮廓究非异制。易以他本，

或亦一法。若虑不能兼备三注，斯年则以为或无兼备三注之必要。盖《正义》晚出，本无关弘恉也。忆一日在某君座，风传赵万里君云："宋人合刻疏而刊之，而不辨疏缩据非一本，即不能不改字，而改字即失原来面目。卢抱经、段懋堂慨乎其言之矣。《史记》三注皆分别流传，南宋末合刻者，毋亦重蹈此失欤？"赵君以为正有此失，昔年彼亦曾校出若干条（未以见示）。果此情不虚，或者《百衲本》中不收三注兼备者，未始非一善法。[31]

傅斯年认为南宋三注合刻据非一本，恐有改字之嫌，据说赵万里曾校出若干条。然而到目前为止，校勘家还没有提出黄本由于三注合刻而改字的铁证。[32]傅当时还不知道《衲史·史记》已改用全部黄本影印，张元济复信说明情况，同时也指出黄本"不逮监本"的弱点。云：

> 蒙示衲本《迁史》可改别本。选用之初，黄善夫本仅有半部。不得已用王本配入。原拟首先印行，急速摄照，嗣以终有欠缺，故改出班书。其后敕同年傅沅叔得有南宋监本，允以相假，以既经照成，弃之可惜。同时又闻日本藏家有黄本可以配全。展转踪迹，竟乃得之。今为全部宋刻，仅以王刻配补数叶耳。黄善夫为建阳坊贾，其书却不逮监本。然王氏复刻又不如此远甚。王书盛行，得此亦足资纠正。[33]

黄本《史记》虽则珍罕，然而与黄善夫所刻《汉书》《后汉书》一样，校勘却是异乎寻常之草率。现存《衲史·史记》校勘记六册，均为张元济先生手稿，张对照殿本，同时参校明王延喆本、汲古阁重刊宋本、刘承幹影刻宋蜀大字本、刘喜海旧藏百衲本等，共出校异文4900余条，批"修""补""削"字者（即改字）1800余条，间有影印本已修订，而校勘记原稿未出校者。今有参加校勘记整理的杜泽逊先生据日本水泽利忠《史记会注考证校补》辑为《补遗》一卷，计226条。[34]张元济在《衲史·史记》跋文及《校史随笔》中，并没有把黄本的校勘草率揭示出来，后来撰《涵芬楼烬余书录》时也只轻轻带过一笔："是为王本从出之祖本，虽讹文脱字，亦所不免。"[35]杜泽逊在《论南宋黄善夫本〈史记〉及其涵芬楼影印本》一文中指出，黄本《史记》讹夺衍倒随处可见。如《楚世家》"三曰彭祖"正义"古彭祖国也"，黄本"祖"误"相"，"秦将白起拔我西陵"正义"在黄州黄山西二里"，黄本"黄山"误"黄十"。《陈涉世家》"斩木为兵，揭竿为旗"，黄本脱"兵揭竿为"四字。《匈奴列传》"已而黜狄后"，黄本"黜"误"默"。《平津侯列传》"主海内之政"，黄本"主"误"十"。至于大段之脱漏、复衍，亦时有发生。前文提到过的《司马相如列传》脱索隐三条，集解、正义各一条，复衍索隐一条，正义19字。另一处正文19字，索隐40字，黄本均复衍。《龟策列传》也有一处长达26字的复衍。这样几十字的重复，竟不能被发现，可见其校勘之疏漏。

据杜泽逊统计，张元济修订的全部字句中，依据武英殿本者约占十之九五左右，也有黄本、殿本均误而据王延喆本、汲古阁本等其他版本修订的。张元济修版异常严肃，凡修订必有依据，而且所修之处大都是明显的讹夺衍倒。如《楚世家》"有莒卫以为外主"集解"自莒先入"，"先"字黄本作"此"，刘、汲、殿本均作"先"，王本作"北"，张批"修"。校史处先批"修北"，张元济覆核时又将"北"字圈掉，并批："北字不通！"同时又眉批："并未修'北'字，应先来问，何得擅自主张！"又在下栏批"修先"。[36] 当然，智者千虑亦有一失。影印黄本还存在个别误修或迁就所修字数而修改不当的，杜泽逊文中有具体例子可寻。杜文旨在澄清学界因对涵芬楼印本与其底本黄善夫本的复杂关系知之甚少，从而导致许多错误做法和错误结论，作者比较黄本与涵芬楼影印本的种种情况之后，得出结论说：

> 总之，南宋庆元黄善夫本《史记》刻印精美，三注俱全，古帙罕传，选入《衲史》当无不可。但校勘不精，讹夺殊甚，评价不容过高。涵芬楼影印时经过细心的校勘，汲取以殿本为主的几个善本的长处，修改了约两千处明显的讹夺，已使这个本子焕然神明，兼有数本之长。但也因而丧失了黄本原貌，造成版本系统的某些混乱，这种本子还能不能叫"影印"本，已成问题，

依我看，倒满像明清时期的影刻本，因此那些所谓影印本，大都是要改字的。

笔者认为，这样的分析是中肯的，实事求是的。然而，不能由此简单地推衍出百衲本《史记》不如殿本的结论。可惜，现在已经有人做了此类危险的推衍，认为改字为了"从商务的利润来着眼"，并作出"《史记》百衲本未能超越殿本"的结论。[37]

1930 年 10 月《衲史》已预定出 1200 部时，张元济告诉傅增湘"此书销二千当不难，然尚无所赢"[38]。如果单纯考虑企业利润，绝不会做这亏本买卖。同上述杂音相仿，十几年前有人借与王绍曾先生商榷，旁敲侧击极力贬抑《衲史》的学术价值和张元济在校勘学上的重大贡献。妄说张元济出于商业目的而偷偷改字，因此张不会同意公布《校勘记》，又说原商务校史处负责人蒋仲茀 50 年代整理过《校勘记》，是王先生"编了一个神话"。他还武断地说，张元济所用的底本南宋黄善夫刻本比殿本差。[39] 近年这位作者又在一本张元济传记中，把《衲史》说成传主的"败笔"与"为古人掩饰，佞宋"：

> "一个出版机构，除非它有特殊任务，作为商业机构，商业利润是首要考虑的。……殿版《二十四史》自乾隆朝完成后，一百多近二百年在读书人手里用满坑满谷来形容并不为过，如果印《二十四史》没有特色，就很难有

单独的销路，所以要有奇招。这就是以古本相号召。但古本按原貌影印，才不失为古本；改动古本，成为不伦不类，或是成一败笔。""所选母本不是全精，不能全超过所批评的殿本，但"为保宋刊之声誉"（！）保一麻沙本的声誉而改动，问题就比较大。是为古人掩饰，佞宋。自然麻沙本亦有精刻。"[40]

自20世纪30年代傅斯年的质疑，到本世纪第二个十年的无端责难（前者属于学术争鸣，后者则为肆意诋毁），八十年来围绕《史记》百衲本的公案，至今还在"发酵"。

应当充分肯定《衲史》的历史贡献

张元济辑印《衲史》的动机，主要在于殿本之不可信。他曾指出殿本之失有四：一曰检稽之略；二曰修订之歧；三曰纂辑之疏；四曰删窜之误。殿本脱简阙文，少则一二句，多则数行、数十字不等。有脱去全叶，文理不通，不加追究者；有窜合二字，充以他叶者。阙文之外，更有复叶，复叶之外，更有错简。其他臆改旧本损阙之字，轻补句中疑字之例，数不胜数。于是乃有辑印旧本正史之意。"求之坊肆，匄之藏家，近走两京，远驰域外。每有所觏，辄影存之。后有善者，前即舍去，积年累月，均得有较胜之本。虽舛错疏遗，仍所难免，而书贵初刻，洵足以补殿本之罅漏。"[41]《衲史》辑印之初，

曾出现若干杂音。

1930年5月，天津《大公报》曾刊文批评《衲史》。6月3日张元济在致傅增湘信中写道："前月十二日天津《大公报》对《衲史》有所讥评，斥为考证谬误，去取不当。谓燕华君将有详细评论，在该报发表。燕华不知为何许人？度必于此道有所心得而居于北方者。其评论尚未获睹。果有善言，固极愿闻。若别有用意，故肆吹求，窃盼我兄出为主持公道，或代约朋辈精于此道者，起而相助。"[42]傅氏回复张说："古本全史讥评不足虑，容俟草一文登《大公报》，以述其中原委及搜采之甘苦，或可息浮言。"[43]经过傅增湘等仗义直陈，说明《衲史》辑印之艰难以及它的巨大成就，社会上的浮言、讥评随之销声匿迹。

胡适晚年谈到商务印书馆印书与张元济先生当选中研院院士时说：

> 书，是要它流通出来去给人看的。印书的人不能有错字。在从前的读书人想借阅一部宋版的或善本的是很困难的，自己没有财力买不起，借看也不容易。……商务印书馆，名字叫商务，其实做了很大的贡献。像张元济先生为了影印《四部丛刊》，都是选用最好最早的版本，里面有许多宋版的书。读书人花了并不太大的钱，买有这部书，就可以看到了。这部书对中国、日本的贡献之大，也可以说对全世界都有贡献的。像《百衲本廿四史》，都是顶好的书。

当时想征求一部善本的《五代史》，在报上以重价征求，始终没有出来。商务的确替国家学术做了很大的贡献，所以张元济当选院士之后，全国没有一个人说话。[44]

《衲史》保存了大量宋元旧刊的原貌，过去读书人难以见到的孤本秘笈，甚至清代四库馆臣未能利用的珍罕古本，化身千百，由此成为普通常见之本。郑振铎 1958 年 6 月 20 日在《缩印百衲本二十四史序》指出："在一般的文字上，清代的《二十四史》，是要比明代监本校勘得仔细些。"殿本《二十四史》"校正了明代监本《二十一史》的许多错误，并且每卷附有相当详细的考证"。但同时指出，殿本"有一个很大的缺点，把它的许多好处都抵消了，那就是用清代的政治观点，把古代的历史任意地加以窜改。他们翻刻或编辑许多书籍的主要目的，就在于为了巩固他们的统治，把中国古代传下来的书籍，有组织、有计划地加以窜改。这个篡改工作到了乾隆时代的翻印《二十四史》和编纂《四库全书》而到了顶点。""像《南齐书》《宋史》《元史》等书，缺页、缺文和窜改的地方是很多的。""把清代殿本的《二十四史》作为'定本'，是不能放心的。"他高度评价《百衲本二十四史》的贡献，认为《衲史》"用最早、最好的各史版本来发清代殿本《二十四史》的任意窜改之覆，这是一个很重要的事业，对于科学工作者们有很大的帮助。"[45]《缩印百衲本二十四史》于 1958 年 12 月由商务印书馆出版。

历史学家、文献学家张舜徽在《中国古代史籍校读法》中，干脆称《百衲本二十四史》为"全史中最标准的本子"，他还从《校史随笔》里概括总结出张元济校史订正讹体、误字的六种例证。[46]古籍专家顾廷龙称《衲史》"集宋元明善本之大成"，说："大抵校勘记以〈衲史〉所据宋元明旧本为底本，校以武英殿本，复参校众本。凡各本异文，虽一字之差，一笔之微，均网罗无遗。而先生斠语，每于异文是非，或取证本书，或旁稽他籍，所加案断，咸能识其乖违，正其舛讹，并究其致误之源。其诸本不误而宋元旧本独误者，则亦未尝曲徇，昔金坛段若膺校勘之难，谓'非照本改字，不讹不漏之难，定其是非之难'。先生校史，不独定异文是非，且援据众本，择善而从，融'死校''活校'于一炉，自卢（文弨）、孙（星衍）、黄（丕烈）、顾（广圻）以来未尝有也。"[47]

王绍曾先生作为当年校史处成员，又深谙校勘学真谛，在多篇文章里详尽地阐述过张元济校史的巨大贡献。他从《校史随笔》中总结出义例十五例，并强调指出，张氏校史，"其所以重视宋元旧本，并非因其'概无一误'。先生可贵之处，不讳宋本讹字，此与古今藏书家奉宋椠如金科玉律者迥然不同。然先生决不轻改旧文，必须一校再校，乃至四五校，凡为诸本所不误而宋本独误，确凿有据者，始将其改正。其无所据依者，则宁从盖阙。"[48]以前四史为例，实际改字数大大少于校勘记出校数，正是张元济慎之又慎的校史原则所致。

既然《衲史》用了最早、最好的版本，又经过如此慎重的校勘成为"全史中最标准的本子"，那么上世纪五六十年代中华书局《二十四史》点校本，为何没有全部以《衲史》做底本？有人说，点校本已经可以取代百衲本了。果真如此吗？

王绍曾先生曾指出："顾颉刚标点《史记》以张文虎校刻本为底本，也并不是最佳的选择，而且没有用他本来对校。中华点校本《二十四史》，各史都有校勘记，《史记》独缺，因此张文虎校刻本所有的颠、衍、误、脱，标点本一仍其旧，有识之士，早就主张改用衲本，重新点校。顾颉刚尽管是一代史学名家，但毕竟不是版本学家、校勘学家。"[49] 这是实事求是的分析。但是，有人却夸耀点校本不轻信百衲本乃是其一大"特点"："考察中华点校本的标点校勘工作，有三个特点。一是慎选底本，不轻信殿本和百衲本，如《史记》底本用金陵书局本而不用宋庆元黄善夫本，《汉书》底本用清王先谦《汉书补注》，而不用现存较早的北宋景祐本和明毛晋汲古阁本；《晋书》用金陵书局本，《周书》用殿本，《旧唐书》用清道光间扬州岑氏慎盈斋本，《旧五代史》用南昌熊氏影库本，都不以百衲本为底本；《后汉书》《南齐书》《陈书》《南史》《北史》《新唐书》《新五代史》及宋、辽、金、元诸史则以百衲本为底本。"[50] 人们以为点校本未用百衲本，一定新发现更早更好的本子，其实不然。上文提到的五种，点校本都用清人的本子，有的直接用殿本

作底本。"书贵初刻"的原则，那年头不通行，通行的是长官意志和"政治第一"。看看当事人自爆的点校本缘起可能会有启发。

1958 年 2 月，国务院直属古籍整理出版规划小组成立。新任中华书局总经理金灿然上任伊始，抓的头等大事就是"二十四史"中前四史的点校工作。原来此为毛泽东主席的指示。9 月 13 日，范文澜、吴晗邀请有关人员商办此事，商定：《史记》已有顾颉刚用金陵书局本为底本的标点底稿，由中国科学院历史所第三所负责复校。《汉书》《后汉书》与《三国志》的底本与点校者也作了商定并写入文件。[51] 显然，《史记》选用金陵书局本是已有现成标点底稿的缘故，"《史记》的点校原由顾颉刚负责，他因老病在身，由他的助手贺次君代做，但问题很多，金灿然很不满意，就请宋云彬先生在顾先生的基础上重新再点。这是 1959 年国庆的献礼书，所以他的工作繁重而紧迫。1959 年后宋又继续投入《汉书》和《后汉书》的全部点校工作。"[52] 可以说，前四史标点本为上头命令，底本指定，点校限期，国庆献礼。一句话，"大跃进"的产物也。

我们无意贬抑参加点校本出版的专家、学者与出版人的辛勤劳动，点校本几十年来为普及和研究历史做出了贡献。就说《史记》点校本，学术界公认其有两大特点，即"分段精善"与"技术处理合理"。然而，点校存在底本校对不精，漏校、误校也不少。1959 年第 1 版的一些排印错误，1982 年第 2 版中仍有沿袭，甚至出现新生之误。学界有关校勘商榷

的文章一直不断，有的商榷直指其底本存在的问题。如张文虎等参校版本不够，"殊不知张文虎校勘《史记》时所见版本有限，其所谓北宋本是收入刘燕庭百衲本中仅存十九卷的景祐本，……而朱中奉本、耿本、黄善夫本皆为张氏所未见。"这影响了他对异文的判断，影响到参校版本不够、前人成果吸收不够等。[53] 笔者在想，如果当年点校本《史记》采用百衲本为底本标点整理，如果充分利用张元济《史记校勘记》近5000条出校内容，如果再参校其他版本，不是照样能做到"分段精善"与"技术处理合理"吗？也许会更好。但对于习惯按照指定程序设计制造文化产品的人们来说，是无法接受的；这么做，当然也成不了1959年国庆的政治"献礼书"。

历史没有"如果"，留给人们的只有教训与科学的反思。

去年，曾读到古籍专家李致忠先生一篇访谈录，说他担任《中国新闻出版史》副主编，"当时就有一种声音，反对将张元济先生列入出版家。反对者认为，张元济在出版古籍的时候，删改了古籍。但是我不同意，有缺点说缺点，但不能否认他是一位卓越的出版家。"[54] 我不知道这种声音来自何方，出于什么动机。说到底，这些争论与杂音，就是古籍整理中的改字问题，也就是"死校"还是"活校"。这本是个学术问题，不同观点可以讨论（对于段玉裁的"活校"方法历来就有争论），因某些不同方法肆意贬抑前辈的贡献，乃至否定张元济是出版家，可谓荒谬至极！

《百衲本二十四史》是现代古籍整理的典范。今天在纪念张元济先生150周年诞辰和商务印书馆创业120周年之际，我们应该充分认识《衲史》的巨大成就与贡献。可惜，正如王绍曾先生所说：张元济的校史成果，"集中反映在一百几十巨册的《衲史校勘记》上，截至目前为止，尚未为史学界所重视。"[55] 这一论断，恐怕至今仍然适用。

2017年6月于上海浦东明丰花园北窗下

1. 《张元济全集》第3卷，商务印书馆，2007年，第284页。
2. 《郑孝胥日记》第3册，中华书局1993年，第1567页。
3. 张人凤、柳和城：《张元济年谱长编》上卷，上海交通大学出版社2011年，第431页。
4. 同上，第432页。
5. 同上，第433页。
6. 《张元济年谱长编》上卷，第463页。
7. 《张元济全集》第9卷，商务印书馆2010年，第620页。
8. 同上，712页。
9. 张元济：《涵芬楼烬余书录》，《张元济全集》第8卷，商务印书馆，2009年，第229页。
10. 《张元济全集》第9卷，第605页。

11. 《张元济全集》第 3 卷，第 351 页。

12. 1930 年 6 月 15 日张元济致傅增湘书，《张元济全集》第 3 卷，第 372 页。

13. 同上，第 380 页。

14. 张元济：《与俞恒农同年笔谈》，《张元济全集》第 9 卷，第 699 页。

15. 《张元济全集》第 3 卷，第 381 页。

16. 张元济：《与俞恒农同年笔谈》。

17. 商务印书馆《四部丛刊三编预约样本》封底广告，原书。

18. 1936 年 10 月 17 日张元济致丁英桂书，《张元济全集》第 1 卷，商务印书馆，2007 年，第 90 页。

19. 胡颂平：《胡适之先生晚年谈话录》，中信出版社，2014 年，第 132 页。

20. 段玉裁：《经韵楼集》卷十一，上海古籍出版社，2007 年，第 282-283 页。

21. 参阅王绍曾《近代出版家张元济》第 163 页。

22. 参见杜泽逊：《论南宋黄善夫本〈史记〉及其涵芬楼影印本》，《中国典籍与文化论丛》第 3 辑，1995 年。

23. 段玉裁：《经韵楼集》卷十一，第 283 页。

24. 《百衲本二十四史校勘记·史记校勘记》第 191 页。

25. 杜泽逊：《论南宋黄善夫本〈史记〉及其涵芬楼影印本》。

26. 同上。

27. 1927 年 12 月 10 日胡适致张元济书，《张元济全集》第 2 卷，商务印书馆 2007 年，第 540 页。

28. 同上，第 545 页。

29. 见《百衲本二十四史校勘记》各史"整理说明"。

30. 《张元济全集》第 9 卷，第 712 页。

31. 《张元济全集》第 3 卷，第 269-270 页。

32. 参见王绍曾：《近代出版家张元济》，第 186 页。

33. 王绍曾：《近代出版家张元济》，第 271 页。

34. 《百衲本二十四史校勘记·史记校勘记整理说明》，商务印书馆，1997 年。

35. 张元济：《涵芬楼烬余书录》，《张元济全集》第 8 卷，商务印书馆，2009 年，第 228 页。

36. 《史记校勘记》正文第 189 页。

37. 芮文浩：《〈史记〉百衲本研究》，南京师范大学博士学位论文，第 43、113 页，2009 年 5 月，豆丁网。

38. 1930 年 10 月 8 日张元济致傅增湘书，《张元济全集》第 3 卷，第 380 页。

39. 汪家熔：《〈百衲本二十四史校勘记·史记校勘记〉——兼与王绍曾教授商榷》，《江苏图书馆学报》2000 年第 6 期。

40. 汪家熔：《张元济》，上海辞书出版社，2012 年，第 282-284 页。

41. 参见张元济：《影印百衲本二十四史前序》，《张元济全集》第 9 卷，第 619-620 页。

42. 《张元济全集》第 3 卷，第 371-372 页。

43. 1930 年 6 月 12 日傅增湘致张元济书，《张元济傅增湘论书尺牍》，第 233 页，商务印书馆 1983 年 10 月。

44. 胡颂平：《胡适之先生晚年谈话录》，第 132 页。

45. 见陈福康：《郑振铎年谱》下册，第 1026 页；王绍曾：《近代出版家张元济》，第 80 页。

46. 王绍曾：《近代出版家张元济》，第 74、169 页。

47. 顾廷龙：《百衲本二十四史校勘记序》，《史记校勘记》，商务印书馆，1997 年，第 1 页。

48. 王绍曾：《百衲本二十四史校勘记整理缘起》，同上。

49. 《为什么要整理出版〈百衲本二十四史校勘记〉》，见王绍曾《目录版本校勘学论集》，上海古籍出版社，2005 年，第 859 页。

50. 王育红：《建国五十年中华书局的古籍出版成就》，《我与中华书局——中华书局成立九十周年纪念文集》，中华书局，2002 年，第 397 页。

51. 参见蔡美彪：《二十四史校勘缘起存件》，《书品》1997 年第 4 期。

52. 谢方：《改造 定位 创业——记 1950-1965 年的中华书局》，《我与中华书局——中华书局成立九十周年纪念文集》，第 387 页。

53. 王华宝：《〈史记〉校勘分析——以中华书局校点本为中心》，南京师范大学硕士论文，2004 年 4 月。

54. 李致忠：《〈四部丛刊四编〉出版访谈录》，2016 年 11 月 14 日《藏书报》。

55. 王绍曾：《近代出版家张元济》，第 197 页。

张元济与《四库全书》影印出版

上海社会科学院　李志茗

张元济非常重视古籍出版，也在古籍出版方面做出巨大贡献。他曾在致傅增湘的一封信中说："吾辈生当斯世，他事无可为，惟保存吾国数千年之文明，不至因时势而失坠，此为应尽之责。能使古书多流传一部，即于保存上多一分效力。"[1]这段话不仅是张元济偏爱古典文献的夫子自道，也是他殚精竭虑抢救和辑印古籍的写照。在那个动荡不安的年代里，张元济饱尝艰辛，保存与传播了许多古籍。其中，影印《四库全书》更是历尽曲折，失败数次，才在其有生之年稍偿夙愿。

张元济最早有影印《四库全书》的想法是在1917年。据其该年1月4日日记：孟森告诉他，中华书局怂恿上海犹太籍富商哈同向北洋政府借《四库全书》影印，"因政府欲令捐书一百部，故未定议"。张元济马上函托陈叔通了解情况。但出于民族自尊心和责任感，张元济觉得此事应由中国人自己来做，结果未等陈叔通回信，他便于6日函呈北洋政府教育部，请求借京师图书馆藏《四库全书》影印。18日，"借印京师图书馆《四库全书》呈被教部批驳"。[2]此路不通，张元济退而求其次，希望与哈同合作，最终也无果而终。京师图书馆藏《四库全书》为文津阁本，这是第一次影印失败。

第二次发端于北洋政府。1919年，梁启超、叶恭绰等向大总统徐世昌提议影印《四库全书》，得到其同意，并命朱启钤、叶恭绰负责其事。许多论著提及此事，都说是他们二人拟请商务印书馆承办，但其实并非如此，是张元济主动去接洽的。先是叶

恭绰拟印300部，委托张元济估价。张元济请鲍咸昌估价，估单显示约花费70万元，为期19年。张元济问印出能否赚钱，答曰可以。于是，张元济决定请傅增湘代揽承印《四库全书》业务，拟以五厘为酬。[3]随后，张元济托人转交叶恭绰影印《四库全书》样纸及估价单等，请叶逐条注明寄还。过了20天，叶恭绰并未寄还，张元济还请人去催。[4]1920年9月底、10月初，张元济与同仁详算《四库全书》印刷成本，并多次讨论影印《四库全书》事宜。他主张采取消极办法，一方面请政府预先垫款，另一方面发售预约券，卖出若干再行开印。为了清楚地表达自己的想法，张元济决定进京与朱启钤、叶恭绰面议影印《四库全书》事。他先与叶恭绰谈，未谈拢；又与朱启钤谈，意见仍然不一致。朱、叶二人预估《四库》至少有200部的销量，国内每省1部、每个督军1部、学校5部、哈同5部、个人15部、机关6部、政府25部，此为100部；国外日本30部、欧美70部。所以还是有利可图的，希望政府出资30万元，其他都由一家或几家出版机构办理。张元济认为销路恐怕没那么乐观，应该定高价，想买的不会在乎那点钱。随即他提出两种做法：第一种是政府做主，商务代办；第二种是商务承办，政府包销。朱启钤、叶恭绰均表示不同意，建议联合多家承印。张元济说，联合更难办，"且敢预言必无结果"。又说按照他们三开或四开制版的要求，印书百部，约需二三百万元，投入过大，任务艰巨，商务印书馆极不愿做，但彼此交好，

可以效劳。不过最好由政府负责盈亏，商务代办，有多少钱办多少事。否则，即使经费有着落，他也不敢应允。因为工、料两项很难预估，毫无把握。[5]结果这第二次影印也流产了。

第三次来自商务印书馆内部。一般都说缘起于1924年张元济决定影印出版文渊阁《四库全书》，以庆祝商务印书馆馆庆30周年。可实际前一年，郑孝胥等就在讨论出版《四库全书》的问题。该年12月12日，《郑孝胥日记》记道："郑幼坡、何公敢来。公敢提议将石印《四库全书》之议改为排印，梦旦为之约算：如以商务馆任此事，必尽罢营业，十五年乃毕，且无纸可用。"[6]郑幼坡即郑贞文，梦旦为高梦旦，他们与郑孝胥、何公敢都是商务印书馆同仁。此议不久，郑孝胥应清逊帝溥仪之召，从上海启程前往北京。1924年1月10日，他刚抵达北京两天，高梦旦就来信，说缩印《四库全书》事。郑孝胥将该信拿给陈宝琛看，主张"此举宜由皇室发起"。次日，溥仪召见郑孝胥，郑借机建议两事，其中之一即发印《四库全书》。可见，此次影印《四库全书》，郑孝胥是发起人之一，而且极力促成此事。16日，高梦旦来见郑孝胥，"示所拟缩印《四库全书》办法十二条"。[7]

而据丁英桂回忆，此次影印《四库全书》的决策过程是这样的：1924年2月，张元济"以商务成立将届三十年，希望影印《四库全书》以为建馆纪念。特由高梦老进京，与清室内务府商借文渊阁本全书，一次运沪，照原书版式酌加缩小，参用道林纸影印，

以五年为期，原书分四次缴回。几经磋商，始得同意，订定领印办法十三条"。[8]但从上引郑孝胥日记来看，丁的回忆有不可靠之处。首先再次决定影印《四库全书》并非张元济一人的主意，其他同仁也有此想法，或者是他们共同商量的结果。其次，之前商务欲影印的都是文津阁《四库全书》，而这次"商借文渊阁本"靠的是郑孝胥的关系，此为商务首次与文渊阁《四库全书》结缘。第三，领印办法不是十三条而是十二条。第四，"几经磋商，始得同意"不在"订定领印办法"之前，是先有办法，后有磋商，过程还比较曲折。《郑孝胥日记》2月24日记载："孙伯恒约至福来旅社午餐，傅沅叔、梦旦皆在，谈《四库》事。昨已晤绍越千，与民国政府交涉由商务自办，径请保护并专车运送"。孙伯恒，商务印书馆北京分馆孙壮；傅沅叔，藏书家傅增湘；绍越千，内务府大臣绍英。这里所说的就是拟定影印办法后的磋商。文渊阁《四库全书》收藏在紫禁城中，由清朝皇室保管，但已不再是其私产，而归民国公有，因此商借该书除了要征得皇室的同意，还需得到北洋政府的许可。郑孝胥认为影印文渊阁《四库全书》应由皇室发起，已向溥仪提过建议，又亲自与绍英打招呼。所以皇室这边没有问题，只要北洋政府批准即可。但政府方面，须由商务自行交涉，并"请保护并专车运送"，确保安全。

商务印书馆获知这一信息后，马上向北洋政府提出申请。28日，傅增湘请郑孝胥、高梦旦等吃饭。席间，高梦旦接到电话说内阁"议《四库》事，多

以为可"，只有程克称总统曹锟欲自印，请暂缓批准。到了3月7日，高梦旦来见郑孝胥，"言《四库》书事可无阻"。次日，郑孝胥即向溥仪报告了此消息。23日，溥仪召见郑孝胥，"询商务馆领印《四库全书》事"。因为得到溥仪的支持和关心，郑孝胥更加积极，30日，与朱益藩谈《四库》书事。同日，高梦旦也来，拿出新修改的缩印《四库全书》办法，一切都在朝有利的方向推进。不幸的是，4月9日，高梦旦来告诉郑孝胥："《四库》书事已失败。曹锟书小纸付国务院，止勿运此书"。郑孝胥很惊讶，脱口而出："彼昏为何人所算，可哂也。"⁹ 郑孝胥确实目光犀利，他的判断没错，曹锟就是被小人算计。原来，影印《四库》一事已得到北洋政府批准，交通部也派出专车，文渊阁《四库全书》打包装箱已进行到三分之一左右了，曹锟的心腹李彦青向商务印书馆索贿6万元未果，乃以总统府名义阻止起运，结果功亏一篑。事后，张元济、郑孝胥都努力想办法挽回，但均无功而返。第三次影印就此胎死腹中。

第四次仍与北洋政府有关，系来自段祺瑞临时政府交通总长叶恭绰、司法兼教育总长章士钊的动议。1925年6月10日，叶恭绰致电张元济："京津同人颇主乘时重提印著《四库全书》事。机不可失，务望指定一人来商种切，并希赐复"。因为有上述三次与政府打交道失败的经历成立，张元济很谨慎，次日复电说："招印《四库》，盛意极感。时局变迁，未敢轻试。仰荷提倡，愿闻其详。一切

函陈。"13日，叶恭绰再致电张元济："印行《四库》书事现有多人赞成，望即定专员来商。是盼。"张元济复电说昨天已函陈一切，盼回复。¹⁰ 7月22日，章士钊也致电张元济、高梦旦、李宣龚，称《四库全书》"政府有意继续前议办理，务请贵馆委派代表来京会商"。张元济复电说："电悉，甚感。即日复函。"¹¹ 经这么多次电报往来后，商务印书馆终于派李宣龚于8月17日赴京，商谈印制《四库全书》问题。其后，上海、北京之间函电交驰，逐步化解各种分歧矛盾，最终确定了影印方案：政府拨款30万元，影印特种30部；商务自筹资金影印甲、乙两种。所谓特种是用九开本，按原大出版，用于赠送各国，宣传东方文化。甲、乙两种均为缩印，用四开本，纸张、售价也一样，只是封面装帧不同而已。9月24日，段祺瑞临时政府内阁通过与商务印书馆签订的影印《四库全书》合同，并于次日颁布命令，准将文津阁《四库全书》运沪交商务印书馆影印，文渊阁本则拨给京师图书馆收藏，以供阅览。

该命令还全文刊载在《时报》上，可见已是板上钉钉了。张元济很是兴奋，9月26日致函李宣龚说："吾兄奔走月余，不可谓非公司一大可纪念之事"。然而，好事多磨，又有人发传单，造谣生事。10月1日，张元济又写信给李宣龚说："《四库》事层层难关，真如唐三藏之取经，此时又遇高太公，真不得了。帮忙者只有行者一人，未免大苦。但不知何日方能行至雷音寺也。"¹² 真是一语成谶！10

月12日，商务印书馆与教育部正式签订影印文津阁《四库全书》合同。20日全书装箱完毕待运，就在此时，浙奉战争爆发，陆路交通中断。张元济立即致电李宣龚，建议走海运，否则可能无运书之望。但李宣龚担心海运无准期，书箱抛掷路上危险，决定缓运。[13]迁延至1926年，段祺瑞政府垮台，叶恭绰、章士钊也相继离职，新政府不仅不管不顾，还指责商务不肯赶紧运印。于是这次的影印功败垂成，张元济不得不归咎于时运不济："影印《四库》，现在本非其时，……如此一大事因缘，自不能不有许多魔障。"但他也坚信，如果"力行不懈，终当有诞登彼岸之时"。[14]事不过三，经历了四次失败，影印《四库》变成了一种奢望。郑孝胥心灰意冷，对张元济大发感慨："能印《四库全书》，则商务印书馆诸君皆不朽矣"。张元济霸气地回答道："一息尚存，必达此愿！"[15]

果然，很快机会就来了。九一八事变后，日本加快了侵华的步伐。1933年，日军占领热河，华北局势紧张，故宫古物南迁，文渊阁《四库全书》也随之转运至上海。为避免《四库全书》遭到浩劫，更好地保护古籍，影印之议又起。鉴于十几年来，全部影印屡遭失败，尚非其时，很多学者主张选印，易于操作，且见效快。早在1920年，张元济就提出影印《四库》有分印、选印两种办法，"选印系择其未曾刊行或久已失板者，……其余常见之书即不印亦无妨碍"。[16]1925年，高步瀛在奉命清点文渊阁《四库全书》后，认为全书一半以上属通行本，没有影印的价值和必要，主张选印其中的孤本和罕见之本，他并且身体力行，拟出《四库全书选印书目表》，共收书177种，其中经部68种、史部15种、子部16种、集部78种。随后，金梁也编撰《四库全书孤本选目表》，分"首要"、"次要"两部分，前者241种，后者153种，合计394种，较高步瀛多出217种。这些为选印《四库全书》做了很好的铺垫。

1933年，南京国民政府教育部为选印《四库全书》一事寻求与商务印书馆合作。时任中央图书馆筹备处主任蒋复璁奉命办理此事，他持其叔叔蒋百里的亲笔信来找张元济，可张元济对选印并无兴趣，请他与总经理王云五商量。王云五知道此事商务努力多年，都未能做成，现在机会难得，应该抓住。当时商务也面临许多困难，但他坚定地说："为营业计可以不做，为名誉计、为本馆同人宗旨计却不能不做。"[17]乃与蒋复璁商定合同。政府有诚意，合同也签了，《四库》书已在上海，前面几次的欠缺都不存在，直接付印即可，没料到还是不省心，引发了很多争议，主要有四方面：一是书的所有权之争，故宫认为文渊阁本《四库》原属其所管，教育部撇开它与商务合作出版，侵犯其权益；二是库本与善本之争，有不少学者认为库本被窜改甚多，应以善本代替库本；三是选目之争，到底哪些是珍本，哪些应该选印，不同学者有不同的看法，论辩激烈；四是有无出版必要之争，有学者认为《四库全书》价值有限，也不符合现今国情，殊无用处，不值得出版。

尽管张元济自称"甚无意于"这次《四库》选印，置身事外，交给王云五办理，但面对各种反对或质疑的舆论声浪，他毫不犹豫，挺身而出，以其声望和影响力释疑解惑，平息事态，减少阻力。如针对老友傅增湘所言有旧本胜于库本者宜改用，张元济明确表示"弟意与尊旨微有不同"，既然选印《四库》，就应按它本来面目，若有善本尽可另出，他的《续古逸丛书》《四部丛刊》等即专印善本。[18]袁同礼、赵万里不仅主张用善本替代库本，而且联合南北各学术团体及各地学者联名向教育部提议，声势很大。张元济致函二人，承认《四库》所收，非尽善本，但鉴于商务十余年来多次借印《四库全书》，功败垂成，所以此次若能尽早影印，俾得流传，也是一件嘉惠学林的好事。至于以善本代库本，非但没有必要，而且事势亦有所不能，因为善本可遇不可求，即使有，也很难借到，极有可能久拖不决，观成无期。[19]这些人毕竟是著名学者，又与张元济关系较好，经此解释，自能理解和接受。

可由于他们的公开叫板被报刊宣传报道后，由学术问题演变成公共文化事件，在社会上产生一定影响，张元济不得不借助媒体阐述己见。1933年8月10日发表的《张元济对于影印〈四库全书〉之意见》，其实是《申报》记者的一篇访谈。前面的按语介绍了相关背景："教育部以文渊阁《四库全书》未刊珍本委托商务印书馆印行流通，北平图书馆方面则主张用善本以代库本各情形，已叠志本报。

记者昨特往访张元济君，探询其对于此事之意见"。记者主要问了两个问题，一是选印书本，各方面意见尚未一致，不知尊意如何？二是对于采用善本之意见如何？对于前者，张元济简单回答说："此次教育部专印《未刊珍本》，办法自甚正当。现在此书仅存三部。近岁战争之事层见迭出，若不及早印行，设有意外，岂不可惜。"对于后者，张元济所谈较详，他归纳袁同礼等致教育部函的要点有三：一是应与文津阁本一一比勘，择善而从；二是采用最古之本，以存其真；三是《四库》集部概无目录，翻检为难，所作回应主要是引申上述致傅增湘、袁同礼、赵万里各信观点。[20]

鲁迅称教育部和商务为"官商"，也反对他们照印库本，但他断言"学界的主张，是不会通过的，结果总非依照《钦定四库全书》不可"。[21]诚然如此，教育部和商务都坚持选印库本，不过学界的主张，他们也考虑了，那就是先"根据董康、傅增湘等学者的意见，对中央图书馆筹备处原定《影印四库全书未刊本草目》作了某些修改，拟定三百四十三种。随后又聘请陈垣等十五人，成立编订《四库全书》未刊珍本目录委员会，对《草目》再作讨论修改。经各委员书面交换意见以及集中开会商议后，从《草目》中选出一百四十三种，新增三十七种，总共一百八十种，定名为《四库孤本丛刊目录》。其后，柳诒徵又参考中央图书馆筹备处的《影印四库全书未刊本草目》、北平图书馆的《影印四库全书罕传本拟目》，以及编订《四库全书》未刊珍本目录委员会的《四库孤本丛刊目录》，剔除其中有宋、元、明及近代刊本和四库底本各书，择定二百零六种，汇为《选印四库秘书拟目》。至 1933 年 10 月，教育部再次召集有关专家学者，对上述各种目录详加讨论，斟酌取舍，编定《四库全书珍本初集目录》，计经部六十一种，史部十九种，子部三十四种，集部一百十七种，总共选书二百三十一种。前后延续半年多的选目工作，至此方告一段落"。[22] 目录确定后，11 月 17 日举行开印仪式，标志着影印工作正式开始。从 1934 年 7 月至 1935 年 7 月，《四库全书珍本初集》分四期陆续出齐，共计 231 种，分装 1960 册。商务印书馆影印《四库》的愿望，历时 18 年，遭遇四次挫败，终于在第五次取得初步成功。正如张元济所言："《四库》不能全印，诚属憾事，然能印未刊之本，慰情究为聊胜。"[23] 尽管印前存在各种非议，但印后广受欢迎，反响强烈，商务印书馆本拟再接再厉，续印二集，因全面抗战爆发而中断。

1949 年后，文渊阁《四库全书》及部分商务员工迁往台湾。为应学林需要，1969 年，台湾商务印书馆重印《四库全书珍本初集》。后与珍藏文渊阁本《四库》的台湾故宫博物院合作，自 1971 年至 1982 年，逐年选印罕传珍本 11 集，加上初集及别辑，共 13 集，计收书 1878 种，15976 册，占《四库全书》总数的一半左右。这 13 集全部印行后，台湾商务印书馆自我总结，认为该出版项目有几个缺点：第一，不可持续，如果继续选印，谓之珍本，已不合适；第二，已印 13 集，因出版有先后，有的已售罄，读者求购无门，欲得全璧更为困难；第三，若

按珍本形式及以往进度继续刊行，还须 20 年才能全部印完，为时太长；第四，13 集每集都包括经史子集四部，打乱原书次序，又无页码，翻检不易。基于此，全部影印出版很有必要，台湾商务印书馆遂开始筹划此事。最早有这个想法是在 1980 年春，曾就商于台湾故宫博物院。正式提上议事日程是在 1982 年春夏之交，重申前议，并提交一次影印计划。经故宫博物院管理委员会常务会议讨论通过后，1983 年 2 月 28 日，台湾商务印书馆提前着手付印全书，至 1986 年 3 月 28 日全部出齐。影印本为 16 开本精装，每页上下两栏，纳原书二叶，每册平均 800 页。凡 1500 册，计《总目》5 册、《简明目录》1 册、经部 236 册、史部 452 册、子部 367 册、集部 435 册、《考证》4 册，插架琳琅，殊为壮观。

自 1917 年张元济动议影印《四库全书》起，经过几代商务出版人 70 年的不懈努力，终于将文渊阁《四库全书》影印出版，不仅了却张元济等商务元老多年的夙愿，实现中外学界的期盼，而且保存和传播中华文化，赢得了广泛赞誉。文渊阁《四库全书》影印出版的价值和意义重大，其中之一是推动了四库学研究。如前所述，早在 1933 年就有学者提出，应将文渊阁本和文津阁本《四库》进行比勘以见异同，文渊阁本出版后化身千百，使这一建议变为现实。国家图书馆的杨讷先生利用馆藏文津阁的便利条件，主持了文渊阁本与文津阁本原书核对录异的工作，发现仅集部两者有差异的书就有 788 种，约占总数的 62%，而宋代诗文集，文渊阁本失收、可据文津阁补入的，有 1160 条，涉及 118 种书。这些研究成果后来编纂成《文渊阁四库全书

补遗——据文津阁四库全书补（集部）》15 册出版，引起有关方面的注意和重视。特别是北京商务印书馆鉴于历史上数次与影印文津阁《四库全书》擦肩而过，新世纪初再次动议影印文津阁《四库全书》，不仅得到国家图书馆的赞成和支持，也得到有关专家的认可和鼓励。

2003 年，北京商务印书馆影印文津阁《四库全书》出版工程正式启动，至 2014 年共出 1500 册、500 册、仿真本三种样式。1500 册仿照台湾商务印书馆影印的文渊阁《四库全书》；500 册系重新进行版式设计，改 1500 册的上、下栏为上、中、下三栏，版面含量增加三倍，册数也减少为三分之一。仿真本乃复原文津阁《四库全书》的本来面目，按原书原大原色原样制作，凡 36000 余册，一套要耗用手工宣纸 6000 刀、楠木函盒 6144 个、书架 128 个。运用数字技术是北京商务这次影印的最大特色，在国内大型出版项目中尚属首次，今后不仅可以量身

定制上述三种样式的整套书，而且为文津阁《四库全书》的数字化产品开发打下了坚实基础。对北京商务印书馆来说，文津阁《四库全书》的影印出版也是再续前缘，百年梦圆之举，具有多方面的价值和意义。至此，近代以来，张元济数次拟全印未果的文渊阁、文津阁《四库全书》，全都刊成，兑现了其"必达此愿"的诺言。

《四库全书》原本七分，因战争焚毁等原因，仅文渊阁、文津阁、文溯阁三分完整地保存下来，另一分文澜阁系经多次补抄得以幸存。完整的三分中文渊阁和文津阁两分都与张元济主持的商务印书馆结下了不解之缘，最终也均由商务印书馆全部影印出版，不能不说缘分之奇妙，冥冥之中自有天意。虽然说张元济未能亲自见证这个出版盛举，文化伟业，诚属憾事，但遗憾也是一种成全，"慰情究为聊胜"。

1. 《张元济傅增湘论书尺牍》，商务印书馆，1983 年，第 145 页。
2. 《张元济全集》第 6 卷，商务印书馆，2008 年，第 139、140、144 页。
3. 《张元济全集》第 7 卷，第 175、176、184—185 页。
4. 《张元济全集》第 7 卷，第 191、198 页。
5. 《张元济全集》第 7 卷，第 231—235 页。
6. 劳祖德整理：《郑孝胥日记》第 4 册，中华书局，1993 年，第 1974 页。
7. 劳祖德整理：《郑孝胥日记》第 4 册，第 1978—1979 页。
8. 丁英桂：《商务印书馆与〈四库全书〉》，《商务印书馆九十五年》，商务印书馆，1992 年，第 143 页。
9. 劳祖德整理：《郑孝胥日记》第 4 册，第 1986、1988、1991、1993 页。
10. 张人凤、柳和城编著：《张元济年谱长编》，上海交通大学出版社，2011 年，第 712 页。
11. 张人凤、柳和城编著：《张元济年谱长编》，第 714 页。
12. 张人凤、柳和城编著：《张元济年谱长编》，第 719、720 页。
13. 《张元济全集》第 2 卷，第 42 页。
14. 《张元济全集》第 3 卷，第 330 页。
15. 劳祖德整理：《郑孝胥日记》第 4 册，第 2141 页。
16. 《张元济全集》第 7 卷，第 234—235 页。
17. 《张元济全集》第 3 卷，第 394 页。
18. 《张元济全集》第 3 卷，第 394 页。
19. 《张元济全集》第 3 卷，第 5 页。
20. 张人凤、柳和城编著：《张元济年谱长编》，第 926—927 页。
21. 《鲁迅全集》第 5 卷，人民文学出版社，2005 年，第 283 页。
22. 黄爱平：《四库全书纂修研究》，中国人民大学出版社，1989 年，第 423—424 页。
23. 《张元济全集》第 3 卷，第 395 页。

张元济所编《四部丛刊》各子目版本补配概览

浙江图书馆 曹海花

古籍在流传过程中，或因遭厄，或因其他原因，往往会导致残缺不全。残缺之后，就应运而生两种情况：一是听任其缺、缺而未配者，或为配无可配，或为配无好配，宁缺毋滥。二是为方便后人完整阅览及使用，特将残缺部分补全。这在张元济编印的《四部丛刊》初、二、三编中得到了集中体现。

一、缺而未配者

分缺卷和缺叶两种。缺卷者，如《初编·重校鹤山先生大全文集一百十卷目录二卷》，卷一百八原阙；《续编·仪礼疏五十卷》，原缺卷三十二至三十七；《续编·周易要义十卷》，原缺卷三至六；《续编·礼记要义三十三卷》，原缺卷一至二；《续编·麟台故事五卷》，原缺卷四至五；《三编·礼记正义七十卷》，存卷五、六十三至七十；《三编·中庸说残三卷》，存卷一至三；《三编·张状元孟子传残二十九卷》，存卷一至二十九；《三编·编年通载残四卷》，存卷一至四；《三编·明史钞略残七卷》，存《显皇帝本纪》二至四、《贞皇帝本纪》、《愍皇帝本纪》上下、《李成梁等列传》及《释教列传》；《三编·东山国语不分卷》，"浙语一"原阙；《三编·沈氏三先生文集六十一卷》，原缺《长兴集》卷一至十二、三十一、三十三至四十一；《三编·太宗皇帝实录残二十卷》，存卷二十六至三十五、四十一至四十五、七十六至八十。缺叶者，如《初编·盘洲文集八十卷附录一

卷拾遗一卷》，《拾遗》叶三版框右侧下题"以下原阙"；《初编·重校鹤山先生大全文集一百十卷目录二卷》，卷一叶一至二前四行、卷十一叶十一、卷十七叶七、卷三十四叶十五、卷四十叶十、卷四十七叶十七、卷八十二叶六至七及二十四、卷八十七叶二十二至末、卷九十叶二、卷一百二叶十一至末、卷一百九叶一原阙；《初编·金华黄先生文集四十三卷》，卷三十六叶十五至十八、二十至二十一，卷三十九叶七至十为空白叶；《续编·仪礼疏五十卷（原缺卷三十二至三十七）》，卷三叶十、卷六叶一至二、卷四十五叶六、卷四十六叶八至九、卷四十七叶十为空白叶；《续编·春秋正义三十六卷》，卷一叶三十、卷三十六叶十七以下原阙；《续编·周易要义十卷（原缺卷三至六）》，目录首叶前半叶原阙；《三编·编年通载残四卷（存卷一至四）》，"进编年通载表"叶二及卷一叶五、十二、十四原阙；《三编·太宗皇帝实录残二十卷（存卷二十六至三十五、卷四十一至四十五、卷七十六至八十）》，卷二十七叶四、卷二十八叶七至九、卷二十九叶十二至十三、卷三十五叶三、卷七十九叶七至十二、卷八十叶十四原阙；《三编·华阳集四十卷》，卷二十六叶四原阙；《三编·颐堂先生文集五卷》，卷四叶一、卷五叶十二原阙。

二、补阙求全者

据笔者就《四部丛刊》普查登记的统计，其子

目有补配的不在少数,详见下表:

《四部丛刊》版本补配子目种数表

编次	经部		史部		子部		集部		合计	
初编	总数	配补	总数	配补	总数	配补	总数	配补	总数	配补
	25 种	1 种	22 种	2 种	61 种	6 种	215 种	25 种	323	34
续编	总数	配补	总数	配补	总数	配补	总数	配补	总数	配补
	17 种	3 种	11 种	1 种	18 部	5 种	29 部[1]	6 种	75	15
三编	总数	配补	总数	配补	总数	配补	总数	配补	总数	配补
	10 种	5 种	16 种	5 种	15 种	5 种	30 种[2]	6 种	71	21
合计	52	9	49	8	94	16	274	37	469	70

综览《四部丛刊》各子目的版本补配,情况不一,特分述如下:

(一)辑者所为者

1. 辑者在牌记中言明补配者

a. 《初编·易林十六卷》(据元本配影元写本影印)

内封有牌记曰"上海涵芬楼借印北京图 / 书馆藏元刊残本乌 / 程蒋氏密韵楼藏影 / 元写本

原书板高五 / 寸二分宽三寸五分"。

按:其中卷一、二、五、六、十一、十二、十五、十六为影元写本,其他卷为元刊本。

b. 《续编·周易集传(一名汉上易传)十一卷》

(据宋本配汲古阁影宋钞本影印)

内封有牌记曰"上海涵芬楼景印 / 北平图书馆藏宋 / 刊本阙卷以汲古 / 阁影宋钞本配补 / 原书板高二十二 / 公分宽十五公分"。

按:序1、卷一至二、卷五十五叶五十五至六十六、卷六首叶、卷十一末叶、《汉上先生履历》配汲古阁影宋钞本(序1首叶及卷一、二、《汉上先生履历》末叶原有"汲古 / 主人"、"毛晋 / 私印"印)。

c. 《续编·图画见闻志六卷》(据宋本配元钞本影印)

内封有牌记曰"上海涵芬楼借 / 常熟瞿氏铁琴 / 铜剑楼藏宋刻 / 配元钞本景印"。

按:卷一至三配元钞本。

d. 《续编·容斋随笔十六卷续笔十六卷三笔

十六卷四笔十六卷五笔十卷》（据宋本配宋本、明弘治活字本影印）

内封有牌记曰"上海涵芬楼景印宋刊／本配北平图书馆藏宋／刊本常熟瞿氏铁琴铜／剑楼藏明弘治活字本"。

按：《三笔》十六卷、《四集》卷六至十六及《五集》十卷配明弘治八年会通馆活字本（版心上印"弘治岁在／旃蒙单阏"、下印"会通馆活／字铜版印"，原有"铁琴铜／剑楼"印）。《四集》卷一至五配北平图书馆藏宋刊本（原有"京师图书／馆收藏之印"）。

e. 《续编·平斋文集三十二卷目录二卷》（据影宋钞本配宋本影印）

内封有牌记曰"上海涵芬楼景印常熟／瞿氏铁琴铜剑楼景宋／钞本阙卷以中华学薮／社借照日本内阁文库／藏宋本配补原书版高／二十公分宽十五公分"。

按：卷十一至十四、十九至二十二配补日本内阁文库藏宋本（标志为原有"内阁／文库"、"日本／政府／图书"印）。

f. 《续编·茗斋集二十三卷》（据手稿刻本抄本影印）

内封有牌记曰"上海涵芬楼／影印海盐张／氏涉园藏手／稿刻本写本"。

按：据目录，卷一、十九为刻本，卷二至六、八至十、十二至十八、二十二至二十三为稿本，卷七、十一、二十至二十一为抄本。

g. 《三编·礼记正义七十卷（存卷五、六十三至七十）》（据日本影古钞本及宋本影印）

内封有牌记曰"上海涵芬楼覆／影日本影印古／钞本及宋刊本"。

按：其卷五为影印日本影古钞本，卷六十三至七十为影印日本影宋本。张元济跋中有"右古钞《礼记正义·曲礼》下卷残本，分卷与注疏本不同，尚为孔颖达作疏旧弟，前后略有短缺。从日本影卷子本覆印，原卷凡存四百七十七行，此本改卷为叶，叶之两行当卷之一行"、"丛刊收编古钞卷子真迹，此《曲礼》残本犹为嚆矢"语。

h. 《三编·太宗皇帝实录残二十卷（存卷二十六至三十五、卷四十一至四十五、卷七十六至八十）》（据宋馆阁写本配旧钞本、宋写本影印）

内封有牌记曰"上海涵芬楼影印海／盐张氏涉园藏宋馆／阁写本常熟瞿氏藏／旧钞本宋写本高廿／七公分宽十八公分"。

按：张元济跋中有"……凡八十卷，是为南宋馆阁写本，宋讳避至'筠'字，钱竹汀定为理宗朝重录之书，存者仅二十卷。第三十一至三十五、第四十一至四十五、第七十七、第七十八皆宋写原本，卷末有书写人初对、覆对姓名，有涂改补注转互之字，丹黄遗迹粲焉具存。第二十六至三十、第七十六、第七十九、第八十则从写本迻录，此八卷，张月霄、李申耆辈辗转传钞，不少概见。独前十二卷则仅见《艺芸精舍宋元本书目》，其后即不复见。曾勉士、缪筱珊尝求之而不得，今归余插架，不敢自秘，因从吾友瞿良士乞，假所藏，并印行世"语。

2. 辑者在书尾跋语中言及补配者

《续编·张子语录三卷后录二卷》(据宋本影印)

内封有牌记曰"上海涵芬楼借常/熟瞿氏铁琴铜剑/楼藏宋刊本景印/原书板高二十一/公分宽十六公分"。张元济跋中有"是本卷上首叶缺前九行……余闻涝喜斋潘氏有宋刻《诸儒鸣道集》,因往假阅,则是书所缺九行俨然具存,遂得影写补足"语。

3. 在配补叶版框侧边题字以明补配者

《初编·广韵五卷》(据宋本影印),书尾《双声迭韵法》首叶版框右侧下题"已下依泽存堂本补"。

《初编·须溪先生校本唐王右丞集六卷》(据元本影印),卷五叶二十至二十二、卷六叶十五至十九为抄补,版框左侧下题"依明翻元本抄补"。

《初编·刘梦得文集三十卷外集十卷》(据武进董氏影宋本影印),目录叶一为抄补,版框左侧下题"据结一庐本补"。

《初编·重校鹤山先生大全文集一百十卷目录二卷》(据宋本影印),卷八十七叶二十二有抄补,版框左侧下题"宋本原阙,据安氏活字本补"。

《初编·后村先生大全集一百九十六卷》(据赐砚堂钞本影印),前有二序,序版心下题"涵芬楼借无锡孙氏/小绿天藏本钞补"。

《初编·秋涧先生大全集一百卷附录一卷》(据明弘治本影印),卷三十四叶十四、卷三十八叶十二、卷七十四叶八为抄补,版框左侧下题"民国八年涵芬楼依宋蔚如本补钞"。

《续编·愧郯录十五卷》(据宋本影印),卷一叶七至八为抄补,版框右侧下题"据吴兴周氏言言斋藏淡生堂抄本补写"。

《续编·雪窦显和尚明觉大师颂古集一卷拈古一卷瀑泉集一卷祖英集二卷》(据宋本影印),《拈古》叶一背面及叶二正面为抄补,叶一版框左侧下、叶二版框右侧下题"后(前)半叶原阙,据日本《大正新修大藏经》摹补"。

《续编·许白云先生文集四卷》(据明正统本影印),序首叶版框右侧下题"据金华丛书本补"。

《三编·天下郡国利病书不分卷附注一卷》(据稿本影印),"山东上"内封版框右侧下题"原阙新补"。

《三编·为政忠告四卷》(据元本影印),《牧民忠告序》首叶版框右侧下题"据碧鲜斋刊本补"。

《三编·故唐律疏议三十卷》(据宋本影印),卷二十一叶二十至二十三为抄补,叶二十版框右侧题"第二十至二十三叶原缺,据元至正勤有堂原刻本钞补"。卷二十五叶二十一至三十及卷二十六叶二十一至二十六亦原缺,"据元至正勤有堂原刻本钞补"。

《三编·野菜博录三卷》(据明本影印),书尾有"补录"三叶,版框右侧上题"补录",版心上题"钦定四库全书"。

《三编·文始真经三卷》(据明本影印),卷前序为抄补,版框右侧下题"据子汇本补"。

《三编·唐秘书省正字先辈徐公钓矶文集十卷补一卷》（据钱曾述古堂钞本影印），卷四叶九版框右侧下题"本叶前十行刑于以下据全唐文写补"，卷五首叶版框右侧下题"本卷据全唐文写补"。

《三编·华阳集四十卷》（据明本影印），卷三叶三至四、卷十七叶八、卷三十二叶三至四、卷四十叶十九至二十为抄补，版框右侧下题"据常熟瞿氏铁琴铜剑楼藏影宋钞本补"。

《三编·默堂先生文集二十二卷》（据影宋钞本影印），序1版框右侧题"影写昆山徐氏传是楼所藏宋椠本"。

4. 因原有错而补配者

《三编·新唐书纠谬二十卷》（据明本影印），卷二末叶后叶版框右侧上题"明刻卷二第八叶表格脱误，因印宋刻一叶证明其致误之由"，卷二十末叶后叶版框右侧上题"明刻卷二十第十九叶后三行柳宗元传下错简，因印影宋刻一叶补正"。

5. "补"为抄补者

《初编·张说之文集二十五卷补一卷》（据明嘉靖十六年伍氏龙池草堂本影印），《补》一卷孙毓修卷前题识中言及抄补。

《初编·唐元次山文集十卷拾遗一卷补一卷》（据明正德郭氏本影印），《补》一卷孙毓修卷前题识中言及抄补。

《初编·浣花集十卷补遗一卷》（据明正德江

阴朱子儋本影印），序补配绿君亭本（版心下题"绿君亭"），《补遗一卷》及书尾朱子儋跋为抄补，孙毓修题跋语讲得很清楚："其弟蔼尝为作序，今不存，兹以毛氏绿君亭本补之。《补遗》及子儋跋文又从一钞本补得。"

（二）原有配补者

1. 补叶

《初编·战国策十卷》（据元至正十五年本影印），卷八叶一至二、卷十叶十原为抄补。

《初编·大唐西域记十二卷》（据宋藏经本影印），卷十至十二原有抄补叶。

《初编·新刊王氏脉经十卷》（据元广勤书堂本影印），卷十叶四至七原为抄补。

《初编·白虎通德论十卷》（据元大德九年翻宋监本影印），卷五叶一至四、卷十末叶原为抄补。

《初编·论衡三十卷》（据明通津草堂本影印），卷二十九叶五原为抄补。

《初编·风俗通义十卷》（据元大德本影印），卷五叶四原为抄补。

《初编·法苑珠林一百二十卷》（据明万历十八至十九年刻径山藏本影印），卷一百二十末叶原为抄补。

《初编·须溪先生校本唐王右丞集六卷》（据元本影印），目录叶十一至十二原为抄补。

《初编·颜鲁公文集十五卷补遗一卷附行状一

卷神道碑铭一卷新史本传一卷旧史本传一卷》（据明锡山安氏馆本影印），卷五叶三原为抄补。

《初编·唐张司业诗集八卷》（据明本影印），卷七叶十七原为抄补。

《初编·唐贾浪仙长江集十卷》（据明翻宋本影印），卷六叶一、卷十叶六原为抄补。

《初编·甲乙集十卷》（据宋本影印），目录首叶原为抄补。

《初编·范文正公集二十卷别集四卷政府奏议二卷尺牍三卷附录十三卷》（据明翻元天历本影印），序1首叶原为抄补。

《初编·温国文正公文集八十卷》（据宋绍熙三年本影印），卷七十六叶四至十三原为抄补。

《初编·经进东坡文集事略六十卷》（据宋本影印），卷六十叶八至十一原为抄补。

《初编·晦庵先生朱文公文集一百卷目录二卷续集十一卷别集十卷》（据明嘉靖本影印），卷九十六叶十九至三十六原为抄补。

《初编·重校鹤山先生大全文集一百十卷目录二卷》（据宋本影印），卷一百九首叶原为抄补。

《初编·秋涧先生大全集一百卷附录一卷》（据明弘治本影印），卷七十七叶七原为抄补。

《初编·剡源戴先生文集三十卷》（据明万历本影印），卷四叶一至二原为抄补。

《初编·金华黄先生文集四十三卷》（据元本影印），卷十二末叶、卷十四叶六、卷二十八叶一至二原为抄补。

《初编·圭斋文集十六卷》（据明成化本影印），卷十六叶八原为抄补。

《初编·苏平仲文集十六卷》（据明正统七年黎谅本影印），卷十四叶三原为抄补。

《初编·高太史凫藻集五卷扣舷集一卷》（据明正统九年周忱长洲本影印），卷五末叶原为抄补。

《初编·古文苑二十一卷》（据明成化十八年本影印），序2叶一背面及叶二正面原为抄补。

《初编·皇朝文鉴一百五十卷目录三卷》（据宋本影印），目录下、卷二十四叶四至六、卷二十七叶十一至十六原配影宋钞本。

《初编·国朝文类七十卷目录三卷》（据元至正二年西湖书院刻明成化九年重修本影印），卷三叶五原为抄补。

《续编·尔雅疏十卷》（据宋本影印），卷八叶十一原为抄补。

《续编·读四书丛说八卷》（据元本影印），《读论语丛说》卷中叶三十八原为抄补。

《续编·孔氏祖庭广记十二卷》（据蒙古本影印），卷一叶十四至十七原为抄补。

《续编·石屏诗集十卷》（据明弘治本影印），卷三叶二十原为抄补。

《续编·存复斋文集十卷附录一卷》（据明本影印），卷八叶三原为抄补。

《三编·尚书正义二十卷》（据日本影印宋本影印），卷二叶二十六、卷六叶二十七原为抄补。

《三编·诗本义十五卷郑氏诗谱补亡一卷》（据

宋本影印），卷八叶十至十五、卷九叶一、卷十四叶十二原为抄补。

《三编·诗集传二十卷》（据宋本影印），卷十二叶二十二至二十八原配影宋钞本。

《三编·洛阳伽蓝记五卷》（据明如隐堂本影印），卷二叶四、九、十八原为抄补。

《三编·故唐律疏议三十卷》（据宋本影印），卷一叶二十五、卷二叶二十原为抄补。

《三编·通玄真经十二卷》（据宋本影印），卷九叶一至三、卷十一叶四背面原为抄补。

《三编·新雕洞玄真经五卷》（据宋本影印），卷五叶二至七原为抄补。

《三编·沈氏三先生文集六十一卷（原缺二十二卷）》（据明翻宋本影印），《长兴集》卷二十八叶二原为抄补。

《三编·密庵诗稿五卷文稿五卷》（据明洪武本影印），《诗稿》目录叶一至五、卷一叶九至十、卷三叶一至二，卷前及卷末序；《文稿》卷一叶九至十、叶二十五，卷二叶一、叶四至五，卷三叶五正面、叶二十一，卷四叶二十二原为抄补。

《三编·蚓窍集十卷》（据明永乐本影印），卷六叶二十原为抄补。

2. 补卷

《初编·大唐西域记十二卷》（据宋藏经本影印），卷一、六原为抄配。

《初编·温国文正公文集八十卷》（据宋绍熙三年本影印），卷一至四、卷七十七至八十原为抄配。

《初编·重校鹤山先生大全文集一百十卷目录二卷》（据宋本影印），卷十八至十九、三十五至三十八、四十三至四十六、五十至五十三、七十五至七十七原配明锡山安氏馆活字本（卷端题"锡山安国重刊"，版心上印"锡山安氏馆"）。

《初编·六臣注文选六十卷》（据宋本影印），卷三十至三十五原配影宋抄本。

《初编·皇朝文鉴一百五十卷目录三卷》（据宋本影印），卷一、卷二十八、卷四十八至六十八、卷七十五至七十七、卷一百六至一百七、卷一百十三至一百十五、卷一百二十至一百三十三、卷一百四十四至一百四十五、卷一百四十九至一百五十原配影宋钞本。

《续编·挥麈前录四卷后录十一卷第三录三卷余话二卷》（据汲古阁影宋钞本影印），张元济跋中有"是书前录第三四卷、后录十一卷、余话二卷为汲古阁毛氏影宋钞本。余前录第一二卷、三录三卷均补钞，然亦据汪阆源所藏宋刻本摹写"语（标志是否钤"毛晋／私印"印）。

《三编·诗本义十五卷郑氏诗谱补亡一卷》（据宋本影印），卷一至五、卷十五原为抄配。张元济跋中有"此为宋刻本，钞配六卷，其原刻各卷遇玄、敬、警、惊、綮、殷、殷、桢、让、树、桓、完、觏、慎诸字均以避讳阙笔，当刊于南宋孝宗之世"语。

《三编·诗集传二十卷》（据宋本影印），卷十三至十九原配影宋钞本。

《三编·析城郑氏家塾重校三礼图二十卷》（据蒙古本影印），卷一至二原配毛氏汲古阁影宋钞本。张元济跋中有"首二卷，汲古阁毛氏据宋刻影写"语。原有"汲古／主人"、"毛晋"、"甲"、"宋本"、"毛氏／子晋"印。

《三编·故唐律疏议三十卷》（据宋本影印），《律音义》原为影宋钞本。

《三编·太平御览一千卷目录十五卷》（据宋本影印缺卷据日本聚珍本配补），卷二十一、六百五十六至六百六十五、七百二十四至七百三十八及目录一叶七至十四、目录二叶一至四、卷三十八叶七、卷一百一十叶七至九、卷一百三十叶十一、卷一百四十叶十、卷一百六十六叶五、卷四百六十四叶五、卷五百三叶二、卷五百七十一叶六、卷六百九十叶二与四、卷七百五十七叶六、卷九百五十二叶六至七原配日本聚珍本，张元济跋中有"……均以聚珍版补。宋刻每行二十二三四字不等，聚珍版则整二十二字"语。卷四十二至六十一、一百十七至一百二十五，张元济跋中有"此二十九卷者，均半叶十三行，同于蜀刻，惟板心无刻工姓名，且每行悉二十二字，与蜀刻之偶有盈缩者不同，疑即在前之建宁刊本"语。

《三编·通玄真经十二卷》（据宋本影印），卷十二原为抄配。

不管是辑者所为，还是原有补配，序、目录、缺叶、缺卷等，缺什么补什么，补叶一般来说都是抄补，而补卷则复杂得多，补配的手段大致而言有配抄、配刻、配印等。张元济将保存中华文化的载体引为自己的职责，将分散于各处藏书楼中难得一见之珍本编印成大型丛书《四部丛刊》等书，对珍本之缺者费心配补，对原书传承及后人研究都有巨大意义。今对《四部丛刊》各子目的版本补配情况进行梳理，以期接下来深入探究张元济的版本目录学思想。

---

1. 《中国丛书综录》集部著录31种，此29种，是合《中国丛书综录》之《韦斋集十二卷》、《玉澜集一卷》为一种，合其《三山郑菊山先生清隽集一卷》、《所南翁一百二十图诗集一卷锦钱余笑二十四首一卷郑所南先生文集一卷附录一卷》为一种。

2. 其中，合《中国丛书综录》之《唐皇甫冉诗集七卷》、《唐皇甫曾诗集一卷》为一种，分《中国丛书综录》之《蚁术诗选八卷》、《蚁术词选四卷》为两种，二者总种数同。

涵芬楼旧藏沈岩《庄子》校本与《四部丛刊》所附《庄子札记》

国家图书馆 冯坤

沈岩校本《南华真经注》今藏国家图书馆（索书号 7597），底本为明嘉靖十二年顾春世德堂刻《六子书》本。此书历经明代名臣叶盛、清代校勘学家沈岩及近代商务印书馆涵芬楼收藏，钤有"叶氏／菉竹堂／藏书"朱文圆印、"海盐／张元济／经收"朱文长方印及"涵芬楼"朱文长方印。全书经沈岩手批，留有相当完整的校勘记。在张元济、傅增湘及商务印书馆编辑孙毓修的相关著述中，这个校本一直受到相当的重视，并且作为重要线索，草蛇灰线地贯穿起张、傅二先生对宋本《庄子》的认识和追寻，同样也影响着商务印书馆《四部丛刊》对《庄子》一书的影印和校勘，甚至还若隐若现地浮现在我们今天对《庄子》的阅读和研究之中。

沈岩（1679-？），字颖谷，号宝砚居士，江苏长洲（今属苏州）人，其学承何焯，名列《义门弟子姓氏录》。沈氏多校古书，颇有校本存世。其校《庄子》，于卷三末叶题云"雍正庚戌四月廿有五日校毕此册，岩记"，卷六末叶又题"雍正庚戌五月得宋本校过，时馆城西王氏清荫堂。学徒叙撰适从书贾收元板纂图互注《南华经》五册，有吾师直夫图记，不知何年散出也。"卷十末叶沈岩摹写"安仁赵谏议宅刊行一样口（空一字）子"，题"圣清雍正庚戌夏五月望后一日宋本对校讫，吴门宝砚居士沈岩记"，次行又题"安仁赵氏本覆校一过"。可见其校勘活动当在清雍正八年庚戌之夏，历经四、五两月，此后又有覆勘。

沈岩使用的参校本，一般认为当是南宋蜀刻赵谏议宅本，今归台湾"中研院"史语所傅斯年图书馆，有严灵峰《无求备斋老列庄三子集成补编》影印本可窥其貌。沈岩于书末摹写的"安仁赵谏议宅刊行一样口子"，正是赵谏议本的书末牌记，孙毓修认为空缺处可能是数目字，为人挖去。[1] 沈校本曾归商务印书馆涵芬楼，张元济《涵芬楼烬余书录》子部有著录，称"（《南华真经》十卷）又一部，明顾氏世德堂刊本，四册，沈宝砚校，叶文庄旧藏。沈宝砚据宋赵安仁刊本精校。全书均加句读，脱文讹字一一以朱笔补正，即点画偶殊，亦摹盖于本字之上。卷末原有'安仁赵谏议宅刊行一样口子'印记，此并临写于后。"[2] 傅增湘亦曾经眼沈校本与赵谏议本原书，《藏园群书题记》子部收入傅氏题赵谏议本长跋，亦称"辛亥冬，余以南北议和，留滞上海，曾见沈宝砚（岩）手校宋本，所据为安仁赵谏议本。嗣归于涵芬楼，余假出临校于世德堂本，未得终卷而罢。然缘此知《庄子》自世传数本外，又有赵谏议本矣。"[3] 沈校本的出现，牵动了张、傅二先生对赵谏议本追寻的脚步。二人的著录均回顾了辛亥革命之后赵谏议本浮现沪市的惊鸿一瞥。《涵芬楼烬余书录》记："犹忆民国初年，有人以赵刻原本求售，云革命军攻下江宁，尽掠旧家某氏所藏善本，军中有好古者从而得之。是为群书之一，展转入市，索值甚昂，正欲谐价，忽又收去，从此不可复见。想此书犹在人间，甚望其子孙世守也。"傅增湘跋语则记述赵本面世的时间为辛亥革命次年，即 1912 年，傅氏通过缪荃孙访问赵本消息并得其临写的一叶书影："壬子春，闻有宋刻《庄子》出于沪肆，亟访艺风老人询之，云正是赵谏议本，以仓卒寓目，只影写首叶存之，即后印入《宋元书影》者是也。"

赵谏议本其后长年隐没不见，沈校本成为了解宋刻原书的唯一途径。傅增湘辛亥冬留滞上海，两次从涵芬楼借沈校本临校，一次未尽《逍遥游》而罢，另一次也仅及《逍遥游》《齐物论》两篇。两校本今均藏国家图书馆，前者又据涵芬楼藏南北宋合璧本及顾鳌、杨守敬所藏敦煌古写本校勘（索书号 237），后者则遥隔三十年购得赵谏议本原书并据之校勘卷十（索书号 238）。除傅增湘外，吴慈培亦曾从涵芬楼借出南北宋合璧本《庄子》与沈校本，合校于一本之上，此校本亦藏国家图书馆（索书号 239）。随后不久的 1915 年，张元济与商务印书馆开始筹备出版《四部丛刊》[4]，大概由于此后赵本踪迹杳渺，《四部丛刊》最终选择明刻世德堂本《庄子》影印，并由孙毓修撰成校记，附于书后，题为《庄子札记》。孙毓修虽称"予既借（赵本）校于世德堂本上，又手摹一叶与缪艺风先生"[5]，但其札记"录赵本异同"，实际上仍旧脱胎于沈校本。

然而沈校本并非如前述诸学者所言仅据赵谏议本校勘，实际上可能更多地借鉴了另一善本——南宋湖北刻本《南华真经》（以下简称鄂本）。此本素有声名，系出毛氏汲古阁，展转经顾之逵小读书堆、汪士钟艺芸书舍及杨氏海源阁收藏，为周叔弢先生所得，以名其"双南华馆"，今藏国家图书馆（索书号 8350）。雍正间沈岩自何处得见，已不得而知。

方勇《子藏·庄子书目提要》已经注意到沈校本对赵本之外其他善本的利用，如卷五《天运》篇"夫至乐者"上沈批"北宋椠本无'至乐者'至'太和万物'三十五字，'四时'上旁有一圈。南宋小字本亦无此三十五字"，方氏书即指出此处利用了"北宋椠本"和"南宋小字本"另外两个善本，然而却依然认为沈岩题记"圣清雍正庚戌夏五月望后一日宋本对校讫"即以宋刻赵谏议本参校，校记中的"宋本"亦视作赵本[6]，傅增湘过录本亦同[7]。实际上沈校本所称"宋本"均指鄂本，以下几点可以为证：

1. 书首郭象序上沈岩题"宋本每叶二十行，每行十五字，注倍之"，与鄂本行款相合；赵本则为半叶九行、行十五字。《涵芬楼烬余书录》子部著录沈校本，或许即受此影响，称赵本"每半叶十行，每行十五字，小注倍之"，其实是一个误解。

2. 鄂本仅有《庄子》经文及郭象注，无《经典释文》，沈岩亦于卷一首叶题"宋本不载音义，当是别附于后耳"；而赵本附有简略音义，散在经注之下，沈氏据赵本校勘，往往过录，亦可见沈云"宋本"并非赵本。

3. 鄂本旧曾经人批校，多作眉批，为朱墨二色，内容多录自南宋陈景元《南华真经章句音义》，如《逍遥游》"鹏之背"上批"顺化逍遥"、"尧让天下"上批"无己逍遥"等，沈校悉皆过录。

4. 鄂本书首钤"坦庵"印，沈校过录不知出处的批点亦径作"坦庵云"，如卷四《骈拇》首叶下注"坦庵云此篇非圣人之所谓仁义"，《达生》首叶又题"坦庵云此篇专论养生之道"等。

5.实际上,沈校天头所书皆称"宋本",地脚所书称"赵本",仅存少数例外,如上文《骈拇》引坦庵注在地脚。"宋本"与"赵本"区别清晰,如《逍遥游》"其名为鹏"郭注"达观之士",沈校"士宋本事,赵氏本作士",可见明为二本。

6.《天运》篇"夫至乐者"上沈校所云"北宋椠本",可能亦指鄂本。鄂本此处"四时"上确有一圈。鄂本之考订,实自傅增湘《藏园群书经眼录》[8]及《周书弢批校〈楹书隅录〉》,以其刻工与南宋鄂州刊本《建康实录》多合。周叔弢亦云此书为南宋初仿北宋本重雕者[9],沈岩未及考辨,或以为北宋刊本,亦未可知。

在上述认识的基础上回顾沈岩题记,我们可知,沈岩当于雍正庚戌四、五月先以鄂本校世德堂本,故校记中径称"宋本",又得赵本,覆校一过。以鄂本校勘时,录鄂本旧有批校于天头,异文则径改于底本之上;以赵本校勘时,出校于版框下方。《涵芬楼烬余书录》称沈校"即点画偶殊,亦摹盖于本字之上",实际上这部分校改皆为鄂本校记。傅增湘、孙毓修诸先生过录沈校,对其中的"宋本"异文实际上存在着一定疑虑,多弃而不录,然而他们对沈岩体例或许了解得并不完全,因而可能偶然留下一些问题。王叔岷以赵本《庄子》校续古逸丛书影南北宋合璧本,即对孙毓修校记产生一些怀疑:一方面在于孙校包括了赵本某些缺失的内容,一方面在于孙校中的个别字句与王氏经眼的赵本有所不同。其实孙校与王校之间的出入,都可以在沈校本中找到答案。由于《四部丛刊》广为流传、影响深远,附于其中的孙毓修校记对其后的《庄子》校勘也起到了重要的影响,如王孝鱼点校《庄子集释》,曹础基、黄兰发点校《庄子注疏》,皆取孙校以观赵本异文。因此笔者在此尝试根据沈校本及其所据两种宋本[10],为孙校中的问题作出一些解释,希望能够消除围绕着孙校的怀疑,使之得到更好的利用:

1.书首郭象序,二叶七行,沈改"士"作"壬",孙校照录。此为鄂本,赵本仍作"士"。此条王叔岷亦未提及。

2.卷一《齐物论》,四十三叶十行"同筐床",沈校赵本"筐"作"匡",孙校脱去。

3.卷二《人间世》,十五叶四行注,沈校赵本"身处"作"处身",孙校脱去。二十八叶四行注,沈校"用其自用为其自为"赵本作"自用自为",孙校脱去。

4.卷二《德充符》,三十八叶八行"泛而若辞",沈校"赵本作泛若",孙校无"而"字。沈意盖指"而""若"互乙,因沈校赵本无校勘符号,导致理解错误。

5.卷三《大宗师》,十三叶七行"已外天矣",孙校"'天'字上有'下'字",当在"天"字下。二十三叶十三行注"何失哉",沈据鄂本改为"何失矣",校赵本"'矣'作'哉'"。孙校"哉"作"矣",误,赵本与世德堂本相同,当不出校。

6.卷三《应帝王》,二十八叶十行注"非人之竟",

沈校赵本"竟"作"镜"，孙校脱去。

7. 卷四《在宥》，三十一叶三行注"天有尧舜"，沈校赵本"天"作"而"，孙校"天有尧舜"句"首有'而'字"，似误，应改"天"为"而"。三十八叶四行"僐僐乎归"，沈校"赵本'仙'"，孙校改"僐"为"仙"，王校以为误。沈校当指释文而言，孙氏不校释文，当不出校。

8. 卷五《天地》，四叶十三行"南望还归"，沈校"'还'赵本'旋'"，孙同。王叔岷以为误。沈校当指释文，孙氏不校释文，当不出校。

9. 卷五《天运》，四十六叶八行《天运》"杰然负建鼓"，沈校天头录鄂本批校，作"张本'杰'字下重一'杰'"，孙氏采入校记，误。赵本作"杰然若负建鼓"。五十叶二行"下风而化"，沈校赵本作"而风化"，孙校脱去。

10. 卷六《刻意》，五叶五行注"之也"，沈校"'之也'赵本作'之迹'"，孙校"之"作"迹"，误。

11. 卷七《山木》，二十叶五行"以免于患"，注文又有"患害生"，沈校"'患'赵本'意'"。赵本两处皆作"患"，孙校沿袭沈误。

12. 卷八《庚桑楚》，四叶二行"简发而擳"，沈校赵本作"○（擳右上草字头）"，孙校"擳"作"櫛"。王校以为孙校"櫛"字右上作草字头，王误。

13. 卷九《外物》，十叶六行"嬕○（嬕从女旁）可以休老"，沈校"'嬕'赵本误'皆'"，孙未采入。

14. 卷九《让王》，二十七叶十一行"颜回择菜"，"择"沈校从米，孙校从木，王校作"釋"，赵本同王。

15. 卷十《列御寇》，二十三叶四行"齎"，沈校下从月，孙同。赵本仍作"齎"，沈孙皆误。

16. 卷十《天下》，三十七叶十五行"弘大而辟"沈校"辟"作"闢"，孙校脱去。

傅增湘先生于癸未年（1943）得赵本，此时距壬子春沪市雪泥鸿爪已隔三十年之久，次年甲申三月，题诗于其上，感慨系之，有"瞥影惊飞三十年，追寻无迹记丹铅。谁知龙汉邅迴后，宝笈束归证古缘"之句，又叹"奇书显晦有前期，付托终归帝所司。桑海栖惶重出世，彼苍着意慰衰迟"。傅氏又作长跋，称其书"近岁主人远游，管钥偶疏，流出坊肆，为文禄堂王晋卿所得，遍走南中豪商贵仕之门，咸未得当，乃携之北还，迫及岁除，囊书相示，披函展玩，心目为开"，并期待"俟笔墨少闲，当详勘一通，撰为校记，庶与孙君临本互相参证，或可补其阙疑也"。然而孙毓修此时已于1923年1月离世，距其撰成《庄子》校记尚不满半年。三十年后傅氏重拾赵本，所作的校勘亦仅及卷十。此校本卷十叶二十六有一浮签，上书《说剑》篇校记，作"'请治剑服三日而见太子'，不重'治剑服'三字，不作'乃见'；'以忠贤士为镡'，不作'忠胜'；'以豪桀士为铗'，不作'豪杰'；'韩魏为铗'，不作'为夹'，下'豪桀'句同；'四方之内'，不作'四封'。安仁赵"，所校数事均不见于沈校本。

可见沈校对赵本的研究，亦有待于"补其阙疑"。今存校精善的赵本校记，首推王叔岷《南宋蜀本南华真经校记》，王校与沈校底本不同，又未及郭注，而别撰为《郭象庄子注校记》。似乎聚各校本于一堂，方可深入详细地体现《庄子》诸多版本之间的关系，要恰如其分地处理和展示这众多的校本，或许还需期待未来的批校本数据库建设了。

1. 孙毓修：《庄子札记》序，《南华真经注》书后，《四部丛刊》子部，商务印书馆1926年影印，上海书店，1989年。
2. 张元济：《涵芬楼烬余书录》子部，《张元济全集》第3卷，商务印书馆，2009年，第370页。
3. 傅增湘：《藏园群书题记》卷十子部五，上海古籍出版社，1989年，第512—516页。
4. 1915年5月19日张元济致书傅增湘，论及编纂《四部举要》(《四部丛刊》前身)事，见《张元济全集》第3卷，第284页，商务印书馆，2009年。
5. 见孙毓修《庄子札记》序。
6. 方勇：《子藏·庄子书目提要》，国家图书馆出版社，2015年，第11-12页。
7. 方勇：《子藏·庄子书目提要》，第13-14页。
8. 傅增湘：《藏园群书经眼录》子部道家类，中华书局，1983年，第900页。
9. 周叔弢先称此书"是南宋初杭州仿北宋本重雕者"，又辨"此非杭本，乃湖北本，刻工姓名与《建康实录》同"，见《周叔弢批校〈楹书隅录〉》第2册，第463页，国家图书馆出版社，2009年。
10. 本文所引沈校见《子藏》影印本，《子藏·庄子卷》第7-8卷；鄂本见《子藏》影印本，《子藏·庄子卷》第4-5卷；华东师范大学子藏编纂中心编，国家图书馆出版社，2011年。赵本见《无求备斋老列庄三子集成补编》第18、19册，成文出版社有限公司，1982年。孙校见孙毓修《庄子札记》，《四部丛刊》本，同上。王校见王叔岷《南宋蜀本南华真经校记》，《历史语言研究所集刊》影印本第20册，江苏古籍出版社，1999年。后皆同。

《四部丛刊·史通》底本再考

复旦大学图书馆 曹鑫

张元济主编之《四部丛刊》是中国近代伟大的古籍出版工程，上海商务印书馆以当时先进的照相石印技术影印了大量宋元佳椠、明清善本以及影钞校本，其中就包括史学名著——《史通》。

民国八年（1919）年底，上海商务印书馆开始照相石印《四部丛刊》，止十一年（1922）十二月分六批陆续印行，凡323种，8548卷，2100册。其中，收录《史通》二十卷，系"上海涵芬楼影印明万历刊本，又据孙潜夫[1]、顾千里[2]校本作札记。原书板匡高营造尺六寸三分，宽四寸四分"[3]。

《四部丛刊目录》云："《史通》二十卷，明万历刻本，原书经孙潜夫、顾千里以宋本及嘉靖本手校，今录出为《札记》，附本书之后。"

《四部丛刊书录·史通》云："《史通》二十卷《札记》一卷，四册，上海涵芬楼藏明张鼎思刊本。《史通》明嘉靖乙未陆深蜀中刻本，钱曾王已病其脱误。万历壬寅，长洲张鼎思覆刻蜀本……稍为可读，今复录何义门[4]、顾千里校语为札记云。有孙潜、顾广圻印记。"

据此可知，《四部丛刊》本《史通》是上海商务印书馆以涵芬楼藏张鼎思刻本为底本影印，并于卷末附孙毓修（1871-1922）据孙潜夫（1618-1678）、顾千里（1766-1835）等批校而作《札记》。此外，《张元济与朱希祖学术交往轶事钩沉》第五章《关于〈四部丛刊〉中〈史通〉的版本》[5]等论著，也专门讨论了张元济（1867-1959）与朱希祖（1879-1944）关于《史通》版本情况的发现，并认为"《四部丛刊》中《史通》所用底本为明万历张鼎思本"，也是简要而准确的判断。然而，相关书目信息、研究论著仅仅对"底本为明万历张鼎思本"进行著录、说明，并未进行详细论述和深入查考，《四部丛刊·史通》的底本问题是否已经一目了然，无需考究了呢？经查考比勘，并非如此。

《四部丛刊书录》认为张鼎思本系以"蜀本"（"陆深蜀中刻本"）为底本进行覆刻，这是不准确的。实际上，陆深蜀中刻本系明嘉靖间陆深以明旧蜀本为底本重新修版、补版刷印而成，并非完全重新刊刻之本。明万历三十年（1602），张鼎思据嘉靖间陆深本重新校订刊刻《史通》。《四部丛刊书录》未能区分蜀刻本、蜀刻陆深修补后印本之间的流传关系。

令人惋惜的是，涵芬楼1932年初毁于战火。所幸涵芬楼部分藏书已于20世纪20年代转存金城银行上海分行，故而涵芬楼藏书稍有遗珠。那么，《四部丛刊·史通》之底本是否也得以幸免于难呢？

上海商务印书馆编《涵芬楼藏善本目录》著录《史通》两部："《史通》，校宋本；《史通》，六册，明本，孙潜夫、顾千里校。"后者即上海商务印书馆影印《四部丛刊》时孙毓修所作札记之所据底本。

《涵芬楼烬馀书录》云："《史通》二十卷，明刊本，十册，徐承礼校藏。此为徐承礼以明郭孔延[6]本过录周季贶所临冯己苍、何义门、卢抱经诸家校笔及陈仲鱼校订《通释》之本。"此本系徐承礼校藏本,非孙潜、顾千里校本,而且亦未著录孙潜、顾千里校张鼎思刻本。

《中国古籍善本书目》[7]著录:"明万历三十年张鼎思刻本 四川省图书馆,南京图书馆,青岛市博物馆,中国社科院历史研究所,中国科学院图书馆;明万历三十年张鼎思刻本 清钱陆灿批校,清吴卓信跋并录清王峻批校及跋 北京图书馆;明万历三十年张鼎思刻本 缪荃孙跋并录清卢文弨、顾广圻校跋 北京图书馆;明万历三十年张鼎思刻本 吴慈培录清孙潜、顾广圻校并录清顾广圻、吴嘉泰、顾沅跋 北京图书馆;明万历三十年张鼎思刻本 叶景葵跋并录清何焯、顾广圻校跋 上海图书馆;明万历三十年张鼎思刻本 洪业跋 北京大学图书馆。"

《中国古籍总目》[8]著录:"明万历三十年张鼎思刻本,国图(清钱陆灿批校,清吴卓信跋并录清王峻批校及跋;缪荃孙跋并录清卢文弨、顾广圻校跋;吴慈培录清孙潜、顾广圻校并录清顾广圻、吴嘉泰、顾沅跋)、北大(洪业跋)、中科院、上海(叶景葵跋并录清何焯、顾广圻校跋)、南京。"

由此可见,不管是《涵芬楼烬馀书录》,还是后来的《中国古籍善本书目》《中国古籍总目》等书目,均未著录涵芬楼旧藏孙潜、顾千里校本。孙潜、顾千里校张鼎思本,大概一直庋藏于上海涵芬楼,与大量善本毁于1932年初。

李庆《顾千里研究》亦提及孙潜夫、顾千里校本,"千里所校的孙潜夫校本,归袁氏五砚楼后,'曾藏持静斋'……此后,似归于涵芬楼。《涵芬楼原存善本草目》中著录。然张菊生先生《涵芬楼烬馀书录》中未见,抑或已化为灰烬耶"[9],并描述了顾千里校孙潜校本之藏书源流,"顾千里以诸本校孙潜夫校本→袁氏五砚楼→丁氏持静斋→涵芬楼(→孙毓修校勘札记→四部丛刊中附影印本刊行)→已毁"[10]。

不过,虽然《四部丛刊·史通》所据底本已毁,但由于系照相石印而成,因此也能一窥底本之貌。

上海图书馆藏有《四部丛刊》初印本(第一次印本)一部,《史通》系其第305-308册,一函四册。书高20.0厘米,宽13.2厘米,版匡高13.9厘米,宽9.2厘米。半叶九行,行十八字,小字双行同。毛边纸。卷端钤有"杭州叶氏藏"朱文长方印、"合众图书/馆藏书印"朱文长方印。是书曾为叶景葵收藏,后归上海合众图书馆,现藏上海图书馆。复旦大学图书馆、厦门大学图书馆等亦藏有毛边纸初印本。

民国十五年(1926),上海商务印书馆重印《四部丛刊》(第二次印本),止十九年(1930)完成。由于张元济觅得部分底本的初刻本和精善本,故而此次印行时抽换了21种版本,此外又增补缺叶、断简凡44种,并于部分书末增辑校勘记。其中,于《史通》卷末又增加姜殿扬《史通札记补》。上图亦藏有第二次印本,四册,书高20.0厘米,宽13.2厘米,版匡高13.8厘米,宽9.2厘米。半叶九行,行十八字,小字双行同。

由于《四部丛刊》采用的是照相石印技术,因此在最大程度上保持了底本原貌，也就是说，根据《四部丛刊·史通》，可以大致了解上海涵芬楼藏张鼎思刻本的基本面貌，或者说是张鼎思刻本的基本面貌。但是，以上图藏《四部丛刊·史通》与上图藏张鼎思刻本比勘，发现文字内容、版式特征均有不同。

比勘《四部丛刊》本与上图藏张鼎思刻本，二者异文颇多。然而，《四部丛刊》本以张鼎思本为底本进行照相石印，虽然可以对石版进行描改，但是描改之处如此之多，而且卷五、卷七多有整叶重写之处（换版补刻），令人颇为不解。其后，与中国科学院图书馆等馆藏张鼎思刻本比勘，终于解决了这个疑问。

原来，上图藏张鼎思刻本系张鼎思刻本之初印本（中国国家图书馆、南京图书馆、上海图书馆、中国人民大学图书馆藏张鼎思本，均为初印本），《四部丛刊·史通》并非以张鼎思刻本之初印本为底本，而是以张鼎思刻本之后印本（中国科学院图书馆藏张鼎思本为后印本）为底本。张鼎思本之初印本、后印本异文颇多，可知在后印过程中，张鼎思对《史通》文本进行较多改动，尤其体现在卷五、卷七。（见表1）

表1：国图 / 南图 / 上图 / 人大初印本、中科院后印本异文表（部分）

卷	叶	面	行	国图初印本	南图初印本	上图初印本	人大初印本	中科院后印本	四部丛刊本	备注
五	十	A	1	少朝集注	少朝集注	少朝集注	少朝集注	少期集注	少期集注	剜改笔画
八	十四	A	2	贼零陵乃	贼零陵乃	贼零陵乃	贼零陵乃	将贼零陵乃	将贼零陵乃	剜版增字
十	七	A	4	其■的	其■的	其■的	其■的	其準的	其準的	剜版墨钉
十三	五	A	7	陵州	陵州	陵州	陵州	陵周	陵周	剜版改字
十四	五	A	7	疑于唐唐	疑于唐唐	疑于唐唐	疑于唐唐	欻于唐	欻于唐	剜版删字
十八	十二	A	6	辨■记	辨■记	辨■记	辨■记	辨□记	辨□记	剜版

另外，上海商务印书馆在影印时，由于采用的是照相石印技术，整体上保持了张鼎思刻后印本的版刻风貌和文本内容。但同时又正因为是照相石印法，可以在底板上进行改动，因此在照相石印过程中，对张鼎思刻后印本版匡栏线断口之处、文字笔画断笔之处以及底本文字，进行描润、填补修改。

例如卷五第十六叶（《因习下》第十九），中科院张鼎思后印本为换版补刻，《四部丛刊》本与之文字大部分相同，但有两处异文，一是"贾□董仲舒"，一是"高杨□数公"。国图张鼎思初印本、上图张鼎思初印本等均作"贾谊董仲舒"，中科院张鼎思后印本此叶为换版补刻，改作"贾□董仲舒"，脱"谊"字，《四部丛刊》本于此处补写"谊"字，作"贾谊董仲舒"，而且"谊"字之字体风貌与前后文字明显不同。国图张鼎思初印本、上图张鼎思初印本、中科院张鼎思后印本"高杨数□公"，中有空格，但是国图张鼎思初印本、上图张鼎思初印本"高杨"、"数公"之间，后人以"｜"符号相连接，上海商务印书馆在照相石印时，未能对此处之底本原文、后人批校相区分，故而产生了"高杨｜数公"的异文现象。由此可见，商务印书馆在照相石印之时，对底本有所改动，而且还产生了新的独有讹误。（见表 2）

表 2：各馆藏张鼎思本异文表

卷	叶	面	国图张鼎思本	南图张鼎思本	人大张鼎思本	上图张鼎思本	中科院张鼎思本	四部丛刊本
五	十六	A	贾谊董仲舒	贾谊董仲舒	贾谊董仲舒	贾谊董仲舒	贾□董仲舒	贾谊董仲舒
五	十六	A	高杨数□公	高杨数□公	高杨数□公	高杨数□公	高杨数□公	高杨｜数公

关于校语误入正文之处，《重印四部丛刊书录·四部丛刊书录·史通》云："初印既录何义门、顾千里校语为札记，间有仍依校笔上石者，今重加厘辨，修正补录，庶刻本、校文较然不紊，读者知所得失焉。"据此可知，上海商务印书馆在重印《四部丛刊》之时，已经发现了校笔上石现象，故而"重加厘辨"，然而，第二次印本仍存在校笔上石之处。

而且，上海商务印书馆石印出版《四部丛刊·史通》之时，孙毓修又据孙潜夫、顾千里批校撰有札记，附于卷二十之末。兹据孙潜夫、顾千里批校，以国图张鼎思初印本、上图张鼎思初印本、中科院张鼎思后印本与《四部丛刊·史通》相校，《四部丛刊·史通》仅以张鼎思本之后印本照相石印，未根据孙潜夫、顾千里批校而改动底本文字。

例如卷三《表历》第七（卷三第一叶 B2），国图张鼎思初印本、中科院张鼎思后印本均作"觊马迁史记"，顾校作"观马迁史记"，《四部丛刊》本未改，仍作"觊马迁史记"。

卷三《书志》第八标题之下（卷三第二叶 B9），国图张鼎思初印本、中科院张鼎思后印本"典序"，顾校作"并序"，《四部丛刊》本亦未改，仍作"典序"。

卷三《书志》第八（卷三第六叶 B9），国图张鼎思初印本、中科院张鼎思后印本"柱树黄雀"，顾校作"梓柱黄雀"，何义门校作"梓柱黄爵"，《四部丛刊》本未改，仍作"桂树黄雀"。

卷三《书志》第八（卷三第十一叶 B5），国图张鼎思初印本、中科院张鼎思后印本均作"仰其神威"，顾校作"仰其威神"，《四部丛刊》本并未乙正，仍作"仰其神威"。

卷四《编次》第十三（卷四第十一叶 B6），国图张鼎思初印本、中科院张鼎思后印本均作"多出附馀观"，上图张鼎思初印本以绿笔校作"多附出馀亲"，《四部丛刊》本未改，仍作"多出附馀观"。

卷四《称谓》第十四（卷四第十五叶 B4），国图张鼎思初印本、中科院张鼎思后印本"简文兄弟"下双行小注"兼为孝元帝也"，顾校作"兼言孝元帝也"，《四部丛刊》本未改，仍作"兼为孝元帝也"。

因此可以说，虽然《四部丛刊》本对所据底本（张鼎思本之后印本）有所描润、填补，但是并没有对所据底本（张鼎思本之后印本）进行大量改动（剜改）。《四部丛刊·史通》是以张鼎思刻本之后印本为底本进行照相石印，并不是以与国图、上图等所藏张鼎思本初印本为同一批次的印本为底本进行照相石印。《四部丛刊》本与国图、上图等所藏张鼎思刻初印本之区别，也基本反映了张鼎思刻本之后印本、初印本之差异。

值得注意的是，《四部丛刊》经过三次印行出版，出现了第一次印本、第二次印本、第三次印本。《四部丛刊·史通》第一次印本和第二次印本在版式、印记等方面有所不同。

民国八年（1919），上海商务印书馆第一次印行《四部丛刊》（初印本），内封书名页镌"史通二十卷　四部丛刊史部"，并分别以连史纸、毛边纸两种不同纸张印刷出版。其中，连史纸 300 部，每部 500 元；毛边纸 700 部，每部 400 元。

民国十五年（1926），上海商务印书馆第二次印行（重印本），易名为《四部丛刊初编》，并增添丁卯（民国十六年，1927）七月吴县姜殿扬补校《史通札记补》一叶，但两次印行并不相同，主要表现在版式、印记与民国八年（1919）第一次印本略有不同。1989 年 3 月，上海书店据上海商务印书馆 1926 年版重印。《书同文古籍数据库》所收录《史通》，亦为第二次印本，非第一次印本。

民国二十五年（1936），上海商务印书馆第三次印行（三印本），系据第二次影印本缩印，分精装本、平装本两种。

比勘发现，《四部丛刊》第一次印本和第二次印本之文本内容并无差异，但版式、印记略有不同。

第一次印本之底本（上海涵芬楼藏张鼎思刻本之后印本）钤有印记 3 处，其中 2 处为"顾印广圻"，1 处为"孙潜之印"。第二次印本之底本与之不同，一共有印记 8 处。第一次印本所钤印记之处，第二次印本在同样位置均有相同印记，此外，第二次印本多了 5 处印记。

第一次印本卷十末行"史通卷之十终"下为空白，而第二次印本下有"顾广圻印"、"潜夫"两方阴文印。第一次印本卷十一卷端"史通卷第十一"下为空白，而第二次印本下有"顾广圻印"、

"孙潜之印"两方阴文印。第一次印本卷二十末行"史通第二十卷终"下为空白，而第二次印本"史通第二十卷终"下有"潜夫"方印。上图藏张鼎思刻初印本中，叶景葵摹写"潜夫"印记，盖孙潜夫校本在卷二十末行有钤印。然而，《四部丛刊》第一次印本卷二十末无印记，第二次印本卷十二末行却有"潜夫"印记，可知第二次印本与第一次印本在石印出版之时，并不完全相同。（见表3）

表3：《四部丛刊》第一次印本、第二次印本异同表

卷	叶	面	行	第一次印本	第二次印本
内封书名				四部丛刊史部 史通二十卷	四部丛刊初编 史通二十卷
史通序录	一	A	1	顾印广圻	顾印广圻
卷一	一	A	1	孙潜之印	孙潜之印
卷十	十四	B	9	--	潜夫、顾印广圻
卷十一	一	A	1	--	孙潜之印、顾印广圻
卷二十	一	A	1	顾印广圻	顾印广圻
卷二十	十七	B	9	--	潜夫
卷末				史通札记	史通札记
				孙毓修跋	孙毓修跋
					史通札记补

另外，值得注意的是，《四部丛刊·史通》第一次印本、第二次印本之顾广圻印记，与顾广圻于他书之中所钤印记似有不同，主要体现在字形方面。而且，第一次印本卷四末叶之左半叶仅一栏，第二次印本有两栏且无左边栏。第二次印本卷八末叶亦无左边栏。

又据上海商务印书馆壬戌（1922）十二月《〈四部丛刊〉刊成记》、己巳（1929）《重印〈四部丛刊〉刊成记》等出版史料，《四部丛刊》第一次印行时更换了其目录中所著录的部分版本，在第二次印行时，不仅又更换了部分版本，而且增补了部分缺叶，但均未涉及《史通》。

其实，张元济在影印出版《四部丛刊》之时，为了搜集善本，常常与当时学者尺牍往还，讨论底本的采择、校勘等问题。其中，张元济在影印出版《四部丛刊·史通》时，曾多次致信朱希祖（时任

北京大学史学系主任），与其商讨《史通》版本情况，并请其代为校订版本。

例如，《张元济书札》（增订本）收录张元济致朱希祖书札 56 通，其中第 3 至 7 通[11] 书札皆谈及《四部丛刊·史通》版本问题。《朱希祖书信集》收录朱希祖与张元济往来尺牍 156 通，其中第 6[12]、9[13]、11[14]、12[15]、14[16] 凡 5 通朱希祖致张元济尺牍，亦谈及《四部丛刊·史通》版本问题。

民国十一年（1922）二月二十日，朱希祖致信张元济[17]：

> 《四部丛刊》中《史通》未知用何本影印。前购得嘉靖蜀刻本，甚精，惜为友人借至广东，至今未还。近又见一张之象翻宋本，始知嘉靖蜀刻仅得抄本翻刻，脱误错乱殊甚，远不及张之象本，以故书肆居奇，士人竞购，价已增至百金。此书先生尝见过否，如沪上藏书家有此本，可借印于《四部丛刊》，以嘉惠士林。

朱希祖询问张元济《四部丛刊·史通》底本为何本，并在信中表示，其曾购得嘉靖间蜀刻本，但又见到张之象本，认为张之象本胜过嘉靖蜀刻本，如果上海地区没有张之象本，朱希祖愿意购入张之象本，以借印于《四部丛刊》。

民国十一年（1922）二月二十六日，张元济致信朱希祖[18]：

《四部丛刊》中《史通》系用万历张鼎思刊本。张有跋，自言据嘉靖陆本订正。友人孙君亦藏有蜀本，谓曾对勘一过，蜀本实逊。此书已印成，今寄上毛样一部，另封邮呈，不知与兄所见张之象本比较奚若？乞见示。……

张元济在信中答复朱希祖，《四部丛刊·史通》底本为张鼎思刻本，而且已经印成。信中所云"友人孙君"，系孙毓修。孙毓修藏有明蜀本，并认为蜀本较之张鼎思本"实逊"。

民国十一年（1922）三月四日，张元济致朱希祖[19]：

> 又影印张鼎思复版《史通》全部，托北京敝分馆转呈，谅荷察入。《史通》与张之象本实比张鼎思本为优，敝处颇拟购藏，不知阁下可否见让？其价值可否商减？若百元则未免过昂。万一阁下必须自留，则购定后拟祈惠借一阅，无任祷盼。前呈样本卷七第十一叶后八行究系如何舛误？此间竟无他本可对，不知都中尚有同样之书可以参定否？如能以张之象本订正，俾得复见真面，则甚幸矣。

张元济信中所云"样本卷七第十一叶后八行"，是指《四部丛刊·史通》卷七《鉴识》第十一叶之后八行文字（凡 199 字）："（知其妄施弹射矣）夫史之曲笔诬书，……盗憎主人之甚乎！"明蜀刻本、明嘉靖间翻陆深刻本、明万历五年（1577）张之象刻本亦均在卷七《鉴识》第二十六，而浙江大学图书馆藏明蜀刻陆深修補後印本在卷五《因习上》第十八。张元济不知此199字如何舛误，亦无其他版本可以校勘，故而致信朱希祖，请朱希祖以北京地区所藏之《史通》版本校勘此段文字。

民国十一年（1922）三月八日，朱希祖致信张元济[20]：

> ……他日能得张之象本，当将所赐样本卷七第十一叶后八行一校，如不能得，当与郭延年本一校，即可报命。

朱希祖也承诺，如果他日能够购得张之象本，将以张之象本校订《四部丛刊》本此段文字。但当时，朱希祖仍未能购得张之象本。因此，朱希祖在信中云，将以郭延年《史通评释》本校订《四部丛刊·史通》。

其后，民国十一年（1922）三月十三日，张元济致信朱希祖[21]：

> 张之象刊本《史通》极不易得，即费百金亦不为贵。公已搜集多种，复得善本，详加校勘，与大著《刘氏年谱》同付枣梨，甚盛甚盛。他日梓成，尤以先睹为快耳。敝处影印张本，错简蒙允校示，衔感之至。

张元济在信中，对朱希祖校订此段文字表示感谢，说明朱希祖不仅完成了张元济的请求，而且对《史通》亦多有校勘。然而，经比勘查考，上图等藏张鼎思初印本并无此段文字，张鼎思后印本此叶为换版补刻，增加了此段199字，《四部丛刊》本与张鼎思后印本相同。明万历五年（1577）张之象本此段文字位于卷七《鉴识》第二十六，张鼎思后印本、《四部丛刊》本同，但是，张鼎思后印本、《四部丛刊》本与张之象本竟有5处异文。而《史通评释》系明万历间郭延年以张鼎思本为底本、以蜀本、吴本为校本进行评释，此段文字与张鼎思本、《四部丛刊》本仅有一处异文，即"王劭"，但《史通评释》此段文字位于卷七《曲笔》第二十五，与张鼎思本、《四部丛刊》本有所不同，可知郭延年对《史通》文本进行调整，朱希祖也确实是在没有购得张之象本的情况下，只能以《史通评释》校订《四部丛刊·史通》，以报张元济之嘱托。因此，尽管朱希祖有所校订，但由于张鼎思本、《四部丛刊·史通》、《史通评释》为同一版本系统，并没有对张鼎思本、《四部丛刊·史通》之误字进行改正，例如"字出大若"，当作"字出大名"。

中科院图书馆张鼎思本后印本、《四部丛刊》本此段文字位于卷七《鉴识》第二十六：

> 夫史之曲笔诬书（张之象本作"芜书蜀本作伪，宋本作芜"），不过一二，语其负罪，为失已多。而魏收杂以寓言，殆将过半，固以（张

之象本作"以知")仓颉已降，罕见其流，而李氏《齐书》称为实录者，何也？盖以重规亡考未达，伯起以公辅相加，字出大若（张之象本作"名"），事同元叹，既无德不报，故以虚美相酬（张之象本作"酬"）。然必谓昭公知礼，吾不信也。语曰：'明其为贼，敌乃可服。'如王邵（史通评释作"劭"）之抗词不挠，可以方驾古人。而魏收持论激扬，称其有惭正直。夫不彰其罪，而轻肆其诛，此所谓兵起无名，难为制胜者。寻此论之作，盖由君懋书法不隐，取名（张之象本作"咎"）当时。或有假手史臣，以复私门之耻。不然，何恶直丑正，盗憎主人之甚乎！

民国十一年（1922）四月二十八日，张元济致信朱希祖[22]：

> ……张鼎思本校勘矜慎，且亦罕见，故敝处为之印行。……张之象本已否购定？甚为企

念。……

可见，张元济在书信中多次表达购藏张之象本并据以校勘之意，直至上海商务印书馆印行张鼎思本《四部丛刊·史通》，仍未购得，只能以张鼎思本为底本进行影印，脱简、舛误之处也没有真正意义上进行勘正。

综上所述，民国间上海商务印书馆以明万历三十年（1602）张鼎思刻后印本《史通》为底本照相石印《四部丛刊·史通》，孙毓修并据孙潜夫、顾广圻等批校于卷末增补校勘札记，对于探究《史通》版本和研究《四部丛刊·史通》成书过程颇有裨益。虽然照相石印时既描润版匡、文字，又有校语误入正文之处，但整体上还是保留了底本的书版面貌。然而，《四部丛刊》本亦有不少承袭之误，例如张鼎思本卷四《编次》篇正文前标题误作"编次第十二"，《四部丛刊》本同，当作"编次第十三"

1. 孙潜（1618-1678），字潜夫。
2. 顾千里（1766-1835），名广圻，号涧薲。
3. 《四部丛刊·史通》牌记。
4. 何焯（1661-1722），字润千，世称义门先生。
5. 《朱元曙、张元济与朱希祖学术交往轶事钩沉》，张元济研究会、张元济图书馆，《纪念张元济先生诞辰 140 周年暨第三届学术思想研讨会论文集》，中国文史出版社，2009 年，第 268-271 页。
6. 郭孔延（1574-？），字延年。
7. 中国古籍善本书目编辑委员会，《中国古籍善本书目·史部》，上海古籍出版社，1993 年，第 1507 页。

8. 中国古籍总目编纂委员会，《中国古籍总目·史部》，中华书局、上海古籍出版社，2009年，第456页。

9. 李庆：《顾千里研究》（增补本），台湾学生书局有限公司，2013年，第275页。

10. 李庆：《顾千里研究》（增补本），台湾学生书局有限公司，2013年，第276页。

11. 张树年、张人凤：《张元济书札》（增订本），商务印书馆，1997年，第308-310页。

12. 朱希祖著、朱元曙整理：《朱希祖书信集》，中华书局，2012年，第11-12页。

13. 朱希祖著、朱元曙整理：《朱希祖书信集》，中华书局，2012年，第14-15页。

14. 朱希祖著、朱元曙整理：《朱希祖书信集》，中华书局，2012年，第16-17页。

15. 朱希祖著、朱元曙整理：《朱希祖书信集》，中华书局，2012年，第17-18页。

16. 朱希祖著、朱元曙整理：《朱希祖书信集》，中华书局，2012年，第19-20页。

17. 朱希祖著、朱元曙整理：《朱希祖书信集》，中华书局，2012年，第12页。

18. 张树年、张人凤：《张元济书札》（增订本），商务印书馆，1997年，第308页。

19. 张树年、张人凤：《张元济书札》（增订本），商务印书馆，1997年，第308-309页。

20. 朱希祖著、朱元曙整理：《朱希祖书信集》，中华书局，2012年，第15页。

21. 张树年、张人凤：《张元济书札》（增订本），商务印书馆，1997年，第309页。

22. 张树年、张人凤：《张元济书札》（增订本），商务印书馆，1997年，第309-310页。

《丛书集成初编》漫议

台北大学　王国良

一、《丛书集成》编选缘由

1934 年，上海商务印书馆董事长张元济（1867-1959）有感于历代丛书之繁富，一般图书馆及读者不易购置，遂责成总经理王云五（1888-1979）去芜存菁，编成一部精要的丛书大观，名曰《丛书集成》（预订时因考虑日后可能出版续辑，遂改称《丛书集成初编》）。据商务印书馆原书目凡例介绍："初编丛书百部之选择标准，以实用与罕见为主；前者为适应要需，后者为流传孤本。"[1] 它收录了很多著名的丛书，还有不少不易找到的笔记杂说。这百部丛书，以刊本朝代分，宋代三种，元代一种，明代二十五种，清代七十一种；以丛书性质分，普通丛书八十种，专科丛书十二种，地方丛书八种。

《丛书集成初编》收录的范围非常广泛，原编采用王云五所创制《中外图书统一分类法》，析分为十大类五百四十一小类，举凡日常所需备作参考的古籍，大致已经包罗在内。所收之书，共分总类、哲学类、宗教类、社会科学类、语文学类、自然科学类、应用科学类、艺术类、文学类、史地类十大类。对于研究我国古代文化遗产，确是既实用又方便。

主编王云五先选择了宋代至清代较为重要的丛书一百种，得子目六千余种，二万七千多卷，然后去其重复，实得四千一百种，印成一式的本子（多数排印，少数影印），每册均有编号，以便排架管理和查找。后因抗日战争爆发，没有按原计划出全，

实际印行三千四百多种。当时，商务印书馆印有《丛书集成初编目录》，为所收的一百部丛书写了提要，并分类列出所收的子目。但《目录》所著录的和实际出版的不完全相符，因为有一部分没有出成。1960 年，上海古籍书店将《丛书集成初编目录》修订，一一列出各书的编号，对未出的书亦一一注出，还有书名索引等，予以重印。1983 年，北京中华书局采用原上海古籍书店重编本《丛书集成初编目录》，稍作订正后加以重印。1985 年起，北京中华书局用商务印书馆原本影印，未出者亦加以补齐，共计 4000 册。2012 年，中华书局为四千分册增编总目及书名索引，出版《丛书集成初编总目索引》一册，提供读者方便使用。

二、《丛书集成初编》编选特点

《丛书集成初编》的出现，确实为一般爱书人大量收藏古籍提供了可能，单从这一点上来说，它对我国文化的传播即功不可没。有此套丛书，常见古籍无不包罗其中，学者治学自然也有更多的方便，只需花少数的金钱就可以买到大量的参考书籍，这不能不说是商务印书馆对学术界的一大贡献。

综观全书，选目大体得当，特别是普通丛书中所选多为佼佼者。惟专科丛书、地方丛书虽意在取以示例，然挂一遗万，仍难免漏略之嫌。即普通丛书中亦有数种存在瑕疵（如《三代遗书》多杂伪篇，《泽古斋重钞》大抵为《借月山房汇钞》之翻版），

未必尽善，大醇小疵，存而不论可也。至于《丛书集成初编》所选百部丛书有六千种子目，其中重复者计约二千种，必须删汰。一书为二种或多种丛书所收，要确定孰为佳本，孰为劣本，非逐一细校，不能定其是非。选优汰劣，需要很高的学养和很大的工作量，《丛书集成初编》在这方面取得的成绩是有目共睹的。

《丛书集成初编》的出现，做为中国第一部面向大众的丛书汇集，对于学术上所起的是潜移默化的作用。《丛书集成初编》销售对象原本是一些中小型图书馆，后米私人购买者也不在少数。现在不少学者治学时很多还是参考《丛书集成初编》的版本，甚至还用它作为底本进行校勘的，就是因为它比较易得而可信。王云五除了苦心孤诣创设"四角号码查字法"，嘉惠士林之外，编辑此丛书也是他的主要贡献之一。

《丛书集成初编》具体的选择标准并不太明确，所以在丛书中对于排印和影印的选择也比较混乱。一般地说一些小学类及附图的都采取影印的方式，其余为了节省篇幅多采取排印。事实上，排印容易出错，影印若不是随意挖补删改，则要比排印本可信得多。另外，影印的书籍若是品质优良，可以保留原书墨迹、字体、刻工风格的十之七八。这倒是可以让我们这些有嗜古癖好却又买不起古书的人可以过一过瘾了。它虽然没有太大的文物价值，但从学术价值角度来说，比诸原本可谓毫不逊色。[2]

再者，《丛书集成初编》每书的扉页上都有出版说明，其篇幅虽然很简短，但能把一些关键的内容交代得非常清楚。如《梦溪补笔谈》的说明云："本馆《丛书集成初编》所选《宝颜堂秘籍》、《稗海》及《学津讨原》皆收有此书。《宝颜》本文注混淆，段落舛错，《稗海》本亦不免。《学津》本从《稗海》本出而加厘订，故据以排印。中脱二条，仍据《稗海》本抄补附后。"短短数十字，就把此书现存的版本情况，各版本之优劣及选择所使用版本的原因，是否有所改动，添加了什么附录都交代得清清楚楚。如果此书系《四库全书》中收录，还会在书前附上《四库总目提要》。这一点真值得我们现在的出版社学习。[3]

三、关于《丛书百部提要》

《丛书集成初编》发售预约时，其征订样张暨书录，除了王云五亲撰《辑印丛书集成序》，并附有《丛书百部提要》长文。这篇提要的作者到底是张元济或者王云五，目前学界似乎意见不一。

（一）张元济亲撰

1979 年 7 月，中国图书馆学会举行第一次学术讨论会，王绍曾（1910-2007）发表了《试论张元济先生对近代文化事业和目录学的贡献》一文（《山东省图书馆学会会刊》，1979 年 6 月），首先提出《丛书百部提要》乃张元济亲自授意王云五写定的意见。[4]1984 年 11 月，北京商务印书馆印行王氏著《近代出版家张元济》，他再一次强调"张先生选定了丛书百部的目录和确定选取重本的标准以后，又亲自撰写《丛书百部提要》，对每部丛书的源流、内容、价值言简意赅地加以论述，使读者对百部丛书有清楚的了解。"[5]

1991 年 10 月，柳和城（1944- ）发表《张元济与〈丛书集成〉》。该文列举王云五所撰《缘起》、张元济致葛词蔚信，以及谢国桢致张元济信等几则史料，考定《丛书集成初编》乃是张元济与王云五合编；《丛书百部提要》的著作权，则应属张元济。[6]

2006 年来新夏（1923-2014）撰《书文化的传承》，亦谓："《丛书集成初编》是张元济发轫的汇编性大型丛书。张元济考虑唐、宋以下，若干偏僻零碎著述，大都存于前代丛书里面，不少重要文献，该作综合裒辑。从 1935 年开始，他指导识拔培养的助手继承人王云五，着手辑印《丛书集成初编》。计划从 1935 年起分 10 批出齐，每批 400 册，共 4000 册，后因抗日战争干扰，仅出版了 3062 种，3467 册；还有 1045 种，533 册未出。张元济负责了《丛书集成初编》的选目任务。1935 年上半年展开工作，从数百部丛书中择优选取百部以集古今丛书大成。张元济还亲撰《丛书百部提要》附于《丛书集成初编目录》。提要文字极其简明，逐书分述各书源流、版本记述、内容与价值，颇有助于对丛书状况的了解，也是一册很好的丛书版本学参考书。"[7]

2008 年 3 月，柳和城又发表《张元济著〈丛书百部提要〉考》专文，补充 1991 年论文上的说法，进一步从张元济的文章、书札以及相关人士的回忆录暨档案等，论证《丛书百部提要》的著作权应属张元济本人的见解，十分详尽精彩，值得学界重视。[8]

2014 年 9 月，袁红梅撰《近代丛书编纂的巨擘——张元济——以古籍丛书编纂为例》，登载于《哈尔滨工业大学学报（社会科学版）》，也赞成来新夏先生的说法，主张"张元济还亲撰《丛书百部提要》附于《丛书集成初编目录》。"[9]

（二）王云五主撰

1946 年 10 月，重庆商务印书馆出版了王云五《新目录学的一角落》，收有《中外图书统一分类法绪论》《四角号码检字法序》《印行万有文库第一二集缘起》《国学基本丛书四百种目录》《辑印丛书集成序》《丛书百部提要》……，并附录《十年来的中国出版事业》等十一篇文章，《丛书百部提要》为其中之一。1973 年 5 月，王氏又把此书编入台湾商务印书馆的《人人文库》特 243 号，因而流传颇广，影响不小。该书王云五署名作于民国 32 年（1943 年）8 月 5 日的序文，除阐述他的新目录学观外，只简单地提及"此区区十篇之文字，无一不以长期间写成"，"《丛书集成初编》之选辑分类，费时一年以上"云云，并未交代《丛书百部提要》编撰的经过，留下了一段空白的历史。

《丛书集成初编》的选书、编目、撰述、校订等工作，基本上由王云五主持，丁骏音（1892-1964）、张越瑞（1906-1972）相为助理。选书、编目的具体工作都是由图书室翟翥（孟举）承担，复经张元济、王云五几次审核才完成。断句则主要委托馆外加工，馆内胡文楷（约1899-1988）、缪天缓（巨卿）、徐益之等担任核对工作，张元济再行复审。王云五的贡献，最关键性的有两点：其一是决定出版形式采用排印为主；其二是打破旧有的四部分类法，改用他创制的《中外图书统一分类法》。[10]

1947年6月，王云五到南京中央大学做一场"旧学新探"演讲。他对丛书的沿革做了一番梳理，同时分析已有丛书的特色与不足之处，头头是道。[11]张元济生前并未对于《丛书百部提要》的撰写真相表示意见，似乎已经默认《提要》为王云五的著作了。柳和城《张元济著〈丛书百部提要〉考》则认为张元济对于〈丛书百部提要〉的撰写真相一直未表示意见，这与两位出版家的不同性格和不同作风有密切的关系，值得我们探讨。[12]

四、《丛书集成初编》与《百部丛书集成》比较

1952年台湾艺文印书馆创设之后，即以印行古籍为主。从二十世纪七十年代，艺文印书馆主人严一萍（1912-1987）着手编印《百部丛书集成》，所选一百部丛书与商务版《丛书集成初编》完全相同（只另增《经典集林》一部，共一百零一部），将原来商务缺印的九百五十一种书，补印齐全，全书四千余子目，全部出齐。新印的这部大型丛书，把《丛书集成初编》的以子目为纲改为以丛书为纲，又改十进分类为四部分类影印，改影印排印并存为全数影印，改平装为线装。编者吸收了当代文献研究的成果，重视版本更新，抽换和增补了一些古本、足本、校本和精刻本，订讹正误，删重补缺，做了大量的整理工作，还编有分类目录和书名、作者索引；在每部丛书之前，又编有总目，每部书的下面，列"说明"一项，叙述所采用版本以及整理情况，颇便查考。与《丛书集成初编》相较，谓其青出于蓝而胜于蓝，殆非溢美。[13]

当然《百部丛书集成》也仍旧存在一些缺失。例如：所选各丛书良窳不一，如《汉魏丛书》，明程荣初辑本，校刊精审，清儒校勘，多据为底本。清王谟所辑，徒事增益、而颇多讹脱。《唐宋丛书》，乃撮拾清初所刊重编《说郛》之版片，所收各书，几俱系删节不全之本。《学海类编》及《稗海》，选书既未精，复多节本，校刊亦不佳。《海山仙馆丛书》，校刊之劣，久为士林所诟病。辑佚类如《玉函山房辑佚书》，以经子两书为主，凡百余种，竟未采及。经部不收正续《皇清经解》。有《五雅》及《许学丛书》，而不收《江氏音韵学丛书》。史部仅三种，诚所谓挂一而漏万。且如知收《八史经籍志》，而不知收清末姚振宗（1842-1906）之《快阁师石山房丛书》，是所见者毫末而所遗者车薪。子部不收《百子全书》，殆见小而遗大。集部仅一《诗词杂俎》，剧曲如《元人杂剧三十种》、《六十种曲》等，前人视为海盗海淫，清廷多悬为禁令，

是以甚少刻入其他丛书。方今研究通俗文学作品，用力之勤，嗜者之众，几与清儒研治群经诸子相埒，而竟失收。

历代丛书，凡数千种，从中选取百种，固非易事。然如上列百部，无可取者殆三分之一。商务既失于前，艺文踵随于后，则其所谓辑补、增删、订辨，亦劳而少功。其所谓订辨，似指增益《四库提要》及余嘉锡之《辩证》，胡玉缙之《补正》。然此三书屡经刊行，甚为易得，可有可无。倘能取文集中名家序跋、近人考订精审之文字以附益各书，其嘉惠士林恐怕要更多些。

全书计收书四千一百四十四种，七千九百五十册，分装八百三十函。其字数无多之小书，不足十叶，过薄不能成一册，则于前后各加白纸若干叶，订为一册。如欲从中寻觅有字部分，几如只在此山中，云深不知处。虽亦编有书目，依四部分类，另编书名及著者姓名索引，以便检索。然欲自此近九千册，八百余函中找出，实非易事。宜将各册封面及各函显著易见处，印一长编之册次及函次，而于目录及索引中亦分别注明，则不知可省却多少人之精力。

《百部丛书集成》经始于 1965 年，至 1970 年印成，纸墨远不如其所称"毛边纸精印"，徒然多占空间，找书不易。其后复有《续编》、《三编》、《菁华》之编印，选书略胜正编，而其印刷装订，则未见改进。惟方今图书散佚，远过往昔，端赖此近两百种丛书，除去重复，大图书馆备置一部，亦可谓聊胜于无了。[14]

五、新文丰《丛书集成新编》与上海书店《丛书集成续编》

台湾新文丰出版公司于 1973 年在台北成立，以传承中国传统文史哲学为使命，为研究传统文化的学者与爱好者出版珍贵文献资料与专业学术著作是其出版宗旨之一。1983 年，出版公司创办人高本钊（1934- ）邀请王德毅（1934- ）教授为主持人，开始了《丛书集成新编》系列的编纂出版工作。关于《丛书集成新编》系列丛书之编纂初衷及主旨，王德毅执笔的《丛书集成新编·编刊说明》谓："商务汇印集成时本名《丛书集成初编》，其意应表示还要续印二编、三编……惟因当时初编印成以后，正值我国对日本全面抗战，上海旋亦沦陷，一切计划皆成泡影。半世纪来，未见赓续，研究中国学的海内外学者，多殷切盼望能广为汇印，并及于民国。本公司……不惜巨资，搜集汇印两百种重要丛书，仍以罕见与实用为原则，真乃集丛书之大成，且与商务、艺文出版者不尽相同，故名曰新编。今先汇印第一辑，将来续出二、三辑，与海内外学者共享之。"[15]《新编》将《丛书集成初编》所有拟目包括已出部分及未出部分全部配补齐全，收录自先秦至清代古圣先贤著作约 4100 种。所选百部丛书就种类而言，含普通丛书 80 部，专科丛书 12 部，地方丛书 8 部；就时代而言，含宋代 2 部，明代 21 部，清代 57 部。同《丛书集成初编》一样，《新编》采用现代图书分类法，分为 10 大门类，不过全部改为影印，精装 16 开本 120 册，1984-

1986 年陆续出版。为使读者直接阅架便可确定所找书目册次，《新编》在每册的书脊上标有该册所含详细书目。另外，为方便综合检索，《新编》还编有总目及书名和作者索引 1 册。《丛书集成新编》完成后，广受学界好评。新文丰公司于 1989—1991 年又与王德毅合作编纂出版《丛书集成续编》。《续编》主要汇集清末至民国三十七年间的丛书 150 种，共含子目 1 万余种，按现代图书分类法重新排列顺序，精装 16 开本 280 册，另编索引 1 册，内含 150 部丛书之提要、总目、书名及作者索引。《续编》所收丛书书目为重新拟定，所收丛书种类也比《新编》多一半。新、续两编"合计四百册，收编子目书达一万种以上，传世的古今重要典籍，除十三经、二十五史及释、道两藏外，几乎已荟萃其大半。广受海内外研究中国文史哲学的学者所推重，多建议筹印第三编，以应学界的需求。"[16] 于是，新文丰公司从 1999 年开始辑印《丛书集成三编》。该编仍邀请王德毅等学者对数十年来所收集到的书目重新筛选，以确定《三编》所收丛书书目，并与在《丛书集成新编》《丛书集成续编》及《四库全书》中已收之书一一比对，完全相同之书不再收录，最后共选定丛书 96 种，影印精装 16 开本 100 册，另加索引 1 册。《三编》编纂体例与选目原则与《新编》《续编》一样，仍分十大类，各类下再分子目，只是所选丛书范围与其所含子目书性质与前两编略有不同，故分目也略有更改或删减。[17]

中国大陆的上海书店出版社则选取明清及民国时期的丛书 100 部，删除各丛书内相重复以及与《丛书集成初编》重复的书，于 1994 年 6 月影印出版《丛书集成续编》，共收古籍 3200 余种，按经、史、子、集分类编排。所收各书按原书影印，精装 16 开 180 册；所选丛书以"流传稀少、学术价值较高以及研究工作实用"为标准；在编排上，除经、史、子、集外，另立"别录类"，以安排子目中集多种不同著作而成的小丛书。该书店并编印《丛书集成续编总目》精装一册，于同年 10 月出版。全书共分三个部分：第一部分为《丛书集成续编》（全 180 册）的总目，对所收每种图书标明三级分类及在《丛书集成续编》中的册数、页码等；第二部分是为了便于读者检索、使用《丛书集成续编》而编撰的索引部分，包含对丛书所收 3600 多种书目的书名索引，以及其作者的人名索引；第三部分为《百部丛书提要》，是对丛书名称、刊本、编者（姓名字号、籍贯、生卒年份、主要经历、学术成果）、丛书内容、重要特色等逐一介绍。取之同新文丰公司版《丛书集成续编》相比，上海书店版《丛书集成续编》在册数、丛书数量及子目等方面均有不同，因此台湾版和大陆版两种《丛书集成续编》，千万不可混淆。[18]

六、结　语

由上海商务印书馆两大巨头张元济、王云五共同主编的《丛书集成初编》，自 1935 年 3 月宣布刊行，至 1937 年"八·一三"事变发生，出了七期而终止。

这项出版界的创举，距今已有八十年，未出部分也已由兄弟出版社补齐。《丛书集成初编》对中国本土以及全世界的汉学研究，提供非常多的重要资料，并起了续编"丛书集成"的带头作用，产生了无法估计的积极影响。

今年是张元济先生诞生 150 周年，世人缅怀张菊老对于教育文化及出版事业的重要贡献，一起回顾《丛书集成初编》当年编辑刊行的种种，同时检视澄清一些事实真相，特别是关于《丛书百部提要》的著作权归属，应该不无意义。倘若我们参阅《张元济年谱长编》（下卷），在 1933 年至 1936 年部分，我们随时会发现张氏为《百衲本二十四史》、《四部丛刊续编》暨《三编》撰写跋文或校勘记的纪录，却罕见留有《丛书集成》相关序跋提要之类，恐非偶然现象。[19] 我们不妨重新思考，也许《丛书百部提要》的著作栏该题上张元济、王云五等人编著（包含编辑部同仁），似乎更周到圆满吧！

1. 见《丛书集成初编》凡例，中华书局编辑部：《丛书集成初编总目索引》，中华书局，2012 年，第 1 页。

2. 参见"丛书集成初编＿百度百科"，baike.baidu.com/item，2017.06.05 浏览。

3. 参见"丛书集成初编＿百度百科"，baike.baidu.com/item，2017.06.05 浏览。

4. 该文已收录于王氏著《目录版本校勘学论集》，上海古籍出版社，2005 年，第 135–179 页。

5. 参见王绍曾：《近代出版家张元济》，商务印书馆，1984 年，第 67 页。

6. 柳和城：《张元济与〈丛书集成〉》，《文教资料》1991 年第 5 期，1991 年 10 月，第 91–94 页。

7. 来新夏：《书化的传承》，山西古籍出版社，2006 年，第 144 页。

8. 柳和城：《张元济著〈丛书百部提要〉考》，《出版史料》2008年第 1 期，2008 年 3 月，第 121–127 页。

9. 袁红梅：《近代丛书编纂的巨擘——张元济——以古籍丛书编纂为例》，《哈尔滨工业大学学报（社会科学版）》，2014 年 5 期，2014 年 9 月，第 102 页。

10. 参见唐锦泉：《回忆王云五在商务印书馆的二十五年》，《出版史料》1987 年第 1 期，1987 年 3 月，第 12–13 页；王建辉：《文化的商务——王云五专题研究》，商务印书馆，2000 年，第 124 页。

11. 参见郭太风：《王云五评传》，上海书店，1999 年，第 110 页。

12. 柳和城：《张元济著〈丛书百部提要〉考》，《出版史料》2008年第 1 期，2008 年 3 月，第 125 页。

13. 参见洪湛侯：《〈丛书集成初编〉、〈百部丛书集成〉简评》，《杭州大学学报》20 卷 4 期，1990 年 12 月，第 53–60 页。洪氏又撰《百部丛书集成研究》（台北：艺文印书馆，2008 年），亦可参看。

14. 参见乔衍琯执笔，"百部丛书集成－｛中华百科全书·典藏版｝"，ap6.pccu.edu.tw，2017.06.10 浏览。

15. 参见新文丰出版公司编辑部：《丛书集成新编总目 附：提要·书名索引·作者索引》，台北：新文丰出版公司，1986 年，第 1 页。

16. 参见新文丰出版公司编辑部：《丛书集成三编总目提要·书名索引·作者索引》，台北：新文丰出版公司，1999 年，第 2 页。

17. 参见新文丰出版公司编辑部：《丛书集成三编总目提要·书名索引·作者索引》，台北：新文丰出版公司，1999 年，第 1 页。

18. 参见崔建利、王娟：《传承文献 殊途同归——海峡两岸续纂〈丛书集成初编〉述略》，《图书馆论坛》2014 年第 10 期，2014 年 10 月，第 99–102 页。

19. 参见张人凤、柳和城：《张元济年谱长编》，上海交通大学出版社，2011 年，第 915–1040 页。

台北故宫博物院所见与张元济先生相关的两纸书籍夹片兼述所见古籍夹片

台北故宫博物院　卢雪燕

一、前　言

台北故宫博物院典藏的 21 万 3 千余册善本旧籍的传承来由，[1] 若仅述及最近，其来源大致可分成四大类，一是 20 年代寿安宫图书馆南迁善本（含清宫及观海堂旧藏，约 15 万册），二是北平图书馆旧藏（约 2 万余册），[2] 三是各界捐赠（含公藏及私人捐赠，总约 4 万余册），四是在台购藏（总约 3 千册）。

若再往前追溯，除个别案例外，[3] 寿安宫图书馆与北平图书馆旧藏之中，源自清宫各宫殿部份（清史馆原藏之大量方志除外），[4] 大致因传承轨迹较清晰而显得单纯许多，[5] 而 4 万余捐赠古籍之中，"国防部史政局"移藏的 1 万 8 千余册，基本上是日本侵华时期机构"华北交通株式会社"20-30 年代的搜集；[6] 而来自"香港中山图书馆"赠藏的 1 万 2 千余册，则洐袭自"香港孟氏图书馆"典藏而来。[7]

除此之外，其他来自各界，如清史馆 1914-1927 年期间向地方征集所得，杨守敬观海堂旧藏，近代藏书家等私人捐藏，原北平图书馆 20-30 年代征集书籍（即非清宫原藏部份），或是故宫在台购藏等书籍，其中则有相当大的比例，可能因进呈自地方，来源多元，[8] 或是原收藏人（如捐赠者）透过 20-30 年代，蓬勃发展的古籍"流通市场"购买所得，因之可想而知，这类书籍的传承流通情况必然复杂许多，此不单单从琳琅满目的藏书印记可证，更有意思的是这类化私藏为公藏的书籍内页，除经常可见的藏书家手书批校（注）之外，亦偶见与该书内容、来由皆无关连的私人札片夹藏其中，乍看之下，除用来标帜特定书页的"书签"用途之外，似乎无关宏旨，然若细究这类札片的作者、内容，则不难发现，这些极不起眼，甚至根本就不属于书籍一部份的小小纸笺，或许正述说百年书籍流通的种种往事，其中不乏记录与傅增湘（1872-1949）、沈曾植（1850-1922）、张元济（1867-1959）等民初大家的日常生活事迹，而在民国文献[9] 逐渐受到重视的今日，此类札片，虽无系统，亦无特定主题，但点滴价值不言可喻。本文便是在这样的思维下，重新检视曾经经眼的部份故宫典藏古籍内页夹片，并从中择选数例，一方面详述札片内容外，另一方面亦就手边可得有限资料，略考部份札片出现，及其与书册之间的可能联系。

二、故宫典藏书籍夹片举隅

在未经完全检视的情况下，故宫古籍内页夹片总量亦未得以完全统计，故仅就平日工作所见，择选举数例列表说明如下。

序号	札片名[10]	尺寸（公分） （纵 × 横）	原夹藏书籍题名	书籍版本	故宫文物统一编号	原藏地
1	傅增湘账单	25 × 11	《春秋经传集解》三十卷	清光绪间杨守敬影抄日本金泽文库藏本	故观 000458–000487	杨守敬观海堂

内文："甜打五□，一元，磁碗一个，三毛。合欠洋一元三毛。傅润元先生。"
朱印："广隆泰图章"、"单后未录"、"甲寅"、"岁晚"、"天津紫竹林广隆泰单"

| 2. | 章钰[11]长子宴请帖 | 25 × 12 | 《皇朝地理志》存一百〇四卷 | 清内府朱丝栏写本 | 故殿
016682–016893 | 南下之前未有编号，故来源待查 |

内文："阳历十月十二日为长子元善授室洁治喜筵，敬请光临，章钰载拜。"
阴历九月十六日
"假德义楼午刻成婚　元善字彦驯。"[12]

| 3. | 陈开骥向菊生请假，倩人代课假条 | 22.5 × 12 | 《松江府志》八十目卷首二卷图一卷 | 清嘉庆23年松江府学明伦堂刊本 | 故志
000943–000982 | 清史馆 |

内文：菊生先生大鉴：日前课毕，因痰喘就医，服药调治未痊，明日伦理一课，拟托徐儒翁代理暂讲，先此奉闻，顺请钧安。

晚 陈期开骥谨上　星期二

另该纸左亦以墨笔书写对象列表，内容如下：

计开

茶壶　裱

水烟代　洋书

雨鞋　洋笔

雨伞　酒平（平？）

手炉　洋火

皮夹　㕞（？）卷（？）

包袱　鑫楮

铺盖　洋爉

便桶　水烟

便壶

笔墨

信札

合篮

手巾

面盆

网篮

帽刷

洋刀

奉申右览

4.	傅增湘致沈曾植手札	22.5×12	《黄太史精华录》八卷	明初朱君美写刊巾箱本	赠善004002-004005	沈仲涛研易楼

内文：子培先生执事：前函发后，始将全书取来，与子封前辈一看，来两次始见，据云刊本沉精，且绝少见，值亦相当，尽可代收，今候示尚未到，而湘又将回付，不过住一月仍回付，后闻宅仍留人，有信亦可交彼处，此书又有人索阅，祇好（的？）将原书全帙四本，计一函，交邮局寄上，函请查收，此书值印，由湘付，请尊处拨付菊生前辈处可也。余自（？）□，即请校安

傅增湘拜　闰月十七日　回行仍寄付英界电灯房北

※ 原书有沈增植藏书印与海日楼藏书签条

5.	手札一通	23×10	《湖南通志》存二百十二卷卷首三卷末六卷	清嘉庆 25 年刊本	故志 001995-002072	清史馆

内文："两版学书集□四□特以就正，未谷先生分书 弟慕之若渴，非因泥泞，早已亲诣莲斋矣。□未为借来一观，俾可寝食共之也。已刻之石□ 小□面□彼处需银甚殷，固尔割爱求售也。如可将银给小□领回转□妙甚□，肃此顺□刻□□，虎臣大兄正之 南□拾片"

（双鲤鱼信笺 问雕（鸥）生制）

未谷先生：疑为桂馥（1736–1805），字冬卉，号未谷，清曲阜人。

6.	名片与请柬	19.7×9.5	《明文案》	旧钞本	平图 018920-018965	北平图书馆

内文：红纸墨字印刷"徐翰章"

墨笔书："程三大人，世再侄徐制翰章顿首，淫雨连绵，未获趋前请安，殊□怅怅，奉请明早九点钟，斌园茶叙，务乞赏光，勿却是幸，此□恭请石洲太老伯大人顺安，阖第均吉，四月初六日。"

7.	交库便签	30×7	《深泽县志》十二卷	清雍正 13 年刊本	故志 005367-005372	清史馆

内文：骆先生调，今交库，深泽县志一函六本，图未交，九月十日。

8.	馆员调书证	27×11	《皇朝礼志》八卷	清内府朱丝栏写本	故殿 033362-033369	寿安宫图书馆

内文：同治元年实录十本，正月至十二月，穆宗实录第一包，十九本，中华民国十年四月十一日馆员季□□调阅，十一年二月十六日交回。

※ 馆员调书证，朱丝栏印刷表格

三、书籍札片价值略论

细析上列八种书籍夹附札片，"交库便签"（序号 7）、"馆员借书证"（序号 8），显而易见是当时某馆馆员"骆先生"以及"季□□"的借书纪录，按札片内文──"深泽县志交库"、"图未交"可知，或许方志内附有舆图，但"骆先生"借而未归，致佚失今日不复得见。[13]笔者查索今日故宫典藏，确实未见舆图夹附其中，而这位"骆先生"何许人也，按《深泽县志》出自"清史馆"推测，极可能是该馆工作人员之一。此外，据"馆员借书证"所记录的"季□□"，以及他借书的时间点——"中华民国十年"来判断，这位"季□□"应该也属于"清史馆"工作人员才对，借书动机，应与纂修"清史"业务有关！

再谈"傅增湘账单"（序号1）。傅增湘，字润沅，号沅叔，一生以藏书、校书为职志，伴随其藏书、校书事业所产生的沅叔亲笔"题跋"、"书信"不知凡几，《藏园群书题记》《藏园群书经眼录》《张元济傅增湘论书尺牍》已昭然若揭。相较于校书"题记"，"傅增湘账单"，所揭示者似乎仅仅是沅叔的日常生活的一个极小细节而已，然而这张印署为"广隆泰"的天津餐馆欠款条，为何夹藏在《春秋经传集解》内页之中？又其中是否隐含其它深义？

按《春秋经传集解》扉页附加杨守敬小像，卷首及内页见钤"杨守敬印"白方、"宜都杨氏藏书记"白方、"飞青阁藏书印"白方、"星吾海外访得秘籍"朱方，以及卷十七末，所见杨守敬紫笔识语"光绪癸未借枫山官库本影钞并手校一过。十一月十日。守敬记"等可证，本书乃杨氏在日影抄及亲笔手校（1883年，光绪癸未年），文内大量朱、墨、紫笔校字，以及间夹之朱笔小札片，按理应皆星吾老人亲笔。1884年杨守敬氏携书返迏中土，先是将之存贮于湖北黄州"邻苏园"，1903年再筑武昌菊湾"观海堂"藏之。此批观海堂旧籍在杨守敬去世

后（1915），经傅增湘的大力推荐，由当政府购移至北京，藏于"政事堂"，1918年拨付一部份予松坡图书馆，其他暂存"集灵囿"，[14]1926年正式将"集灵囿"的1万5千余册拨交故宫，存贮在故宫博物院图书分馆景山大高殿。

按"傅增湘账单"里的"甲寅"、"岁晚"推测，此"欠条"出现的时间点应是1914年年底，与观海堂藏书移至政事堂，或是后来的景山大高殿，其时间点并不相符，然何以在1916年以后才移置北京的《春秋经传集解》里，会出现这么一张1914年的札片？

沅叔本进士出身，清末任提学使，1911年返回天津居住，辞去官职，武昌起义后任唐绍仪（1862-1938）顾问，出席南北议和，失败后再返天津，1914年，先是赴北京出席"约法会议"，后任民国政府的肃政使，1916年官裁返回天津，1917年出任教育总长，1919年去职，1927年10月任故宫博物院管理委员会委员兼图书馆馆长，任内编纂《故宫善本书影》。按上述，《春秋经传集解》既是在1916年才移存到北京，若不考虑傅增湘亲赴武昌观海堂的可能性，其阅提该书的地点推测应在北京才对，而其中又以暂贮"政事堂"，或是"集灵囿"的这段时间最有可能，然傅增湘曾在1927年任故宫图书馆馆长，此时原藏"集灵囿"的观海堂藏书已移至大高殿故宫图书馆分馆，故其为编《故宫善本书影》而提阅此书亦不无可能，换言之，傅增湘读此书而夹入个人"欠条"的时间点亦可能落

在 1927 年左右。[15]

"傅增湘致沈曾植手札"（序号 4）夹藏在《黄太史精华录》八卷内页之中，内容主要是傅增湘告诉沈曾植购买该书之相关事项，且他认为该本"刊本沉精"，"值印"，并嘱交付"菊生"前辈印刷出版。按台北故宫典藏纪录，《黄太史精华录》包含在著名藏书家沈仲涛先生（1892-1980）在 1980 年，捐归故宫的那一批包含 33 部宋版书，17 部元版书在内的研易楼旧藏之中。[16]仔细检视该书内页，钤有"山阴沈仲涛珍藏秘籍"朱方、"海日楼"白方、"翰墨林"朱圆、"杭州王氏九峰旧庐藏书之章"朱方、"稽承谟印"白方、"植"朱方、"无世问心同世行事"朱方、"经筵讲官太子少师建极殿大学士之章"朱方、"仁寿"朱方、"王□一印"朱白方、"壹庵长□"白方等多方藏书印，足见其流传轨迹相当复杂，在入藏沈仲涛研易楼之前，应是为沈曾植海日楼所藏，沈氏入藏此帙，则与傅增湘之推崇有绝对性的关连。更重要的是，就如同傅增湘支持张元济辑印《四部丛刊》一般，他也希望子培能将书借予张元济印刷出版，甚至由"湘"自付费用。[17]

"陈开骥向菊生请假，情人代课假条"札片夹存于《松江府志》之中，此书本清史馆旧藏，从书籍内页所钤"松江图书博物馆藏书之章"朱方可证，该书来自 1915 年始建之"松江县教育图书博物馆"，此外，从封面所钤"江苏省省长送"字样推测应是清史馆向地方增集方志时，被当时的省长齐耀林

（？ -1949）送往中央而留存在清史馆。[18]"陈开骥向菊生请假，情人代课假条"不单单内文提到"菊生"，从假条采"松江府中学堂…试验用纸书写"推测，书写假条的"陈开骥"应是该学堂教员，可惜遍寻不着"开骥"数据，无法从作者推测该札片之年代，不过就《松江府志》典藏地，以及松江府中学堂始设立于 1904 年来看，该署名为陈开骥的请假条书写，或是夹入《松江府志》的时间点应落在 1904 年至该书缴送中央的 1913 年以后几年之间。至于"菊生"是否指张元济，由于笔者并未遍寻不着张元济是否曾经主持"松江府中学堂"，故尚无法确认。

前文详举之例，囿于数据有限，尚无法尽考札片内容、来由，或是确切的夹藏时间点，不过纵然如此，各札片的确为如傅增湘、张元济、章钰、沈增植等赫赫有名的民初人物活动留下纪录，而由札片夹存在某书的事实来看，亦如实记录该书的传承、流通，以及使用等情形。举例来说，《皇朝礼志》夹藏章钰为长子办婚宴的请帖，不正说明曾担任清史馆纂修的章钰极可能在为长子章元善[19]（1892-1987）举办婚宴前后，借阅该书，因之留下纪录。而陈开骥的假条也同样述说着，《松江府志》在被进送至清史馆前，除为"松江县教育图书博物馆"典藏外，或许在此之前，根本就是"松江府中学堂"，或者是它的前身"云间书院"提供给学子使用、阅读的典藏书籍之一。

四、代小结

正如前言所叙，台北故宫典藏善本古籍来源多元，虽说以清宫各宫殿旧藏为典藏基础，但在清末民初大时代巨轮的推演下，凡走过必留下痕迹，在诸多古籍陆续化私藏为公藏的过程之中，所留存下来之种种未曾被注意的故事点滴之中，本文所揭示者，不过沧海之一粟罢了，诸如此类过去从不见介述的书籍札片，如今尚存在每个角落，正默默地等待被发掘出来，从而继续述说二三十年代，有关"书"与"用书人"之间的故事。

---

1. 21万3千余册系减除北平图书馆旧藏古舆图所得数字，除此尚包含金陵大学旧藏书籍1部，以及南京中央博物院部份善本。
2. 台北故宫今日典藏之北平图书馆旧藏善本2万余册，系20-30年代北平图书馆南迁上海，继而寄存美国国会图书馆，60年代返归台湾，1984-1985年间移交予故宫典藏。
3. 例如宋、元本，除衍自明廷之外，其不乏查抄、臣民进献，或为修书向地方征集而来，故传承情形较清官刻本（如殿本）复杂。
4. 清史馆成立于1914年，其为修清史，除承袭清"国史馆"典藏外，亦公开向地方及各界征集书籍，尔后此批典藏亦藏故宫寿安宫图书馆，后随故宫文物一并来台。
5. 寿安宫图书馆南迁善本多系清宫各宫殿原藏，约13万5千册。
6. 按故宫纪录，此批"国防部史政局"旧藏古籍，系1983年赠予故宫。
7. 实际上，孟氏图书馆即中山图书馆前身，此批藏书系2009-2012年间，由香港中山图书馆分两次捐赠予台北故宫。另有关入藏始末，见拙著《寄情人间——香港中山图书馆捐赠善本旧籍特展》，文载《故宫文物月刊》，第335期，第38-49页，台北故宫博物院，2011年2月。
8. 例如清嘉庆二十三年松江府学明伦堂刊本《松江府志》（故志000943-000982），卷首钤1915年始建立的"松江图书博物馆藏书之章"朱印，故知其应是"松江县教育图书博物馆"旧藏，后透过"江苏省省长"缴送北京"清史馆"，而后随故宫文物来台。
9. "民国文献"一般指1912-1949年出版的图书、杂志、报纸、档案等。
10. 此札片题名系根据内容暂订，故宫典藏文物谨记录夹藏书籍原名，并无此札片名。
11. 章钰（1864-1934），清末民初藏书家，曾受邀担任"清史馆"纂修。
12. 章元善（1892-1987），章钰长子。此请帖应系1916年发出。德义楼，民初天津日租界旅馆，设有蕃菜馆。
13. 故宫典藏之文物统一编号列为"故志"字头的方志书籍之中（绝大多数是"清史馆"旧藏），有128部方志之中附有单件舆图，总148幅，按此，《深泽县志》亦应附有单件舆图。
14. 位在中南海之中海西侧。
15. 此外，王菡，《感受"于青灯黄卷中"——藏园群书校勘跋识之文献意义刍议》页80提到"傅增湘藏书自1911年南北和议上海购书为起点，与沈曾植、杨守敬、莫棠、徐乃昌、张元济等人交往密切……"依此，傅增湘或许亦可能在某些因缘之下见到杨守敬收藏的《春秋经传集解》也说不定。（王文载沈乃文主编《版本目录学研究第二辑》，页79-92。北京：国家图书出版社，2010年12月。）此外傅增湘主导出版的《故宫善本书影》（民18年6月故宫图书馆影印出版），收有昭仁殿旧藏，属"天禄琳琅"丛书的宋本《春秋经传集解》书影，傅增湘或因编辑此书而提阅大高殿的清光绪间杨守敬影抄日本金泽文库藏本《春秋经传集解》，用作比对，亦不无可能。
16. 沈仲涛先生捐赠90种，1169册书籍之中，除宋、元版书外，尚包括宋刊元版配补1部，明版书31部，清版书4部，手稿本2部，旧钞本3部。
17. 关于傅增湘、张元济、沈曾植三人的交往，往往建立购书、赏书、印书之间，从张元济1918年8月30日致沈曾植的一封书信中可见端倪，其文如下："子培先生惠鉴，敬启者，沅叔托带呈银币陆拾元，系托代买明抄本《唐山眉山集》之价，昨匆匆竟忘奉告，今送去，即乞查收，其书请即交敝处转寄可也。"（以上参见《张元济全集》第2卷《书信》，商务印书馆，2007年，第227页。）
18. 江苏省长于1916年始设，本帧既钤江苏省省长，其自然是1916年才送往中央，与内页钤印时代相符。
19. 章元善1915年毕业于美国康乃尔大学文理学院。

《校订元明杂剧事往来信札》述论

上海图书馆　胡坚

1941 年夏秋之际，二战方殷，商务印书馆仍以"上海涵芬楼"之名，印行《孤本元明杂剧》[1]。这部《孤本元明杂剧》，是时称"也是园旧藏"元明杂剧[2]的选刊，初版发售 350 部线装机制连史纸本，旬月之间即告售罄，[3] 成为战时出版业内的奇迹。

所谓"也是园旧藏"元明杂剧，源于明代藏书家赵琦美（脉望馆）的藏品，后经钱谦益（绛云楼）、钱曾（也是园）、季振宜、何煌、黄丕烈（士礼居）、汪士钟、赵宗建（旧山楼）至丁祖荫等各家，民国间沦落于书肆，终为学者郑振铎发现，并代教育部购藏[4]，虽历三百余年的转移，稍有亡逸，尚存 242 种，多属稀世珍品，"为研究两代草野风俗人情者所不可缺也"[5]，是中国文学和戏曲艺术等领域中的瑰宝[6]。

商务印书馆遂与教育部商定，为藉流通以保存古籍，借印"也是园旧藏"元明杂剧，由张元济主持，曲学专家王季烈及学者姜殿扬等校理，"除已见之《元曲选》及近日印本者九十四种，重复之本四种"，"择其久未行世者刻本六种、钞本一百三十八种"，"计得往昔未见之本百四十四种"，整理校订，期间"函牍往返，推敲入细"，前后数年始成，"以聚珍铅字排印"，"名曰《孤本元明杂剧》"[7]。此书的印行，实是中国出版史上的大事，于相关的学术研究大有裨益[8]。

上海图书馆所藏《校订元明杂剧事往来信札》（后简称《校剧信札》），即当时张元济或商务印书馆与郑振铎、王季烈、姜殿扬等为整理出版《孤本元明杂剧》之事的往来信札专集，涉及商借立约、整理校订、编次提要至出版印行等各方面，颇有前所未见或未知者[9]，反映出 20 世纪 30、40 年代中国的社会生活与时局世态，是中国出版史、文学史和社会史等专题研究的宝贵的原始资料。

在商借立约方面，《校剧信札》所存，如民国二十七年（1938）六月二十二日郑振铎致张元济函，代教育部提出商借条件：

> 先生摄印一份事，已作函"教部"，谅必可得允许。千元之款，将来拟印作为钞录一份之费用。惟将来商务出版此书时，须用"教育部"或"国立编译馆"或其它国家机关名义；又出版时，盼能赠送"教部"五十部以便分送各国。此事想均不难办到也。

六月二十四日郑振铎致张元济函：

> 也是园曲摄照一份事，当不成问题。商务所付之一千元，即作为钞写一份之费用。何种应印，何种不必印，当列详目奉上。惟将来出版时，（一）须用国家机关名义；（二）须赠送教部若干部。此二事乞便中见覆为感！

七月一日郑振铎又致张元济函：

> 也是园旧藏曲，在十余日内即将送港转滇

保存。先生如欲摄照一份保留在沪，乞即示知，以便将全书奉上；并盼能在三、五日内尽快摄毕交还。至于出版及赠书等条件，可作为第二步待后再商也。我们很盼望能有一份存在上海。

而张元济回应，只能用商务印书馆名义出版、送书十部[9]。或因条件分歧，教育部不久电示，不愿出版[11]，而数月以后，却又来函同意。十一月三日郑振铎致张元济函：

> 久未奉候，至以为念！关于也是园元曲事，前曾将先生来函附寄重庆。顷得教部来函，对于先生所拟办法，表示同意。教部甚欲商务承印，且盼能早日出版，一切条件，均可不计，仅须于印出后赠书若干部而已。如荷同意，当即设法将全书奉上（与元曲选及其它易得之曲选重出者，当删去不印）。

以及同年底至次年初的商务印书馆与教育部立出版权授与契约各稿、往来书札等，皆为双方洽谈"也是园旧藏"元明杂剧借印立约之事的新史料，若与已刊行的文献[12]比照参观，当可考见其事之原委和曲折。

整理校订、编次提要等方面，为《校剧信札》的主题，所存信札300余件，约占总数的90%，其中未刊者尤多，研究价值甚高。如延请整理者及确定印行方针，有民国二十八年（1939）四月二十四日张元济致王季烈函：

> "也是园旧藏"元明杂剧数百种，为虞山丁氏所有，去岁由苏垣散出，展转为北平图书馆购得，商务印书馆商准景印，凡二百四十二种，经友人详细检阅，为外间久未见者一百四十余种，有传本而颇有异同者六十余种（有无印行价值，尚待研究），余则为通行之本（撤出不印），赵清常、何小山先后校过（亦有未曾下笔者），其中有刊本，有抄本，各本行款又各不同。弟略加翻阅，必须整理一番，方可出版。吾兄为曲学专家，敢以奉恳，不知能邀俯允否？鄙意拟改用排印，即用《奢摩他室曲丛》款式，其以别本参校者，或附札记，或即注于眉端。此层颇费斟酌，拟于今年分期出书，竣事之期，拟以年底为度。

二十九日王季烈覆函，欣然应允：

> 也是园杂剧数百种，流至北方，伯恒竟未提及，久未见者有百四十余种，可称瑰宝。委以整理校雠，弟所乐于从事，酬报决不计较。乞先将目录抄示（分未见及见而有异同者两类，至通行习见之本当然无须再印）为叩。鄙意，其中原本清楚、可照相石印者，当然以石印为宜（省校对，且存原本面目），至不能石印者，则用排印。此则曲白之分别、正衬之断定，却须细心考核。前者，印《诚斋乐府》，先以纸

照者寄下，由弟将正衬、曲白在底子上作记号，然后付手民，亦是一法。

拟定校例、须知，有同年五月二十九日王季烈致张元济函，照《诚斋乐府》之例，拟定五条校例[13]；七月三日姜殿扬致张元济函，并附呈所拟《也是园曲初校须知》，有云：

> 谨将私拟自守《初校须知》，略为顺次，录呈钧鉴，可否加核，连同钧订补例赐予，附寄君翁削正，俾知初校实地上所守标准，且于覆校头绪亦较明晰。

再如文字的校订，有同年八月七日王季烈致张元济函：

> 省笔字、俗字，鄙意以改正为妥。加注一节，如系文义两可通，或所改不能无疑者，自当注明；若显然之误字，所改毫无疑义者，似可无须再注。

八月十六日姜殿扬致张元济函：

> 晚处尚余十七本，已改多遍，大概不同曲剧通用与否，悉作讹字，用朱笔记于下阑。今依批定君翁来单各条，先呈五本，将必要字校改上阑签内。

曲本的整理，有民国二十九年（1940）三月七日姜殿扬致张元济函：

> 各本（云）、（唱）改正及加〇采取各条，以前即径用墨笔钩改，今能否照此钩改？

张元济批注：

> 请即用墨笔钩改。

十月十七日姜殿扬致张元济函：

> 《锁魔镜》第五折后新编穿关已裁下，另粘一说帖，仍夹存天字本末后。
> 《锁魔镜》地字本穿关，拟遵批照排，不再另录，而于此穿关之首粘一说帖，遵指授意思撰拟。

之前，则撰《穿关研究及推想》，重点阐发"穿关"的艺术形式。

又如选目编次，有民国二十八年九月间王季烈所拟《校印也是园总目》，选目一百五十种，附注：

> 印此一百五十种，其中惟《单刀会》、《遇上皇》、《博望屯》、《不伏老》、《绯衣梦》、《僧尼共犯》、《题桥记》、《苦海回头》八本，世有传本，而或缺宾白，或罕印本，故复印之。

此外一百四十二本，皆前人所未□之孤本也。[14]

《总目》首页张元济批注：

> 自《不伏老》起，次序与前六月廿五日寄来、七月廿二日寄来之目不同。

次年一月二十六日王季烈致张元济函：

> 杂剧前选一百五十种付印，并编一目次。当时未见原书，未免有望文生义之病。兹知《鞭盗跖》即《临潼斗宝》之不全本，则此本自不必印。但印一百四十九种，未免有畸零之嫌。将来全书校毕时，或更发现可删之本，则再删一、二本，否则，就地字中再选一本以补足之。此事宜校毕再定为妥，惟大致依此目次序作为暂定可也。

撰写提要，有民国二十九年五月二十三日王季烈致张元济函：

> 兹将《洞天玄记》、《太平仙记》两本互勘，各撰提要一通，乞赐教正。依管见揣度，竟似杨升庵袭旧，然未敢轻诋前人，只好作曲笔，以俟后人之断定，但不觉其辞之费耳。

"另封挂号寄上"《洞天玄记》、《太平仙记》两种的提要。十二月十二日王季烈致张元济函：

> 今日已将十三批共七十八种之排样悉行看完。此后随到随看，随作提要，可免积压之弊矣。

至于如规画版式，有民国二十九年三月十三日姜殿扬致张元济函内云：

> 版式清单增入第七项（校注用六号双行夹注），此单指曲文大字夹注，如科白夹注，能否亦用六号字，将来排时当注意合式否也。

四月十一日王季烈覆张元济函：

> 板式甲、乙、丙、丁四种，甲不经济，丁太费目力，皆可不必讨论，惟乙、丁[15]二种宜斟酌选用。兹与此间研究藏曲之傅惜华谈及，渠深以丙式为善，谓其字之大小与开明书局排印之《六十种曲》相同，而仅用边线，不用行线，中缝用中式，不用西式，则比之开明印本尤为古雅悦目，似可即行定夺。

斟酌书名，有同年七月二十五日商务印书馆致王季烈函：

> 再书名"孤本"两字，拟依郑振铎君所见，易为"脉望馆"三字。

八月十二日张元济致王季烈函，亦云：

> 前属馆中函陈，拟用"脉望馆"三字代拟定"孤本"二字，缘此时不欲发售预约，不能将全部书名发表在此，数月之中或有人将我所选印者忽然印出数种，则于"孤本"二字于出书之时不免有所抵触。未知卓见以为可行否？

八月十四日丁英桂录王季烈于《破窑记》校样上的附注，以为书名用"脉望馆"有三不妥：

> 标题"孤本"二字改"脉望馆"一节，鄙意觉未尽善。此杂剧为脉望馆、绛云楼、也是园诸家所递藏，而非脉望馆之刊本，仅举"脉望馆"，不足以赅诸藏家，一不妥也。脉望馆所藏杂剧不止此数，今仅选印百余种，而冠以"脉望馆"之名，二不妥也。书名当使人人易知，方可畅于营销，脉望馆去今已四百年，惟藏家及研究板本者熟知其名称，普通喜杂剧传奇之人未必知也，不如"孤本"二字之足以使人注意，三不妥也。请诸君再细酌之。[16]

兹所举各例，均为未刊信札，可略见整理者工作的邃密，亦可印证王季烈于《孤本元明杂剧》的《序》中所言的"此本初校者为我吴姜佐禹君殿扬，复核者为海盐张菊生君元济，函牍往返，推敲入细，

皆有功此书之流播者也"。元曲研究专家隋树森就曾撰文指出，《孤本元明杂剧》"也还时有纰缪"，但较之先前世界书局出版的《元曲选》、上海杂志公司出版的卢冀野的《元人杂剧全集》，"三种之中，以《孤本元明杂剧》断句错误最少，校对亦精，可以说是现行断句本元剧总集之最佳者"[17]。事实上，这次整理校订"也是园旧藏"元明杂剧，"无论在规模上还是质量上，在当时都是首屈一指的"，"代表了建国前戏曲整理工作的最高水平"，"对后来戏曲作品的校订整理工作具有重要的借鉴参考价值"[18]。

《校剧信札》尚有不少反映社会生活与时局世态的书简。如反映社会生活的，有民国二十八年七月十日王季烈致张元济函：

> 承寄邮费二十元，现在上海与此间汇兑不通，此事如系吾兄所赐，则请无须客气，若是由馆中支公款，则亦不必急急。弟连居已于上星期售去，约二个月交屋。弟拟阴历中秋后移居北京，阴历六、七月间先将书籍长物交转运公司送至北京，弟于七月中旬在此左近租屋暂住，俟长物到京（行李自连至京须一月），弟再动身，阴历六月以内弟不移动也。

八月十九日姜殿扬致张元济函：

> 《代音字表》打成清本及按史余朱，均承

任心翁同日先后送到。此等朱锭大概旧制者，方法、工料均精。现购于市者，年不如年，以料恶工粗、胶重性暴，损笔易秃，半由不善调朱，胶固于笔，半由洋胥损锋，一扫即成退笔。

反映时局世态的，有民国二十八年八月二十二日姜殿扬致张元济函：

> 本月同人薪水已普遍恢复，在此租界食用暗封锁难关中，虽幸得有救助，然公司向居商业领袖地位，此次复薪，在同人生活、公司牌面均不可已，而在公司实力如何，向不闻可以庆幸图全消息，实为公私交虑。日来又闻不幸狂潮，窃恐今后不是公司同人问题，将趋于全上海改呼"吃白饭"口号尚不可得地位。此则人人所当省悟者也。

九月二十五日姜殿扬致张元济函：

> 阅报：教部对沪出版界暂缓审查，对内地教本自负印行名义，于立场困难，似亦深鉴而欲为之解者，于此可觇时局先声之微矣。无如出版业工场并无可为趋避、负担稍轻之地，工料、运输□□上涨，最低生活立待趋高，斯为大困耳。[19]

叙述真切直观，可供经济史、艺术史、社会史等专题的研究者取资。

《校剧信札》原书，线装7册，竹纸装裱，存手迹348件、录副122件（含重复者），起于1938年6月22日，讫于1941年12月10日，分为函、契约、校例、须知、笺、表、条议、清单、书目、提要、样张、说帖、说明等。各册起讫时间和往来信札者大致如表[20]：

册次	起	讫	写寄者	收受者
1	1939 年 4 月 24 日	1940 年 1 月 30 日	张元济	王季烈
			王季烈	张元济
			李宣龚	张元济
2	1940 年 1 月 31 日	1940 年 11 月 25 日	王季烈	张元济
			商务印书馆	王季烈
			王季烈	商务印书馆
			张元济	王季烈
			郑振铎	张元济

3	1940 年 12 月 6 日	1941 年 12 月 10 日	商务印书馆	王季烈
			王季烈	张元济
			王守兑	张元济
			张元济	孙壮
			张元济	王季烈
4	1939 年 6 月 19 日	1939 年 12 月 6 日	姜殿扬	丁英桂
			姜殿扬	任绳祖
			姜殿扬	张元济
5	1939 年 7 月 3 日	1940 年 12 月 31 日	胡文楷	张元济
			姜殿扬	任绳祖
			姜殿扬	张元济
			蒋仲茀	张元济
			商务印书馆	王季烈
			张元济	姜殿扬
6	1939 年 6 月 20 日	1940 年 9 月 21 日	丁英桂	张元济
			姜殿扬	张元济
			瞿熙邦	张元济
			任绳祖	张元济
			商务印书馆	王季烈
			孙楷第	张元济
			王季烈	张元济
			袁同礼	张元济
			张元济	王季烈
			张元济	袁同礼
			郑振铎	张元济

7	1938 年 6 月 22 日	1940 年	丁英桂	李宣龚
			丁英桂	张元济
			教育部	商务印书馆
			教育部	郑振铎
			商务印书馆	教育部
			商务印书馆	郑振铎
			孙楷第	张元济
			王季烈	张元济
			王云五	商务印书馆
			袁同礼	张元济
			张元济	丁英桂
			张元济	姜殿扬
			张元济	李宣龚
			张元济	王季烈
			张元济	王云五
			张元济	郑振铎
			郑振铎	张元济

书内信札编次错综纷杂。

2017 年，为纪念商务印书馆创建 120 周年暨张元济诞辰 150 周年，上海图书馆与商务印书馆合作，影印出版《校剧信札》，由笔者整理，主要是考辨信札的写寄时间、写寄者或收受者，以写寄时间先后为序编列信札，分析与合并手迹或录副、正件或附件，依信札内容撮要拟写事由项，编制相应的信札目录，附录《信札往来者人物简介》和《孤本元明杂剧》的《序》《校例》《目录》等。由于主观、客观各因，其未能考知及错谬之处，仍存疑俟考，或以待博通高明之士指正。

本文原为《校订元明杂剧事往来信札》（2017年商务印书馆出版）的整理前言，今承同事计宏伟、黄嬿婉选取图版，谨此致谢。

1. 考上海图书馆所藏《校订元明杂剧事往来信札》（后简称《校剧信札》），民国三十年四月八日张元济致王季烈函云"《元明杂剧》业已开印，本月内可望竣工"，五月十一日张元济致王季烈函云"杂剧提要清样全份亦已奉到，一切当遵批示施行。惟现在商馆正在罢工，暂时不免停顿，是书出版恐又须耽搁若干时日。"七月十八日张元济致王季烈函云"商馆即日可以复业，惟工厂整理需时，尚须稍缓开工，后即当续印《元明杂剧》"，十月二十一日王季烈致张元济函云"惠赐杂剧二部，即覆一片，想已鉴及"，可知《孤本元明杂剧》的开印，在当年的三月底或四月初，嗣因商务印书馆员工罢工而停顿，至七月复工后方始续印，故《孤本元明杂剧》的印行，应在当年七月末至十月初之间。

2. 可见《校剧信札》，民国二十七年无月日、二十八年一月十四日商务印书馆与教育部所立出版授权与契约，以及其它相关各函件等。又，可参阅郑振铎撰：《跋脉望馆钞校本古今杂剧》云："脉望馆藏曲初无藉藉名，谈曲的人向来只知道也是园而不知道脉望馆。"载《山程》，文学集林第一辑，页41等。

3. 考《校剧信札》，民国三十年十二月五日王季烈致张元济函云"元明杂剧初板，未知印若干部。据上海友人来信云，到馆中购买，谓已售完。馆中覆弟之信亦云，须俟再板云云。但不知再板加价否。弟揣度，或是近来申币跌落太甚，初版定价太廉，故暂不发售，以待再板耶？（照机连每令百元之价，则此书每部四十元，仅敷纸价）"，十二月十日张元济覆王季烈函云"元明杂剧，共印三百五十部（均机制纸）"、"所印三百五十部确已售完"、"此外，尚有手工连史五十部，弟坚持勿售（现仍属勿售），故特价广告未言及也。时局如此，再版恐将停顿矣"。可知《孤本元明杂剧》初版共印行400部，其中机制纸本350部，或以特价发售，即十二月五日王季烈函中所言"每部四十元"，约至十二月以前已然售罄，另有手工连史纸本50部，未发售，后因时局多变，当未再版。直至1958年，中国戏剧出版社乃据商务印书馆原书纸型，重印3000部《孤本元明杂剧》精装白报纸本，以应研究之需。

4. 可参阅丁初我撰：《黄荛圃题跋续记》之《古今杂剧六十六册》条，载《国立北平图书馆月刊》第三卷第四号，页四八六至四八八；郑振铎撰：《跋脉望馆钞校本古今杂剧》，载《山程》，文学集林第一辑，页35至67；孙楷第撰：《述也是园旧藏古今杂剧》《也是园古今杂剧考》；韩文宁撰：《郑振铎与〈脉望馆抄校本古今杂剧〉》，载《江苏图书馆学报》1997年第1期，页36至38；汪家熔撰：《略叙〈郑振铎与脉望馆抄校本〉》，载《江苏图书馆学报》1998年第3期，页49至51；华嘉撰：《郑振铎与〈脉望馆抄校本古今杂剧〉》，载《民主》2010年第8期，页47至49等。而蒋星煜《常熟赵氏〈脉望馆钞校本古今杂剧〉的流传与校注》则认为"也是园旧藏"元明杂剧不止有脉望馆的藏品，亦有别家的藏品（载《文学遗产》1980年第2期，页114至118）。丁初我，名祖荫，字芝孙，号初我，江苏常熟县人。

5. 王季烈等校订：《孤本元明杂剧·序》。

6. 《校剧信札》，民国二十八年四月二十九日王季烈致张元济函云："也是园杂剧数百种（中略）久未见者有百四十余种，可称瑰宝。"郑振铎《劫中得书记·新序》亦以为，这些元明杂剧的发现"不仅在

中国戏剧史的和中国文学史的研究者们说来是一个极重要的消息，而且，在中国文学宝库里，或在中国的历史文献资料里，也是一个太大的收获。这个收获，不下于'内阁大库'的打开，不下于安阳甲骨文字的出现，不下于敦煌千佛洞抄本的发现"，页5等。

7. 王季烈等校订《孤本元明杂剧·序》及《校例》。

8. 郑振铎《跋脉望馆钞校本古今杂剧》云："这弘伟丰富的宝库的打开，不仅在中国文学史上增添了许多本的名著，不仅在中国戏剧史上是一个奇迹，一个重要的消息，一个变更了研究的种种传统观念的起点，而且在中国历史、社会史、经济史、文化史上也是一个最可惊人的整批重要数据的加入。这发见，在近五十年来，其重要，恐怕是仅次于敦煌石室与西陲的汉简的出世的。"载《山程》，文学集林第一辑，页36；王季烈等校订《孤本元明杂剧·序》云"故此书出，而元明两代之杂剧，非特骤增一倍，且于雅俗两途，可窥其全，为研究两代草野风俗人情者所不可缺也"等。又，可参阅苗怀明撰《二十世纪〈脉望馆钞校本古今杂剧〉的发现整理与研究》，载《戏曲研究》，第六十五辑，页163至172；李占鹏撰：《〈脉望馆钞校本古今杂剧〉整理研究述评》，载《绵阳师范学院学报》2012年第3期，页72至76等。

9. 经整理，《校剧信札》存手迹、录副共约470件，有他书已刊者仅20余件，其余均未刊。

10. 《校剧信札》，民国二十七年七月二日张元济覆郑振铎函。

11. 《校剧信札》，民国二十七年十一月四日张元济覆郑振铎函。

12. 如，《张元济傅增湘论书尺牍》、《抢救祖国文献的珍贵记录——郑振铎先生书信集》、《张元济书札》（增订本），或《郑振铎全集》、《张元济全集》中书札和日记的相关记录等。

13. 又可参阅《校剧信札》，民国二十八年六月七日王季烈所定元明杂剧校例等。

14. 原件中，□处残毁，当为"见"、"睹"、"知"或"闻"等辞。

15. 原文如此。"丁"，笔误，当作"丙"。

16. 又，《校剧信札》，民国二十九年八月二十七日王季烈致张元济函亦云："《杂剧》名称，日前与贵同year张双南（原名继良，近改兰思，乙未庶常，常熟人）谈及，渠亦谓'孤本'二字相宜。"九月三日张元济致王季烈函有云："承示《元明杂剧》标题宜仍用'孤本'二字，准当遵办。"

17. 隋树森：《读曲杂志》，载《文史杂志》第四卷第十一、十二期合刊，页41。

18. 苗怀明：《二十世纪〈脉望馆钞校本古今杂剧〉的发现整理与研究》，载《戏曲研究》第六十五辑，页169至170。

19. 原件中，□□处为迭词，似为"急急"，俟考。

20. 原书第六册有无年份及无年月日信札各1件，第七册有民国二十九年无月日信札2件、无年月日信札3件，故此两册的起讫时间仅供参考。又，本表中往来信札者，以姓名的汉语拼音字母为序；为商务印书馆总管理处驻沪办事处、驻港办事处或上海发行所等，则均简称为"商务印书馆"，以免繁琐。未能考知或无明确写寄、收受者，如原书第二册丁英桂录三不妥笺、第六册佚名录晒片清单等，皆不列于表内。

上海图书馆藏陈三立致张元济函札三通简释

上海图书馆 吴建伟

一

陈三立（1853—1937），字伯严，号散原，江西义宁（今修水）人，清光绪十五年（1889）进士。曾任吏部主事。陈三立是近代同光体诗派重要代表人物，著作由后人辑为《散原精舍诗文集》（增订本）、《散原精舍诗文集补编》等。

张元济（1866—1959），字筱斋，号菊生，浙江海盐人。清光绪十八年（1892）进士。历任总理事务衙门章京、商务印书馆编译所所长、经理、监理、董事长等。新中国建立后，担任上海文史馆馆长。张元济是近现代史上著名的出版家、文献学家。著作由后人辑为《张元济全集》。

陈、张二人均为二十世纪中国文化巨擘，彼此有所过从。此次假纪念张元济诞辰一百五十周年馆藏精品文献展之便，于上海图书馆未刊藏品中检得陈三立致张元济函札三通，均未为各种陈氏诗文集所收录。试略为释读，或对进一步加深陈、张二人生平事迹研究不无小补。不当之处，冀方家郢政。

二

（一）

老朽初度，猥辱集查句为祝，切实浑妙，出自天然，拜嘉宠锡，感愧无极。剑丞画亦高峻胜常，获兹双璧，为幸多矣。词蔚兄索《景白亭记》墨本，吴君已为拓出，兹以一分呈上，乞转寄为荷。率复布谢，即颂菊生先生道安。弟三立顿首。

昭扆先生尚未出山否？并致候。

案：本函作于民国二十一年（1932）九月后。此时陈三立隐居于江西庐山的松门别墅。本年九月二十一日（10月20日）是陈三立八十寿诞。[1]为此，亲朋好友纷纷入山祝寿。张元济是阳历9月9日再上庐山休养兼审校古籍，至10月24日下山返沪。[2]作为友人，张元济理所当然前去贺寿。函中所谓"集查句"即指张元济集清初诗人查慎行《庐山纪游诗》而成四绝句诗。其一："人间难得好林泉，气爽风清秋景妍。扶老安心就闲散，依然冰雪照苍颜。（自注：先生旅沪时有小疾，山居后遂臻康复。）"其二："行尽悬崖接翠微，林深谷暗人更稀。相逢不谈户外事，惟有松柏参天枝。（自注：先生结庐在松树路侧。）"其三："此间临池颇自可，一灯照壁犹吟哦。想象先生旧游所，矧乃手泽存岩阿。（自注：重修白香山花径，新辟黄家坡，先生均有诗文，勒石纪胜。）"其四："六朝风景独留松，突兀西南五老峰。有此林峦应著我，他年终伴采芝翁。（自注：余来庐山，先后三次，亟思追随，终老于此。）"[3]

函中提到的"剑丞"指夏敬观（1875—1953）。夏字剑丞，号盥人，又号吷庵，江西新建人。历任两江师范学堂、复旦、中国公学监督，江苏署提学使，浙江教育厅长等。后退居上海，创办画社、词社等。著有《忍古楼诗》、《忍古楼画说》、《吷庵词》等。夏敬观曾任商务印书馆涵芬楼撰述，协助张元济辑印《四部丛刊》，两人又长期同在上海，联系颇密。而陈、夏更是交称莫逆。

"词蔚"即葛嗣浵（1867—1935）。葛字思椿，号稚威、词蔚、竹林等，别署水西居士，浙江平湖人。早年游宦京城，后弃官归田，以藏书、书画自娱。著有《爱日吟庐书画补录》、《续录》、《别录》等。葛嗣浵父亲为葛金烺（1837—1890）。葛字景亮，号毓珊、煜珊、毓山、景父等，别署曼道人、瑶池香吏。清光绪十二年（1886）进士。曾任刑部主事、户部郎中等，后辞官还家。著有《爱日吟庐书画录》、《传朴堂文稿》等。

葛嗣浵为缅怀其父，从光绪二十五年（1899）至民国十七年（1928）间，广求葛氏同年、诗文大家、书法名家及社会名流为葛金烺小影题咏。

葛嗣浵请陈三立题诗是在民国乙丑年（1925）。陈三立《葛金烺三十遗像题词》诗后记："乙丑四月，平湖葛词蔚世兄走谒余杭州，持其先人毓珊同年三十遗像，乞为题句。先是遭国变，辟兵沪渎，老友沈寐叟曾代为之请，及还白下，复诒书相敦促。余以老惫戒吟咏，且善忘，久而未报，距今已踰十载，而寐叟亦墓有宿艸矣。湖楼点笔，思之泫然。"[4]

所谓"《景白亭记》"即陈三立撰于民国二十一年（1932）正月的《花径景白亭记》。[5]记成后即由吴宗慈（1879—1951）书丹。吴字蔼林，号哀灵子，江西南丰人。民国十九年（1930）秋，吴宗慈来到庐山，掌管江西乐平采矿公司牯岭转运公司。当时正为修《庐山志》而逗留山中。函中提到的"吴君"即此人。

张元济与葛嗣浵是儿女亲家，因此托张元济代请陈三立相赠《花径景白亭记》墨本。

"昭扆"即指伍光建（1867—1943）。伍字昭扆，笔名君朔，广东新会人。早年肄业北洋水师学堂。后赴英国学习。归国后历任天津水师学堂助教、出使日本大使随员、出洋考察宪政五大臣的一等参赞、学部二等咨议，海军部军法司、军枢司、军学司司长等。民国后历官财政部参事、行政院顾问、外交部条约委员会委员等。晚年定居上海，专事翻译文学作品，译著弘富。陈、伍至少在清光绪三十年（1904）即已相识。姚永概《慎宜轩日记》（甲辰年）十月二十四日："又访伯严于客寓。穗卿、昭扆、伯琦同来，因约之九华楼畅饮。"[6]《夏曾佑集·日记》（清光绪三十年甲辰）十月二十五日："晚彦复、叔雅、季廉招饮，座有又陵、伯岩、昭扆、菊生、慎始、楚卿、石芝、简叔、谏臣。"[7]从函中来看，伍光建应该也是赴庐山贺寿人之一。张、伍二人相知甚深，[8]或因如此，陈三立才通过张元济问询伍光建的行踪。

（二）

菊生先生道右：

山中一别，忽又深秋矣。伏承兴居佳胜，

无任颂仰。仆旧疾近以骤寒，复发之期稍促。小女坚欲迎至南京，一试电器疗治之法。已于前数日抵此矣。今帅南世讲至沪，敬恳尊处所藏电器，暂假一用，即检交帅南转寄，至为感祷。叔通兄已南还否？率布，祇颂撰安。弟三立顿首。九月三日。

世兄并致候。

案：本函作于民国二十二年（1933）九月三日。函中"即交帅南兄带去"、"南京花牌楼文昌巷桃源村六号"、"22/10/23复"系张元济阅信后所注。陈三立一向患有排尿困难的癃闭症，这是函中所谓"旧疾"。潘益民、潘蕤《陈方恪年谱》民国二十二年条："八月，散原老人因患癃闭症，小便排泄不畅，庐山上医疗条件又较差，决定离开牯岭。由次孙陈封怀等陪同，从九江乘船抵南京。俞大维一家时住在中央政治学校的桃源村宿舍，散原老人也住此。"[9] 陈三立的"小女"即陈新午（1894—1981），为陈三立次女，嫁与俞大维。俞大维此时正在南京任职。

"帅南"指袁荣法（1907—1976）。袁字帅南，号沧州，一号玄冰，一署晤歌庵主人，晚署玄冰老人，湖南湘潭人。历任"台湾行政院"参议、"国防研究院"修订史编纂委员、台湾东吴大学教授等。著有《沧州诗集》、《玄冰词》等。陈三立与湘潭袁氏三代世谊，故称袁荣法为"世讲"。

"叔通"即陈叔通（1876—1966）。陈名敬第，字叔通，浙江仁和（今杭州）人。清光绪二十九年（1903）进士。曾留学日本。民国后历任商务印书馆、浙江兴业银行董事。著有《百梅书屋诗存》等。张元济和陈叔通同是商务印书馆董事，同为合众图书馆（即上海图书馆前身）的创办人，长年厚谊。而二陈也是世交，陈三立《陈豪冬暄草堂师友笺存陈宝箴书跋》："先君子官鄂凡数岁，最所倾倒而引重者，则仁和陈止庵先生也。盖先生循绩称一时，又笃雅多艺能。尝为先君子作画，澹素萧远，先君子悬诸屋壁，笑指谓三立曰：'汝辈亦知三户失祝爱戴不忘之儒史，乃一老画师耶？'今画犹藏箧笥，而先君子与先生，俱弃其孤久矣。一日，先生之嗣叔通出示先君子致先生书札数通，属缀其末。开视反复，恍惚含毫吮墨烛几侍侧时。呜呼！三十年之间，世非世而人非人，吾两家子弟犹忍对此，述先烈，数耆旧，狎玩千劫而出一语耶？巫阳来下，独有泪痕渍纸上而已矣。"[10] 陈三立父陈宝箴（1831—1900），谱名观善，字相真，号右铭，晚号四觉老人。历任浙江、湖北按察使，直隶布政使，兵部侍郎，湖南巡抚等。作品由后人辑为《陈宝箴集》。陈叔通之父陈豪（1839—1910），字蓝洲，又字迈庵，号止庵。历任湖北房县、汉川、随州知县。工诗善画。著有《冬暄草堂遗诗》、《陈蓝洲画册》等。因此陈三立、陈叔通也颇有过从。正如此，函中对陈叔通表示关注。"世兄"指张元济子张树年（1907—2004）。张曾任上海新华银行信托部副经理、公司合营银行研究室研究员等。著有《我的父亲张元济》、

《张元济往事》等。

（三）

菊生先生道右：

匡山一别，遂隔南北。今岁恐不及相遇于松林石屋间也。拔可来，获诵惠教，辱荷垂注，甚感。贱子病状，拔可当能详达。前假治疗电器，兹托携交誊存。率布区区，敬颂动定百福。弟三立顿首。四月十三日。

案：本函作于民国二十三年（1934）四月十三日。前一年（1933）十月，陈三立由其子陈寅恪迎养至北京。[11]此后直至去世未离北京。"拔可"即李宣龚（1876—1953）。李字拔可，号观槿，室名硕果亭，晚号墨巢，福建闽县人。清末官至江苏候补知府。民国后供职上海商务印书馆，曾任商务印书馆经理、发行所所长，合众图书馆董事等。陈、李极为熟稔。李宣龚曾于本年春北上。期间与陈三立等友人有谦集。如师郑（笔者案：即孙雄）《题放庵耆宴图七律二首用稀龄韵索同人和（自注：有引）》小引："岁在甲戌仲春下旬六日，余与夏闰枝前辈暨赵君剑秋、夏君蔚如同作主人，假座林君诒书寓斋，（自注：君别号放庵，因面目酷似剑南。）公宴陈弢庵太傅、陈散原吏部，并邀朱艾卿、杨子勤两前辈、江丈叔海、李君拔可、江君翊霞作陪……酒半摄影以为纪念，并赋二律征和。"[12]又曾赴中山公园水榭雅集，与陈宝琛、朱益藩、林开謩、江瀚、杨钟羲、赵椿年、陈三立、夏孙桐、夏仁虎、孙雄、江庸等同集。[13]陈三立的"病状"仍是癃闭症。陈宝琛在三月八日《致曹经沅》（四）中提到："散原居此甚适，其癃闭之症仍不时发，不能久离医者……"[14]

三

以上对陈三立三通信函略为疏释。此次新发现的函札，虽数量甚微，但对深化、细化陈三立、张元济生平研究颇有意义。首先，直接见证了陈、张之间的交往。陈、张二人虽有往来事实，但迄今为止二人生前仅见张元济贺寿诗，除此以外，彼此间是否有诗词唱和及书信往来则尚未可知。通过此次新发现的三通信札，至少可证明陈、张二人也直接有鸿雁来往，见证了两位中国近代名士的交游情形，说明他们的交往比我们现知的来得密切。其次，对陈三立诗文集是一个有益补充。陈三立诗名卓著，交游广泛，留存下来的文字极多。其作品经过学界不断收集，可谓成果丰硕。目前，计有李开军校点《散原精舍诗文集》（增订本），潘益民、李开军辑注《散原精舍诗文集补编》[15]等文字汇编，但仍有遗珠。[16]对陈三立诗文的辑佚工作，正如有学者所说："在没有对国内著名图书馆、博物馆所藏近代诗文集和清末民初旧报刊的副刊进行一次全面查阅之前，不敢说此项工作可以告一段落。"[17]此次新发现的三通陈氏信函无疑对进一步完善陈三立诗文的搜罗有所帮助。再次，补充了陈、张等人之事迹。略举几例。比如张元济也患有癃闭症，从信函中可知，张家拥有一套治疗癃闭症的医疗电器，可在家中自行操作。可能是具有一定疗效，所以陈三立向张元济假借一用。又比如张元济曾有写给陈三立的信函，由李宣龚携交。还比如葛嗣浵尝托张元济向陈三立索取《花径景白亭记》墨本，而陈三立请张元济转交。再比如夏敬观在陈三立八十大寿时曾寄赠自己的绘画作品以示庆贺。以上数例虽属微小琐事，但也可补《陈三立年谱长编》、《张元济年谱长编》、《夏敬观年谱》[18]等相关条目之未备。

综上，新发现的陈三立致张元济三通书札具有相当重要的文献价值，为进一步推进陈、张研究起到了添砖加瓦的作用。

1. 李开军：《陈三立年谱长编》，中华书局，2014年，第1433页。

2. 张人凤、柳和城：《张元济年谱长编》，上海交通大学出版社，2011年，第908—909页。

3. 案：文字据张元济《张元济全集》第四卷《诗文》，诗题作《壬申秋祝陈伯岩寿》，商务印书馆，2006年，第43页。而张元济《张元济诗文》诗题作《散原先生卜居匡庐弥见矍铄今岁欣逢八旬正寿谨集查初白庐山纪游诗成四绝句借申颂祝》，商务印书馆，1986年，第33—34页。

4. 葛嗣浵辑《平湖葛毓珊先生小影题咏》，民国影印本。又收入陈三立著、李开军校点《散原精舍诗文集》（增订本），上海古籍出版社，2014年，第1228—1229页。

5. 吴宗慈《庐山志副刊》之一《庐山金石汇考》卷上，民国二十二年（1933）铅印本。又收入《散原精舍诗文集》（增订本），第1084—1085页。

6. 姚永概著、沈寂等标点：《慎宜轩日记》，黄山书社，2010年，第926页。又参李开军《陈三立年谱长编》，中华书局2014年，第662页。

7. 夏曾佑著、杨琥编：《夏曾佑集·日记》，上海古籍出版社，2011年，第771页。又参《陈三立年谱长编》，第662页。

8. 伍蠡甫：《伍光建与商务印书馆》，收入《商务印书馆九十年》，商务印书馆，1987年，第76—82页。邓世还：《伍光建生平及主要译著年表》，《新文学史料》2010年第1期，第154—156页。

9. 潘益民、潘蕤：《陈方恪年谱》，江西人民出版社，2007年，第120页。

10. 陈汉第、陈敬第辑：《冬暄草堂师友笺存》，民国二十六年（1937）中华书局石印本。又收入陈三立著、李开军校点《散原精舍诗文集》（增订本），上海古籍出版社，2014年，第1360—1361页。

11. 李开军：《陈三立年谱长编》，中华书局，2014年，第1467页。

12. 《青鹤》杂志社编《青鹤》1934年第2卷第17期，第1页。又参李开军：《陈三立年谱长编》，中华书局，2014年，第1473—1474页。

13. 《青鹤》1934年第2卷第15期在《图画》栏目中刊有一幅名为"北平中山公园水樹名流雅集"照片，为陈三立等十二人合影。《图画》栏目未标页数。又参《陈三立年谱长编》，第1473页。

14. 上海图书馆历史文献研究所：《历史文献》第16辑，上海古籍出版社，2012年，第89页。又参《陈三立年谱长编》，1474页。

15. 陈三立著，潘益民、李开军辑注：《散原精舍诗文集补编》，江西人民出版社，2007年。

16. 刘经富：《陈三立信札九通释读》，《文献》2014年第2期，第79—84页。

17. 刘经富：《陈三立集外诗文钩沉》，《古籍整理研究学刊》2011年第6期，第88页。

18. 陈谊：《夏敬观年谱》，黄山书社，2007年。

张元济致潘景郑信札释读

上海图书馆　陈雷

一

景郑仁兄世大人阁下：久违，唯起居多福为颂，昨奉月之二十日手教，藉悉新得宋刻《春秋经左氏传句解》残本，甚为欣幸，查涵芬烬余，并无此书，或当年已付劫灰，亦未可定。密韵楼书当时有十之二三并未质入银行，意者其书今复散出乎？手覆布谢，敬颂台安，令兄均候。弟张元济顿首。十月廿二日。

附潘景郑致张元济：

菊生世丈大人阁下：久疏笺候，良深驰系，辰维道履清绥，为颂为祷。兹有渎者，姪近于市肆获残宋本《春秋左氏传句解》卷六十九之七十一册。是书旧为密韵楼所藏，全书闻囊年已归涵芬楼，不识此帙犹在否？姪殊愿为合璧之献，乞便中向贵馆查核，赐覆为幸。专此，敬颂台安不备。世愚姪潘承弼顿启。十月二十日。

信末张元济批云：

苏州南石子街四十号。24/10/22复。

据张元济批语可知，这两封信当写于民国24年，即1935年。潘景郑来信写于10月20日，张回信则在10月22日。信的内容主要是探讨潘景郑新购入的《春秋经左氏传句解》残本一册，此本为密韵楼旧藏。密韵楼主人蒋汝藻（1877—1954）因经商失败，被迫将其藏书典押给浙江兴业银行，后大部分归于商务印书馆涵芬楼，故潘有此问。而张元济的回信也提到，密韵楼藏书并没有全部抵押给兴业银行。密韵楼藏书入藏涵芬楼一事，近人陈乃乾也有记载，陈氏《上海书林梦忆录》中这样写道："以书质于□□银行，即据静安（即王国维）所编之目录移交，故明人集部独留。其经、史、子部中之最精宋本数种，亦为蒋氏截留。当时□□银行点收之人非知书者，且以此为暂时抵押性质，故不注意及此。迨抵押期满，书为涵芬楼收购，亦即由银行移交。时传书堂善本书虽全部归于涵芬楼，而宋刻《草窗韵语》《新定严州续志》《吴郡图经续记》《馆阁录》《朱氏集验方》诸书独归他姓，而明人集部六百八十余种则别售于北平图书馆"。[1]1932年"一·二八"事变中东方图书馆被毁，仅有部分善本留存。张元济在查阅烬余之书后，并没有发现这部《春秋经左氏传句解》，因此推断可能是密韵楼新散出的书。

潘景郑在信中所提到的这部宋刻本，在《著砚楼书跋》中也有著录：

顷得林尧叟《春秋经左氏传句解》残宋本一册，存六十九之七十两卷。余按杜、林合注，始于明季王道焜、赵如源辈，以林注分附杜注，而林注单行之本，几几乎其绝矣！《四库》著录亦取杜、林合注之本，盖林注原书，晦隐已久，张氏爱日精庐及陆氏皕宋楼，并藏有元刊本，标题《音注全文春秋括例始末左传句读直解》，与宋本标题不同，竹垞《经义考》著录《春秋左传句解》四十卷，殆未见林注原本，致误卷数次第耳！陈仲鱼尝得元本，以校合注，谓："合注本，纰缪多端，或删杜以就林，或移林以冒杜，复取校崇祯本注疏，谓与唐石经合。"又谓："日本山井鼎《考文》亦每引以证足利本，即所谓林直解者。"可见元本当时已足推重，此宋本残存哀公十七年之二十七年，取校合注本，诚如陈氏所谓纰缪删移者。残宋本每半叶十行，行二十二字，与元本行款亦不同。中"桓"字缺笔，审是南宋初刊本，有果亲王藏印。闻贾人云："全书曾藏蒋氏密韵楼，此残帙不知何时流入市廛。"余以贱值得之，虽曰残籍，亦足珍视矣！乙亥正月九日。[2]

乙亥即民国二十四年（1935）。可见，潘景郑大约是在 1935 年正月获得了这部《春秋经左氏传句解》，又于十月写信给张元济求证，是否与商务印书馆所藏为同一部书，如是同一部，则愿意捐献给商务配齐。

笔者查阅今人整理的《传书堂藏书志》，并没有著录《句解》宋刻本，仅有一明本，为果亲王旧藏，其提要如下：

春秋经左氏传句解七十卷　明刻本

宋林尧叟注

春秋左氏传括例始末句解纲目

此明初刊本，视元刻无《四凶图》《十二国战国图》及《春秋序句解》，其余皆同。林书元刊，自陈仲鱼为之表章，始显于世。此本则自来未见著录。《经义考》载林氏《春秋左传句解》四十卷，书名略同而卷数则异，盖未见此本也。旧为果邸藏书，全书用朱墨二笔圈点，《纲目》后有果邸手书曰"议论好红连圈，其次红单圈，述典礼红尖圈，叙情生动及句法摇曳处红连点，当看者红单点"。又曰"叙事有法者黑连点，有神采者黑连圈，通篇章法黑连圈，料其事源委者黑尖圈"。此为其圈点凡例。果邸所批点《左传》曾精刊行世，此其底本也。凡例后有"果亲王府图籍印"，前后有"三省堂"、"益寿主人"、"□□堂□氏珍藏图书"、"果亲王宝"、"月读左传一过"诸印。[3]

上海图书馆藏《涵芬楼所收蒋氏密均楼藏书目录》稿本亦著录明刻本《句解》一部：

春秋经左氏传句解　三十五册　明刊棉纸印
果亲王藏

"三十五册"下有墨笔批注云"七十卷"。"果亲王藏"旁批注云"墨色淡"。

上海图书馆藏《涵芬楼善本草目》稿本也有著

录：

　　春秋经左氏传句解三十五册　明刊本
　　皮纸印

　　后有批注云"墨色淡"。

　　笔者以为，三者所录或为同一部书，即由密韵楼质押兴业银行，又入藏涵芬楼者。遗憾的是，无论是《涵芬楼所收蒋氏密均楼藏书目录》还是《涵芬楼善本草目》著录都过于简单，既没有著录行款，也无存卷信息，无法作进一步判断。[4]涵芬楼旧藏或已毁于兵燹，潘氏所藏一册也一时难以查到下落。如则此疑问可迎刃而解。

二

　　敬覆者，前日奉手教，谨诵悉，嘱书画笺并楹帖三副，顷已写就，今呈上，乞指正为幸。承惠润资一千〇五十元，适为应受之数，拜领多谢，前命为令兄撰墓志铭，何时需用，祈先期见示。此上景郑仁世兄阁下，弟张元济顿首。四月二一日。

三

　　手示祗悉，联纸及润资如数收到，俟感冒稍愈，即写呈复上。景郑仁世兄阁下，弟张元济顿首。四月廿九日。

四

　　前日奉示，嘱书楹帖三副，今写就送上，乞詧收。润资如数收到，多谢。即颂景郑仁世兄著安！弟张元济顿首。五月一日。

五

　　前日奉示谨悉，联纸及润资均收到，命书旧纸，甚憨芜劣，暴殄天物，悚歉无似。贵友两联亦写就，同时呈上，乞詧收为幸。即上景郑仁世兄阁下。弟张元济。五月十日。

六

　　景郑仁世兄阁下：昨日起潜兄过访，承示前拟令先兄墓志，有所纠正，遵当改正即呈。承给润资，彼此至好，断不敢受，原封奉璧，务乞收回，即以他物相饷，亦不敢领，谨先陈明，统祈鉴允。专此祗颂著祺。世小弟张元济顿首。十一月三十日。

　　令姪均此致意。

附张元济致顾廷龙：

　　敬启者前日呈上嘱书□□楹帖，计荷垂詧，近以市情变易，又将鬻书润例改订，谨呈一纸，伏祈留览，顺颂起潜仁兄文祉。弟张元济顿首。

景郑兄均此致意，附呈一纸。九月廿八日。[5]

七

景郑仁兄阁下：多日未见，伏想上侍纳福为颂。前嘱为令先兄撰墓志，顷甫脱稿，弟不善作文，又万不合用，别纸写上，请吾兄与起潜兄削正，幸勿客气。前附下传略、哀启各一通，补记事略两纸。又蒙嘱为令弟书扇并题书面，一并呈上，统乞察收为幸。专此藉候起居安吉。世愚弟张元济顿首。

起潜兄均此问讯。三十三年十一月六日。

八

景郑仁世兄阁下，前日肃上寸函，并缴还所赐润资，托起兄传致，计荷詧及。令先兄墓志，应删补各节均已改正。今送上，仍乞我兄暨起兄斧削为幸。影印尺牍书签已用别纸另署贱名，似可不必重写，只须影印时□□排□，[6]一并呈上，统乞詧入。即颂台安。弟张元济顿首。十二月二日。

笔者按，这七封信主要提到潘景郑托张元济撰写兄长潘承厚墓志及书写楹联、扇面等事，故一并释读。潘承厚（1904—1943）字温甫，号博山，别号蘧庵，苏州人。潘景郑兄长。张元济与潘氏兄弟因书结缘，结下了深厚的情谊。潘景郑曾回忆道："菊生张丈为先郑庵叔祖所取士，主商务印书馆，以影印古籍昭启后学，世无第二人。所辑《四部丛刊》及《百衲本二十四史》，尤为中外所珍弄。己巳岁（1929 年），访书来吾家，重聚旧谊，谦抑待人，不鄙浅陋，引余兄弟为忘年之交。时《四部丛刊》已印成，拟辑续编，知吾家滂喜斋藏笈，有所补苴，爰商诸于叔祖母祁太君，悉发藏笈，以备采摭。"[7]

遗憾的是，潘承厚于 1943 年 5 月 6 日英年早逝。[8]张元济获悉后，写下《博山仁世兄像赞》追忆挚友，寄托哀思。[9]故上述提及撰写墓志一事的第二、六、七、八号信件，当作于 1944 年，其余信札也应写于 1944 年前后。《潘君博山墓志铭》中提到的"君弟承弼来乞墓志，余既悼不获交君久，而又悲承弼有陟冈之痛也。何敢辞"[10]即指此事。在信札中可见，张元济初稿写成后交由顾廷龙、潘景郑修订，删补之后最终成稿，且潘景郑托顾廷龙带去的润资为张元济一并退回，并声明不接受任何形式的馈赠。事又见《顾廷龙年谱》1944 年11 月 29 日，（顾廷龙）"访张元济，为潘家多送潘博山墓志润资，张坚不受。"次日又写信给顾廷龙云："景兄见赐润资，万不敢颂，专函奉璧，敬祈转致，并望代陈，幸勿丞馈。"[11]即 11 月 30 日，张元济同时写信给顾、潘二人，申明自己不接受《墓志》一事的润例，并托顾带回。

至于信中提及的鬻书润例事，则始于 1943 年。

战时上海物价飞涨，张元济迫于生计，听从谢观的建议，开始卖文鬻字，并"向裱画店索取当时卖字诸公的润例，参考制定价格，并分发马九华堂、荣宝斋、朵云轩等，请他们代销。还函请京、津、杭等商务分馆分发润例和代收写件。各地送来的写件果然不少。"[12]信中提到的书写楹帖、扇面等即指此。且因当日恶性通货膨胀尤甚，张元济不得不根据市价修订卖字的价格，前文附致顾廷龙信中提到的"近以市情变易，又将鬻书润例改订"即指此。这样的例子在抗战后期比比皆是，如他在1944年5月24日写给孙伟的信札写道："上海币价日落，石米涨至五千余金，弟不得已，已将鬻书润例改定。"[13]同年12月28日致武云如信中也提到："沪上物价飞涨，弟鬻书润例只得随市价转移。"[14]可见当日生活之艰辛。

张元济先生一代名家，他在古籍整理、教育出版及图书馆等事业都作出了杰出的贡献，足以垂范后世。今年是张先生诞辰150周年，陋文一篇，以寄托晚辈对先贤的纪念与缅怀。

1. 陈乃乾著：《陈乃乾文集》，国家图书馆出版社，2009年，第9页。笔者按：蒋氏传书堂又号密韵楼。
2. 潘景郑著：《著砚楼书跋》，上海古籍出版社，2007年，第6页，《中国历代书目题跋丛书》第二辑。
3. 王国维著、王亮整理：《传书堂藏书志》，上海古籍出版社，2014年，第35页，《中国历代书目题跋丛书》第四辑。
4. 2009年拍卖市场曾出现过一部《春秋经左氏传句解》，残卷，三十五至卷三十八，为上海图书馆退还之书，后有潘景郑跋，云此本"书中恒字阙笔，字体精劲，其为宋刻祖本无疑"。从字体判断，这部残本似并非宋刻本，而是明刻本。见北京德宝国际拍卖有限公司2009年春拍 http://pmgs.kongfz.com/detail/3_96309/。查《中国古籍善本书目》，也并未见宋刻本《句解》，笔者妄加揣度，潘在信中所说的宋本《句解》或为明本。
5. 笔者按：这封信原本与致潘景郑信札一同装裱，右下序号作"七"，□□疑为"景侠"二字。
6. 此处未能确认，疑为"重行排此"。
7. 《跋张菊生丈遗札》，潘景郑著：《著砚楼读书记》，辽宁教育出版社，2002年，第334页。
8. 沈津编：《顾廷龙年谱》，上海古籍出版社，2004年，第291页。
9. 张人凤、柳和城编：《张元济年谱长编》，上海交通大学出版社，2011年，第1192页，《晚晴以来重要人物年谱长编系列》。又见《张元济全集》第4卷《诗文》，商务印书馆2008年，第112页。
10. 《张元济全集》第5卷《诗文》，第514至515页。
11. 《顾廷龙年谱》，第340页。
12. 《张元济年谱长编》第1188页。
13. 《张元济年谱长编》第1206页。
14. 《张元济年谱长编》第1217页。

丁文江藏札中与商务印书馆交往之点滴

上海图书馆 沈从文

丁文江（1887—1936）是著名地质学家，中国近代科学事业的奠基人之一，也是一位兼擅学术与事功的干才。1987年出版的《商务印书馆九十年》一书中收入洁甫《丁文江和商务印书馆》一文，概述了丁文江与商务印书馆这一中国近代最为重要的出版机构20多年间的良好关系，介绍了他在商务印书馆出版的《动物学》教科书、《徐霞客游记》校点本（附《徐霞客先生年谱》）等著作，为商务印书馆联系书稿、搜求地方志等活动以及他与张元济先生的友谊。最近笔者在整理上海图书馆旧存丁文江藏札的过程中，发现其中某些资料似可补充丁文江与商务印书馆交往的若干细节，因此不揣浅陋，整理排比，以就正于方家。

一

（1921年10月15日）

在君先生大鉴：奉示敬悉。《大宝经》校样五份昨已寄钢先生处。九月十七日函求代编中学矿物学教科书，如得空能允如所请，甚幸。敬讯起居。高梦旦。十年十月十五日。

此函为秘书代笔，高梦旦署名。高梦旦（1870—1936），原名凤谦，后以字行，福建长乐人。1903年末由张元济介绍进入商务印书馆，任编译所国文部长，后继任编译所长。1921年举王云五自代，改任出版部长。作此函时正是高梦旦邀请王云五

入编译所工作，准备交接所务之际。[1] 函中提及的《大宝经》即著名东方学家钢和泰（Alexander von Staël—Holstein，1877—1937）所著《大宝积经迦叶品梵藏汉六种合刊》。《迦叶品》唯一存世的梵文写本大约在19世纪末发现于和田附近，被售与俄国驻喀什噶尔领事彼得洛夫斯基，入藏圣彼得堡皇家科学院。钢和泰早在1916年离开俄国之前就开始研究此写本，赴中国时，他随身携带了此写本的全套照片，因而得以继续从事研究工作。[2] 大约在1923年初，钢和泰在致商务印书馆商议《合刊》校样事务的信中说："本书的第一部分是于1921年通过丁文江博士转给您的，……他对我说他已经将我的手稿的第一部分1—325页（大约一半书稿）给您打印出来了，另一部分（326—575页）也将很快打印出来。"[3] 其中提及的第一部分交稿时间与高梦旦此函所述恰可印证，可见丁文江为此书出版所付出的努力。1926年9月18日王云五复钢和泰函，说明已经收到校样，交付印刷厂，"作为我们对您在这项工作花的时间和精力的一种表示，我们最近已经跟丁文江博士作了安排，免费赠送您60册书。"[4] 从1921年交稿到1926年面世，这部重要学术著作的出版过程前后费时五年，钢和泰在此书英文序言末特别感谢了梁启超、丁文江对此书出版的帮助，而据梁启超为此书所作序言所述，钢和泰同样是通过丁文江的介绍与梁结交。可见丁文江事实上成为了钢和泰与中国学术界、出版界联系的重要中间人，或可为20世纪中外学术交流史添一注脚。而此函

后半述及请丁文江"代编中学矿物学教科书"事，由于种种原因，终未实现。

二

（1923 年 10 月 22 日）

在君先生大鉴：从者过沪，匆匆未得畅聆教言，甚怅怅。《东方杂志》自创刊以来已届二十周年，现拟以民国十三年第二十一卷第一号为二十周年纪念刊，一面举行征文，一面广求专家著作，以资提倡。先生著书满家，士林望重，务希宠锡鸿文，藉光篇幅。其文不拘一格，无论政治、学术、实业、文艺及关于社会问题之作，均所欢迎。发刊之期现已不远，最好在本年十二月十五日前交下。倘能先示文题，俾得登入预告，尤所感祷。专此奉恳，顺颂撰安。高梦旦谨启。十月二十二日。

此函为打字印本，末有高梦旦亲笔署名。1923年 3 月，丁文江在《努力周报》发表《历史人物与地理的关系》一文，不久之后即由《东方杂志》第20 卷第 5 期转载。在筹备《东方杂志》创刊 20 周年纪念之际，高梦旦以此函正式向丁文江约稿，但1924 年出版的《东方杂志》纪念号上下辑中并未见丁氏撰文，则此事终未成功。

三

（1923 年 11 月 12 日）

在君先生大鉴：覆书敬悉。先生事忙，素所深知，但仍望能拨冗一图，尤为厚幸。适之住西山事，先生为之筹划一切，甚善。适之此次住烟霞洞数月，体子稍好，到沪后困于酒食、讲演，不免疲倦。且屡屡言归，屡屡改期，无非为他人所牵掣。近且有求必应，一日讲演或至二次之多，到都后北大教员、学生来相邀约，以适之之性情，必不能坚却。且值经济断绝之时洁己以去，亦有说不出之势。弟劝适之一到都即移住山上，宣言养病，人或相谅。即偶然入城，踪迹无定，访问自稀。适之颇以鄙言为然，但未必果能实行。先生如预为部署，并通知其家人于到都二三日内即行入山，可以省却无数口舌。总而言之，适之病体实未复元，其性情尤不宜于都市，南方既不可居，舍此殆无良法，未知先生以为如何。敬讯起居。高梦旦。十二年十一月十二。

四

（1923 年 11 月 19 日）

在君先生大鉴：十一月十六日手书敬悉。适之今日尚未行，无非不相干之事相牵掣，天性如此，无可如何。十六日弟在适之寓中告以

373

致函先生事，渠颇欣然，当时即作书与徐志摩，请其布署西山住处，但亦自言须看北大情形方能定夺。来书所谓"其心未死"可谓知言，我辈朋友不过姑尽吾心。弟意以适之之性情，果能山居著书，为一己、为社会均最经济也。敬讯起居。高梦旦。十二年十一月十九日。

五

（1924 年 1 月 2 日）

在君先生大鉴：十二年二十日惠书，因检查《东方杂志》，迟迟奉覆，乞谅。闻适之已入山，但转瞬春季开学，不审能劝其勿即上课否。《东方杂志》十一卷起一份计一百五十三册，兹特寄赠，乞察收。但中缺四册，无从寻觅，乞谅。《天工开物》原本已寄还，收到否，乞示。地质调查所地图已刻成，尚须修改，半月可以寄校。敬讯起居。高梦旦。十三年一月二日。

以上三函为打字印本，高梦旦署名。内容主要涉及为胡适安排西山休养之事。1923 年春，胡适病复发，6 月在蔡元培、高梦旦劝说下，住西湖烟霞洞养病直至 10 月初，其间与高梦旦父子屡有往还，胡适曾说"他们的父子间的生活使我很感动"[6]。早在胡适赴杭养病之前，丁文江就曾作函劝胡移住西山[7]。而十月离杭赴沪之后，胡适事务繁多，更使高梦旦、丁文江等友人担忧，屡次催促他北上休养，

如丁文江 1923 年 11 月 1 日致胡适函[8]、11 月 16 日致高梦旦函[9]，尤其后一函述及"惟'适之颇以鄙言为然'云云，想仍系适之随口允诺之语"，"惟适之最后信来，……足见其心未死，只好俟其到京再集会京友恳切劝告"，恰可与高梦旦 11 月 12 日、19 日两函互相印证。从保存下来的这几通函件中正可见这几位学人之间的密切交往和深挚友谊。

六

（1924 年 4 月 26 日）

在君先生大鉴：在京日闻曾枉过，未得晤教，过津又匆匆不及趋候，甚为念念。适之肺病既已发热，势似不轻，医嘱其休息，并须常晒太阳。适之自言当到公园，然三日竟未一往，弟临行时问之，则以事为解。先生试思，何事更大于疾病？总而言之，不过任性而已。弟离京已旬余，两书询问未得覆，询之沪上同人，亦未得其手书，不知近状何似。弟意学校、杂志等事宜一切屏弃，到山中静养一二年，然后可以复元。但适之既不能自治，又未必能用其夫人之言，不知先生有术以处之否。明知此等事非朋友之力所能及，亦姑妄言之而已。敬讯起居。高梦旦。十三年四月二十六日。

七

（1924 年 5 月 8 日）

在君先生大鉴：得书，知所以为适之谋者甚至，连日见报，知适之常在外间演说，其不能自保，即此可知。弟已有函促及早赴北戴河，不知有效否。敬讯起居。高梦旦。十三年五月八日。

八

（1924 年 7 月 4 日）

在君先生大鉴：得适之书，言先生有病，医言为积劳所致，正深悬念。阅报知从者已至南京，且有演说，既喜尊体之康复，又虑操劳之过甚，究竟近状何似，甚为念念。甚望能与适之互相劝勉，善自保重，甚幸甚幸。敬讯起居。高梦旦。十三年七月四日。

九

（1924 年 8 月 27 日）

在君、适之先生大鉴：八月廿四手书敬悉，刘季康事已与拔可接洽，原条寄奉，请告前途放心。北戴河不宜冬令，自难久居，二兄归京津，又不免从事工作。适兄苟能调摄，尚属未晚，在兄膀胱之病亦不得谓轻。我意病治后作工之

日方长，不必汲汲，二兄以为何如。高梦旦。廿七。

以上 1924 年 4 月 26 日、5 月 8 日、7 月 4 日三函为打字印本，8 月 27 日一函为高梦旦亲笔。1924 年春，医生诊断胡适有淋巴腺结核、发热等肺病症状。[10] 丁文江获悉胡适病情后，建议夏季同赴北戴河休养。[11] 8 月胡适与丁文江夫妇在北戴河同住一月，"常常游山下海。这一个月要算是今年最快活的日子"。[12] 此数函即作于这次休假前后，足见高梦旦对丁、胡等友人之关切。

十

（1924 年 12 月 4 日）

在君先生大鉴：十一月廿六日来示并《徐霞客年谱》及地图样张共三纸，敬收悉。敝馆甚愿承印，版税照定价百分之十五，自当遵办。谨奉复如下：

一，书中图画须完全绘好交下，以便此间直接付印；

一，此书彩图多，版本大，页数少，势须用厚纸印，并加布面，方适观美，因此定价不能不贵。

以上各节未知尊意谓何，并祈示复为荷。敬讯起居。高梦旦。十二月四日。

尊恙想康复，甚念念。适之病未愈，不肯调治，殊非善策，奈何奈何。梦又白。

十一

（1924 年 12 月 17 日）

在君先生大鉴：十二月十日致高梦翁书敬悉。梦翁现已回闽，约两旬返沪。承示《徐霞客游记》有四十万言，将年谱印在卷首，即在京华书局排印，以便就近接洽、校对，均可照办。惟照来样及纸张排印，定价约在三元以上，恐过昂于销路有碍。拟变通办法，年谱用四号字，游记用五号字，但五号字版式不宜太大，拟改为四开本，如北大丛书式样；纸张则拟改为一七八号印书纸（纸样附送）。如此办法，定价可酌减，大约两元半足矣。尊意以为何如，仍乞明示，俾转知京华书局照办。专此复颂台安。王云五。十二月十七日。

此二函署名不同，而笔迹与 1921 年 10 月 15 日函近似，当为同一秘书代笔，推测作于 1924 年 12 月。按丁文江 1911 年回国，始知有徐霞客其人。1914 年在云南考察期间"取《游记》读之，并证以所见闻，始惊叹先生精力之富、观察之精、记载之详且实"，萌发"搜集新图，分制专幅"以便读者参考之念。1921 年，丁氏得见《晴山堂帖》、《徐氏家谱》，罗振玉、梁启超、张元济等"复假以所藏明人之诗文集及县志"，在两月间发愤编成《徐霞客先生年谱》。书成之后，胡适建议"与《游记》同印"，于是丁文江开始"搜集地质调查所所藏各

省地图"，并嘱同人及诸友代为访求各名胜详图，由闻齐、赵志新"按记编纂"，编成《游记》地图，"自十二年起，至十五年冬，始克竣事"[13]。由二函可知，《徐霞客年谱》及地图样张已经交稿，商务印书馆方面虽欣然接受，但考虑到成本、市场等因素，建议在版式、纸张方面有所调整。《徐霞客游记》迟至 1928 年方才正式出版，可见出版过程之曲折，往还事务之繁杂。这两通信函可以说见证了商务印书馆在社会贡献与企业生存之间艰难寻求平衡的努力。

十二

（1929 年 3 月 11 日）

在君先生大鉴：昨造谈未遇。明夕如得空，乞临敝宅便饭，并希示知。汪君已晤及，据云任公来信颇多，可以见示，但须旬日后方能检出，并切嘱勿发表。严君未遇，容徐图之。敬讯起居。高梦旦。十八，三，十一。

此信"亲笔无代"，且系"端楷"，如看不出，可请适之先生作"释文"。

十三

（1929 年 5 月 20 日）

叔通交来手书，当即往访观云，渠出示任公手书六十余通，据云均属辛亥以前之件，无

甚关系。当即借出，倩人抄录，录完再寄奉。观云言戊戌渠在天津，对于康、梁脱险事暗中稍出力，时尚未与任公晤面，唐才常事亦与闻。询其详情，又不肯说，但云年谱成后如相示，当可稍参意见云。太炎在沪，当由叔通接洽。王小航介绍信已由菊生草就寄奉，收到否？在君先生。高梦旦。五，二○。

十四

（1929 年 8 月 12 日）

在君先生惠鉴：十日一函想已入览。顷得胡思义致宋公威一函，特以寄阅。大约梁函如果觅到，必以还之，思诚当不至斤斤较量也。手此祇请台安。弟龚顿首。八月十二。

附

公威先生道鉴：顷奉由省转来手示，藉谂时祺履祉，佳胜毕臻，至以为慰。梁任公书札据图书馆函称遍寻未获，已嘱咐再查，如果查获当奉还梁之内人，决不秘为私有耳。谨先肃复，祇请著安。姻愚弟胡思义顿首。七月廿七日。

此数函主要涉及为编辑梁启超年谱搜集资料之事，其中 1929 年 3 月 11 日高梦旦函及李宣龚函皆为亲笔；5 月 20 日高梦旦函则为代笔。1929 年 1 月梁启超去世之后，丁文江担负起了为这位近代史上的重要人物编辑年谱的工作，由梁氏亲属与丁氏登报、发函，向各处征集梁氏来往信札、诗词文电等资料。这几通函件提及与蒋智由（观云）、章太炎、王照（小航）、胡思义、宋育德（公威）等接洽、交涉的具体细节，可以窥见资料搜集之不易。

1. 参见王云五《我所认识的高梦旦先生》、胡适《高梦旦先生小传》，陈原等编：《商务印书馆九十年》，商务印书馆，1987 年。
2. 参见钢和泰《大宝积经迦叶品梵藏汉文六种合刊》英文序言附注 13，卷首 XVII—XVIII 页，商务印书馆，1926 年。
3. 《钢和泰学术年谱简编》，中华书局，2008 年，第 38 页。
4. 《钢和泰学术年谱简编》，第 70 页。
5. 疑应作"十二月"。
6. 参见胡适《我的年谱（民国十二年）》，《胡适日记全编》（四），安徽教育出版社，2001 年，第 187—188 页。
7. 《胡适日记全编》（四），第 24—25 页。
8. 《胡适来往书信选》上册，中华书局，1979 年，第 217—218 页。
9. 《胡适遗稿及秘藏书信》23 册，黄山书社，1994 年，第 263—264 页。
10. 胡适：《一九二四年的年谱》，《胡适日记全编》（四），第 204 页。
11. 1924 年 4 月 11 日致胡适函，《胡适遗稿及秘藏书信》23 册，第 188—190 页。
12. 同注 10。
13. 丁文江：《重印〈徐霞客游记〉及新著年谱序》，《徐霞客游记》卷首，商务印书馆，1986 年。

夏曾佑与严译名著出版之关系
——以张元济、严复致夏曾佑信札为中心

北京大学图书馆　栾伟平

提到严复，大家一般都会想到"严译名著丛刊"，想到商务印书馆，想到张元济，但很少有人知道，夏曾佑对于严译名著的出版也有重要作用。笔者认为，某种程度上，夏曾佑在严复和张元济（以及张元济所服务的出版机构南洋公学译书院、商务印书馆）之间，担任了中间人的角色。

夏曾佑（1863—1924），字穗卿，号别士、碎佛，浙江杭州府钱塘县（今杭州）人，近代诗人、学者、历史学家。光绪十六年（1890）进士。1897年，他与严复、王修植等在天津创办了《国闻报》，并主编旬刊《国闻汇编》；1904—1906年，在商务印书馆出版了著名的《最新中学中国历史教科书》（1934年重版时改名《中国古代史》）。入民国后，夏氏出任过教育部普通教育司司长、京师图书馆馆长等职。

张元济（1867—1959），字菊生，号筱斋，浙江海盐人。光绪十八年（1892）进士。因参与戊戌变法，清廷下令"革职永不叙用"[1]，张元济遂居上海避祸。1899年，入南洋公学译书院。1902年底1903年初辞职，进入商务印书馆，历任编译所所长、经理、监理、董事长等职。

北京大学图书馆保存有张元济、严复等人致夏曾佑的多封亲笔信札，这些信大致写于1899—1903年，张元济在南洋公学译书院就职前后，以及初入商务印书馆时期。从中可以看出，由于张元济的关系，夏曾佑至少与《原富》《群学肄言》《社会通诠》三种严译名著的出版有关系。

一、夏曾佑与《原富》的出版

从现存张元济致夏曾佑信中可见，张元济在上海避祸时期，就对严译产生了兴趣，曾询问夏曾佑："闻又老[2]译《计学》[3]，近已得若干，能劝其先付剞劂否？""又老译《计学》者，又增得几何？"进入南洋公学译书院后，1899年6月13日，张元济致信夏曾佑，请夏帮忙斡旋《计学》出版事宜："济现掌南洋公学译书局事，将来拟将又老所译之书，代为印行。局中并可贴还译费。前已函商又老，回信未置可否。台从过津时，乞将此意代为探询。局系附属南洋公学，译书并非牟利意，亦欲将振兴新学。前尝劝又老将所译出《计学》数卷，先行付印，以惠来学，渠言无力办。济故于局中拟定一章，专购通人私译之稿，由局出价，并为印行，此专为又老而设。济思渠之译书，本无所图，而书成之后，并有人归还译费（购价多寡，济无其权，然以又老之名，当不至过薄也。亦乞转达），且为付印，则此后并可源源续译矣。我公以为然否？"[4]1899年9月24日（农历八月二十日），严复致张元济书，称"前于穗卿处得读尊函，中言鄙处译稿事，极感执事用情深挚，当时即托穗卿于覆书中径达鄙怀。刻穗已南下，想晤时当已提及也……则台端之意，复无不乐从者，固可决也"[5]。也就是说，夏曾佑转达了张元济希望出版《原富》的意愿，严复也欣然同意。1899年11月11日（农历十月九日），双方已经谈妥"以两千金购稿"的价格。[6]1901年3月，

严复又提出要从《原富》书价中抽成十分之二的要求，张元济也同意了。[7]1901—1902 年，《原富》由上海南洋公学译书院陆续出版，夏曾佑不无居间联络之功。

二、夏曾佑与《群学肄言》的出版

因《原富》一书，严复从南洋公学处得到优厚的报酬，故所译《群学肄言》亦有意交给张元济出版。现存严复致张元济信中，数次涉及此书的翻译进度。1902 年 2 月 5 日信："《群学彪蒙》刻方赶译，然常有俗尘败我译兴，窃恐开冻未必能卒业也。"[8]1902 年 3 月 9 日信："复近业《群学彪蒙》一书，若不以事夺其日力，月余日可以蒇事……即书成后，尚需斟酌，殆非半岁难以成书。"[9]半年后，翻译完成，严复向友人谈及，此书将由张元济出版：1902 年 9 月 9 日，严复致熊季廉书云："近又了得《群学肄言》一书，乃斯宾塞原著……此书正在誊抄，八、九月间当由菊生刷印行世。"[10]也就是说，就《群学肄言》出版事，很可能严复与张元济已经达成初步的出版意愿。

但是，数月后，张元济方面似乎有变。严复于 1902 年 11 月 27 日（农历十月二十八日）致信夏曾佑，请夏曾佑询问张元济是否仍然有意出版此书："又《群学》将次校完，前与菊生有定约，言代刻分利，顷来书问疏阔，不知尚有意否？又代刻售卖后，如何分利，如何保护版权，均须菊明以示我。复自揣

不能更为人役，若于此可资生计，即弃万事从之，姑以此刻为试探而已。"夏曾佑回信云："译稿事，闻菊生已有书达左右，不复赘述。"[11]张元济就《群学肄言》出版之事给严复的回信，今已不存。《群学肄言》也确实于光绪癸卯年（1904）四月由文明书局出版，而不是由南洋公学译书院印行。究竟发生了什么事，而导致原出版计划搁浅？仔细翻阅《张元济年谱长编》可知，1902 年末 1903 年初，张元济从南洋公学译书院辞职，进入商务印书馆编译所。[12]应该是由此原因，严复的《群学肄言》换了出版社。1903 年 1 月 31 日，严复复熊希廉书云："拙译《群学肄言》尚在商量，约计首夏当可问世。"[13]此信提到的，即是文明书局要出版此书的事情了。可参考 1903 年 1 月 22 日《大公报》（天津版）上的广告：

文明书局《群学肄言》出书广告

斯宾塞氏《群学肄言》一书为侯官严先生生平最得意之译稿，其书实兼《大学》《中庸》精义，而出之以翔实，以格致诚正为治平根本；每持一义，又必使之无过不及之差。于近世新旧两家学者，允为对病之药。先生于此书凡三易稿，今始写定。约二十余万言，交本局承印出售，予以版权。准于三月内出书，用先登报以告海内之能读此书者。

文明书局出版《群学肄言》后不久，严复与该书局即产生了版税争端。[14]后来此书还是由商务印

书馆印行，[15] 此是后话不赘。

关于《群学肄言》一书，学界仅知此书先由文明书局出版，后归商务印书馆专营，而北大所藏的严复致夏曾佑信札却为我们揭示出：如果张元济不离开南洋公学译书院，此书很可能由南洋公学印行问世。

三、夏曾佑与《社会通诠》的出版

张元济到了商务印书馆后，严复、张元济需要商量译作出版问题时，仍请两人共同的好友夏曾佑当中间人。严译《社会通诠》由商务印书馆出版之事，即由夏曾佑直接或间接促成。

张元济1903年11月14日致夏曾佑书云："《社会通诠》先未闻有是书，疑即《群学肄言》别名。"后来得知《社会通诠》是严复新译，且"译方过半"，惊叹"公何闻之早也"。所以，张元济是在和夏曾佑通信中得到了消息，从而起意出版《社会通诠》。

后来严复与商务印书馆签订的《社会通诠》合约，条件非常优厚：

> 一、此书经严几道手译，系稿主；经商务印书馆印行，系印主。
> 一、此书出版发售，每部净利墨洋五角，其市中定价随时高下。纸、装不同，批发折扣悉由印主之事，与稿主无涉。
> 一、此书另页须贴稿主印花，如无印花，

察系印主私印者，罚洋两千五百元，此约作废，听凭稿主收回版权。

> 一、此书版权系稿、印两主公共产业，若此约作废，版权系稿主所有。
> 一、印行出书，如经稿主察出有欺蒙情节或稿主应得之利过时不缴，此约作废。
> 一、每批拟印书若干，须先通知稿主，以便备送印花。
> 一、译利照出售之书，按账于每月底结算，由稿主派人收入。
> 一、此约未废之先，稿主不得将此书另许他人刷印。
> 一、如书情、格式、纸墨、校勘未精，稿主得以随时商令改良。[16]

因译书事业足够养家，严复辞去了京师大学堂编译局总办，到上海居住。之后，他的译作基本由商务印书馆出版。从此，严复得以不愁生计，安心翻译；商务印书馆得以与名作者长期合作，夏曾佑作为中间人，不无功劳。

综上，严译名著共八种，夏曾佑至少与其中三种——《原富》《群学肄言》《社会通诠》——的出版有较大关系。那么，夏曾佑为什么可以作为张元济和严复的中间人呢？

夏曾佑在天津编辑《国闻汇编》期间，该刊第二、四、五、六册刊登了严复《译天演论自序》《天演论悬疏》，即著名的《天演论》的一部分。第一、

三、四册刊登过斯宾塞《劝学篇》，即《群学肄言》的一部分。当时，夏曾佑是《国闻汇编》的编辑，曾经对《天演论》的译名与体例提出意见，据严复自述，译《天演论》时，"仆始翻'卮言'，而钱塘夏穗卿曾佑，病其滥恶，谓内典原有此种，可名'悬谈'。及桐城吴丈挚父汝伦见之，又谓'卮言'既成滥词，'悬谈'亦沿释氏，均非能自树立者所为，不如用诸子旧例，随篇标目为佳。穗卿又谓如此则篇自为文，于原书建立一本之义稍晦。而悬谈、悬疏诸名，悬者玄也，乃会撮精旨之言，于此不合，必不可用。于是乃依其原目，质译导言，而分注吴之篇目于下，取便阅者。"[17] 由此可见，《天演论》导言初次发表时，名为《天演论悬疏》，即出自夏曾佑的意见。既是严复的好友，又是其最早发表的译作的编辑，且能够对严译提出意见，因此夏曾佑得到了严复的信任，对其翻译进程比较了解；又与张元济相熟，所以夏曾佑能够在张元济、严复二人之间斡旋，可以代为转达一些双方不一定方便直接表达的话，等等。

本文所辑注的信札六封，其中有四封张元济信札，此前未公布过，也没有收入《张元济全集》。两封严复信札，其中一封从未公布过，另一封虽然有人整理发表，但所定日期有误，个别字亦有错误。本文所整理信札按时间顺序排列，标点均为整理者所加。（）表示信札原文的补述部分。［］表示整理者据文意订正者。【】表示信札有关夏曾佑与严译名著关系的部分。

（一）

穗卿仁者：

连日未晤，伏惟少恼。《汇编》三册，想当出售，如已出，请捡一分付来人，欲先睹为快也。兹呈上《天演悬疏》稿九纸，乞查录。《前叙》并首篇稿可捡还不？如费事，则不必也。

手此，敬问起居。

严和南

考释： 此信未署日期。严复的《译天演论自序》发表于《国闻汇编》第二期，《天演论悬疏》发表于《国闻汇编》第二、四、五、六期。又，信中提到的《国闻汇编》第三册，出版于1897年12月28日，故此信大致写作日期为1897年底。

《国闻汇编》未标编辑名字，汤志钧认为"严复是主要负责人"[18]，但从此信可以看出，《国闻汇编》具体编辑事务乃由夏曾佑负责。理由是：严复交稿给夏曾佑，且不知第三期是否已经出版。

（二）

穗卿先生：

里门返棹，获诵手书，尺素传心，如晤我故人也。闻近仍寓菀生[19]家，起居何如，至念。见前月选单，未刊大名，不知现尚报供否？来书具道出处两难情形，代为恼闷。鄙意无论如何都无上策，姑行其心之所安可耳。

江宁设省学堂，需延教习，当事者商之穰

卿[20]，弟恳其为公推。谷、穰[21]亦谓然。但不知前途之意何如，尊意又何如，便乞示我数行，以便告穰转达。

菀生近状何似，其病体较去冬有胜否？报事已否定议？[22]至为驰念。仲宣[23]、坚仲[24]明春思作远游，略有机会。济则身被羁绊，无可摆脱，徒相美叹而已。馆事[25]尚无成议，姑俟盛君[26]回沪，再作道理。现在日习西文，尚不荒辍。知念。【并闻又老译《计学》，近已得若干，能劝其先付剞劂否？】肃此布复，敬承起居。（仲宣附笔致意）

张元济拜上　十二月初九日

（吉田事一时难于为力，但亦为同志者言之，不知效否，并告。）

考释：据《张元济年谱长编》：戊戌年十二月初五，张元济致汪康年书，请汪转荐夏曾佑入江南省学堂担任教习。[27]因此，此信日期应为戊戌年十二月初九，即1899年1月20日。

张元济致汪康年书如下：

穰兄鉴：

前闻江南省学堂需聘教习。即以穗卿乞公推荐。穗卿天才至可爱，而处境又至可怜。省学教习，修脯谅不过菲，当可以赡其贫。后生之秀能得如穗卿者为之师，进益亦必较速。公可否即作一函，为之说项。当事者若未能深信

其人，可请一询曾重伯。（公能一告重伯，尤妙）重伯交穗卿有年，当必能曲成之也。弟日内拟先函达穗卿，何如？即希示复为幸。

济顿首　初五日[28]

（三）

穗卿先生：

去腊初十肃寄一函，计荷青览。春和，伏惟起居多福。公近来常作何事？选期当在何时？前江南学堂事，比询诸穰[29]，尚无消息。穰云：蒯[30]亦难与共事。则公不愿就，与穰信不效，均甚妙也。

舟山[31]、侯官[32]二公，近状何如，尚遭时忌否？菀公[33]有去春南返之说，能不变计与？【又老译《计学》者，又增得几何？观其所命大学堂试题，知此事不至中辍，至为欣幸。】晤时均乞为我致意。

济蛰伏沪滨，无异乡处，在家专习英文，洋师尚未能定。馆事仍无定议，闻前言有尼[34]之者，然境遇不能辱我志也。[35]棣三[36]来函：张憩伯[37]寄通艺学堂矿质多种，已经到津。济已托棣三函取，发至尊处，务祈于开河后觅便寄下。近阅地质学书，颇欲得此，以为印证也。专此，敬请

著安！仲宣、坚仲均未返沪。并告。

元济拜上　正月十二日

考释：此信写作日期为一八九九年正月十二日（1899 年 2 月 21 日）。此时期张元济居沪避祸，等待南洋公学的任命。

（四）

穗卿先生：

周六坚仲北还，托面达一切，计荷垂詧。前日阅报，欣悉荣选祁门。[38] 祁居万山之中，民气淳朴，当尚易治，但不知其肥瘠何如耳。济不敢望循吏良吏，但愿公为庸吏俗吏，国计民生都可不问，首可以肥吾囊橐者，尽心竭力而为之。徼幸数年，足资温饱；敝屣一弃，萧然天地之间。然后著书立说，一意启发民智，为支那新学之祖，千秋事业，远胜于循良一传也。刍荛之言，不知足供采择否？

【济现掌南洋公学译书局事，[39] 将来拟将又老所译之书，代为印行。局中并可贴还译费。前已函商又老，回信未置可否。台从过津时，乞将此意代为探询。局系附属南洋公学译书，并非牟利意，亦欲将振兴新学。前尝劝又老将所译出《计学》数卷，先行付印，以惠来学，渠言无力办。济故于局中拟定一章，专购通人私译之稿，由局出价，并为印行，此专为又老而设。济思渠之译书，本无所图，而书成之后，并有人归还译费（购价多寡，济无其权，然以又老之名，当不至过薄也。亦乞转达），且为付印，则此后并可源源续译矣。我公以为然否？】

再济欠国闻报馆报费一元一角，执事过津，拟乞代还，到沪再行奉缴。缘数目过微，汇寄不便，故以奉渎。乞恕宥。专此。敬请

台安！

张元济顿首　五月初六日　仲宣附笔道念。

考释：因 1899 年夏曾佑被任命为安徽祁门县知县，故此信日期为 1899 年 6 月 13 日。

（五）

穗公少恼：

得二十八早赐书，知公既来津门，旋复入都。复以俗冗纠缠，殊不自由，加以懒惰，遂使公此番北来，未获得促膝深谈。公既南行，不知何时得复晤对。溯自津门分手后，南北会合各一，然皆匆匆散去，含意未伸。乃知人生朋友相聚，亦是时一过往，不可攀缘之事，思之黯然。初一日出都赴海口，当是那一次汽车？当计公与沅帆到埠时，走为一别，亦强于去后书也。

待盦[40] 身后索然。岁月悠悠，不知种嗣何以为活？思纠众力之援，无如官场人情如纸，况待生前是高逸人，与此辈本不亲厚。西人俗，此等事乃尽人职，初未尝计较报施。而支那以周孔之教，必云以德报德。必云以德报德，此等事便无得处。复尝谓：四百兆黄种所以同海滩石子，毫无聚力，二先生为之恶首罪魁。如今日之事，又其一谵（？）也。聊谓吾师发愤

一道。

【又《群学》[41]将次校完，前与菊生有成约，言代刻分利，顷来书问疏阔，不知尚有意否？又代刻售卖后，如何分利，如何保护板权，均须菊明以示我。复自揣不能更为人役，若于此可资生计，即弃万事从之，姑以此刻为试探而已。】

意长纸短，不尽欲言。路寒，惟千万珍重。

复合十言二十八夜拨冗书此。

考释：据夏曾佑日记"一九〇二年十月二十七日"条，"十一点钟乘火车至天津，吊待公之丧"。"十月二十八日"条，"晨与药雨访又陵，尚未起……仍等汽车入京"。"十一月初三日"条："大雪，搭汽车至天津。访又陵，长谈。"[42]另据1902年10月25日《大公报》之《哲人其萎》："前北洋大学堂总办王菀生观察修植前月由沪来津，寓四明王宅，遽于前日逝世，闻者哀之。"因信中说到王修植去世，以及夏曾佑访严复未果，所以，此信日期应为一九〇二年十月二十八日（1902年11月27日）。

此信首次发表于《中国哲学》第六辑，宋斌整理，题为《章炳麟、严复致夏曾佑函札》，但该信日期定为1902年12月27日，误。另，信中"又《群学》将次校完，前与菊生有成约"，《章炳麟、严复致夏曾佑函札》将"有成约"误为"有定约"。孙应祥、皮后锋所编《严复集补编》亦继承了这两个错误。

又，宋斌未指出所整理的夏曾佑函札的收藏地点，笔者据其文中所写的"最近，笔者获见夏曾佑及其族人的一批遗稿，分装在《穗卿杂钞》和《钱塘夏氏杂稿》两帙之中"，判断这些信札收藏在北大图书馆。

（六）

穗卿先生：

月之十九日肃上一函，昨得廿三日手书，知尚未达览，何迟迟也。英梵《韦驮》[43]已于本月十九日寄津，计日当可收到。贵体近日何如，极以为念。台从大约何日可以来沪，亟欲相见。

【《社会通诠》[44]先未闻有是书，疑即《群学肄言》别名，今晨已代购上品一部。归寓读又老来书，乃知别有所谓《社会通诠》者，今译方过半，公何闻之早也。】又老书并云：此书若早成，公著《中国社会之原》[45]必能添入多少新意，将来译竟，必欲请公一读，添入吾国印证。云云。附问《群学肄言》不知尚用得着否，如不需之，济可留下。

《群己权界论》[46]九月中旬必可出书，届时台从如未到沪，必可代购奉。委补《廿四史》缺页，兹已照单补就，惟有数叶不知其果完与否。乞审之。承允撰文，至感至感。济颇欲荟集大著，刻一专集，以饷学者，尊意如以为可行，乞示体例。肃此，敬请

台安！张元济顿首。八月廿六日。

考释：《社会通诠》一书，出版于光绪癸卯十二月，因此，此信日期为癸卯八月廿六日，即1903年11月14日。

1. 张人凤、柳和城：《张元济年谱长编》（上册），上海交通大学出版社，2011 年，第 79 页。

2. 又老，即严复，严复字又陵。

3. 《计学》，即《原富》，英伦斯密亚丹原本，侯官严复几道翻译，上海南洋公学译书院 1901—1902 年出版。

4. 本文中未标出处的信件，均来自文中整理的六封信札，信札原件藏北京大学图书馆。

5. 严复著、王栻主编：《严复集》第三册，中华书局，1986 年，第 532—534 页。

6. 孙应祥：《严复年谱》，福建人民出版社，2003 年，第 141 页。

7. 《严复年谱》第 144—145 页。

8. 《严复集》第三册，第 546 页。《群书彪蒙》出版时改名《群学肄言》。

9. 《严复集》第三册，第 551 页。

10. 《严复年谱》，第 189 页。

11. 夏曾佑致严复信，落款"嘉平初九日"，即光绪二十八年十二月初九日（1903 年 1 月 7 日），参见《严复集》第五册，第 1574 页。

12. 《张元济年谱长编》，第 121—122 页。

13. 《严复年谱》，第 195 页。

14. 《严复年谱》，第 210 页。

15. 1908 年商务印书馆出版了《（订正）群学肄言》。

16. 《张元济年谱长编》，第 129 页。

17. 严复《天演论》译例言，见《严复年谱》第 115—116 页。

18. 汤志钧：《严复和〈国闻汇编〉》，载氏著《汤志钧史学论文集》，上海社会科学院出版社，2013 年，第 96—97 页。

19. 王修植（1860—1902），字菀生，亦作畹生，号待庵居士。浙江定海（今舟山）人，清光绪进士，授翰林院编修。后充天津北洋大学堂总办。光绪二十三年（1897）与严复、夏曾佑等在天津创办《国闻报》。

20. 汪康年（1860—1911），初名灏年，字梁卿；后改名康年，字穰卿。中年号毅伯，晚年号恢伯。浙江杭州府钱塘县（今杭州）人，光绪十八年（1892）进士。1895 年在上海入强学会。1896 年创办《时务报》，后改办《昌言报》。又先后办《中外日报》、《京报》、《刍言报》。有《汪穰卿遗著》、《汪穰卿笔记》。

21. 汪诒年（1866—？），字颂谷，又字颂阁，浙江杭州人，汪康年之弟。曾助汪康年创办《时务报》，后任《中外日报》主笔，《时事新报》经理。民国年间，任职上海商务印书馆。辑有《汪穰卿先生遗著》、《汪穰卿先生传记》等。这里的"谷"，指的是汪诒年，"穰"指的是汪康年。

22. "报事"，指因戊戌变法失败，《国闻报》不得不于 1899 年 3 月售卖给日本人之事。参见孔祥吉、村田雄二郎《从中日两国档案看〈国闻报〉之内幕（下）——兼论严复、夏曾佑、王修植在天津的新闻实践》，《学术研究》2008 年第 9 期。

23. 赵从蕃，字仲宣，江西南丰人。清末曾任南洋公学教习、广西劝业道，安徽清理财政正监理官、京师大学堂副总办等职。

24. 夏循埼（1877—？），字坚仲，浙江仁和县人。法国医科大学毕业，曾任北京医学专门学校细菌学教授，北京大学医学院法文讲师。

25. 指张元济入南洋公学译书院事。

26. 盛宣怀（1844—1916），字杏荪，又字幼勖、荇生、杏生，号次沂，又号补楼，别署愚斋，晚年自号止叟。祖籍江苏江阴，出生于江苏常州。晚清官僚、企业家，洋务派代表人物。

27. 《张元济年谱长编》，第 81 页。

28. 张元济著、张树年编：《张元济书札》，商务印书馆，1981 年，第 46—47 页。

29. 穰，即汪康年。

30. 蒯光典（1857—1911），字礼卿，号季逑，又号金粟道人、斥竹山民。安徽合肥人，晚清著名学者，教育家，政治思想家。金粟斋译书处创办人。时任江南高等学堂总办。

31. 舟山，指王修植。

32. 侯官，指严复。

33. 菀公，王修植。

34. 尼，阻止。

35. 这里的"馆事"，指的是张元济入南洋公学事。

36. 夏偕复（1874—？），字棣三，浙江余杭人，清末历任中国留学生总监督、驻美国纽约总领事、外交部云南交涉使。曾与张元济等呈请设立通艺学堂。

37. 张荫棠（1866—1937），字憩伯，广东南海人。著名外交家，清朝最后一位驻美国公使，也是民国首位驻美国公使。

38. 据己亥年五月初四日（1899 年 6 月 11 日）《申报》之《四月分选单》："安徽祁门夏曾佑。"

39. 1899 年 3 月，张元济入南洋公学译书院，任总校，参见《张元济年谱长编》（上册），第 83 页。

40. 即王修植。王修植号待庵居士。

41. 即《群学肄言》，1903 年 3 月由文明书局出版。

42. 《夏曾佑集》，第 756—757 页。

43. 据严复 1903 年 3 月 12 日致夏曾佑信："近者觅得德国哲家穆略尔（Max Muller）《韦陀讲义》三章，穷数昼夜之力读之。"另外，严复致夏曾佑信中，存有一张严复手写的代夏曾佑购书清单："代穗卿先生购：马勒译《四韦陀》一卷，十二先令六便士；《四韦陀》梵文二卷，一磅十二先令……"此处引用的均为北京大学图书馆藏信札原件。

44. ［英］甄克思著、严复译：《社会通诠》，商务印书馆 1903 年 12 月出版。

45. 别士：《中国社会之原》，《新民丛报》第三十四至三十六号，四十六、四十七、四十八号合刊，1903 年 6 月 24 日—1904 年 2 月 14 日。

46. ［英］穆勒著、严复译：《群己权界论》，商务印书馆 1903 年 9 月出版。

三、地方文献

张元济委托黄炎培查检满铁大连图书馆地方志始末

上海图书馆　陈颖

张元济与黄炎培一生相交，亦师亦友，堪称知己。作为热爱祖国、对中华文化有着深厚感情的传统知识分子，他们对于中华典籍的保护和传承极为重视。1928 年，张元济因听说满铁大连图书馆藏有大量中国的地方志，数量、品种皆超东方图书馆，曾委托正被蒋介石通缉而远避东北的黄炎培协助查检。在查检的整个过程中，两人表现出对祖国文化典籍强烈的责任感和使命感，不仅从一个侧面反映了当时知识分子保护祖国文化典籍的艰辛，也一定程度揭示了当时东方图书馆及满铁大连图书馆的藏书及服务状况，以及地方志编撰、保存和收藏情况，为我们留下了极为宝贵的精神财富和历史资料。

一、张元济与黄炎培早年的交往

黄炎培，字任之，1878 年 10 月 1 日，出生于上海市川沙县一个没落知识分子家庭。20 岁考取秀才，23 岁中举人。1900 年考取南洋公学特班。1905 年由蔡元培介绍入同盟会。1912 年出任江苏省教育司司长，负责江苏教育行政工作。1917 年赴美考察，回国后发起成立中华职业教育社，提出"使无业都有业，使有业者乐业"，主张教育政策的大改革，翌年创设中华职业学校。1927 年，蒋介石清党，黄炎培因与共产党有来往而被通缉，遂流亡东北。抗战期间，投身抗日救亡运动。1941 年 10 月与梁漱溟、沈钧儒、章伯钧等人共同发起筹组中国民主政团同盟（即中国民主同盟）。1945 年又与胡厥文、章乃器等联合工商界人士成立中国民主建国会，任主任委员。1945 年，受毛泽东邀请访问延安。新中国成立后，历任政务院副总理兼轻工业部部长、全国人大常委会副委员长、政协全国委员会副主席等职务，1965 年在北京逝世。

20 世纪初张元济与黄炎培相识于上海南洋公学。1901 年 2 月，南洋公学举行"特班"招生考试，张元济时任南洋公学代理总理，参与了特班的招考工作。据黄炎培后来回忆："缴了试卷后口试。口试我的一位，后来知道是张元济。至今还记得他当时问我：你信宗教没有？信仰哪种宗教？我答：什么宗教都没有信。先生说：好！张元济，号菊生，后来我和他在师友之间亲密相处了几十年。"[1] 这便是两人最初的见面。特班当年招收的学生皆日后赫赫有名的人物，如李叔同、邵力子、章士钊、谢无量、汤尔和等。但特班成立没多久，张元济即与南洋公学的监院福开森产生矛盾，张元济在《追溯四十九年前今日之交通大学》一文中说："余与福开森有意见不甚相合，致于暑假前办理招考特班生及新事毕，即辞去兼摄之职，仍专办译书院事。"[2] 张元济于 1901 年 7 月辞去南洋公学总理一职。次年，由于墨水瓶事件，特班解散，黄炎培也离开上海回到家乡川沙。

虽然特班结束，但张、黄二人的交往一直没有间断。1911 年 7 月 15 日至 8 月 14 日，两人一同参加了在北京举行的中央教育会，会中张元济提案废除小学堂读经，当时一些保守人士反对这项建议，黄炎培却大胆发言支持张元济，此议案成为大会通过的少数议案之一。大会期间，张元济还曾于 8 月 4 日散发"发起中国教育会小启"[3]，发起创立中国教育会，黄炎培复函赞成，并成为最早支持张元济的人。8 月 12 日，《大公报》刊载《中国教育会章程草案》，在发起人名单中两人名字一起出现。8 月 13 日张元济主持成立中国教育会职员会，黄炎培当即参加。这之后，黄炎培渐渐为张元济所看重。甚至，1914 年张元济新屋落成，还曾特别宴请过黄炎培。1916 年，两人又一同商议成立普及教育研究会。1917 年，张元济以 800 元的重价买下黄炎培的重要著作《新大陆之教育》，并于该年出版。同一年，黄炎培联合张元济等 44 人发起成立中国最早的职业教育机构——中华职业教育社，这是黄炎培一生最重要的事业，该年 5 月中华职业教育社正式成立时，两人同为临时干事，7 月两人又被选为第一届议事会议事员。这期间，黄炎培也长期担任张元济主持下的商务印书馆的董事和监察员。两人在事业上互相支持，常就商务出版社工作和中华职业教育会工作商谈交流，一些关键决策都是二人商议后决定。1926 年，张元济曾四访黄炎培，这一年他六十岁了，想请黄炎培代替自己担任商务印书馆经理一职，黄炎培征询了家人和中华职业教育社同仁的意见，因大多数人不赞成，无奈放弃了这个机会。不久，"商务"举行特别董事会，会上黄炎培云："张菊翁登报辞职后，鄙人在沪、在杭听得各界舆论对于公司均极为悲观，与公司前途甚不相宜。此非惟

股东资本关系，实为中国文化所关。无论如何董事会总要设法就菊翁辞职之原由上谋根本之解决。"[4]

从这些事迹可以看出，张元济与黄炎培两人意气相投、相互扶持，对很多事情的看法和见解都保持着高度一致，并极为信赖对方，故张元济才会有之后的委托查检地方志之举。

二、黄炎培赴东北为张元济查检地方志原委

1925 年，孙中山先生逝世后，国民党军政大权逐渐落入蒋介石手中。1927 年 4 月，中山舰事件的第二年，蒋介石决定清党。由于黄炎培同情和倾向进步力量，与共产党有些来往，加上他主办的中华职业学校的一些学生投奔了革命，故被蒋介石定性为"学阀"，下了通缉令。在黄炎培的自述《八十年来》中，他记述了被通缉的情况："1927 年蒋介石占领了长江流域以南，在南京成立了国民党的'国民政府'，开始排除异己，我被目为'学阀'，下令通缉。江苏省教育会被撤消，江苏教育经费管理处被封闭，私立浦东中学校被改组，中华职业教育社被捣毁，迫令社工作人员签名于预写的'黄炎培反动证明书'，没有一人肯从，则全部被驱登大车，逐出郊外。"[5]

1927 年 5 月，黄炎培离开上海，本欲赴苏俄，但因故未能成行，不得已只能转赴大连，他自述："我和爱人王纠思星夜离家躲藏亲戚家。天明购西伯利亚通车旅行票，准备从上海出发去苏联，临时被阻，

改去大连。那时大连为日本占领。我住在一个狭小的旅馆里，在日本特工窥伺下，长日读书于日本关东军经营的铁道图书馆。这样的生活，约略过了半年。" 6

黄炎培避居大连期间，张元济听说满铁大连图书馆收藏了大批中国地方志，故致函请黄炎培协助查检。据《黄炎培日记》，到达大连后黄炎培于1927年6月5日致书张元济以示问候，8月7日得张元济复函，15日"附讯菊生" 7，8月27日再得张元济函，8月29日"讯复菊生（急行），请寄志目来" 8。从这当中可以得知，张元济应该是在8月19日一函（可惜的是此函似已散佚，但好在通过两人之后的几通函札可以猜测此函主要内容为张元济恳请查检地方志的一些具体情况。）中请黄炎培帮忙根据东方图书馆地方志志目查核满铁大连图书馆两馆的地方志目，而黄炎培接信后因未见具体志目，故于29日发急件给张元济，请他寄志目。发函的同时，他一刻未停地联系了满铁大连图书馆，据其8月30日日记："时偕在君访满铁图书馆，松崎君，介见馆长柿沼介君，承赠特别室阅览券，约借书出馆每次以三册为限。" 9张元济接函后，亦急于9月2日复函，函曰："东方志书目早属图书馆寄去，不知何以迟误？敝寓尚有存本，印成后续收者亦一列补入。兹交邮挂号寄奉，敬求察入。敝馆所缺各种如为大连图书馆所有者，即乞查明出版年月、纂修人名及卷数、册数。不知该馆能否代为抄录？如何规则？统祈询明示知为荷。该馆如欲向敝处抄录，

亦可代为也。书目一本用毕后，即祈转送该馆。如阁下即需启程，不必因此勾留。该馆既数与晤谈，托其代查，想不至见拒也。" 10此函黄炎培于9月6日收到，目录也于之后收到。

这里简单介绍一下满铁大连图书馆。满铁大连图书馆是日本南满铁道株式会社下设的一个资料机构。1904年日俄战争后，沙俄将南满铁路长春至大连段转让给了日本。为管理南满铁路，日本于1906年11月26日成立南满洲铁道株式会社。1913年，南满洲铁道株式会社在大连设立了资料机构——满铁大连图书馆。馆长柿沼介，顾问松崎鹤雄。这位松崎鹤雄不仅是研究汉学和中国古籍的专家，同时还曾负有特殊使命。他曾与南浔嘉业堂刘承幹有所往来。日本学者草柳大藏所著《满铁调查部内幕》一书中，在介绍以"满洲建国，亚洲开放"为目的的"大雄峰会"头目笠目时就曾提及此人："笠目在满洲有两个知己，即松崎和桔朴，他们是满铁的特约人员，松崎是圣海舟的门徒，受海舟之命早已来到中国，以研究汉学和古典书籍入手，掌握了中国社会的奥秘。" 11所谓"特约人员"其实就是肩负着日本文化侵略使命的人。在满铁大连图书馆的内部刊物《书香》（1938年10月）上，登载着原满铁大连图书馆馆长柿沼介写的一篇文章。据此文透露，当年松崎鹤雄曾打电话给他的义弟、嘉兴地区日本侵华驻军守备队长牧二郎少将，让他把嘉业堂的藏书全部"保护"起来，然后伺机调离出来，由此更可见松崎的身份。黄炎培于1927年5月22

日到达大连，5 月 31 日 "持李道衡（文权）绍介片，至满铁大连图书馆，访松崎柔父（松崎鹤雄），作笔谈，闻长于汉学，索得图书馆出版物，供阅'杜诗'"[12]，这是黄炎培第一次接触松崎，应该说黄炎培并不知道松崎的真实身份和来华目的，只将他当作了一名普通日本学者。

9 月 12 日，黄炎培正式开始赴满铁大连图书馆查检志目，"偕访图书馆松崎鹤雄。偕见馆长柿沼介，检对图书馆志书目录。"[13]9 月 14 日，他与后来帮忙的中华青年会职员刘景台一同赴馆检阅，"偕刘景台君至图书馆，校核志书目。直隶完。馆员山

口松次郎索近作诗。以响水寺一首付之"[14]。之后，他每日赴满铁馆，一直到 20 日的 7 天时间里，共查对出近九十部 "东方所无有，或有而不完全者"[15]。在他的日记里对此有较详细的记录："制东方与大连两馆所藏省、府、厅、州、县志书统计：大连东方均有者：五四八；大连所有东方所无者：八四；大连所有东方有而不全者：六；共六八三（此为大连志书总数）。"[16] 也就是说 7 天时间里黄炎培共查检了满铁大连图书馆所有的地方志目录共 683 种，最后查检结果是共有 84 种地方志是东方图书馆所缺，有 6 种是东方图书馆不全的，如图一。

20 日　星期二

晨，孝怀弟三爷送到协源䄂信（法租界三洋泾标吉祥街新盛昌内协源䄂），并长谈。

图书馆检对志目讫。

二时归餐。

偕纠思出街购物。

晚餐于伯文叔家。

制东方与大连两馆所藏省、府、厅、州、县志书统计：

大连东方均有者：五　四　八

大连所有东方所无者：八　四　｝共六八三（此为大连志书总数）

大连所有东方有而不全者：六

图一　《黄炎培日记》（华文出版社，2008 年）中对查检结果的记录

第二日，也就是 1927 年 9 月 21 日，黄炎培将查检结果详细复函给张元济，全文如下：

检查志目事，九月十二日访图书馆员松崎鹤雄，偕见馆长柿沼，分示以《东方志目》，并道来意，当允炎每日赴馆，凭前赠之特别阅览券入特别室检阅志目，并许自由就架翻阅志书。是日即开始检查，至昨日完了。所得结果具详另册（一览）。计完全者六种，两目相对，大多数为卷数同而编撰人不同，则以东方取纂修诸人之首列者入目，而大连则以主纂者入目故也。（此二法似以主纂者入目为宜，因首列者大都当时高级官吏，仅任倡修或鉴定，未负有编纂责任。）又出版年期微有不同，则以旧纂志书标明出版年月者绝鲜，不得已取其序文中之年期入目，而所取不无微异，（若《临汾县志》竟全书不载年月，光绪《武进阳湖县志》竟全书无年月，并无编纂者姓名。最惬意者为《新疆图志》，民国十二年所撰，体例完整，并列参考书名。于此见輓近著作之进步。）因此种种不得不翻阅原书，致费时日，中间曾以一人不便核对，而馆员均系日人，虽极意招待，而大多数不通华语，乃商请此间中华青年会职员刘君协助，但就架翻阅，关系太重，只得以一人担任此事。结果发见东方所无有，或有而不完全者，既达九十种之多。若全付钞写，恐费时大多，鄙意第一步似宜指定该书设法觅购，或托相知友人设法。（道远者、年远者当较难觅。）如实系无从购补，然后审其价值较巨者钞补。至借钞手续自昨日藏事，尚未及向馆长询商。但可预料者，委托馆中代钞恐感困难。以馆员多系日人，恐于此不甚了了。似惟有向馆外托友雇人办此。而取得馆中之特许，此层必可办到。容俟商明再复。其间两馆均有者，标记号于东方目本，当遵即留赠此间。如尊处认为有参考之需要，不妨另备东方目本一册，随时逐寄大连换取。至此间本有带出图书订期返纳之例，以持有特别阅览券者为限。限制极严。炎券仅系第三十四号，可知其不轻发，不似美国及斐岛之取携较便矣。此间所藏农村经济书及朝鲜、印度、台湾各地志略极夥，因思与其仓卒往游，不如先读其书，后游其地，决在此再住两星期，浏览大概。前述种种，如议定办法需与此间馆中接洽，□请开示。炎大约十月三、四号以前不离此。寄上检查一览一册，图书分类表和英文各一册，刊行物综合目系一册，统乞詧收。此间前周曾开云冈写真展览会，预约募印云冈写真全集，曾往观览，似于美术上、考古上不无价值。兹附上预约办法一纸，如尊处或馆中欲订购者，不妨逐向接洽。觍缕上陈，伏维鉴察。此间天气新凉，尚未感冷。士人谓较往年冷得迟，年成极好，差可告慰。手此。 敬颂秋祺。附四册一纸 炎 谨上 十六年九月二十一日。[17]

信中黄炎培针对有的地方志大连馆有东方馆无的情况进行了分析，认为有内因和外因，内因是两个图书馆编目规则不一，外因是当年地方志编撰不规范。同时也对如何应对给出了建议，他建议对于缺失的地方志可先设法觅购，实在无法购得再选择性补钞。最后他还对经他手检查的那本目录给出意见，他认为这本他做了大量比对记录的目录有一定参考价值，如张元济需要可另寄一本新的换回这本。

对于黄炎培的鼎力相助，张元济十分感激，他很快回复黄炎培：

> 任之先生有道：前数日得片示，因候嗣音，故未即复，今日由职业教育社交到廿一日手书，捧诵祗悉。此事费神太甚，感荷万分。附下检查志目一览表，以为本馆于各府州县并一部而无之者，该馆必有多种可以补我之阙。乃展阅一过，只有直隶保定县、盛京辉南厅两志。前者京师图书馆有之，后者尚系近刊，不难觅购。借抄既多不便，自可作罢。其余八十二种虽为本馆所无，然本馆于其地固已有不同之本，则亦无借抄之必要。惟中有五种，本馆藏本略有残缺，可以抄补（《新疆图志》有排本可□□）。先是客有自大连来者，谓该馆所藏吾国方志几于全备，为之神往。今知乃仅有六三八部，才当本馆三分之一弱，殊为失望。因此又不禁斤斤自喜矣。本馆志目纂修人名取其最前，刊印年月取其最后，只为俯就各分馆

夥友程度，便于比对采买，以免重复起见。以云体例，则固知其甚不妥也。代邀青年会职员刘君襄助，应如何酬报之处，或酌赠本馆出版新书，统祈核示，并将其名号、住址详告为荷。图书馆目三册、云冈写真预约说书一分均已奉到。谢谢。其预约已属迳购矣。 十六年九月廿七日。[18]

这封四百多字的信，不仅表达了对黄的感激，内容更可谓是面面俱到，志目查检结果的处理、查检原由、两馆藏志书概况、地方志编目规范，甚至是对刘君的酬谢全都考虑到了，从此中也可略见老一辈学者的处事风范。

黄炎培接信后，对于张元济的嘱托一一照办，并告知自己已写字送赠刘景台，不必再特别酬谢。至此，黄炎培为张元济查检地方志目志的工作圆满完成。

三、此次地方志志目查检的意义

这次的地方志查检在张元济和黄炎培一生的交往中只是极小的一件事，两人后来都不曾再提及，但却是极有意义的一件事。虽然后来东方图书馆被日寇所毁，我们已无从查对二位先贤此次查检的具体成果。但从目前留存的函札、日记，我们不仅能充分领略二位先贤对待中华典籍的一片虔诚之情。同时这些资料也从一个侧面反映了东方图书馆、满

铁大连图书馆当年的一些情况，是研究两个图书馆地方志收藏、读者服务、地方志目录编制等方面的珍贵史料。而其中所涉及的地方志编纂的信息，对了解当时地方志编纂状况也是不可多得的参考资料。

两位先贤作为接受过传统教育的学者，他们深知文献资源对于一个国家、一个民族文化传承及发展的重要性，因而他们一直以来都在悉心保存、竭力传承。也正是由于他们的努力，才使后人有机会一窥传统文献的精华，得以更深入全面了解中华文化之精髓。这从两人的函札中也可以看出。张元济十六年九月廿七日函中有这样一段话："先是客有自大连来者，谓该馆所藏吾国方志几于全备，为之神往。今知乃仅有六三八部，才当本馆三分之一弱，殊为失望。因此又不禁斤斤自喜矣。"[19] 言语中可见张元济时时心系东方图书馆，心系中华民族的文献史料，不放过任何一个搜集文献的机会。而黄炎培收到 8 月 27 张元济所托函后第三天即发急函 8 月 29 日"讯复菊生（急行），请寄志目来"[20]，一个急字表现了黄炎培当时的激动心情。除此外，黄炎培还在信中不断向张元济提供相关出版、资料信息，如他信中提及："此间前周曾开云冈写真展览会，预约募印云冈写真全集。曾往观览，似于美术上、考古上不无价值。兹附上预约办法一纸，如尊处或馆中欲订购者，不妨迳向接洽。"[21] 进一步说明他对文化典籍收藏的重视，这一方面是黄炎培对这位曾经的老师的尊重，另一方面则是一个知识分子强

烈责任心所至。

"事关国脉，士与有责。"这是张元济保藏典籍的最根本思想。1939 年，他与叶景葵、陈陶遗发起创办合众图书馆。在《创办合众图书馆意见书》上写道："抗战以来，全国图书馆或呈停顿，或已分散，或罹劫难。私家藏书也多流亡，岂不大可惜哉！本馆创办于此归，即应负起保存固有文化之责任。"[22] 其中"保存固有文化"正是他一辈子的事业。对于地方志，他在《涵芬楼烬余书录序》中说："地方志虽不在善本之列，然其间珍贵之记述，恐有比善本犹重者。"他收集地方志的目的，一是为不使民族典籍落入外人之囊，二是为编制工具书而做基本保障。而他藏书的最终目的则是"启迪民智"，他的藏书观念不同于以往中国传统的以藏为主，他主张将收集来的书籍资料开放给需要的学者，这样就既保持了文化的传承，也为开启民智提供了物质保障。他曾赋诗言志："昌平教育平生愿，故向书林努力来。"[23] 他以挽救民族文化为己任，倾一生心血于中国文化事业，以期借此传播新知、启迪民智，为中国文化事业的传承和发展起到了至关重要的作用。他们的这种精神，无论是对于个人还是对于民族，都是有着积极的作用的，值得我们传承效法。

这次查检留下的信札、日记等，作为第一手资料，客观反映了东方图书馆、满铁图书馆地方志馆藏状况和满铁图书馆的读者服务状况，同时为研究近代地方志编纂、出版典藏情况提供了珍贵信息

从信件的内容，可以看出，当年东方图书馆所藏地方志极为丰富，应达到两千部左右，比满铁大连图书馆要多出近三分之二，这也使得张元济禁不住沾沾自喜。而当时的满铁大连图书馆的地方志也有其特色，该馆所藏农村经济书及朝鲜、印度及中国台湾各地志略较为丰富，以至于黄炎培甚至希望能在此阶段对台湾史有所研究。这些信息十分精确反映了两馆在地方志收藏方面的具体情况。

又如黄炎培在信中提及的特别阅览券，反映了当时满铁的一种特别的服务方式，即对较为重要的读者发放特别阅览券，凭券不仅可以入库浏览，还可以将资料借出馆。但能得到特别阅览券又不是件容易的事，黄炎培在 1927 年 8 月拿到的是 34 号，而此时满铁大连图书馆自 1913 年成立已存在 14 年之久。对于这种服务，黄炎培对比了美国和菲律宾的图书馆服务，认为其服务"不似美国及斐岛之取携较便矣。"这是因为他分别于 1915 年及 1916 年分别赴美国和菲律宾进行过考察，故而得出这样的结论，由此也可看出当时满铁大连图书馆的服务状况相对落后。又在其 5 月 31 日日记中记："持李道衡（文权）绍介片，至满铁大连图书馆，访松崎柔父（松崎鹤雄），作笔谈，闻长于汉学，索得图书馆出版物，供阅'杜诗'。"[24] 其中从"作笔谈"三字便可了解满铁大连图书馆顾问松崎虽有汉学功底，但不会日常会话。由此可见 1927 年满铁大连图书馆的服务应该是以在华日人为主，并且不具备对普通市民服务的能力。这些都是我们今天研究中国图书馆史的不可多得的珍贵史料。尤其是对满铁大连图书馆，因其特殊性，留下的相关资料极少，但当年日本人设立此馆的目的又极不一般，因而对它的研究有着特别的意义，而目前为止，关于它的研究成果仅见两篇，而其中对于以上提到的藏书、读者服务的信息均未见提及，故张元济、黄炎培留下的史料无疑极为珍贵。

而从这次的函札日记提供了许多这方面的具体情况。对当年地方志编撰体例、目录编制概况也均有所反映。在黄炎培信中，他批评了当时地方志在编纂上的不足，认为民国时期地方志编纂出版的混乱，对责任者及出版日期都没有统一的规定，这就造成各收藏地方志的图书馆在整理编目过程中也很难统一。而对于地方志目录的编制，黄炎培向张元济建议应以主纂人作著录对象，而不是纂修人的首位，对此张元济回信中肯定了黄炎培的看法，同时也道出了自己的苦衷，原来东方图书馆是因各分馆员工文化程度不一，为避免采购的重复也不得已而取此下策，可见在具体的运转过程中，东方图书馆也是困难重重，有许多不如人意之处。

从晚清到中华人民共和国成立，张元济和黄炎培见证了近代中国的沉浮跌宕，他们在变法图强的愿望落空后，毅然投身文化救国之路，张元济有段话常为人传颂："吾辈生当斯世，他事无可为，惟保存吾国数千年之文明，不至于因时势而失坠，此为应尽之责。能使古书多流传一部，即于保存上多一分效力。吾辈炳烛余光，能不几进，不能不努力为之也。"[25] 而正是因为张元济、黄炎培等有识之士的卓绝努力，我们大批的民族文化遗产才得以保藏，中华民族的传统文化才得到传承，他们的所作所为功不可没，利在千秋。

1. 黄炎培：《八十年来》，文史资料出版社，1982年，第38页。

2. 《交通大学校史》撰写组编：《大学校史资料选编》第1卷（1896—1927），西安交通大学出版社，1986年，第27页。

3. 黄炎培：《黄炎培日记》第1卷，华文出版社，2008年，第8页。

4. 张树年：《张元济年谱》，商务印书馆，1991年，第268页。

5. 黄炎培：《八十年来》，文史资料出版社，1982年第94页。

6. 黄炎培：《八十年来》，文史资料出版社，1982年第95页。

7. 黄炎培：《黄炎培日记》第3卷，华文出版社，2008年，第6页。

8. 黄炎培：《黄炎培日记》第3卷，华文出版社，2008年，第6页。

9. 黄炎培：《黄炎培日记》第3卷，华文出版社，2008年，第10页。

10. 张元济：《张元济全集》第3卷，商务印书馆，2008年，第185页。

11. 陆士虎：《江南豪门》，文汇出版社，2008年，第57页。

12. 黄炎培：《黄炎培日记》第2卷，华文出版社，2008年，第308页。

13. 黄炎培：《黄炎培日记》第3卷，华文出版社，2008年，第14页。

14. 黄炎培：《黄炎培日记》第3卷，华文出版社，2008年，第15页。

15. 张元济：《张元济全集》第3卷，商务印书馆，2008年，第186页。

16. 黄炎培：《黄炎培日记》第3卷，华文出版社，2008年，第16页。

17. 张元济：《张元济全集》第3卷，商务印书馆，2008年，第186页。

18. 张元济：《张元济全集》第3卷，商务印书馆，2008年，第187页。

19. 张元济：《张元济全集》第3卷，商务印书馆，2008年，第186页。

20. 黄炎培：《黄炎培日记》第3卷，华文出版社，2008年，第9页。

21. 张元济：《张元济全集》第3卷，商务印书馆，2008年，第186页。

22. 顾廷龙：《顾廷龙文集》，上海科学技术文献出版社，2002年，第559页。

23. 张元济：《张元济诗文》，商务印书馆，1986，第52页。

24. 黄炎培：《黄炎培日记》第3卷，华文出版社，2008年，第308页。

25. 张元济、傅增湘：《张元济傅增湘论书尺牍》，商务印书馆，1983年，第145页。

张元济对续辑《檇李文系》的贡献

嘉兴图书馆　沈秋燕

清代以前，嘉兴合府的诗歌体著作总集，有沈季友所辑《檇李诗系》（清康熙刻本）与胡昌基所辑《续檇李诗系》（清宣统三年刻本）两部，古文总集，直到光绪间才有人着手搜寻。陈其荣在编纂[光绪]《嘉兴府志》的"经籍志"时，萌生汇编嘉兴文选总集的宏愿，但他只拟就了姓氏目录。在这之后，忻宝华辑成《檇李文系》四十五卷，收录汉魏至光绪中叶嘉兴府七县1236人的1906篇文章，这部手稿并未刊刻，忻在晚年把出版重任托付给葛嗣浵。葛与张元济、金兆藩商议出版事宜时，都感觉此书搜罗未备，尚有增补之必要，于是三人发起续辑大业。续辑编纂从1921年发出启事，联系确定各地负责人，1923年截稿，此后有零星稿件补入，至1935年告成。《檇李文系》原编与续辑均未刊行流传于世，且不录副，仅有手稿保存，两部文稿其后的命运亦恰与国运相似，所幸最终归于公藏，并以另一种形式回归故里。

一、张元济对续辑《檇李文系》的贡献

（一）张元济是续辑《檇李文系》的发起人"三驾马车"之一

前已述过，葛嗣浵原受宝华之托刊行《檇李文系》，葛就找到张元济，张系出版界的大佬，两家又有亲戚关系，找他最为适当。张为此事筹措过，给陶葆廉等人寄去公启："敬启者：嘉兴忻君虞卿辑成《檇李文第》，久未刊行，文献攸关，深恐散失，嗣浵等因与金君筱孙发起，筹议刊布。谨呈上公启暨原书姓氏总目一册，伏祈垂督。"末署葛嗣浵、张元济之名。[1]这封公启的收件人有26位，均为嘉兴或者湖州人，用意大约希望得到具有经济实力的乡贤的支持。

这三位一方面发起刊行忻氏手稿，一方面觉得忻稿所收还不够丰富，毕竟忻氏以一人之力，所能见到的书有限，所以，他们议定增补原稿，并将著者时代下延至清末。"弟与筱孙同年及词蔚舍亲议以忻虞卿先生所辑之《檇李文系》刊印行世。其书自汉魏下逮光绪中叶，搜罗极富。今拟将光季宣初之郡人作述赘续其次，并增补原书缺略。"（致王甲荣）[2]"同郡忻虞卿先生辑有《檇李文系》四十六卷，自汉、魏以迄于今，网罗宏富。昔年平湖葛君词蔚刊成《续檇李诗系》之后，颇欲集资为之刊印。顷复重申前议，弟与金君筱孙均赞成之。并拟以光末宣初赓续于后。其前有缺略者，亦将分别搜补。"（致陈宜慈）[3]金、葛致张文龙、张骏函言："兆蕃等以忻君虞卿辑有《檇李文系》，有关一郡先哲遗献，而其书迄未付印，且断自光绪中叶为止，诚虑久而弥湮，因与贵族菊生先生发起拟为掇拾增补，并筹集资款，授之剞劂。"[4]金兆藩盛赞张"公于编刻《文系》，力为提倡，事至可佩"[5]。

张元济成为发起人之一属势所必然，以他在商务印书馆主事间形成的广泛人脉，商务印书馆遍布各大城市的分号，都能找到更多的资源。书若刊行，

当然也是商务印书馆能担此任。

（二）刊登征稿启事，广发英雄帖

续辑《携李文系》之事商定后，张元济在《申报》上刊登了"刊印《携李文系》征集遗文启"，全文如下："嘉兴忻君虞卿辑成《携李文系》四十六卷，久未刊行。同人以乡邦文献攸关，怂恿付梓。原书起汉，迄光绪中。虑犹有阙，亟思增补，并拟广至宣统季年，断代为书。海内宏达，同州诸彦，藏有旧嘉兴府属先正文字，无论已否成集，咸请录副见示；篇帙较繁，则择其尤者。更乞编次仕履，附采言行，作为小传，以识生平。分任收稿者，京师金君籛孙、杭州陈君尚旂、龚君未生、嘉兴王君蒜畇、嘉善钱君铭伯、海盐谈君鳞祥、平湖张君厚荟、石门陈君瀛客、桐乡沈君耆济（洛）。并于各省及上海商务印书馆设代收稿处，转寄上海葛词蔚、张菊生两君汇存。如蒙代辑遗文，即祈就近送交各处，但截至辛酉年终为止。原书凡例及姓氏总目已编印成册，分赠同志。如承索阅，望函致各收稿处，即当寄奉，伏维公鉴。嘉郡同人谨启。"[6]

这则启事刊登的时间是 1921 年 8 月 30 日，而联系组织各地收稿人的工作早已展开。从张元济与诸人的书信往来可知，各收稿人除陈瀛客外，都在启示刊登前业已确定下来。这则启事在杭州报纸亦有刊登。

6 月 21 日致信王甲荣请其主持搜辑嘉、秀两邑文献，看来很快得到他的回应，6 月 27 日信中即有"搜辑嘉、秀两邑文献，得兄主持，深慰众望"之语。[7]

7 月 23 日前又得到龚宝铨的应承，当日信中再三向龚致意："前以同人筹刊《携李文系》，搜集遗稿，曾托尚旂（陈宜慈）兄代陈清听，并恳在省中主推兹事，知蒙俯允，感幸何极！"龚时任浙江图书馆副馆长，查阅资料较为便利。8 月 9 日张又去信致谢："承允以贵馆所藏图书遇有可以甄录之文代为搜集，盛意极为感佩。"[8]

大抵张元济手札殷殷邀约的乡贤，都慨然应允，连远在北京就职于京师图书馆的谭新嘉，也在文津阁中尽力搜求。也有迟迟未允的，如原定为石门收稿人的陈瀛客，吴待秋先代为约请，似有应允之意，7 月 7 日三人联名致信，久无回音。8 月 8 号再去函，词意恳切："日前吴待秋兄出示六月廿二日手书，知前上寸函已蒙垂察。《携李文系》搜辑遗稿，仰承慨允主持，感幸何极。贵邑人文夙称殷盛，晚村黄叶，流风犹存。时至今日，必有抱缺守残不求人知者。贤者登高一呼，自能众山皆应。原稿所收贵邑文字，寥寥无几。兹将篇目录呈，敬祈鉴察。预计可以增补者，如残留之碑版，未刊之著述，昔贤之传记，旧家谱乘，当必不少，均在搜求之列。尚望招邀同志，分任仔肩。异日观成，正不仅一乡一邑之光也。"[9]考虑到石门流传下来的文献不多，所以张元济还特别指出搜求途径。最终，石门的收稿人转请吕在廷担任。当年 11 月 2 日向吕在廷提出请求，11 月 16 日，吕在廷复信同意，11 月 23 日张元济回函，表达谢意的同时还提出"惜此时目录久已印成，分送殆尽，各报广告亦已登过，不及以大名与瀛翁并列，使投稿者知所适从。然近在乡邑，苟得时时被以齿芬，邦人士必有知者。异日书成，必于简端刊列芳名，藉志不忘也"。[10]

（三）印发姓氏目录及稿纸，贴补钞录经费

张元济将《槜李文系》原编姓氏目录印了若干份，并印稿纸三千张，分发各收稿人。"先以陈氏所辑之目录姓氏单印付采访者，以免重复，极佩尊见。现已付印，印成即寄。"（致王甲荣）[11] 可见印陈氏的姓氏总目来自于王甲荣的建议。续辑抄录用专用稿纸，"需用《文系》稿纸，兹寄去百纸，即祈检入。前制三千叶已分发罄尽，须再印。需用时请示知，当续呈"（致葛嗣浵）。[12] 在给各收稿人的信中，都提及寄上姓氏目录若干册并稿纸一百至数百叶。

因篇幅众多，收稿人不免要雇人抄写，这笔经费由捐款中支出。"借钞各家书集，必须酌给钞费，尊意极是。容与词蔚诸君商定，先拨若干元奉。至如何拨给，并求酌定，弟等不能悬拟也。"（致王甲荣）"需用缮写邮递杂费，谨先寄呈银币贰拾元，既日托嘉郡书坊同业汇奉，到时乞给与收据为幸。"（致王甲荣）[13]"如雇人钞录，应酌给钞资，并祈代垫，当由敝处缴奉不误。"（致吕在廷）[14]

（四）拟定收稿简章，控制稿件质量

张元济是出版业的大家，对稿件质量的把控有专业的标准。为此，他制定了收稿简章发放给各收稿处。收稿简章有 8 条，详细规定收稿件时应记录的事项、必须同时有作者小传、誊写清晰、各收稿处信息互通等。规定的比较多的是稿件的外观质量。

给各收稿人的信中，则对收录文章的内容提出更多的要求。"惟各家之文似不必全抄，但择有关系而文字稍佳者，人至多不踰十篇，未知何如？"（致王甲荣）[15] 某一人所占篇幅过多，其文流传既广，就不必借《文系》存世。"检阅来稿，新增者凡二十六家，是编之作，意在传人，前明及康、乾、嘉、道之际，名在志乘，而未有一文者，尚复不少，不知能否再加搜辑？又，来稿中尚有数人，未详其时代，后来排比恐致错乱。兹开一单，亦祈鉴察。如能方补，固甚佳也。"（致王甲荣）[16] 一再强调有文必有作者小传，否则，宁可不收。

对于作者卒年，下限至清宣统三年。金兆藩等持不同意见，张元济解释道："惟断自宣统三年一节，与词兄细酌，似仍以原议为妥。缘仅限遗老颇难明言，且议员教职不能谓不食周粟。词兄谓界限亦至难定，宣统三年总算一大结束，清史亦以此时为断，自可从同。"[17] 对此张元济颇坚持，像劳乃宣等人的作品，只留存，以待将来续编之用。对卒年有疑问的，也弃用。"惟金君轮只注'光绪时人'数字，未知殁于何时？还祈标示。……至丰君鏄殁于清之

末年，当在可收之列，惟乞确切查明，再定取舍。"（致吕在廷）[18]

二、续辑《檇李文系》的完成与手稿的命运

（一）从半年到 14 年的编纂期

张元济他们最初的计划，是给半年的时间完成采稿，但是至商定的截稿期，大家纷纷反映时间过于仓促，于是展期，"征稿之期旧历年终截止，各处均以为过促，商之同人，不妨展至明年二、三月。果有佳文，即在付刻之时亦当加入也"（致吕在廷）[19]。这一展期，就一展再展，"原定去岁截止，嗣以为期过促，所得文字有限，恐有遗佚，复议展期一年，当于去年十二月三十一日专函陈明，计蒙垂察。现在又将届满，只可作一结束。"（致陈宜慈）[20]，这时已是 1923 年 2 月 10 日，张元济非常想结束这件事。金兆藩在北京的截稿期是 9 月，应属最末一处交稿。

1924 年 7 月，张元济与葛嗣浵在杭州整理采访稿，"续辑《檇李文系》先后由各处寄到之稿，较原编约增十分之五。前月约词蔚兄赴杭州觅一清静旅舍，检查一过，将重复者悉数抽出。新增姓氏凡千数百人，现拟将未有小传者详加查核，即不能得其生平，亦欲知其所生时代，庶日后编次有所依据。大约尚有一两月可以毕事"（致金兆藩）[21]。

（二）《檇李文系》未刊之谜

当年发起续编《檇李文系》的缘由，就是准备刊行忻宝华的原编时，嫌其搜罗乡邦文献不够丰富。预计用半年时间完成采稿，也是为尽快出版两部《文系》，张与王甲荣还探讨过用雕版还是活字的问题："雕版需费较多，然印刷部数可以随意伸缩，若用活字排印，则印数不能少，且重印又甚昂，将来尚须详细商榷耳。"[22] 为筹刊《檇李文系》，在续辑编纂的同时，向各地乡贤发出募款公启。然而，原编与续辑均未能出版，猜测原因不外乎资金短缺问题。两部《文系》出版所需费用必为一笔巨款，当时局势动荡，商务印书馆运行艰难，张元济在与友人的通信中时有透露。筹不齐印书款，只得作罢。加之张元济的身体也时有不适，工作压力大，1927 年在与金兆藩的信中提及"续《檇李文系》收稿早经截止，弟又在东方图书馆各省方志辑得若干，其姓名颇有极冷僻者，碌碌尚未录出。其各处送到者亦拟稍稍整葺，再寄至京师，请加遴选。去岁辞去商馆之事，冀有余闲可以着手，无如经手未了诸待清厘，半载以来迄鲜暇。过此以往，时局渐定，或可稍鼓兴念，竟此前功"。[23] 稍后的信中又叹："补征《檇李文系》久经结束，两载以来，时遭厄逆，心绪之恶，几如槁木死灰。积稿盈篋，迄未整理。前月词蔚兄来沪，邀至寓庐，摒挡一切，历五六日渐次就绪。近将名第先后略加排比，其无时代可稽者，颇费考校，旬日内恐尚不能藏事也。"[24] 最终，

这两部著作一部也未刊行。

（三）手稿存放故里又失落

续辑《檇李文系》一直不刊印，也有零星的作品补入，主要以海盐人为主，海盐是张元济家乡，他希望海盐的文献尽可能多收录。他对海盐图书馆馆长谈文灯提出要求："海盐一县所列共一百五十余家，弟在县府志内复辑出有著作者约三四百人，皆原书所未收者（现已抄成一册稍缓即寄）。弟亦已搜得文字十余篇，鄙意总尚有可以搜补之处。……吾邑人才以原书观之，较各县为盛。甚望此次勿落后也。"[25]在截稿后，他仍各处搜求海盐文献。

到1935年，采访工作彻底结束，续辑书稿连同原编被送到嘉兴县立图书馆。续辑稿处于散叶状态，当时的馆长陆祖毂与馆员仲欣木将这部手稿整理装订成册，目录4册，正文78册。《续辑檇李文系》共收1745人，3302篇作品，可谓煌煌巨作。陆馆长还在首册上书写题记，略记整理过程。原编在1936年作为参展品在浙江省文献展览会上陈列，书上钤有"曾经民国二十五年浙江省文献展览会陈列"印章。1937年，抗日战争爆发，《檇李文系》连同其余珍贵古籍一起被转移至馆员仲欣木在桐乡濮院乡下的老家。1943年，这批古籍悉数为汉奸所掠。

（四）重归故里之路

失落的《檇李文系》一直为嘉兴文化界所牵挂，直到某一天，很偶然地在网上得知这部文献的下落，原来1948年有人将此书拿到合众图书馆求售，张元济一见，当然想要留下，却苦无余财，后海盐商人颜文凯出资买下捐赠给合众图书馆。新中国建立后，合众图书馆的古籍成为上海图书馆的馆藏，《檇李文系》也就藏身于上海图书馆。

2004年，嘉兴市图书馆百年馆庆"嘉图百年"展览上，展出了续辑《檇李文系》的四册目录的仿真本，第二年，正文的复制本亦到嘉兴。

网上讲的有关于这部书的故事就到此为止，后面其实还有段续集。这次复制的只是续辑，原编还没找到。当年编目录时，说是把原编与续辑统排，有些人以为续辑囊括了原编。整理目录时才发现，很多作品有目无文。又是一位网友提供消息，说忻氏原编也在上海图书馆。2008年11月嘉兴市图书馆一行三人去上海图书馆查看，第一册上赫然钤有展览会的印章，第二年上海图书馆拍摄了电子版提供给嘉兴。再去对比目录，有目无文的其实在原编中收录了，不必再抄一遍。只是目录中不注明，迷惑人。

张元济付出巨大心血参与发起并主持编纂的续辑《檇李文系》，历经战火在他有生之年完整归来，家乡人则借助现代技术迎来它的另一种形式的回归。张先生幸甚！嘉兴人民幸甚！

1.　张元济，《张元济全集》第 3 卷《书信》，商务印书馆，2007 年，第 197 页。

2.　同上，第 1 卷《书信》，第 221 页。

3.　同上，第 2 卷《书信》，第 410 页。

4.　同上，第 2 卷《书信》，第 272 页。

5.　同上，第 2 卷《书信》，第 484 页。

6.　《申报》，1921 年 8 月 30 日。

7.　张元济，《张元济全集》第 1 卷《书信》，商务印书馆，2007 年，第 221 页。

8.　同上，第 1 卷《书信》，第 197 页。

9.　同上，第 2 卷《书信》，第 445 页。

10.　同上，第 1 卷《书信》，第 331 页。

11.　同上，第 1 卷《书信》，第 221 页。

12.　同上，第 3 卷《书信》，第 240 页。

13.　同上，第 1 卷《书信》，第 221 页。

14.　同上，第 1 卷《书信》，第 331—334 页。

15.　同上，第 1 卷《书信》，第 221 页。

16.　同上，第 2 卷《书信》，第 225 页。

17.　同上，第 2 卷《书信》，第 484 页。

18.　同上，第 1 卷《书信》，第 331—334 页。

19.　同上，第 1 卷《书信》，第 331—334 页。

20.　同上，第 2 卷《书信》，第 441 页。

21.　同上，第 2 卷《书信》，第 488 页。

22.　同上，第 2 卷《书信》，第 224 页。

23.　同上，第 2 卷《书信》，第 488 页。

24.　同上，第 2 卷《书信》，第 488 页。

25.　同上，第 2 卷《书信》，第 150 页。

四、访书

1928年秋张元济日本访书考

浙江大学　陈东辉

张元济曾三度出访东瀛。第一次是1908年7月至10月赴日考察教育，到了长崎、广岛、大阪、奈良、西京、东京、日光、盐原、箱根等地。第二次是在1910年，张元济游历欧美诸国后，12月自旧金山登轮渡太平洋，经夏威夷首府火奴鲁鲁，至日本横滨，旋抵东京，与先期赴日考察的高梦旦相会。第三次访日的时间为1928年秋，访书乃这一行程之主要内容。笔者根据《中华学艺社第五次学术视察团报告》[1]，《张元济全集》[2]，《张元济傅增湘论书尺牍》[3]，张树年主编的《张元济年谱》[4]，张人凤、柳和城编著的《张元济年谱长编》[5]，郑贞文的《我所知道的商务印书馆编译所》[6]等相关史料，对张元济此次赴日访书作如下考述。

1928年10月15日，中华学艺社第五次学术视察团应邀赴日出席日本学术协会第四届大会，张元济也以学艺社名誉社员的身份从上海启程东渡赴会，并乘机访书，其实后者是他的主要目的。12月1日，张元济离开日本长崎，2日回到上海。中华学艺社是由归国留日学生组织的学术团体，以昌明学术、交换知识为宗旨，与日本文教界有着广泛而密切的联系，其中不少社员供职于商务印书馆编译所。动身之前，张元济通过当时在日本的中华学艺社东京分社干事马宗荣（字继华）与日本有关公私图书馆进行联系。在获取日方同意后，张元济花费了约半年的时间进行认真而系统的准备，按经、史、子、集四部，从日本公私图书馆目录中预先择定若干种书目，以便到达日本后按图索骥，提高利用日

藏图书的效率。此次与张元济同行的商务编译所编辑郑贞文，自1924年起担任日本东方文化事业总委员会的中国委员，因而与该委员会的日本委员服部宇之吉（东京帝国大学汉学主任教授）、狩野直喜（京都帝国大学汉学主任教授）等著名汉学家有一定渊源，而日本许多图书馆的管理人员乃是服部等的学生。这一层关系给张元济的访书带来了诸多方便。

张元济于10月17日抵达日本。19日作有七绝一首赠郑贞文，内容如下："二十三年溯陈迹，刘郎前度又重来。深宵一席伤心语，故国迢遥首屡回。"诗序曰："戊辰暮秋，与心南同游日本。至严岛，宿宫岛旅馆。步入肆中，购得此杓，云可邮寄。心南索诗，赋赠如左。"[7]

在日本，张元济受到作为东道主的彼邦文化学术界人士的热烈欢迎和隆重接待。日本外务省文化事业部长冈部长景宴请视察团，张元济代表视察团致答辞。日本斯文会服部宇之吉、宇野哲人、盐谷温等著名汉学家亦为张元济举行了欢迎会。访日期间，张元济会晤了在日本学术界极有影响的内藤湖南、狩野直喜、姉崎正治、安井小太郎、中村久四郎、诸桥辙次、长泽规矩也、神田喜一郎、石田干之助等日本友人。

日方学者对张元济的访书工作鼎力相助，如著名学者内藤湖南介绍张元济观阅已故富冈氏遗书，又告知他京都东福寺藏有文忠公（即张九成）《中庸说》。张元济对此深为感奋，他曾说："此去拟

乞影写，归国影印。私冀所著《尚书详说》《大学说》《论语解》《孝经解》《孟子解拾遗》《标注国语类编》《唐鲙唐诗》该或尚有存于此邦者。诸君子均许代访，意至可感。"[8] 又如当时东京帝国大学青年汉学家长泽规矩也曾与张元济约期偕往静嘉堂文库，检阅原皕宋楼的藏书珍本。

张元济在日本的主要活动是访书。马宗荣陪同张元济与郑贞文往访各公私图书馆，张元济则委托马宗荣筹划接洽借影有关古籍。据郑贞文在《我所知道的商务印书馆编译所》一文中回忆，张元济在日本期间，除星期日外，每天辛勤不息地阅选古书，晚上必作笔记直至夜深。大约在每个图书馆各阅书三四日。张元济专看经、史、子、集方面的书，郑贞文则按照郑振铎提供的书目，阅选有关中国古小说。待初步阅选后，由张元济决定拟借书目，然后与图书馆磋商借影事宜。

张元济在日本阅书时间最长的图书馆是静嘉堂文库，前后约十天，其原因一是静嘉堂的丰富藏书极有吸引力，二是张元济与静嘉堂早有某些渊源。以前根据相关史料记载，1905 年以前，张元济曾两度赴湖州，欲观皕宋楼藏书，但均遭陆心源之子陆树藩婉言谢绝。1905-1906 年间，日本古文献学家岛田翰畅游江南，数登陆氏皕宋楼，悉发其收藏而读之，并发誓要以重金购归日本所有。当时陆树藩由于种种原因，亟欲出售祖传秘籍，始提出 50 万元之数，后虽减价，然终因索价过高而未能成交。其时刚好在北京的张元济闻讯后，即劝军机大臣协

办大学士荣庆拨专款购下陆氏藏书，以之作为京师图书馆馆藏基础，但遗憾的是不重文化价值的封建官僚荣庆未能采纳这一建议。张元济深恐珍籍外流，经与商务印书馆夏瑞芳商议后，决定出资 8 万元购下，入藏于该馆珍贮图书之涵芬楼，但陆却坚持非 10 万元不售。张元济积极设法四处筹款，但等到凑足 10 万之数时，陆却早就以 11 万 8 千元与日人成交。不过，关于皕宋楼藏书流入静嘉堂文库之真正原因，最近二十多年来学术界已有不少新的研究成果，与以前之旧说有很大不同。原皕宋楼主人陆心源之玄外孙徐桢基先生在《潜园遗事——藏书家陆心源生平及其他》[9] 一书中，披露了皕宋楼藏书出售的真实原因。浙江省社会科学院顾志兴研究员在此基础上，进行了深入研究，指出皕宋楼售书的原因之一是陆家经营实业破产而导致售书的偿债。[10] 后来，顾先生又进一步挖掘到一些新的史料，据清光绪二十六年（1900）上海《申报》等披露，陆树藩在是年八国联军进攻京津之际，曾在上海组织救济善会，亲赴京津两地援救在战火中的南方籍流落北方的官贾平民 6000 余人，运回灵柩 200 余具。这一义举最终导致陆树藩亏空白银 10 余万两，故出售藏书以应付困境是必然的事。[11] 此乃当年震撼中国学术界和藏书界的"皕宋楼事件"之真相。我们应该以事实为依据，对陆树藩重新进行公正的评价。

1907 年 6 月，清末收藏珍本秘籍的著名宝库"皕宋楼"、"十万卷楼"以及"守先阁"之旧藏，全

部舶载以归岩崎氏之静嘉堂文库。静嘉堂文库是日本除"御物"之外，搜储汉籍宋元古本最多的一个文库，如今在其所藏的 1183 种汉籍善本中，含宋刻本 127 种、元刻本 155 种、明刻本 551 种、明抄本 72 种，此外尚有朱彝尊、顾广圻、黄丕烈等清代名家的手抄本和手识本 269 种。[12]

基于上述缘由，张元济对静嘉堂之藏书渴慕已久，此次终于如愿以偿，得窥皕宋楼旧藏之全貌，其快可知。张元济在文库借影了宋刻本《册府元龟》（残本）《陈书》《新唐书》《武经七书》《诗集传》《欧公本末》《清明集》（残本），元刻四十三卷本《金华黄先生文集》，明刻本《饮膳正要》，明文渊阁原藏、明活字本《太平御览》，影抄本《群经音辨》等稀世珍籍。同时，张元济还在此处见到了两种流落于日本的中国近代史上的密件：一种是甲午战争时期李鸿章亲笔所拟的电报底稿以及零篇断简数十件，系由李鸿章的机要秘书盗卖给日本的；另一种是袁世凯称帝时所写的亲笔手谕及张一麟婉言谏袁称帝的函牍，凡数十件。张元济撰有古诗《戊辰暮秋至日本东京观静嘉堂藏书》，记述访皕宋楼旧藏甚详，内中有云："我来海外交有神，特许巡览娱远宾。执事靖共骏奔走，相助检索逾兼旬。好书不厌百回读，快事平生夸眼福。既入宝山宁空回？得陇何嫌更望蜀。"此外，为了表示对静嘉堂文库管理人员的谢意，张元济还作有七绝《赠静嘉堂藤田昆一君》[13] 和《赠静嘉堂饭田君》[14]。

张元济在宫内省图书寮观书三日。图书寮自 1949 年 6 月 1 日起已改称为宫内厅书陵部，收藏汉籍甚丰，目前有唐写本 6 种、宋刻本 72 种、元刻本 69 种、元写本 5 种、明刻本 970 种、明写本 30 种，另有宋版《一切经》一部 6263 帖、明宫版《道藏经》一部 4115 帖。此外尚有朝鲜古刻高丽版汉籍 100 种左右，以及许多自奈良时代至江户时代的日人汉籍写本和自"五山版"以来的和刻本汉籍。[15] 由于图书寮设在皇宫内，所以一般不许外人擅入。经当时任中国驻日本公使的汪荣宝与宫内省联系落实后，张元济和汪荣宝、郑贞文等三人方被特许入内参观、阅书。张元济在图书寮借影的珍籍有宋刻本《三国志》《论语注疏》《太平御览》《北磵文集外集》（残本）《本草衍义》和元蜀刻本《山谷外集诗注》，凡 6 种。

内阁文库是日本收储汉籍古本最多的藏书单位，其藏量位居全日本各公私图书馆之冠。内阁文库原藏汉籍虽在第二次世界大战中有所损失，但现存汉籍仍达 18 万 5 千余册，内含宋刻本 29 种、元刻本 75 种、明刻木 4678 种、明写本 11 种，其中有多种已在中土失传。[16] 由于典守者慨然发箧襄助，张元济在内阁文库一饱眼福，赫然见到了寻觅已久的宋刻《平斋文集》，铁琴铜剑楼瞿氏所藏此书阙佚的八卷俨然俱存，大喜过望，遂借影携归。此外，张元济尚在内阁文库借影了宋刻本《东莱诗集》《梅亭先生四六标准》《东坡集》（残本）《晋书列传》《颖滨大全》，元刻本《全相平话》，明刻本《水浒志》《唐书演义》《醒世恒言》《警世通言》《二刻拍案惊奇》《摘锦奇音》《玉谷调簧》《国色天香》

《玄雪谱》等，共计 29 种。

东洋文库在日本学术界享有亚洲文献宝库的美誉，因而也是张元济此行的必到之处。东洋文库系日本财阀岩崎久弥男爵于 1917 年购买莫里逊（George Ernest Morrison）的藏书后扩充而成。莫里逊原籍澳大利亚，曾任《泰晤士报》驻中国通讯员及北洋军阀政府的英国顾问。他于 1897 — 1917 年期间，在中国收集图书文献 2 万 4 千余册、地图画卷 1 千余份。这批文献主要是以英、法、德、俄，以及中、日、意、西班牙、葡、瑞典、波兰、匈牙利、希腊、芬兰等十余种文字撰写的有关中国、西伯利亚和南洋各国的论著，内容涉及政治、外交、法制、经济、军事、历史、考古、艺术、地理、地质、动植物等诸多学科领域，其中有许多珍本秘籍。[17] 以上述这批文献为基础，岩崎久弥于 1924 年 11 月正式建立东洋文库。张元济有幸目睹了东洋文库中的众多珍品特藏。张元济曾记载道："至东洋文库，石田 [幹之助] 君视余旧钞古文《尚书》，可谓世间珍品。英人摩利孙收藏欧人论述东方之书甚夥，今归库中，惜未能读。"[18] 张元济赠送《入唐求法巡礼行记》一部给石田。在东洋文库，张元济借影了宋刻本《乐善录》与《历代地理指掌图》。

除上述公私图书馆外，张元济逗留东京时还应邀观览了几处著名的私人藏书，亦颇有所获。如在前田侯邸获见宋刻本《世说新语》，该书附有《叙录考异》及《人名谱》两卷，为国内所未见；在朝日新闻社社长德富苏峰家目睹了古写本和古刻本

《论语》，凡数十种；在实业家内野五郎三家中看到了宋刻本《宛陵集》（残本），是书已绝迹于中土。上述诸书，张元济均借影携归。此外，张元济还曾拜访了东京文求堂田中庆太郎等私人藏书名家。在归国途中抵京都时，张元济去参观了著名的东福寺藏书，获见宋蜀刻本《太平御览》等。

张元济将在日本公私图书馆借影的孤本秘籍之照相底片带回上海后，经商务印书馆照相部修整放大后，以《中华学艺社辑印古书》之名义陆续影印，除了每一种分别赠送日方原书收藏者各二十部之外，其余分配给中华学艺社总、分社以及少数特别需要该书的社员，另外还赠送给曾为借影提供过帮助的宇野哲人、长泽规矩也等日本学者，不公开发售。自 1929 年 12 月至 1936 年 12 月，《辑印古书》先后出书 16 种，分别是《论语注疏》《东莱先生诗集》《平斋文集》、《群经音辨》、《饮膳正要》、《山谷外集诗注》、《梅亭先生四六标准》《三国志》《陈书》《乐善录》、《名公书判清明集》、《武经七书》《搜神秘览》、《太平御览》、《诗集传》、《新唐书》。[19] 后来，这些珍本秘籍在商务印书馆影印出版图书时发挥了很大作用。除了《论语注疏》之外，《辑印古书》中的 15 种典籍被收入《四部丛刊》续编和三编、《百衲本二十四史》《续古逸丛书》等大型古籍丛书。

收入《四部丛刊》续编和三编的张氏从东瀛访得之书共计 7 种。其中的《太平御览》颇具代表性。《丛刊》三编中的影印《太平御览》是一部名副其

实的"百衲本"。张元济谓:"岁戊辰,余赴日本访书,先至静嘉堂文库观所得陆氏本,其文渊阁印灿然溢目,琳琅满架,且于己国增得如干卷,为之欣羡者不置。嗣复于帝室图书寮、京都东福寺,获见宋蜀刻本,虽各有残佚,然视陆氏所得为赢。因乞假影印,主者慨然允诺,凡得目录十五卷,正书九百四十五卷;又于静嘉堂文库补卷第四十二至六十一,第一百十七至一百二十五。此二十九卷者,均半叶十三行,同于蜀刻,惟板心无刻工姓名,且每行悉二十二字,与蜀刻之偶有盈缩者不同,疑即在前之建宁刊本。……日本文久纪元,当我国咸丰十一年,喜多邨直宽尝以影宋写本,用聚珍版印行,其优于鲍本者,则板心所记刻工姓名,均与蜀本相合,且上文所举四事,一无脱误。宋刻而外,断推此本,于是取以补复印件二十六卷之阙。"[20]张元济经过努力搜求与认真考辨,用最早和最佳的几个版本拼合成为一部完整的巨编,使《四部丛刊》本《太平御览》成为迄今为止最接近原貌的良本,向为学界所重。1960 年以来中华书局多次影印出版《太平御览》,所用底本即为上面这个本子,于此亦可见张氏造福书坛的流泽之长。

它如收入《四部丛刊》续编的《东莱先生诗集》,系张元济借影自日本内阁文库的宋乾道刻本,久佚于华夏故土。张氏之所以采用这个本子,是因为将其与涵芬楼旧藏之陈仲鱼抄本互校,发现后者脱漏、讹误之处甚多,其它传本则更靠不住了。再如《四部丛刊》续编中的《群经音辨》,系毛氏汲古阁影

写南宋宁化县学重镂临安府学覆监本,源出北宋,书中佳处见于陆心源《仪顾堂题跋》者已有五十余条之多。张元济以泽存堂本覆勘之,发现其书佳处不见于陆跋者尚不胜枚举,因而得知世本尽祖泽存,承讹袭谬久矣,于是深感版本之得失,若是其重。由于岩崎氏的不吝一瓻之赐,使《四部丛刊》喜添一部难得的善本。借影自图书寮的《山谷外集诗注》,虽然是元至正乙酉(1345)建安重雕蜀本,但由于蜀本毁于宋世,当时传本已罕,而此本为元初翻刻,世无人知,字画缜密,可与宋本媲美,并且书中文字足以订正当时通行的十七卷本之讹异者甚多,故亦将其收入《四部丛刊》续编,以弥中土书林之缺憾。

在辑印《百衲本二十四史》时,张元济将从扶桑借影的宋刻本《三国志》《陈书》《新唐书》等与其它有关版本相补配,力求恢复古籍原貌。在1928 年张元济访日前,《三国志》已经用元刻本摄影,然校以衢州本,发现讹误滋甚,后张元济在日本宫内省图书寮访得宋绍熙刻本,便据以影印,所缺《魏书》三卷则以涵芬楼所藏宋绍兴刻本配补。衲史中的《陈书》采用著名的宋眉山刻本《七史》之一,但当时北平图书馆的藏本仅存二十一卷,后经张元济用影自日本静嘉堂文库的同式版本补配,终于使该书无一明修版,可与宋代原刻媲美。张元济从静嘉堂文库将皕宋楼旧藏宋嘉祐刻小字本《新唐书》乞照携归,补以经过数年搜访而得来的北平图书馆、商丘宋氏及刘氏嘉业堂所藏其它宋本,终于缀合成一部完整的高质量的宋刻。从这些例子中,我们也

可以领悟到《百衲本二十四史》之所以一直为海内外学术界所称道的原因。另外，张元济访自静嘉堂文库的宋刻本《武经七书》，于 1935 年作为《续古逸丛书》之一种影印问世。

张元济自日本回国后，与尚在日本的马宗荣电函来往甚为频繁，时刻关注着在日本有关公私图书馆借影珍籍之事。其间张元济与马宗荣往来电函（包括郑贞文与马宗荣往来之信函）的打印稿，由张元济收辑并亲自装订成《马继华君来往信件（日本借书事）》稿本，现存第一册（起自 1928 年 11 月 30 日，迄于 1929 年 4 月 4 日），其下册数不详，均已失佚。除了亲自赴日外，张元济还热情支持并具体帮助其他学者东渡访书和考察。1929 年 10 月中旬，在傅增湘赴日访问途经上海时，张元济将其上年在日访书时所作的笔记"观书小册"借予傅，作为他访书之向导。傅增湘抵日后，与张元济保持密切的书函往来，傅不时将他在日本的访书情形详告于张，张也常与傅就访书等事交换意见。[21] 此外，1930 年 3 月王云五前往日本等国考察时，张元济为其出具介绍信多封。张元济还主动将日本图书馆的藏书介绍给有关专家学者，俾其参考利用。如张元济曾于 1953 年 5 月 11 日致函翦伯赞，谓：

> 日本京都府立图书馆藏有钞本《溃痈流毒》一书，专纪鸦片战争情事。日友内藤虎次郎曾传录一份畀我，其中除官文书外，颇有遗文逸事。阅报知近世史料其第一种即为《鸦片战争》，该书似可足供采录。敝处曾有重录之本，已赠与东方图书馆，先生如果需用，弟可提出寄呈台览。[22]

此外，张元济还曾为日本学者来中国访书提供积极帮助。如张元济曾于 1929 年 4 月 16 日致函刘承幹，云其应日本东洋文库之请，介绍日本考古学会会员原田、村岛二人阅观嘉业堂藏《宋会要》稿本。4 月下旬，张元济亲自陪同二人至刘宅阅书，并面商抄录"藩属"、"食货"两门。

从 1928 年秋张元济赴日访书的种种事迹，我们既可以看出他为保存与弘扬民族文化而付出的诸多艰辛努力，以及他那严肃认真、一丝不苟的精神风范和工作态度，同时也可以深刻体会到中日文化交流的重要意义及作用。张元济在这方面的许多成功经验，我们应予全面总结，并在当今的古籍整理出版工作中加以借鉴和运用。

1. 《中华学艺社第五次学术视察团报告》，载《学艺杂志》第 9 卷第 4、5 号。
2. 张元济：《张元济全集》，商务印书馆，2007–2010 年。
3. 张元济、傅增湘：《张元济、傅增湘论书尺牍》，商务印书馆，1983 年。
4. 张树年：《张元济年谱》，商务印书馆，1991 年。
5. 张人凤、柳和城：《张元济年谱长编》，上海交通大学出版社，2011 年。
6. 郑贞文：《我所知道的商务印书馆编译所》，载《商务印书馆九十年——我和商务印书馆》，商务印书馆，1987 年。
7. 张元济：《戊辰暮秋东瀛访书十首》，载张元济：《张元济全集》第 4 卷《诗文》，商务印书馆，2008 年，第 21 页。
8. 张元济：《东瀛访书记事诗》，载张元济：《张元济全集》第 4 卷《诗文》，商务印书馆，2008 年，第 25 页。
9. 徐桢基：《潜园遗事——藏书家陆心源生平及其他》，上海三联书店，1996 年。
10. 参见顾志兴：《湖州皕宋楼藏书流入静嘉堂文库真相考评及建言》，载虞浩旭主编：《天一阁论丛》，宁波出版社，1996 年，第 303 – 318 页；顾志兴：《湖州皕宋楼藏书流入静嘉堂文库真相考评》，载黄建国、高跃新主编：《中国古代藏书楼研究》，中华书局，1999 年，第 165 – 181 页。
11. 参见顾志兴：《皕宋楼藏书流入日本静嘉堂文库原因再探索》，载徐良雄主编：《中国藏书文化研究》，宁波出版社 2003 年版，第 463 – 471 页。
12. 参见严绍璗：《汉籍在日本的流布研究》，江苏古籍出版社，1992 年，第 280 页。
13. 藤田昆一，静嘉堂执事。
14. 饭田良平，静嘉堂司库。
15. 参见严绍璗：《汉籍在日本的流布研究》，江苏古籍出版社，1992 年，第 210 页。
16. 参见严绍璗：《汉籍在日本的流布研究》，江苏古籍出版社，1992 年，第 227 – 228 页。
17. 参见严绍璗：《汉籍在日本的流布研究》，江苏古籍出版社，1992 年，第 246 – 247 页。
18. 张元济：《东瀛访书记事诗》，载张元济：《张元济全集》第 4 卷《诗文》，商务印书馆，2008 年，第 25 页。
19. 柳和城：《一部不该遗忘的古籍丛书——〈中华学艺社辑印古书〉考》，《出版史料》2009 年第 3 期。
20. 张元济著，顾廷龙编：《涉园序跋集录》，古典文学出版社，1957 年，第 186 – 187 页。
21. 参见张元济、傅增湘：《张元济傅增湘论书尺牍》，商务印书馆，1983 年。
22. 据原信底稿，转引自张树年：《张元济年谱》，商务印书馆，1991 年，第 569 – 570 页。

"斯文未绝，吾道不孤"

——皕宋楼藏书东渡前后张元济先生诸事

上海博物馆 丁唯涵

1911 年，当得知杨守敬藏书将散之时，张元济先生在给缪荃孙的信札中写道：

> 杨氏书已托人商问，尚未得复。果有售意，必尽力图之。自来收藏家鲜百年长守之局。近溯咸、同，犹止数十年耳，而烟云幻灭如陆潜园者，正已不少。然而斯文未绝，吾道不孤，必且有尽发名山，以光盛世之一日，此可博掀髯一笑也。[1]

"陆潜园"即陆心源。1907 年，湖州陆氏皕宋楼藏书捆载东去，这一重大文化事件一直是近现代以来学术界、图书馆学界、藏书界绕不开的话题。张先生是这一事件的亲历者与参与者，也曾想出重价收购陆氏这批藏书，但还是被岛田翰抢先运往日本静嘉堂。

自 1902 年张先生进入商务印书馆以后，他的个人命运就与藏书、购书、抄书、印书和捐书等种种文化行为密不可分，其中的艰辛也是甘苦自知。当 1907 年眼看自己疾声呼吁想要留在国内的皕宋楼藏书载舶东去，其间的"我闻此举深太息，廿年宿愿偿未得"[2]的仰天长叹令人动容。当 1926 年因张先生花巨款从浙江兴业银行买下蒋氏密韵楼藏书后，上海《晶报》刊载《商务印书馆之购书案》一文，直言"徇一人之嗜好，购此无益之古书至十六万元之多"，妄图贬损张先生。[3]其间多少辛酸不为世人所理解。

本文旨在通过诸多编年材料，说说皕宋楼藏书出售之前与之后张先生的诸多做法。在此特别申谢张人凤、柳和城两位先生，他们所编著的《张元济年谱长编》为我们研究张先生的生平事迹提供了许多方便，其学术价值更是自不待言。

一、皕宋楼藏书东渡之前

根据陆氏后人徐桢基先生的说法，1894 年陆心源殁后，其子陆树藩保管着湖州皕宋楼全部藏书。当 1899 年义和团运动兴起，陆树藩在其《陆纯伯文稿》之上端午帅（端方）信中写道："近见时事日非，变生不测，刀兵水火，在存堪虞，即使后之人亦能抱守，试或稍有残缺，任生片羽吉凶之憾，故职道愿将先人所藏之书全数捐入藏书楼以垂久运。"[4]当年他曾向上海工部局提过建议，请求将藏书捐赠上海工部局，由上海工部局出地建楼，陆氏家庭捐藏书，开始时陆还提及愿支付部分建设费。此事提出后，陆树藩曾陪同工部局委派的李提摩太到湖州查看各书。[5]

1902 年，陆树藩又上书端方，建议为陆氏之书、盛宣怀之书画及端方所藏金石在沪建博物院，后因陆树藩到北京，而端方又调为湖广总督而未成。在 1903 年给《燕都报》的信中，陆对《燕都报·广藏书》中讲"皕宋楼书已散佚"一说失实颇有看法，并述明自己所作努力，望报界告天下人知藏书依旧无恙。[6]

1902 年，张元济入主商务印书馆编译所，并于

1904 年主持创设商务印书馆编译所图书室。[7]

其实早在戊戌变法前的 1897 年 9 月，张先生在刑部供职时就曾建议创立通艺学堂，拟定《通艺学堂章程》，其中《事业》第三条《学堂所宜设以资讲习者》：一学堂，二诵堂，三演验所（俟有经费再议举办），四图书馆，五阅报处，六仪器房（俟有经费再议举办），七博物院（俟有经费再议举办），八体操场（俟有经费再议举办），九印书处（俟有经费再议举办）。并附有《图书馆章程》[8]。这也为以后的京师图书馆所张本。

张先生可能是在 1906 年得知了皕宋楼藏书将要出售的消息。根据后来张先生的追述，于公于私他都提出了要购买这批藏书的建议，但两方受阻，结果事与愿违。

于公是为京师图书馆

约 1911 年 9 月 12 日张先生致缪荃孙信中说："丙午春间（1906 年），皕宋楼书尚未售与日本，元济入都，力劝荣华卿相国拨款购入，以作京师图书馆之基。乃言不见用，今且悔之无及。每一追思，为之心痛。"[9]

1906 年 3 月，正值张先生赴京到学部任职，为"参事厅行走"，与罗振玉、李家驹、范源濂、陈宝泉等起草学部相关文件兼及编纂教科书诸事。[10]这一时间与"丙午春间"的说法相符，张先生可以直接向学部尚书荣庆呈请购买皕宋楼藏书的意见。

荣庆（1859—1916），字华卿，蒙古正黄旗人，1886 年中进士，1899 年任山东学政。在满蒙贵族中，他是极少数并非以门户荫典取得高位，而是靠个人努力、由科举出身的显宦。在学部成立之后，荣庆任学部尚书的时间最长，为 1905 年 11 月至 1910 年 2 月。[11]他在管学大臣任上就奏请解除戊戌党禁，学部创立后，又明确"奏请开复废员张元济，调部任用。"张元济在学部短短数月，给堂官提出大量书面建议。[12]

于私是为商务印书馆

张先生在《东方图书馆概况·缘起（1926 年春）》中提到："时归安陆氏皕宋楼藏书谋鬻于人。一日夏君以其钞目示余，且言欲市其书，资编译诸君考证，兼以植公司图书馆之基。余甚韪之。公司是时资金才数十万元，夏君慨然许以八万。事虽未成，亦可见其愿力之雄伟矣。"[13]

根据张先生的说法，是夏瑞芳而不是他自己先拿到了皕宋楼藏书的钞目，并且认为有购买这批藏书以供编译所使用的必要。张、陆两家为世交，《张元济全集》中也收录了与陆心源之子陆树藩（纯伯）的一封通信《致陆纯伯》，但没有通信的年份，兹摘录于下：

> 纯伯仁兄同年大人阁下：久未晤谈，伏维起居佳善为颂。陈世兄寄来喜柬，特送上，即祈察入。

敬颂年安。弟张元济顿首十二月廿一日。[14]

按常理来说，既然为世交，且张先生精通版本目录之学，对于公私藏书的聚散消息又十分敏感与灵通，理应早于夏瑞芳得知皕宋楼藏书出售的信息。事实却相反，个中原因我们不得而知。

1928 年，郑贞文曾和张先生到日本访书，回忆当年皕宋楼散书时张、陆两家的情况："张元济和陆心源本有世谊，可能是因为张素精版本之学，亦在收购古书，引起陆的妒忌。张曾对我说，他曾两次亲到湖州访陆，欲观'皕宋楼'藏书，都被托词拒绝。"[15] 这里的陆心源是陆树藩（纯伯）之误。[16]

同年，张先生撰写的《东瀛访书记事诗（1928 年）》中也亲笔写道："戊辰暮秋至日本东京观静嘉堂藏书，赠岩崎男爵……吴兴观察兴独豪，南北搜讨不辞劳。带经宜稼尽销歇，层楼皕宋瞻天高。守先岂无克家子，世事沧桑非得已。遗书珍重方凿楹，韫玉求沽旋入市。故人闻讯喜开颜，愚公有志思移山。皕宋楼书初在上海求售，亡友夏粹方谋之于余，欲以涵芬楼收之。余竭力怂恿，许以八万金，久未成议。祖生一鞭先我著，海涛东去不复还。……我闻此举深太息，廿年宿愿偿未得。破万里浪乘长风，好探珍秘开茅塞。皕宋楼书在国内时屡谋往观，迄未如愿。"[17] 再次提到他没有机会登楼观书。

无独有偶，早在 1898 年张先生致汪康年的通信中提到陆树藩："农学堂总宜速开。陆纯伯未必能办，缘非有心人也。然否？"[18]

当时两人同在京师供职，但似乎关系不甚融洽。

张先生多次欲登楼观书，也被陆氏或其家人拒绝。

徐桢基先生的专著中提出了两个疑问，一是陆树藩曾想将整批藏书售于日宫内省，是谁能传此消息；二是最后的售价是十二万还是十万，差额是否为佣金。[19]

我们试着来回答上述两个问题。

（一）传售书消息者

日本大正六年（1917）三月河田罴撰写的《静嘉堂秘籍志序》载："心源殁后其子树藩有故将悉鬻之。丁未春，君闻其多珍异，欲亟购之，使上海社员谋诸陆氏。"[20] "丁未春"为 1907 年，"君"指的是静嘉堂主人岩崎氏。

大正十三年（1924）六月由静嘉堂文库员撰写的《静嘉堂文库略史》载："光绪二十年，心源殁，其子树藩以商业负逋，欲鬻其所藏。明治丙午，田中青山、重野成斋二氏先后以此谋之故男爵，男爵亦以为陆氏之书对于我邦文献裨补实多，遂定不吝巨资收购之意，会重野博士有西欧之行，遂与树藩相会于上海。"[21] 明治丙午为 1906 年。

《静嘉堂文库宋元版图录·解题篇》中说："其子树藩苦于对遗书的保管，由明治三十八年末及次年三十九年春之际，秘密地派使者，传告日本国，陆打算出售该书，开始希望由日本宫内省收购，但未成功。"[22] 明治三十八年末及三十九年春为 1905 年末至 1906 年春。

《静嘉堂文库宋元版图录》出版于 1992 年，相较于上引写于 1917 年的《静嘉堂秘籍志序》和 1924 年的《静嘉堂文库略史》差了几十年，但加入了许多不为人知的信息，比如"秘密地派使者，传告日本国""希望由日本宫内省收购"等。这些信息是否属实？为什么当初整理静嘉堂书籍的河田罴和见证皕宋楼藏书入藏的静嘉堂文库员没有道出这些购书的细节？这些我们都不得而知。

上文所述张先生力劝荣华卿相国拨款购入皕宋楼藏书是在丙午（1906 年）春间，这与日方记录的 1905 年末至 1906 年春的时间基本一致。是商务印书馆先得到皕宋楼藏书将散还是日本方面先得到的消息？其中有一个事实我们不能忽略，那就是从光绪二十九年（1903）至 1914 年，商务印书馆存在着日资背景。日本教科书巨头金港堂于 1903 年投资 10 万元占商务印书馆股权的 50%。1914 年，张先生在《在商务印书馆特别股东会上所作关于收回日本股份之报告》中写道："本公司创业于光绪二十三年，资本甚微。至光绪二十九年，有日商纠合资本来申开设书肆。本公司彼时编辑经验、印刷技术均甚幼稚，恐不能与外人相竞，乃与之合办。资本各居半数，即各得十万，并订明用人行政一归华人主持，所有日本股东均须遵守中国商律。"[23] 在这之前的 1900 年，商务印书馆收购日人在沪经营的修文印刷局，并在我国首次用纸型印书。[24]

根据以上的材料，我们试做这样的推论。在 1906 年，八万并不是个小数目，"公司是时资金才数十万元"。同年 1 月 16 日，商务印书馆决定"此次在商部注册，拟改为一百万元"。[25] 所有注册资本才一百万元，夏瑞芳能拿出八万购买一批藏书，实属不易。在这时想动用如此巨大的款项，势必要得到占股 50% 的金港堂同意，这一购书消息说不定就在此时传到了日本。当然，以上只是一些推论而已。

1906 年 8 月，此时与张先生同在学部供职的罗振玉在《教育世界》上发表了《京师创设图书馆私议》，其中提到："开民间献书之路也。……方今东南藏书家，所藏大半散失。然如聊城之杨、归安之陆，则均完好无缺。杨氏后裔珍重保守，而艰于嗣续。陆氏则曾登广告于报纸，言有造藏书楼者，愿尽捐其所藏。若收两家之书，入京师图书馆，而破格奖励之，则二君既申其孝思不匮之心，而古籍亦不至散失，况更可招致他藏书家乎？"[26] 从此可以看出，自 1906 年春张先生得到皕宋楼藏书将散的消息并及时告知学部，8 月以罗振玉为代表的学部官员积极响应张先生的号召，建议将皕宋楼藏书收归国有，这几个月中始终有中方的学者在其中大肆呼吁保护藏书，但最后也是不了了之，终致 1907 年全部藏书载舶东去。

（二）书价

关于皕宋楼藏书的全部售价，各家说法不一，有十万元、十二万元、十万八千银元、十一万元、十二万银元[27]，还有十万两、十二万两等等的说法。

我们觉得在清末，货币单位"元"和"两"还是有区别的，十万、十二万等等不同的数字可能是不同的货币单位换算时所造成的。1911年8月7日张先生致孙毓修书曰："张叔未手稿来示谓'一金一叶'，一金云者，一元乎？一两乎？今已还二十元，尚不满意，如三十元可购，弟亦欲得之也。"[28]可见1911年时，元、两、金三者在表示货币价格时还需要分开，否则分不清楚。

上引张先生撰写的《东瀛访书记事诗(1928年)》中说道："戊辰暮秋至日本东京观静嘉堂藏书，赠岩崎男爵……皕宋楼书初在上海求售，亡友夏粹方谋之于余，欲为涵芬楼收之。余竭力怂恿，许以八万金，久未成议。"[29]这里张先生写的的是八万金，而在《东方图书馆概况·缘起(1926年春)》中提到："公司是时资金才数十万元，夏君慨然许以八万。"[30]"八万"后并没有货币单位。1926年2月，商务印书馆购定蒋氏密韵楼藏书的价格是银十六万两。[31]且当时日本所用的晚清的货币单位是"元"还是"两"，在这一事件中我们也不得而知。所以说，以现在的诸多材料来看，这批藏书的价格只能是一个约数，货币单位不统一，犹如鸡同鸭讲，始终不能达成一致。

二、皕宋楼藏书东渡之后

1907年皕宋楼藏书出售后，国内学界为之哗然，其影响至今仍在发酵。

近的不说了，就说在1956年为张先生九十生日祝寿的时候，郑振铎还提及皕宋楼之事："近六七十年来，文献图书之得以保守毋失，不至蹈皕宋之覆辙者，赖有南北公私诸藏之网罗散佚耳，而涵芬楼尤为其中巨擘。"[32]

事件发生后，对于国内藏书流出国外的流言更是常常触及人们的神经。1930年7月6日《申报》特别刊发一篇报导《瞿良士邀名流展览藏书》，澄清了瞿氏铁琴铜剑楼的藏书不会流出海外，[33]以平息众怒。但是在当时，整批藏书出售时在国内得不到善价，反而是出售给日本会得到比较高的价格。1929年2月，张先生写给傅增湘的信中说："海源阁书去岁在津发见者，闻李木老买得三种外，余尚未售。玉虎在沪屡次谈及，深虑其流出海外。……玉虎谓书十五种，据最近消息四万元似可脱手。明训则以为过昂，尚须磋减。弟以此等书本无定值，既已搁置年余，除东渡外，国内未必有甚销路，减价之望亦似在情理之中。"[34]这是最好的例子。

皕宋楼事件发生后，仿佛在张先生的生活中深深地留下了烙印，以至于他在之后的收书、买书过程中时不时地要提防与日本人的竞争。

1910年2月致缪荃孙书中讲到："江南图书馆何魔障之多，一至于此？丰润明达，当能主持。然公若弃去，后来必不堪设想。倘果有人持变价之说，则元济甚欲得之。但不可拍卖，恐日本人来出重价。一笑。"[35]

自全程参与了购买皕宋楼藏书后，1912年岛田翰又到中国来大肆购书。约 1912 年 6 月 19 日张先生致缪荃孙书："岛田翰来，至顾鹤逸家，购去士礼居藏元刊《古今杂剧》、明本杂剧《十段锦》、残宋本《圣宋文选》，闻出资皆不少，令人为之悚惧耳。"[36]

虽说皕宋楼事件对于中国文化来说是一场灾难，但往积极的一面看，这一事件也间接促成了之后众多公立或私立图书馆在中国的拔地而起，其中不少与张先生都有关系。

1909 年 11 月 17 日，张先生致缪荃孙的信中说道："晚颇拟劝商务印书馆抽拨数万金收购古书，以为将来私立图书馆张本，想老前辈亦乐为提倡也。"[37]

1910 年初，盛宣怀为创办上海图书馆（后改称愚斋图书馆）事约请张先生与罗渠臣、唐驼、邵志潼等商议。[38]上文提到，1902 年，陆树藩上书端方，建议将陆氏之书、盛宣怀之书画及端方所藏金石在沪建博物院。当皕宋楼陆氏之书被售后，当初有意合办博物院的盛宣怀，至此才将建设图书馆提上议事日程。

1921 年 2 月 1 日，张先生在出席商务印书馆第 256 次董事会时建议将公益基金专办公共图书馆。[39]1939 年 4 月，张先生与叶景葵、陈陶遗发起筹创合众图书馆。[40]1940 年 1 月 5 日，张先生与郑振铎、张寿镛、何炳松等联名朱家骅、陈立夫"创

议在沪组织购书委员会，从事搜访遗佚，保存文献，以免落入敌手，流出海外。"[41]

虽说张先生对于皕宋楼藏书东渡"我闻此举深太息"，但对于静嘉堂和与静嘉堂相关的人员如岩崎氏、诸桥辙次等并无恶意相加。相反，他在 1928 年东渡日本访书时，专程前往静嘉堂观书、商讨借书摄影事宜，并与日本友人在静嘉堂岩崎男爵墓前合影[42]。在这之前的好几年，张先生早已准备好询问静嘉堂如何借书以及影印出版，以便为皕宋楼这些藏书在国内的出版做好准备。

张先生的日记中还有不少与静嘉堂有关的材料。比如 1919 年 11 月 27 日，"晚约白岩、龙平、须贺、虎松、郑幼波、黄幼希、孙星如、夏剑丞、叶焕彬在寓便酌。商借岩崎所购皕宋楼书事"[43]。1921 年 1 月 10 日，"拟送岩崎《四部丛刊》一部、不送《廿四史》，为后来借书地步"[44]。

张先生从静嘉堂借照了《名公书判清明集》《武经七书》《欧公本末》《群经音辨》《新唐书》《诗集传》《册府元龟》《饮膳正要》《陈书》《周益公集》《东京梦华录》《济生拔萃》等古籍善本，凭借着坚韧的毅力和丰富的学识，完成了《四部丛刊》、《百衲本二十四史》等前无古人的壮举，把原本宝藏于私人并秘不示人的善本化身千万，造福了学术界，为中华文化事业的推广与普及做出了表率。

1. 张元济:《张元济全集》第 3 卷《书信》,商务印书馆,2007 年,第 496 页。

2. 《东瀛访书记事诗（1928 年）》中语,收入《张元济全集》第 4 卷《诗文》,商务印书馆,2008 年,第 24 页。

3. 原载 1927 年 4 月 30 日《晶报》,转引自张人凤、柳和城:《张元济年谱长编》,上海交通大学出版社,2011 年,第 780 页。

4. 徐桢基著:《藏书家陆心源》,陕西人民教育出版社,2007 年,第 226 页。

5. 同上注。

6. 徐桢基:《藏书家陆心源》,陕西人民教育出版社,2007 年,第 225-226 页。

7. 张人凤、柳和城:《张元济年谱长编》,上海交通大学出版社,2011 年,第 154-155 页。

8. 原载抄稿,转引自张人凤、柳和诚:《张元济年谱长编）》,上海交通大学出版社,2011 年,第 51-58 页。

9. 《张元济全集》第 3 卷《书信》,商务印书馆,2007 年,第 496 页。

10. 张人凤、柳和城:《张元济年谱长编》,上海交通大学出版社,2011 年,第 85、192 页。

11. 关晓红:《晚清学部研究》,广东教育出版社,2000 年,第 155 页。

12. 关晓红:《晚清学部研究》,广东教育出版社,2000 年,第 161-162 页。

13. 原载《东方图书馆概况》,民国十五年三月商务印书馆排印本。今据《张元济全集》第 4 卷《诗文》,商务印书馆,2008 年,第 392 页。

14. 《张元济全集》第 2 卷《书信》,商务印书馆,2007 年,第 383 页。

15. 郑贞文:《我所知道的商务印书馆编译所》,收入中国人民政治协商会议全国委员会文史资料研究委员会编《文史资料选辑》第五十三辑,文史资料出版社,1964 年,第 139 页。

16. 详参徐桢基著:《藏书家陆心源》,陕西人民教育出版社,2007 年,第 234—235 页。

17. 《张元济全集》第 4 卷《诗文》,商务印书馆,2008 年,第 24 页。

18. 《张元济全集》第 2《书信》,商务印书馆,2007 年,第 192-194 页。《张元济年谱长编》,第 64 页。

19. 徐桢基:《藏书家陆心源》1,陕西人民教育出版社,2007 年,第 23 页。

20. 此文原为日文,中文译文附录于傅增湘著《静嘉堂文库观书记》,1930 年,第 48 页。

21. 此文原为日文,见于《静嘉堂文库汉籍分类目录》,昭和五年（1930）。中文译文附录于傅增湘著《静嘉堂文库观书记》,1930 年,第 45-48 页。

22. 转引自徐桢基著:《藏书家陆心源》,陕西人民教育出版社,2007 年,第 228 页。

23. 录自《商务印书馆股东会议记录簿》,稿本,商务印书馆藏。转引自《张元济全集》第 4 卷《诗文》,商务印书馆,2008 年,第 297 页。

24. 张人凤、柳和城:《张元济年谱长编》,上海交通大学出版社,2011 年,第 90 页。

25. 原载《股东会记录簿》,转引自张人凤、柳和城:《张元济年谱长编》,页 185,上海交通大学出版社,2011 年,第 185 页。

26. 原载《教育世界》第 131 期（1906 年 8 月）,转引自李希泌、张椒华编:《中国古代藏书与近代图书馆史料（春秋至五四前后）》,中华书局,1982 年,第 123 页。

27. 详参顾志兴:《陆树蕃与皕宋楼藏书》,《津图学刊》2004 年第 2 期,第 75-78 页。

28. 《张元济全集》第 1 卷《书信》,商务印书馆,2007 年,第 540-541 页。

29. 《张元济全集》第 4 卷《诗文》,商务印书馆,2008 年,第 24 页。

30. 原载《东方图书馆概况》,民国十五年三月商务印书馆排印本。今据《张元济全集》第 4 卷《诗文》,商务印书馆,2008 年,第 392 页。

31. 原载会议记录原件,上海档案馆藏,转引自张人凤、柳和城:《张元济年谱长编》,上海交通大学出版社,2011 年,第 738 页。

32. 原载 1956 年 9 月 14 日原件,《张菊生先生九十生日纪念册》。转引自张人凤、柳和城:《张元济年谱长编》,页 1418-1419,上海交通大学出版社,2011 年,页 1418-1419。

33. 原载 1930 年 7 月 7 日《申报》,转引自张人凤、柳和城:《张元济年谱长编》,上海交通大学出版社,2011 年,第 856 页。

34. 《张元济全集》第 3 卷《书信》,商务印书馆,2007 年,第 358 页。

35. 《张元济全集》第 3 卷《书信》,商务印书馆,2007 年,第 495 页。

36. 《张元济全集》第 3 卷《书信》,商务印书馆,2007 年,第 497 页。

37. 《张元济全集》第 3 卷《书信》,商务印书馆,2007 年,第 494-495 页。

38. 张人凤整理:《张元济日记》,河北教育出版社,2001 年,第 907 页。

39. 原载《董事会记录簿》,转引自张人凤、柳和城:《张元济年谱长编》,上海交通大学出版社,2011 年,第 617 页。

40. 顾廷龙:《张元济与合众图书馆》,收入《顾廷龙文集》,上海科学技术文献出版社,2002 年,第 555-574 页。

41. 转引自张人凤、柳和城:《张元济年谱长编》,上海交通大学出版社,2011 年,第 1128 页。

42. 张人凤、柳和城:《张元济年谱长编》,上海交通大学出版社,2011 年,图版第 6 页。

43. 张人凤整理:《张元济日记》,河北教育出版社,2001 年,第 907 页。

44. 张人凤整理:《张元济日记》,河北教育出版社,2001 年,第 1048-1049 页。

古籍保护整理出版事业中的一对忘年交

——纪念张元济与郑振铎

上海外国语大学　陈福康

张元济（菊生）先生比郑振铎（西谛）先生年长三十一岁。但郑振铎不幸因公牺牲，去世还早张元济一年。因此，今年（2017）我们纪念张元济先生一百五十周年诞辰，明年我们要纪念郑振铎先生诞生一百二十周年和牺牲六十周年。

张元济和郑振铎是真正的忘年之交，张元济比郑振铎父母的年龄还长十几岁。但张元济和郑振铎有近四十年的深厚友谊。他们是近代中国两代知识分子的杰出代表，尤其是古籍保护整理出版事业中的一对亲密同志。我们论述他们之间的不平凡的交往和友谊，也就是仰慕他们高深的学问，学习他们高尚的人品和事业心，记住他们对中国文化作出的巨大的贡献。

相识在五四新文化运动中心

张元济和郑振铎初识于 1920 年 10 月。当时，郑振铎在北京铁路管理学校（今北京交通大学前身）读书，积极参加了五四运动。他曾与瞿秋白、耿济之等人先后创办了《新社会》旬刊和《人道》月刊，但《新社会》已经被禁，《人道》只出一期就出不下去了。这时，郑振铎又很想创办一个文学刊物。而时任上海商务印书馆总经理的张元济、编辑部主任高梦旦，为了使商务印书馆这个近代中国最早最大的出版社能在新文化运动中获得新的动力，正好于此时到当时新文化运动中心的北京来寻求支援。他们先去拜访了胡适、梁启超、蒋百里等名流。蒋百里等人便向张元济、高梦旦提到了郑振铎等一批青年人，并转达了他们想办一个文学刊物的意愿。

10 月 22 日，郑振铎与耿济之便去拜访张元济，可惜未遇。第二天一早，郑振铎又一个人去拜访，第一次见到了这位出版家和老学者，谈了自己的一些打算。这在张元济 23 日的日记中有记载：

> 昨日有郑振铎、耿匡（号济之）两人来访，不知为何许人，适外出，未遇。今晨郑君又来，见之，知为福建长乐人，住西石槽六号，在铁路管理学校肄业。询知耿君在外交部学习，为上海人。言前日由蒋百里介绍，愿出文学杂志，集合同人，供给材料。拟援北京大学月刊《艺学杂志》例，要求本馆发行，条件总可商量。余以梦旦附入《小说月报》之意告之。谓百里已提过，彼辈不赞成；或两月一册亦可。余允候归沪商议。

可知当时张元济、高梦旦考虑到商务印书馆已出有《小说月报》，且已创办十多年，所以便不想再出新的文学刊物了。（"北京大学月刊《艺学杂志》"后亦未见创刊。）当然，他们也已感到《小说月报》赶不上新的时代要求，所以希望郑振铎等人写稿，并表示可以将该刊全面革新。眼看自己想办一个文学刊物的计划一时难以实现，郑振铎心中不免怅怅，但他又想到：何不先成立一个文学团体，以后可由这个团体出面办刊物，这样，一来可以基础更为稳固，二来同各出版社联系时也便于洽谈。他的这个想法获得了耿济之等人的支持。于是，在张、高二位离京后，郑振铎便开始筹备发起成立"文学研究会"了。

张元济不会想到，他和郑振铎的见面和会谈，促成了文学研究会的成立；他这天的日记，成了我们今天研究文学研究会筹备过程的极其珍贵的史料。后来，在郑振铎领导下的文学研究会也是对传统古籍进行整理研究成绩最大的新文学社团。

郑振铎到商务印书馆工作

郑振铎在 1920 年底毕业后，被分配到上海的沪杭甬铁路管理局工作，1921 年 3 月下旬赴沪报到。但没过多久，5 月中旬郑振铎就转入商务印书馆编译所，从此就一直在文化界工作了。

商务印书馆能欣然接纳这个刚刚毕业，工作本来很"对口"而却"跳槽"的工科大学生，当然与张元济、高梦旦的慧眼识人有关。他们不仅半年前在北京见过郑振铎，留下很好的印象；而且自那以后，郑振铎便以极其干练的工作能力为商务印书馆编了好些书。如《俄罗斯文学丛书》，就已在两三个月前开始出版；《俄国戏曲集》共十种（其中二种为郑振铎亲自所译），从 1 月至 5 月已全部出齐。5 月出版的第十种《六月》的书末，还附有他写的整套戏曲集的作者介绍和《俄国名剧一览》。如果没有作过认真研究，没有真才实学，谁能写得出来？

鲁迅先生就对这两套丛书极为赞赏，后来称之为当时介绍俄国文学的"大书"。张元济应该早在郑振铎来馆前，就在心中暗暗为这位青年学者喝彩了。

再后来，1923 年 10 月，郑振铎还成了张元济的老友高梦旦的东床快婿。

1925 年五卅运动爆发，以郑振铎为核心的商务印书馆的一些编辑，联合社会上的一些进步人士，创刊了反帝爱国的《公理日报》。除了郑振铎等人各自为《公理日报》捐款外，当时商务印书馆为表示爱国，也曾提供一点经费，暗中支持。张元济及高梦旦等人亦各捐了一百元。

五卅运动以后，上海当局加紧压迫，上海工人运动渐趋低潮。共产党在劳动群众中继续宣传、组织，准备迎接新的革命高潮。就在这时，商务印书馆内忽纷纷传说资方打算裁减职工的消息。本来，馆内普通职工的工资就很低，这下大家更加愤愤不平。共产党认为这时是发动罢工、重振五卅运动后上海工人运动的好机会。商务印书馆的中共地下组织，这时由沈雁冰和杨贤江负责，编译、发行、印刷三所都有党员。党中央还派了徐梅坤来组织临时党团，实际领导罢工。沈雁冰也是临时党团的成员。发行所青年职工陈云，虽然还没有加入共产党（已加入国民党；不久，即由恽雨棠、董亦湘介绍加入共产党），但率先于 8 月 22 日发起该所职工罢工，提出复工条件、职工会章程草案、罢工宣言等。印刷所、总务处立即起而响应。到 24 日，编译所全体职工也罢工了。这天下午，资方代表与职工代表在总务处会客室举行第一次谈判。资方出席者有张元济、鲍咸昌、高翰卿、高梦旦、王显华、王云五；职工代表共十二人，即上述三所一处各出三人。其中编译所的代表是沈雁冰、郑振铎和丁晓先（丁晓先也是党员）。此次罢工最后以资方让步、职工方面获胜而结束。这次罢工虽然主要限于经济斗争，但检阅了阵容，团结了内部，统一了组织，使商务印书馆工会迅速成为上海四大工会之一，并走向政治斗争。郑振铎也在这次斗争中得到了锻炼。

在谈判席上，虽然郑振铎和张元济各自代表着劳资一方，但公归公，私归私，他们之间的个人关系并未受什么影响。郑振铎的儿子郑尔康在《郑振铎与商务印书馆》一文中说："在罢工期间，郑振铎和高梦旦翁婿间，有过这样的'约法'，那就是离开谈判桌，两人绝对不谈有关罢工的事。郑高二人对此约法，始终是严格遵守的，这样就很好地处理了公与私的关系。"想来郑振铎与张元济也是这样。后来，1926年4月26日，时任商务印书馆监理的张元济，因与高翰卿在经营管理、出书方针上意见不合，向商务董事会提出辞职，并在《申报》等报刊刊载辞职启事。28日，郑振铎、叶圣陶、胡愈之等编译所三十六位同人便联名致函张元济，真情挽留，支持了张元济。可见，在郑振铎他们的眼里，张元济主要不是一个资本家，而是一个大学者和出版家。

1927年"四一二"反革命政变时，郑振铎领衔，与胡愈之等共七位商务印书馆编辑联名在报纸上发表了公开抗议信。随后，在严重的白色恐怖下，郑振铎等人的处境非常危险。只是反动当局晓得他们都不是共产党员，所以一时顾不上来抓；再加上商务印书馆的上层人士如高梦旦、何炳松等——其中当然包括张元济——的竭力保护，当局又慑于这七个人在文化界的威望，才迟迟未下毒手。但郑振铎继续在政变后的上海呆下去，安全是没有保障的。因此，在亲友们的催促下，郑振铎就向商务印书馆请假，于5月21日乘船赴西欧避难和游学了。

现今残存的郑振铎1927年12月28日在伦敦的日记，记有："上午，得箴一信，甚喜！下午五时，即写复信。她信内附有菊生的信一，并述脱险诗稿一。"这里写到的"箴"，就是郑振铎的妻子高君箴，她在家信中转来了张元济给郑振铎的信。这年10月间，张元济遭歹徒绑架，后以一万元赎回。张元济被关囚六日，曾吟诗自遣，归后自定为《盗窟十诗》，分寄诸友，连远在伦敦的郑振铎也没忘了寄。1928年1月3日郑振铎日记又记："夜，写信给箴、岳父及菊生。"可知张元济和郑振铎一直互相关心着对方。

郑振铎于1928年6月归国，仍旧回商务印书馆编译所工作。10月，中华学艺社（一批留日归国学者组织的学术团体）第五次学术视察团前往日本，出席日本学术协会第四届大会。张元济以学艺社名誉社员名义，随同代表团东渡，想去搜访和拍摄日本所藏的中国古书。郑振铎知悉后，竭力支持，并积极提供若干线索与书目，请张元济注意寻访。郑振铎也常请张元济帮助介绍访书，如 1931 年 7 月 18 日，张元济便应郑振铎的要求，写了致傅增湘、罗振玉、陶湘、王季烈等著名藏书家的介绍信，因为郑振铎要去北平、大连等地拜访他们，查考有关古籍。

1931 年 9 月 7 日，郑振铎携妻女离沪赴北平。他后来回忆说："工会提出打倒王云五，没打倒他。他不走，我们就走！圣陶走了，我也离开了。"（郑振铎《最后一次讲话》）郑振铎先是向商务印书馆请假半年，此后实际上脱离了商务印书馆。他是应老友、北平燕京大学国文系主任郭绍虞邀请去该校任教的，后任燕京大学和清华大学合聘教授。他离开商务印书馆，除了与王云五格格不入以外，也是为了想有时间从事《中国文学史》等著作的撰写。他离开商务印书馆后，《小说月报》仍挂名由他主编（实际编务由徐调孚担任）。

1935 年夏，郑振铎又回上海工作，任暨南大学教授、文学院院长。他虽然没回商务印书馆，但与张元济仍常有联系。例如，他曾帮张元济的朋友安排工作。这年 7 月 19 日，蔡元培致张元济信中就提到"蒋竹庄兄事，已由郑振铎院长与之接洽，每星期有六时教课"。9 月 9 日，北平东方文化事业总委员会日本人桥川时雄致郑振铎信，因不明郑振铎在上海的地址，就请张元济转。1936 年春，蔡元培、胡适等人联名发出《征集张菊生先生七十生日纪念论文启》，其中"文学方面"的征稿人为沈尹默、夏剑丞、郑振铎、李拔可、林语堂、鲁迅、周作人。1936 年 7 月 22 日，郑振铎的岳父高梦旦逝世，张元济参加了吊唁活动，并代表商务印书馆董事会读了祭文。

合作选印《孤本元明杂剧》

抗日战争初期，1938 年 5 月，郑振铎为使珍贵古书不致外流和毁坏，历经艰险，替国家在战火中抢救了一部稀世珍本《脉望馆钞校本古今杂剧》。最初，郑振铎因购买此书需要一大笔钱，他个人无此财力，故写信同北平图书馆实际主持工作的副馆长袁同礼商量。袁又写信告诉了在北平的藏书家傅增湘，傅则告诉了藏书家董康（此时已堕落为汉奸）。董某确实也是"识货朋友"，一听之下即想占为己有。但董某知道自己名声已臭，便让傅出面，于 5 月 28 日、6 月 1 日、2 日、6 日，又是写信、又是打电报给在上海的张元济，想抢先购下。后来，得知此书已由郑振铎为教育部购得后，傅才写信告诉张说，其实倒并不是自己想买它，只是董康"则殊怏怏也"。暗中觊觎者董某的悻悻之态，跃然纸上。可见，当时郑振铎如不及时奋力抢救，此书就将落入敌伪之手。

而当时张元济一从傅增湘处得知此书消息后，马上在上海四处打听，竟让他获知在潘博山处有书。张与潘本是通家至交，张又是极著名的版本学家，但此前一年多时间，此书半部（三十二册）的持有者潘博山却待价而沽，对张元济严格"保密"。这时，既然已被张打听到了，潘也就只得让张去一睹原书。今存 6 月 4 日张元济致潘信，内容就是感谢潘让他看到了"奇书"，感到"欣幸何极"；同时张元济又提出一个请求："书一出国，此后恐不可复见。可否请宽留数日，将不见于《元曲选》中者，许敝馆（按，即商务印书馆）摄照留作底本。"并慨允以一千元为酬。可知，直到这时，潘仍未将他们已与郑振铎签订了购书契约的事情告诉张，并谎称书要"出国"；而张元济同郑振铎一样，也是一片爱国心，最怕"奇书"之外流。6 月 9 日，郑振铎致张元济信，说该书"发现后，几得而复失者再。但此绝世之国宝，万不能听任其流落国外，故几经努力，费尽苦心，始设法代某国家机关购得。……在文化上看来，实较克一城、得一地尤为重要也。"信中还提到"闻潘博山先生言，先生对于此书，亦至为关切。知保存国宝，实人同此心。不知商务方面有影印此书之意否？因此种孤本书，如不流传，终是危险也。如一时不能承印，则最好用黑白纸晒印数份，分数地保存"。郑振铎与张元济完全想到了一处。

6 月 10 日，郑振铎致张元济信，约定时间"趋府领教"。12 日，郑振铎拜访张府，商量《脉望馆钞校本古今杂剧》影印之事。7 月 2 日，张元济致郑振铎信，说影印事"香港（按，当时因战争爆发，商务印书馆在香港设办事处，由王云五负责）尚无复信。此间同人互商，此种罕见之书，际此时艰，自宜藉流通为保存。"但 7 月 5 日，郑振铎与张元

济通电话，告诉他教育部竟不同意影印此书。又经过郑振铎反复做教育部的工作，11 月 3 日，郑振铎致张元济信，告以教育部已同意由商务印书馆从书中挑选若干剧本排印出版。又不料，翌日张元济复郑振铎信，说因时局已变，商务印书馆出书范围越缩越小，选印事还得与香港办事处商量。真是好事多磨啊！经过张元济做王云五的工作，直至 12 月 27 日，张元济致郑振铎信，才告知昨得香港办事处回信，总算决定选印《脉望馆钞校本古今杂剧》。于是第二天，郑振铎访张元济，商量订立借印《脉望馆钞校本古今杂剧》契约事。翌年 1 月 24 日，张元济致郑振铎信，附商务印书馆借印元明杂剧契约两份，请郑振铎签署。3 月 10 日，张元济致郑振铎信，转香港寄来的教育部致郑振铎函，并仔细商谈了移交、排印这批元明杂剧诸事。

6 月 21 日，郑振铎又致张元济信，郑重提出排印元明杂剧应竭力保全原本面目的八项意见。我们知道，在整理、出版古籍方面，张元济的"资格"绝对要比郑振铎老得多，但翌日张元济复信说："尊意爱护古书，至所钦佩。弟前此为商务印书馆校印古籍千数百部，亦同此意。"8 月 7 日，年逾古稀的张元济趋访郑振铎，亲自取去《脉望馆钞校本古今杂剧》原书。后来，商务印书馆在排印时，张元济曾亲自参加校对，做最后的把关。直到三年后的 1941 年 5 月，商务印书馆才克服重重困难正式出版了线装排印本三十二册《孤本元明杂剧》（书上却印着 1939 年版）。1957 年 11 月，中国戏剧出版社

又据商务印书馆原纸型重印，改为精装四册。此书成为现在中国戏剧研究者的必读之书。但现在的读者在读《孤本元明杂剧》时，知道张元济、郑振铎为此曾耗费多少心血吗？能想象得到其中有过这样曲折的经过吗？

《孤本元明杂剧》共选印了一百四十四个剧本，其中一百三十六本为久已失传的本子。这可不是一部普通的戏曲集。要知道，这么多种孤本中，元人所作就有二十九种。诗人徐迟后来用十分生动的语句指出："你能想象吗？这是多么惊人的发现！仅仅发现了莎士比亚的一个签名，全欧洲为之骚动。如果发现的是莎士比亚的一个从未见过的剧本，你想，又将如何？试想文艺复兴距今不过三四百年。我们的元代，至今却有六七百年之久……"

郑振铎自己，在当时便指出了抢救《脉望馆钞校本古今杂剧》的意义："这弘伟丰富的宝库的打开，不仅在中国文学史上增添了许多本的名著，不仅在中国戏剧史上是一个奇迹，一个极重要的消息，一个变更了研究的种种传统观念的起点，而且在中国历史、社会史、经济史、文化史上也是一个最惊人的整批重要资料的加入。这发见，在近五十年来，其重要，恐怕是仅次于敦煌石室与西陲的汉简的出世的。"

十多年后，他又再次指出："肯定地，是极重要的一个'发现'。不仅在中国戏剧史和中国文学史的研究者们说来是一个极重要的消息，而且，在中国文学宝库里，或中国的历史文献资料里，也是

一个太大的收获。这个收获，不下于'内阁大库'的打开，不下于安阳甲骨文字的出现，不下于敦煌千佛洞旧抄本的发现。"

这部奇书，是郑振铎用公款为国家抢救古书的第一部。

携手保卫中华民族文献

到1939年，"孤岛"上海的书市上流散出来的珍籍更多了。限于个人经济力量，郑振铎不可能大量购买劫中流散的重要图籍，而日寇、汉奸及美国的一些单位和个人却正在纷纷掠夺抢购。郑振铎"目击心伤，截留无力，惟有付之浩叹耳！每中夜起立，彷徨吁叹，哀此民族文化，竟归沦陷，且复流亡海外，无复归来之望。我辈若不急起直追，收拾残余，则将来研究国史朝章者，必有远适海外留学之一日，此实我民族之奇耻大辱也！其重要似尤在丧一城、失一地以上"（1941年2月26日郑振铎致蒋复璁信）。因此，忧心忡忡的郑振铎便去找时任商务印书馆董事长的张元济，和私立光华大学校长张寿镛，国立暨南大学校长何炳松等人，一起商量。张寿镛和何炳松也都是著名文献学家、有威望的大学者，年龄也都比郑振铎大。对于珍本古籍的大量流失，这几位老先生也深感痛心，都同意郑振铎的想法。于是，在1939年底，由郑振铎起草，张元济等人联名给在重庆的政府当局、教育部、管理中英庚款董事会等处写了信，发了电报。据1941

年 2 月 26 日郑振铎致蒋复璁信中透露，当时他"尝与菊（张元济）、咏（张寿镛）、柏（何炳松）诸公谈及……故电蒋（介石）、朱（家骅）、陈（立夫）、翁（文灏）诸公陈述愚见"。可知他们甚至上书到蒋介石。一九四〇年一月五日，他们几位又联名给重庆当局拍去了一份长长的电报，痛陈江南文献遭劫的危急状态，指出其严重后果，强烈要求当局拨款予以抢救。而 1 月 5 日这一天，正是郑振铎因为得到敌伪要绑架他的消息而躲避在外的日子。在这天他的日记中，记载了他对周予同说的话："我辈书生，手无缚鸡之力，但却有一团浩然之气在。一旦横逆临头，当知如何自处！"

据 1 月 7 日在香港的蔡元培的日记："午前，仲瑜偕蒋慰堂（复璁）来。慰堂在中央图书馆服务甚久，现在渝仍积极进行，此行由港往沪，拟收买旧本书，在港托叶玉甫，在沪托张菊生，闻瞿氏铁琴铜剑楼、刘氏嘉业堂、邓氏群碧楼之书，均将出售。"蒋复璁为文学研究会发起人之一蒋百里的侄子，时任中央图书馆筹备处主任。据蒋复璁回忆，重庆当局收到郑振铎等人的电函后，想到了"国立中央图书馆在战争爆发前，承中英庚款董事会拨助建筑费法币百余万元，未及动用，而因乱迁移。于是中英庚款董事长朱家骅先生开示于余（按，即蒋复璁），以为长期抗战，币值必将贬落，如俟还都建筑，则所值无几，不如以之购置图书，既足以保存国粹，又使币尽其用，诚两利之术。时值教育部长陈立夫先生出巡在外，顾毓琇先生以次长代理部

务，亦深赞其议。及立夫先生返部，力赞其事。余奉命至上海，与诸君晤商，收购散佚之珍本图书"（蒋复璁《涉险陷区访"书"记》）。蒋于此时先到香港，与中英庚款董事会叶恭绰董事面商，决定购书经费以四十万元为限，以三分之二款给上海，三分之一给香港，同时采购。其实，后来抢救收购珍本图书的钱，主要都是用在上海的。

然而此刻，郑振铎却还没有得到重庆的回音，正焦心如焚；加上一人离家躲避，食宿无常，11 日他便得了严重的感冒，连续几天发高烧，但他家里人却并不知道，也没人来照顾。郑振铎觉得是自己十多年来未曾有过的大病，起初还怀疑是伤寒呢。13 日下午，郑振铎忽得何炳松派人送来的信，说是蒋复璁从重庆来到上海，有要事相商。郑振铎知道一定是抢救图书一事有眉目了。但这天他体温仍高达摄氏三十九度以上，实在起不来床，只得勉强给何炳松打一电话，请他们先商量起来。第二天，何炳松赶来看望，并告诉他重庆方面的决定，郑振铎深感欣慰，似乎病也好了不少。何炳松见郑振铎病体极弱，便请他好好休息，约好后天一起去张元济家开会商量。但是，第二天郑振铎便支撑着去何炳松家商量，又去张元济家。不料张家人却因老先生身体不好，谢绝会客。张老先生其实不知道，此时站在门外想要见他的郑振铎，才真是大病未愈啊！后来张元济深表歉意。

1940 年 1 月 19 日，在张元济家，郑振铎和张元济、张寿镛、何炳松、蒋复璁，加上原北京大学

教授张凤举，正式开了一次会。会上决定对外严格保密，只以暨南大学、光华大学、涵芬楼的名义购书。原则上以收购藏书家的书为主。未售出的，尽量劝其不售；不得不售的，则收购之，决不听任其分散零售或流落国外。郑振铎提出：目前，玉海堂、群碧楼两家，亟待收下，则阴历年内，必须先有一笔款到，否则要坏事。另外，郑振铎又提出，也不能拘泥于仅仅收购藏书家的书，凡市上零星所见善本孤本，也不能失收。总之，大家一致同意：自今以后，决不听任江南文献流散他去。有好书，有值得保存的书，必为国家保留之！初步的分工是：他与张凤举负责采访，张元济负责鉴定宋元善本，张寿镛和何炳松负责保管经费。虽然一开始有过上述分工，但后来事实上张凤举未参与其事，采访工作由郑振铎一人负责。同时，郑振铎及张寿镛、何炳松也都参与鉴定。整个抢救工作，是以郑振铎为中心进行的。张元济年事最高，大家照顾他，主要是当顾问，关键的时候也请他出马。例如，随后郑振铎起草了《文献保存同志会办事细则》，共十条，就最后经张元济等人审阅通过，刻写蜡纸，用红色油墨印出，密存备案。又如，郑振铎在采访原属苏州刘世珩的玉海堂藏书时，为慎重起见，就请了年已七十的张元济一起去看书和议价。

郑振铎差不多每天写信给张元济等老先生（他们之间有"通讯员"送信），向他们请教和商量有关问题。后来，只有郑振铎写给张寿镛的二百七十多封信幸存了下来，他和张元济之间来往的信都没

能保存（郑振铎当时为防万一，要求互相阅信后均烧毁），十分可惜。郑振铎非常尊重张元济，但从他给张寿镛的信中可知，他和张元济在一些具体的购书问题上也时有分歧和争论。主要是张元济常常根据自己的老经验，认为有的书太贵；郑振铎则觉得老先生现在不常跑书肆，不大了解新的不断变化的行情，而有的书如果不立即下决心购买，就会稍纵即逝。凡遇到这种分歧，郑振铎总是耐心地作分析，并与其他几位先生商量。大家都是出于公心，都是为国家保卫民族文献，所以矛盾不难解决，携手工作得非常和谐。1940 年 5 月 7 日，张元济还收到了郑振铎托人送去的张元济早年的朝考卷，当为郑振铎从书肆中购得之物，送给张元济留作纪念的。

1941 年 12 月 8 日，太平洋战争猝然爆发，上海"孤岛"即日沉没。郑振铎等人秘密抢救文献的活动也被迫突然停止。但是，在这不到两年的时间内，他们为国家、为子孙后代做了一件极大的好事。正如郑振铎后来说的："我们创立了整个的国家图书馆。虽然不能说'应有尽有'，但在'量'与'质'两方面却是同样的惊人，连自己也不能相信竟会有这末好的成绩！"蒋复璁后来说过，台湾的"中央图书馆"（后又改名为"国家图书馆"）的善本书库的书，几乎全是由"文献保存同志会"抢救收购的。1953 年，胡适在台湾写信给在美国的杨联陞，也激动地说："'中央图书馆'在抗战初期所买书，甚多宝贝！"

上海完全沦陷后，1942 年 1 月 26 日，郑振铎

化名"犀"（从"西谛"的"西"而来），给重庆的蒋复璁写了第二封隐语信："前上一函，谅已收到。此间一切安宁，家中大小，自蕴翁以下均极健吉，堪释远念。家中用度，因生活高涨，甚为浩大，但尚可勉强维持现状耳。现所念念不释者，惟港地亲友之情况耳。公是一家，是否平安无恙，尤为牵肠……一家离散至此，存亡莫卜，终夜彷徨，卧不安枕……"这是他在未能得到重庆方面回信时，再次冒险写信联系。信中说的"家中"，就是他们的"文献保存同志会"；"蕴翁"当然就是年龄最大的张元济（当从他们当时购买图书的藏家张蕴圃的名字中化来）；"公是一家"指他们为公家所抢救下来的那批善本书。他的这些信，都是托当时在邮局工作的朋友设法避免敌伪检查寄出的，蒋复璁也是都收到的，现今仍保存在台湾的"国家图书馆"里；但蒋复璁当时似乎没有回信，或者回信了郑振铎没有收到。

1943 年 4 月 16 日，郑振铎又化名"犀"致重庆蒋复璁隐语信："李平记款已收到……兄处日用浩大，未必敷用，而尚能勉拨家用，感激之忱，非言可宣。谢甚，谢甚！此间费用日增，大是不了，幸合家大小均甚安吉，可慰远念！蕴、圣二位老辈亦均健安，乞勿念！……近来有人计画开设旧书肆……兄处如需手头应用之书，当可陆续寄上矣，然尚未必能否告成也。"信中隐语我们不能全懂，但由此可知郑振铎又在极其困难的环境里试图为国家做点事了。"蕴、圣二位老辈"指张元济和徐森

玉两先生。郑振铎在这样的密信中，总不忘记提到张元济的近况，充分表达了他对张元济的尊重。

1943 年 6 月 10 日，著名翻译家伍光建在贫病交迫中逝世于上海。伍光建和张元济是同年好友，张元济送的挽联写道："天既生才胡不用？士唯有品乃能贫！"郑振铎尊敬伍光建和张元济的，也就是这个"才"与"品"二字，尤其是在敌伪统治下能保持的清贫与气节。17 日，大雨倾盆而下，郑振铎躲在屋内奋笔疾书，写了一篇文情并茂的《悼伍光建先生》。文中这样写道："一个国家有国格，一个人有人格。国之所以永生者，以有无数有人格之国民前死后继耳。……狐兔虽横行于村落中，但鹰鹗亦高翔于晴空之上。"文章后来发表在由叶圣陶主编、桂林开明书店复刊的《中学生》杂志上。这是迄今所知郑振铎在化名蛰居期间唯一发表的文章。郑振铎和张元济，就是这样"有人格之国民"。

郑振铎一人离家蛰居时，还设法将家里的藏书《四部丛刊》《百衲本二十四史》《学海类编》等搬到隐居的地方，因为他不可一日无书读。而《四部丛刊》《百衲本二十四史》正是张元济主编影印的大型丛书，《学海类编》也是张元济主持影印的清代曹溶等人编订的一部综合性丛书。张元济编印的这些书，是郑振铎在枯寂的蛰居生活中的精神养料。而到了抗战后期，物价飞涨，郑振铎又完全没有了收入，家里人实在没法活了，他就只好忍痛出售藏书以买米，这几部大型丛书都先后换了活命钱！

共同为新中国建设而奋斗

抗战胜利后不久，1946 年 1 月 24 日，张元济就与陈陶遗、叶景葵、李宣龚、陈叔通等人，以私立合众图书馆董事的名义，联名上书上海市教育局，申请准许合众图书馆立案开办。呈书中说，该董事会是 1941 年 8 月 6 日成立的，又提到"曾未几时，太平洋战事爆发，环境日恶，经费日绌，而敌伪注意亦綦严，勉力维持，罕事外接，始终未与敌伪合作。赖有清高积学若秉志、章鸿钊、马叙伦、郑振铎、陈聘丞、徐调孚、王庸、钱锺书等数十人以及社会潜修之士同情匡助，现在积存藏书约十四万册，正事陆续整理，准备供众阅览"。可知郑振铎也是合众图书馆的重要支持者。

新中国成立后，张元济的积极性更高了。1949 年 9 月，党中央邀请张元济北上参加中国人民政治协商会议。9 月 8 日，张元济到北平，下榻六国饭店后，不顾劳累，即赴北京饭店访郑振铎。翌日，郑振铎回访张元济。11 日中午，张元济在欧美同学会设席，宴请与商务印书馆有关之旧友，到者有郑振铎、沈雁冰、胡愈之、叶圣陶、宋云彬、周建人、沈钧儒、郭沫若、马寅初、黄炎培、陈叔通、马叙伦等人。在这一个多月里，张元济和郑振铎多次见面和畅谈，谈得最多的是今后的出版工作。张元济回上海后，11 月 3 日致沈雁冰信，谈到商务印书馆拟成立出版委员会，欲请沈雁冰主持。沈雁冰 14 日回信婉辞，转荐郑振铎自代，并提及商务印书馆欲出《新民主丛书》诸事"已商诸振铎兄，甚为赞同。如何约稿，何日期得半数等等，振铎兄均胸有成竹"。张元济得信甚喜。张元济怎能忘记，近三十年前，他和高梦旦北上访贤时，就认识了郑振铎。也是和当时郑振铎的推荐有关，他们大胆起用了沈雁冰全盘改革《小说月报》。不久，又由沈雁冰大力推动，郑振铎也进了商务印书馆工作。从此，商务印书馆在新文化运动中起了不小的作用，大多与郑振铎和沈雁冰等同事作出的贡献分不开。如今，张元济再次请贤，这实在是具有历史意味的事。然而，此时沈雁冰和郑振铎都实在太忙了。再说，作为即将在文化部担任领导职务的他们，也不便去当时尚属私营的商务印书馆任职吧。所以，郑振铎后来也未主持商务印书馆出版委员会的工作。不过，作为一个老编辑，一个爱书人，他仍然尽可能地帮助商务印书馆，贡献一份力量。沈雁冰 19 日又致张元济信，说"关于丛书，振铎兄已约得五六部稿，渠南下后当面陈详情"。郑振铎当时曾向费孝通、宦乡等人约得书稿多种（但后来该丛书因故未出）。

在 1950 年代初，郑振铎与商务印书馆的负责人谈过，希望他们继承张元济当年影印《四部丛刊》的伟业，有系统地多影印一下珍贵的古籍。直到 1953 年春，他们才同意这个意见，来同郑振铎商量首先影印些什么。郑振铎说，还是先印戏曲吧。这就是从 1954 年开始影印出版的由郑振铎主编的《古本戏曲丛刊》。

郑振铎在新中国成立后，负责全国有关文物

和图书馆、博物馆方面的工作。张元济给予了全力的支持。如 1951 年 5 月 21 日，张元济致北京图书馆王重民信，谈十多年前收得《翁文端公日记》二十五册，今托郑振铎带上，代翁氏后人捐献给北京图书馆（今国家图书馆）。张元济还以商务印书馆董事会的名义，通过郑振铎向国家捐赠涵芬楼旧藏《永乐大典》残书二十一册，珍藏于北京图书馆。1951 年，在南京发现了宋代著名女词人李清照与其丈夫赵明诚合著的《金石录》的初刻本，发现者是张元济早年任南洋公学（交通大学前身）校长时聘任的教习赵从香的儿子赵敦甫。赵敦甫专程来沪请张元济鉴定题记，然后又面呈于郑振铎，献给国家，珍藏于北京图书馆。

1952 年 8 月 21 日，张元济致郑振铎信，提到"清初龚鼎孳、孙承泽，均可称文学家，为先九世祖书有屏条，常悬挂在客座壁上。……又有前明遗民澹归和尚为先八世祖及七世本生（祖）亦书有屏幅，中有水龙吟词，系澹归作。八世祖之语载入《遍行堂续集》中。现均拟捐送贵会"。后郑振铎委派上海市文管会吕贞白于 12 月 23 日到张宅，领取了这四件已有三百多年的文物。

1952 年 12 月 24 日，张元济致郑振铎信，又提到"前月徐森玉先生由京返沪，交到王石曜先生手校项絪本《山海经》一部……钤有涵芬楼印记……弟一见书衣认为故物，不知何以散出在外，编《烬余书录》时不见是书，故未列入。今合浦珠还，亟拟补撰提要附于录后"。又说："近日王冶秋君莅

沪过访，谈次知涵芬楼烬余各书甚蒙垂注，至深感荷。此等书籍，断非私人机构所能永保。同人久有贡诸中央之意。只因种种关系，未即实行。敝同人史久芸亦曾传达雅意。前日敝馆经理沈季湘、襄理张雄飞二君，往谒王冶秋君，面陈一切，想经转达聪听，兹不赘陈。"可知郑振铎曾委托文物局副局长王冶秋去动员张元济将涵芬楼幸存的善本书献给国家，张元济听后完全同意。这批书捐出后，张元济于 1953 年 4 月 6 日致郑振铎信，说："涵芬楼烬余善本仰荷玉成，俾能得所，衔感无极。"又主动提到"家藏元儒谢先生应芳手书佛经六种，书法极精，历六百年金纸如新。藏之私邸，决非长策，合亦献归国有"。"先九世祖讳惟赤于清初中试，顺治甲午科顺天乡试举人，当时领有鹿鸣宴银质杯盘各一事，制作甚精。藏之寒家，适满三百年。……询之友人，传世科第者亦云从未目睹。……此为国家典章数百年之遗物，窃愿归诸国有"。

1953 年 10 月 28 日，张元济又致郑振铎信，托人专门送上原为沈曾植所藏的林则徐致沈鼎甫信，并说已向沈氏后人"建议以此书献诸史馆，为信史之征"，请示郑振铎"究应纳于何项机关，可以永久保存"。11 月 10 日，郑振铎复张元济信，极为高兴地说："读商务送来上月 28 日手书并林文忠公长札一通，至慰！此札关系鸦片战争的史事甚大，当遵嘱交翦伯赞君一阅，并拟设法影印（当并其他林氏手札数十通一同印出）。我局现集中明清二代尺牍不少，拟即由我局一并将此收下……至此项尺

牍，可能全部拨交北京图书馆保存。"

1955 年 5 月 27 日，张元济致郑振铎信，提到"导淮之事，已达下游，将入于泗沂之境"，建议借此机会探觅周代埋于该地的"九鼎"，"一旦发见是秦始皇所求之不能得者，今乃重新得，岂非千古美谈"！虽然这周代的九鼎并没有能发现，但张老先生的赤子童心，令人感动。张元济此信刚寄出，郑振铎还没收到，郑振铎在 28 日也给张元济写了一封信，提到："得森玉先生函，知先生时以陈澄中的善本书能否收归国家所有为念，这件事已进行了两年多，最近方才解决，已在香港收完毕。从此世彩堂的韩柳文、蜀刻的唐人数集，以及许多宋元善本、明抄黄跋，均得庋藏于北京图书馆了！从此，善本图书的搜集工作，除了存于台湾及美国者外，可以告一阶段了。今日如编一善本书目，实大可惊人。……此时书未运入国门，尚恳秘之，为感！"香港陈澄中的这批宋元善本，是在郑振铎领导下的一个国家的秘密收购小组，经过两年多的艰苦工作，以八十万元港币收归国有的，后藏于北京图书馆。但当时书还没有运回北京，郑振铎就把这一秘密消息告诉了张元济。

为庆祝张元济九十寿辰，1956 年 9 月 14 日郑振铎写了热情洋溢的祝词：

> 近六七十年来，文献图书之得以保守毋失，不至蹈陋宋之覆辙者，赖有南北公私诸藏之网罗散佚耳，而涵芬楼尤为其中巨擘。张菊生先生阐旧学，启新知，于中国学术贡献甚大，而其精力所萃，犹在涵芬楼。不仅能聚之，且能传播之。今士子辈胥能乎？《四部丛刊》《百衲本二十四史》以研讨古学者皆出先生赐也。仁者多寿，敬颂千龄。

1958 年 6 月 20 日，郑振铎为商务印书馆即将出版的《缩印百衲本二十四史》写序，又一次高度肯定了张元济当年主编影印《百衲本二十四史》的重要意义。这是郑振铎最后一次写到张元济。谁也不会想到，不到四个月，精力充沛、生龙活虎的郑先生就因飞机失事牺牲了！据张元济的家人说，郑振铎失事时，他们都悲痛万分；但张老先生当时已病重卧床，所以就未能写下悼念文字。

张元济与瞿启甲的友情及书事交往

常熟理工学院 曹培根

一、张元济与瞿启甲的友情

张元济（1867—1959），字筱斋，号菊生。原籍浙江海盐。光绪壬辰（1892）进士，曾任总理各国事务衙门章京。戊戌变法时光绪帝曾破格召见，政变后被革职。1898 年冬任南洋公学管理译书院事务兼总校，后任公学总理。1902 年，应商务印书馆创办人夏瑞芳邀请入商务，1903 年任编译所长，1916 年任经理，1920—1926 年任监理。1926 年起任董事长直至逝世。张元济主持商务印书馆期间，组织了大规模的编译所和涵芬楼藏书，制订实施系统全面的编辑出版计划，以清廷提倡新学、废除科举为契机，组织编写新式教科书；精心选择、组织翻译出版了严复翻译的《天演论》、林纾翻译的《茶花女》等一大批外国学术和文学名著，编辑出版《辞源》等一大批工具书和《东方杂志》《小说月报》等有广泛影响的杂志。从 1915 年开始筹备，1919—1937 年动用国内外 50 余家公私藏书影印出版《四部丛刊》《续古逸丛书》《百衲本二十四史》3 种丛书共 610 种近 2 万卷。1949 年张元济被特邀参加中国人民政治协商会议并选为全国委员会委员，后又选为第一届全国人民代表大会代表。张元济精于版本目录之学，著有《涵芬楼烬余书录》《宝礼堂宋本书录》《涉园序跋集录》《校史随笔》《张元济日记》《张元济书札》《张元济傅增湘论书尺牍》。

张元济在影印出版《四部丛刊》《续古逸丛书》《百衲本二十四史》和藏书、著书过程中与常熟铁琴铜剑楼主人瞿启甲建立了深厚的友谊。友谊的基础是张元济与铁琴铜剑楼第四代楼主瞿启甲都生于藏书世家，同志于传承文化。

张氏耕读传家，为当地的文化世家。张元济在《排印本〈张氏艺文〉序》中说："余家海盐号称旧族，历数百年读书种子不绝。家乘所纪先人遗著凡数十种。"[1] 张元济的九世祖张惟赤所创涉园，为清初江南著名藏书楼。六世祖张宗松，字青在，藏书最著名，有《清绮斋书目》四卷，刻宋李壁撰《王荆公诗注》五十卷。张宗松的兄弟 9 人中，有 6 人以藏书著名。当年的张氏涉园藏书丰富，与瞿氏铁琴铜剑楼一样，是开放的藏书楼。张元济在《排印本〈涉园题咏续编〉序》中记："余家涉园，为大白公读书之处，创于明万历之季，逮螺浮公始观厥成。林泉台榭，为一邑之胜。历康、雍、乾、嘉四朝，修葺不废。四方名士至余邑者必往游，游则必有题咏。嘉庆丙寅，鸥舫公集而刊之。又数十年而洪、杨难作，园始毁。"[2] 张元济在《排印本〈海盐张氏涉园丛刻〉跋》中记"闻先大夫言"："吾家世业耕读，自有明中叶族渐大，而以能文章掇科第者，首称符九公。然绝意仕进，潜心义理经济之学，门弟子极盛，咸称曰大白先生。尝筑屋城南，读书其中，今所谓涉园是也。"又述："吾涉园藏书极富，积百数十年，未稍散失。嘉、道之际，江浙名流，如吴兔床、鲍渌饮、陈简庄、黄荛圃辈，犹尝至吾家，借书校雠。青在公博通群籍，性耽吟咏，尤喜刻书；群季俊秀，咸有著述，剞劂流布，为世引重。自更洪、杨之乱，

427

名园废圮，图籍亦散佚罄尽，而先世所刻书，更无片板存焉矣！"[3]

张元济与瞿启甲有着共同的爱好，并相互仰慕。瞿启甲在为《涵芬楼烬余书录》所撰序文中高度评价张元济创办涵芬楼和影印《四部丛刊》的贡献，称："张菊生先生手创涵芬楼，附设于商务印书馆，广事搜罗，遍求海内外异书，承会稽徐氏熔经铸史斋、长洲蒋氏秦汉十印斋、太仓顾氏诔闻斋、北平盛氏意园、丰顺丁氏持静斋、江阴缪氏艺风堂、乌程蒋氏传书堂之敝，以故珍秘之本，归之如流水，积百万卷，集四部之大成，虽爱日、艺芸，不能专美于前矣。先生精于校雠，不愧家风（先生六世祖青在先生喜藏书，并延通人手写校刊，至今为人称道）。其影印《四部丛刊》《续古逸丛书》《百衲本二十四史》，复宋元旧刊本之本来面目，尽泄天地间之秘藏，其嘉惠士林，有功文化，不在黄、顾下，岂仅抱残守缺而已哉。"[4]

张元济撰《题瞿良士遗像》诗，对铁琴铜剑楼及传人瞿启甲予以高度评价：

故侯门第忠宣裔，小隐田园咠里庄。最美幽人性馨逸，半耕半读是家常。

有书可读真为福，况属人间未见书。万卷人家今有几？双丁杨陆尽丘墟。

君家遗泽最绵长，虹月归来未散亡。赖有孙枝勤爱护，又经浩劫度红羊。

真能爱护在流传，鸿宝珍藏意未安。深幸

一瓻频借与，故教四部得丛刊。

异书思作荆州借，二客相从鼓枻来。鸡黍共君情似昨，人琴剩我首重回。

不堪回首卅年前，每望黄垆一怆然。差喜父书能共读，诸郎才调尽翩翩。

子弟翩翩未易才，铁琴铜剑好追随。危楼百尺灵光峙，况在阶前有白眉。

海内此楼足千古，江南文物系几希。他年获见新堂构，定有英灵来护持。[5]

张元济影印出版《四部丛刊》《续古逸丛书》《百衲本二十四史》得到瞿启甲的全力支持。当瞿启甲遇到困难时，张元济同样全力帮助。时在民国十九年（1930），瞿启甲遭遇人为麻烦，孙舜臣、郑亚风等向教育部呈控瞿启甲有私藏祖遗藏书出售外人之事。经上海特别市政府调查，并无孙舜臣、郑亚风其人。有关当局欲查封藏于法租界的瞿氏运沪之书，因交涉手续日期颇久，被张元济、蔡元培等所闻并作证瞿书无外售，瞿书才未被查封。

民国十九年（1930）十月十四日，蔡元培致函张元济："菊哥同年大鉴：别后，弟于十二日之夜车来京。瞿氏藏书事，已与蒋梦兄谈及，教育部得证明函，即可销案，请勿念。……专此，并祝著祺。弟元培敬启。十月十四日。"张元济复蔡元培函："呈寄与董康等联名保证瞿氏藏书公函。我兄护持文化，加以梦麟兄调庇善良，必能消弭于无形也。"[6]

民国二十年（1931）二月二日、六日，教育部社会教育司于上海《时事新报》上发表《常熟铁琴铜剑楼藏并无私售与外人情事》。民国二十年（1931）二月六日（庚午十二月十九日）的《徐兆玮日记》详载张元济、蔡元培等帮助瞿启甲的过程："五日《时报》载《铁琴铜剑楼并无讨论价买》云：教育部社会教育司来函云，顷阅本月二日京沪各报，载有中央函请价买铁琴铜剑楼藏书新闻，内称本部将派员视察，并讨论价买办法等语。查与事实不符，兹将本部办理此案经过略述于下。去年五月间，本部据常熟公民孙舜臣呈控瞿启甲私将祖遗之铁琴铜剑楼藏书售与外人，请予查禁。到部当以瞿氏藏书为国内四大藏书家之一，倘将此项典籍流出国外，殊为可惜，经部分咨财政部、上海特别市政府，并训令上海特别市教育局分别查禁。嗣迭接蔡元培、纽永建、张一麐、张元济、狄膺诸先生先后来函证明，所控不实，即经分别咨令，停止执行。同年十月间，又据党员郑亚风代电，案同前情，即经本部致函蔡元培先生查询究竟，旋得蔡先生复函，谓瞿氏售书确非事实，请加意护持，勿为浮言所动，并附送张元济、董康两先生担保函件到部，故将此案暂付存查。本年一月十六日准中央执行委员会秘书处函奉批交办上海特别市执行委员会呈为据报，常熟铁琴铜剑楼藏书有私售于外人之说，请给价接收，以保国粹一案。当经本部将以上办理经过情形复请转陈核示，本月二日续准中央执行委员会秘书处函，复略称经陈奉常务委员批照，令行上海特别市执行委员会，除上会以呈悉查，此案业经蔡委员元培向

教育部负责证明，瞿氏并无私将藏书售与外人情事，所请应勿庸议等语，指令知照外，特此函复查照。现在此案已暂告结束，本部并无派员视察及讨论价买办法情事，诚恐传闻失实，用特函请贵报代为发表，至纫公谊。阅此《新闻报》所载收买藏书非尽无因，而是案真相转因此而大白云。"[7]

张元济与瞿启甲的友情，包括生活上互相照顾以及对下一辈的关心。1925年春，瞿启甲子凤起经张元济介绍入南洋高级商业学校学习。1927年10月17日至23日，张元济遭绑匪劫持期间，瞿启甲与子旭初、凤起上门慰问，张元济珍藏有"被劫友朋慰问名刺并谢信"名刺。[8]1937年，经瞿启甲证婚，翁同龢玄孙翁万戈与张元济侄孙女张祥保在上海的国际饭店订婚（后于1944年解除婚约）。

二、影印出版《四部丛刊》

《四部丛刊》汇集当时所能找到的最好的善本，有极高的文献价值，是一部汇集各方面必读书、必备书的小型"四库全书"。瞿启甲支持张元济影印出版《四部丛刊》载入中国近现代出版史册。民国九年（1920）至十四年（1925），上海商务印书馆影印的大型丛书《四部丛刊》初编、续编、三编，瞿启甲提供了铁琴铜剑楼所藏宋元古籍珍本81种作为影印底本，成为当时《四部丛刊》诸编所采录的私家藏本之冠，此举对于保护我国古代文献遗产功不可没。

张元济倡导编纂《四部丛刊》，有感于"自咸同以来，神州几经多故，旧籍日就沦亡，盖求书之难，国学之微，未有甚于此时者也"，于是影印商务印书馆涵芬楼所藏善本，"复各出公私所储"，瞿氏铁琴铜剑楼成为出私藏之先，楼主瞿启甲列入为影印出版《四部丛刊》25 位发起人之一。[9]

影印《四部丛刊》之事，始于叶德辉民国八年（1919）五月十六日致函瞿启甲，商借瞿氏藏书以影印出版《四部丛刊》，得到瞿启甲赞同。八月二十一日，叶德辉又致瞿启甲函称："此次《四部丛刊》之印，发端于鄙，而玉成于阁下。"

张元济民国八年八月十六日，与孙毓修乘舟前往常熟与瞿启甲商谈影印出版《四部丛刊》事宜。十七日，张元济、孙毓修在常熟城晤瞿启甲，瞿启甲素抱"书贵流通，能化身千百，得以家弦户诵，善莫大焉"，支持商务印书馆影印出版《四部丛刊》。午后，张元济、孙毓修随瞿启甲乘船至古里。当晚，张元济、孙毓修交瞿启甲拟借书单一纸，并赠《宁寿鉴古》《恪斋集古录》各一部。十八日，张元济、孙毓修阅铁琴铜剑楼藏书。十九日，张元济、孙毓修交瞿启甲拟借影抄书单，约定明春派人前来拍摄书籍。

民国九年（1920）春，商务印书馆做影印《四部丛刊》准备工作，以巨舶运至古里照相机等工具。摄影古籍设于瞿氏茶厅，一切事务包括借书还书由朱桂负责。工作人员数人寄宿古里后街马姓家。拍摄之书，每晨专册记载，当晚用毕交还，拍摄书籍

至年底结束。《四部丛刊》第一批收书 323 种，依据涵芬楼藏书 145 种，采自江南图书馆 37 种，而选用铁琴铜剑楼所藏精品 25 种，列私人藏书第一，版本有宋刊本 15 种、金刊本 1 种、元刊本 2 种、高丽刊本 1 种、明刊本 3 种、影宋抄本 2 种、抄本 1 种，类分经部 5 种、子部 6 种、集部 14 种。

民国十三年（1924），商务印书馆影印《四部丛刊》续编，瞿启甲又尽出家藏供续编选用。续编收书 75 种，选用铁琴铜剑楼所藏精品 40 种，占半数以上，版本有宋刊本 14 种、蒙古刊本 1 种、元刊本 3 种、明刊本 13 种、明活字本 1 种、明抄本 2 种、明末清初抄本 1 种、影宋写本 1 种、影宋抄本 3 种、旧抄本 1 种，类分经部 8 种、史部 3 种、子部 12 种、集部 17 种。

民国十四年（1925），商务印书馆影印《四部丛刊》三编。三编收书 70 种，选用铁琴铜剑楼所藏精品 16 种，版本分有宋刊本 3 种、宋写本 1 种、元刊本 1 种、明刊本 4 种、明活字本 1 种、明抄本 1 种、精抄本 1 种、旧抄本 1 种、影宋抄本 2 种、抄本 1 种，类分史部 1 种、子部 9 种、集部 6 种。

民国十六年（1927）十月初十，张元济致瞿启甲函称："前承盛意，将尽出所藏善本影印行世，嘉惠后学。敝馆不揣冒昧，愿效壤流，仰蒙慨允，不胜感幸。"十一月十四日，商务印书馆与瞿启甲签订"租印善本书事议"合同，条款为："第一条，书主允将收藏之善本书租与发行人印行；第二条，两方议定：宋元本书、宋元人写本书，每部在十册

以内者，每册赁金贰拾元；在十册以外者，每册赁金拾伍元；明本书、钞本书、校本书，每部在十册以内者，每册赁金拾元；在十册以外者，每册赁金伍元；第三条，发行人应纳赁金于领取借书之日，如数交付，另出收书收条，每书一部填具一张，载明版本册数及本书实值，交付书主收执；第四条，书主收到赁金，另出收款收条，交付发行人收执；第五条，发行人应将原书保存，凡封面、副页、衬纸或夹笺等均不令损坏、散失，于校对完毕后，缴还书主，领回收书收条；第六条，如有损失，赔偿之数照租赁数十倍计算，但全部在二十本以上或最精在四本以下者，应酌量增加至三十倍为止；第七条，发行人允于印行时如登报广告，毋庸叙及书主；第八条，原书拆卸后，旧装规模已失，书主允收回自行精装，由发行人送所印书一份，偿装订之费；第九条，宋元明本中间有钞配者，仍照宋元明本计租费，如发行人已得他书配入，则于交书时照数剔除；第十条，书主允于影印本出版后十年内，不将所租印书另行印行或租借与他人发行。中华民国十六年十一月十四日，立合同书主瞿良士及发行人商务印书馆代表王云五以及保证人宗子戴、张元济（涵芬楼主人）各自签字生效。"

《四部丛刊》三编之后，张元济有续出四编的计划，未刊书目中选用铁琴铜剑楼所藏精品 30 种。但是，1937 年 8 月 13 日日军进攻上海，战火四起，四编出版无法实现。瞿启甲子凤起回忆："尚有再续目录，亦列有十余种。重以抗战军兴，遽告终止。"[10]

三、张元济与瞿启甲的其他书事交往

瞿启甲支持张元济影印《四部丛刊》事后，张元济与瞿启甲父子的书事交往很多。民国十九年（1930）闰六月初七日至七月初八日，商务印书馆出版《百衲本二十四史·汉书》32 册，系借铁琴铜剑楼藏北宋景祐本影印而成。民国二十五年（1936）十月十八日至十一月十八日，商务印书馆出版《百衲本二十四史·旧唐书》36 册，系借铁琴铜剑楼藏宋刊本影印阙卷并以明闻人诠覆宋本配补。商务印书馆出版《续古逸丛书》亦借瞿氏铁琴铜剑楼相关藏本。《张元济全集》第 3 卷《书信》，载张元济致瞿启甲书信 18 通、致瞿启甲子凤起书信 5 通，均涉及张、瞿书事交往。[11]《张元济傅增湘论书尺牍》一书中多处论及向瞿氏借书事。例如，民国十二年（1923）七月二十三日，张元济收到瞿启甲寄赠的铁琴铜剑楼影印《铁琴铜剑楼宋金元本书影》以及《李丞相集》《中原音韵》《秋影楼集》《学古斋启桢宫词》各一部送海盐张氏宗祠藏书楼。民国十四年（1925）五月初七，张元济致函瞿启甲借铁琴铜剑楼所藏《旧唐书》残宋本六十一卷，以参校、辑印旧板《二十四史》。张元济称铁琴铜剑楼所藏《旧唐书》残宋本："实海内孤本，倘能影印流通，实为士林之幸。"五月十七日，张元济又借铁琴铜剑楼所藏宋本《旧唐书》。民国十八年（1929）八月初七日，张元济借铁琴铜剑楼所藏《明志》二十四种、《北碉文集》四册。现存瞿凤起致张元济函载，瞿凤起将《秋声集》等送呈张元济审阅，邀请张元济至常熟养病，游虞山，附赠常熟指南一册。[12]

同时，瞿氏辑印图书，也得到张元济的帮助。张元济帮助瞿启甲刊印了《铁琴铜剑楼宋金元本书影》《铁琴铜剑楼藏扇集锦》《前明常熟瞿氏四代忠贤遗像》等图书。民国九年（1920年）三月，孙毓修访铁琴铜剑楼，阅瞿氏藏书并观《前明常熟瞿氏四代忠贤遗像》，并将《前明常熟瞿氏四代忠贤遗像》带至上海以影印流传。商务印书馆为《前明常熟瞿氏四代忠贤遗像》所提供的彩色石印技术在当时堪称一流。

1. 《张元济全集》第10卷《古籍研究著作》，商务印书馆，2010年，第96页。

2. 《张元济全集》第10卷《古籍研究著作》，商务印书馆，2010年，第97页。

3. 张元济：《排印本〈海盐张氏涉园丛刻〉跋》，《张元济全集》第10卷《古籍研究著作》，商务印书馆，2010年，第94页。

4. 瞿启甲：《涵芬楼烬余书录序》，张人凤编：《张元济与中国近现代图书馆事业》，上海科学技术文献出版社，2014年，第235-236页。

5. 《张元济全集》第4卷《诗文》，商务印书馆，2007年，第195-196页。

6. 高平叔、王世儒编注：《蔡元培书信集》下，浙江教育出版社，2000年，第1174页。

7. 徐兆玮：《徐兆玮日记》，黄山书社，2013年，第3350-3351页。

8. 张树年：《张元济往事》，东方出版社，2015年，第113页。

9. 张元济：《印行〈四部丛刊〉启》，见《张元济全集》第9卷《古籍研究著作》，商务印书馆，2010年，第3页。

10. 瞿凤起：《答友人问吾家响应影印〈四部丛刊〉事》，仲伟行、吴雍安、曾康编著：《铁琴铜剑楼研究文献集》，上海古籍出版社，1997年，第121页。

11. 《张元济全集》第三卷《书信》，商务印书馆，2007年，第519-523、528-529页。

12. 瞿凤起：《致张元济一函》，仲伟行、吴雍安、曾康编著：《铁琴铜剑楼研究文献集》，上海古籍出版社，1997年，第265页。

六、图书馆

张元济与国家图书馆早期古籍收藏

国家图书馆　刘洁

张元济（1867—1959），字筱斋，号菊生，浙江海盐人。清光绪十八年（1892）进士，授翰林院庶吉士。曾任清政府刑部贵州司主事、总理各国事务衙门章京等职。1901年开始投资建设商务印书馆，翌年受夏瑞芳之邀请，着手筹建编译所。1904年编纂出版《最新教科书》，为商务印书馆的发展奠定基础。从此，张元济先生成为中国近现代图书出版事业中的代表人物。随着商务印书馆各项业务的发展，张元济先生在近现代图书馆建设、古籍的采选与研究等方面不仅有自己的思想和大胆的实践，而且在古籍研究与出版方面都做出了卓越贡献。

张元济与京师图书馆首任馆长缪荃孙，以及后来担任过馆长的江瀚、梁启超、袁同礼等人都有密切往来，所涉及事项，或古籍采购或古籍整理研究交流等，相关事件于后文做详细说明。在影印出版古籍和采购古旧书籍入藏方面，张元济与我馆的王重民、赵万里等古文献专家多有沟通。值得关注的是，在国家图书馆34万多册(件)的善本古籍收藏中，离不开近现代诸多藏书家的支持与援助，如：山东杨氏海源阁藏书、江苏翁氏藏书、瞿氏铁琴铜剑楼藏书、潘氏宝礼堂藏书、傅增湘双鉴楼藏书、周叔弢自庄严堪藏书、陈清华郇斋藏书、郑氏西谛藏书、涵芬楼烬余书。其中，在涵芬楼烬余书捐赠北京图书馆工作中，张元济先生做了很多工作，且在山东杨氏海源阁藏书入藏、江苏翁氏藏书等民间藏书家藏书的选购方面，以及傅增湘双鉴楼藏书的鉴别甄选，甚至郑振铎先生西谛藏书的采购后入藏国家图书馆，这些在中国近代藏书历史中不可忽视的藏家与事件，都与张元济先生有着密不可分的联系。如今，国家图书馆"四大镇馆之宝"中的《永乐大典》和《四库全书》（文津阁）的补藏、影印流传和深入研究，张元济先生做出很大贡献。因此，从以上角度来讲，张元济先生与国家图书馆的古籍收藏有着深厚渊源，值得我们依托史料进行进一步佐证。

一、京馆建立，采购入藏

1909年，清学部奏请筹建京师图书馆，缪荃孙被任命为正监督。作为初建的图书馆，首要任务便是充实馆藏。在京师图书馆筹建的初期，主要以清学部藏书为基础。在古籍收藏中，学部旧藏多继承历代皇家秘阁子遗；同时，馆方通过征调一部分地方文献，又采集了一些民间名家藏书。主要有：清内阁大库残卷，其中多为宋以来的皇家藏书；国子监和南学典籍，在1909年国子监撤销后，以官府拨交的方式入藏；南陵徐乃昌藏书和归安姚觐元咫进斋的藏书，由两江总督端方得知张之洞拟筹建京师图书馆后帮助采进入藏。图书馆同时又有常熟瞿氏进呈书；发现于河西走廊敦煌藏经洞的遗书；及嘉靖副本《永乐大典》残卷。京师图书馆筹建之始即奏请清廷赐《四库全书》，后蒙允准将热河文津阁《四库全书》调拨京师图书馆，后因清室鼎革，于1915年由内务部运京。

经过建馆初期各方的努力，通过申请调拨和进呈等方式，京师图书馆形成了古籍的收藏基础，但这远远不能够满足国家馆的收藏需要。1910 年，在学部奏拟定的《京师图书馆及各省图书馆通行章程》中提到"图书馆之设，所以保存国粹"，意思就是京师图书馆要为国家保存本国的珍贵历史文献。章程中规定凡属内府秘籍、海内孤本、宋元旧椠，以及精钞本的古籍皆应在收藏范围内。章程在具体规定中提到："中国图书凡四库已经著录及四库未经采入者，及乾隆以后所出官私图籍均应随时采集收藏。具有私家收藏旧椠精钞也应随时假钞，以期完备。"[1]

在 1909 年 7 月至 1911 年底张元济先生致缪荃孙的信函中，可见张元济先生对建立之初的京师图书馆的关心。张元济在 1909 年 7 月 9 日致缪荃孙的信中，首先表达了对缪荃孙担任京师图书馆正监督的祝贺，也表示了对建立公立图书馆的认同。他在信中写道："闻都下图书馆一席，远迓蒲轮，为之喜跃。中原文献系属老成，国之光也。"[2]后在信中提到两方面事宜，对今后馆藏的丰富和古籍整理流传有借鉴作用。一是与缪荃孙商议影印古籍事宜，呼吁以影印本的方式保护即将消失和流散的古籍珍本。他写道："所商影印古籍一事，一再受教，谨志勿谖。此时尚应者寂寥。而鄙意期于必得，终当有翕羽之雅，慰我嘤鸣。"[3]张元济后又根据书目整理经验，提到民间藏家山东聊城杨氏海源阁有丰富的古籍收藏，为京师图书馆的基础古籍收藏提供了良好建议，信中这样写道："近缘钩考诸家书

目，知聊城杨氏之海源阁收藏甚富。"[4]在这封信发出的一周后，张元济先生又针对建立伊始的京师图书馆编辑古籍书目致信缪荃孙："都中图书馆待鸿硕经始，而金陵所构复得长者观成。""未知尊处觅取写手尚易得否，或须代为预定，钞资若何计算，均望先行核示，俟选择就绪，再行函恳，想不以烦渎为罪也。别示书目，亦容得闲访之。"[5]并想参照京师图书馆的书目编纂运用到南馆的建设中，寻求编目的高手帮助一起编修书目。四个月后，即 1909 年 11 月，张元济再次致信缪荃孙，对商务收来的古旧书籍进行选择和估价，并商议是否可以择稀见本进行采购或录副本，这其中就有常熟瞿氏藏书，说明商务印书馆受委托承担了一部分帮助采购古旧书入藏的任务。信中写道："瞿氏进书百种，尊处择罕见者设局照钞，是否遣人赴罟里就录？敝处拟附钞数种，不知主者能许我否？""兹将原单寄呈，并摘其较优者若干种，别录一纸，敬祈核阅，代定一价。"

从目前可见的张元济致缪荃孙的信函中，我们可以推断出张元济有京师图书馆应当遍收天下珍贵古籍的观点，从京师图书馆建立之初，他就有开始建议和帮助采选古籍的实际行动。大约在 1911 年 9 月，张元济在致缪荃孙的信中写道："承示图书馆宜多备通行书，甚是甚是。但难得之旧本，若无公家为之保存，将来终归澌灭。丙午春间，皕宋楼书尚未售与日本，元济入都，力劝荣华卿相国拨款购入，以作京师图书馆之基础。"[6]尽管张元济频

繁致信，向缪荃孙建议购藏已经存世不多的珍贵古籍，但在京师图书馆应当收藏何种图书上，他们有实质观点的不同。缪荃孙认为图书馆应当多藏通行书，而张元济认为公立图书馆应当更加重视保护与收藏古旧书籍。他曾力劝荣庆拨款购入皕宋楼所藏珍贵古籍，来作为京师图书馆藏书的基础。自 1926 年开始的一年间，京馆大量收藏古籍，对明钞本选取有关史料或者校勘充分的本子进行购置，当时购置的有范氏天一阁旧藏、卢氏抱经堂旧藏等，最受瞩目的是《永乐大典》卷七千八百五十六至七千八百五十七、八千零二十五至八千零二十六、一万九千一百三十六至一万九千一百三十七的搜集入藏。旧钞本、学者的稿本、名人批校本、明代刊本、志书、佛藏经等均有入藏。

随着京师图书馆各个机构的不断设立，不仅面临着机构组织方式的问题，丰富馆藏也面临着采购经费来源和使用等诸多问题。1926 年 2 月 28 日，中华教育文化基金会董事会第一次常会议定，因政局多故，教育部与该会合组国立京师图书馆一事，暂缓实行。原议建设之图书馆，暂由董事会独立经营，易名"北京图书馆"，同年 3 月 1 日成立。[7] 在官方文件中确定了馆中经费的两种形式：一种是临时费，主要供开办时建筑、设备及购置书籍之用，由董事会完全担任，分四年支出；二是经常费，由董事会与教育部各任其半。此时，梁启超、李四光为正、副馆长，袁同礼为图书部主任。1929 年 1 月 4 日，中华教育文化基金会董事会在杭州举行第三次常会，议决裁撤北平北海图书馆副馆长一职，并推举袁同礼为馆长。[8]

在董事会体制下，当时的国立北平图书馆开始通过招股的方式贴补刊行经费，对珍本古籍进行影印，使当时已搜集到的古籍得以流传保存。在《国立北平图书馆刊行珍本经籍招股章程》（1930 年 4 月 10 日）[9] 中有详细的记录：

第一条　同人等因鉴于学术界之需求，拟请国立北平图书馆印行珍本经籍，仿《知不足斋丛书》例，以若干种为一集，并得继续刊行至数十集。

第二条　开办费暂定为一万元。除由该馆筹拨一部分作垫款外，余由发起人先行认股，并求助于海内外之赞成者。

第三条　此项开办费共分二百股，每股五十元。同人及赞成者或认一股至数十股，均听各人自便。

第四条　书籍印成后，其发行权及版权均归该馆。认股者均得按定价核折分书。如有认股而不愿分书者，尤拜高谊。

第五条　前十集发售后，如有盈余，当再拟目续印他书，并续招新股，一如前例。

第六条　刊行书籍以罕见及有价值者为标准。

第七条　本章程即日施行。如有未尽事宜，得由发起人随时商洽改订。

发起人　任鸿隽　江　瀚　朱希祖　李煜瀛
　　　　李宗侗　李四光　沈兼士　易培基
　　　　周诒春　周作民　马　鉴　马叙伦
　　　　胡　适　容　庚　陈寅恪　陈　垣
　　　　傅斯年　傅增湘　张　继　张元济
　　　　张星烺　杨　铨　叶恭绰　福开森
　　　　刘　复　蔡元培　谈荔孙　蒋梦麟
　　　　罗家伦　袁同礼

同启

十九年四月十日

收款处　北平金城银行或北平图书馆

从这一章程中可见，在珍本经籍的刊印传世与收藏保存方面，国立北平图书馆和商务印书馆，以及民间藏家、知名学者等社会各界人士从经费上都做出了支持，其中不仅包括曾先后任国家图书馆馆长的江瀚、陈垣、马叙伦、蔡元培、袁同礼等人，还有不仅认股，且在出版发行方面给予支持的出版业古籍专家张元济。

在《国立北平图书馆致张元济函及张元济批注一、三》[10]中详细记录了国立北平图书馆对张元济的资助表示感谢，并且对通过招股募集而来的经费进行规范管理。

菊生先生惠鉴：前以刊印古书事，承台端发起，并认募股本，深荷赞助，无任钦感。兹第一集业已付印，约三月后即可出书。特奉上

拟刊书目，敬希教正。台端认定股款倘承早日惠下，尤纫公谊。专肃，顺候台祺。

国立北平图书馆启　五月四日

附章程、拟目印张各一纸，并请广为劝募。至感。

菊生先生赐鉴：奉五月三十日大札及股款贰百元，均经照收登记矣。辱承赞助，深庆宝笈之流传。缅荷高情，莫名欣感。除另具收据，交由来人携还外，谨布寸笺，伏希荃察。周君越然处并乞代为致意是幸。专此奉复，顺候台祺。

国立北平图书馆启　六月十日

二、《永乐大典》散卷入藏

明嘉靖年间钞录的大型类书《永乐大典》副本原藏于翰林院，庚子之变中损失严重，劫后在修英国兵营时（东交民巷使馆区）仅有 64 册。直到 1911 年 7 月 16 日，教育部才派人从陆润庠家中取回，把 60 册移交京师图书馆，留下 4 册，置教育部图书室展览，1928 年也随其它图书一并交还当时的北京图书馆，以后《永乐大典》陆续稍有增加，至 1929 年京师图书馆与北平北海图书馆合并时馆藏大典又有 80 册，1949 年馆藏大典原本 110 册。[11]

1929 年 1 月，中华图书馆协会在南京金陵大学开第一次年会，从此开启了图书调查事业，其中的

一项重要任务就是《永乐大典》及善本调查。在《永乐大典》散卷补藏的过程中，商务印书馆十分慷慨，且出于保护珍贵古籍的共同愿望，1951年6月2日，商务印书馆善本书保管委员会提议将公司之前搜得的21册《永乐大典》捐献政府。

> 本公司旧日涵芬楼及东方图书馆藏书名闻世界。自经"一·二八"兵灾以后，烬余之数不逮百一，至为可痛。兹查有《永乐大典》，为十四世纪吾国有名之官书，在文化上极有价值。频经劫乱，毁佚殆尽。本公司前经搜得二十一册，幸尚保存。谨按二十一册之中，所录有《湖州亲领各县志乘》，有《冀州疆域沿革》，有《元一统志》，有《周易兑卦诸家解说》，有《孟子诸家注》，有《骨蒸证治》，有《寿亲养老书》。尤以《水经注》前八卷之四册，卷次联贯，最为难得。清代《四库·水经注》即从此出，亦即武英殿聚珍版《水经注》之底本。其后七卷现由北京大学收藏，可以完全配齐。我公司本努力文化之旨，似宜将此珍籍捐献政府典藏，以昭郑重。兹特向贵会建议，敬请公决。如蒙通过，再由公司具呈，献与中央人民政府，恳其收纳。是否有当，仍候公决。
>
> 善本书保管委员会
> 张元济
> 陈叔通（已来信赞同，故由元济代表）
> 陈夙之 李拔可（陈夙之代）
> 俞明时 徐善祥 郁厚培
>（录自《商务印书馆董事会会议记录簿》，稿本，商务印书馆藏）

在商务印书馆董事会向国家捐献《永乐大典》卷册前，张元济早已通过多方获得渠道和消息，向民间征购稀见古籍。在他致傅增湘的函中写道："昨日肃奉一函，方谓《永乐大典》五册必由尊处代为购到，乃今晨得伯恒信，谓得公电话已经售与田中。书共八册，得价千元云云。闻之不胜懊丧。"[12] 说明张元济十分关注《永乐大典》流失卷册的收集，且表现出对民族文化保护的态度，并为傅增湘所收《永乐大典》五册卖给日本人表示惋惜。1926年2月14日，张元济在致胡适的函中写道："《永乐大典》，涵芬有六册，弟处有四册。南通图书馆有一册，季直商恳再三，即由涵芬割去者。尝闻法人某考订颇详，某处有若干册，为第几卷，并托人向敝处抄录卷数。其姓氏不复记忆，然却非伯利和，问王静庵或知之。"[13] 张元济就存世的《永乐大典》散佚部分的下落与胡适进行商议，并委托胡适帮助寻找其他珍贵古籍。1947年，在另外一封致胡适的信中，张元济再次提到《永乐大典》，主要集中在有关版本的校勘上："适之吾兄有道：敬复者，奉到十四日手教，藉悉近以《大典》本及各本《水经注》互校残宋本。知《大典》所据者为南宋复刻以前之本，可以订正宋刻之讹。"[14]

三、私家藏书与公立馆收藏的流通

张元济先生不仅在近现代出版业中具有很高威望，而且在近现代图书馆的建设和古籍整理研究上都颇有建树。国立北平图书馆不仅向商务印书馆提供馆藏，由商务印书馆帮助影印或抄校，而且张元济先生还按照需求向公立馆提供所藏县志，帮助其进行核对补钞。1919 年 11 月 15 日，国立北平图书馆致张元济函中写道：

> 菊生先生大鉴：前承惠借《永乐大典》校钞存庋，至感高谊。兹查敝馆所藏嘉靖《江阴县志》、万历《如皋县志》各有残缺。闻贵馆涵芬楼藏有此两种，拟请仍予借寄来平，俾得钞补完整。敝馆愿完全责任，钞毕即行奉赵。流通古籍，当荷乐许也。肃笺奉恳，敬希察夺示复为荷。专此。顺颂箸祺。
>
> 国立北平图书馆启 十一月十五日 [15]

在国家图书馆的善本收藏中有常熟翁氏的藏书，而与这批藏书相关的藏书日记，张元济专门致函王重民，将收到翁氏日记的情况向王重民进行说明，并委托郑振铎帮助带上入藏，这些日记对于研究翁氏藏书有重要意义和价值。他在信中写道："元济前在上海旧书店收得常熟前清翁文端讳心存手书日记二十五册，起道光五年，讫同治元年，关系晚清国事有□。元济前受知于翁文恭师，原拟归于翁氏，曾函请翁克斋君（名之熹，其子嗣于文恭师）

荐沪之便，来寓领取。十有余载，迄未见临。近闻翁氏遗书均已捐送贵馆，□为国有，可以永久保藏。用意甚善。今拟援例呈送贵馆，特托郑振铎兄带上，务乞收存，并恳记由元济代翁氏捐入，藉留纪念。" [16] 王重民在回信中写道："除遵示记明系代翁氏捐入，谨将此书与去年翁之熹先生所捐翁文端遗集、年谱等手稿共贮一室，以供众览。" [17] 此时，王重民还邀请张元济北上的时候来馆，对已经入藏的《文端公日记》两册残本进行鉴定。

抗战爆发后，许多藏书家已无力在日军铁蹄下保存珍本秘籍，大量善本古籍纷纷流散。1940 年 1 月，为保护珍贵古籍免遭流散与劫掠，郑振铎、张寿镛、何炳松、张元济等爱国知识分子组成文献保存同志会。同志会得到国民政府教育部和管理中英庚款董事会的授权、拨款，开展了大规模的古籍抢救性收购。在将近两年的时间里，同志会共购得善本古籍四千八百六十四部四万八千多册，邓邦述群碧楼、潘祖荫滂喜斋、沈曾植海日楼、刘晦之远碧楼、李文田泰华楼、邓秋枚风雨楼、丁祖荫湘素楼、张葱玉韫辉斋、刘承幹嘉业堂等藏书楼的全部或大部分珍本，都因同志会收购避免了散佚外流。这批珍贵文献目前大多收藏于台北的汉学研究中心，一部分收藏于国家图书馆等机构。

在国家图书馆的收藏中与商务印书馆有最直接联系的当属涵芬楼烬余书。在中国近现代图书馆事业发展的历程中，张元济曾参与松坡图书馆的建立，倡导成立东方图书馆，这些早期私人图书馆的建立在相当一段时期内对珍贵古籍的保护和流传做出重要贡献。然而，面临战争和时局的动荡，涵芬楼和东方图书馆的藏书在经历了 1932 年的劫难后，有大量宋元善本甚至是孤本被轰炸后而焚毁。这不仅仅是私立图书馆的损失，更是国之不幸，乃至全人类的损失。张元济先生将焚毁后余下的善本进行编录排印，并于 1951 年 5 月 26 日致信王重民和赵万里，将《涵芬楼烬余书录》一部，共计五册交由北京图书馆保存。[18] 到 1953 年，关于涵芬楼烬余善本交割事宜，在郑振铎的帮助下顺利入藏北京图书馆；同时，张元济将家藏的元儒谢应芳用金纸手书的佛经六种，也捐献给北京图书馆。

作为一名资深的古籍收藏爱好者和整理研究者，张元济和北京图书馆有频繁的往来。赵万里致函张元济表示在南归时想看一下涵芬楼藏的天一阁旧藏，并表示新入藏的元刻本《大元一统志》残本一册，可以寄出影印。在张元济的日记中，也有记录他曾到北京时到北京图书馆查阅古籍的情况。在张元济 1949 年 9 月 16 日的日记中曾记录，他自己当天去访问邵力子夫妇，结果不巧没见到，就先来到北京图书馆见了赵斐云，出示了杨氏海源阁所藏的宋元本、钞校本等数十种，其中以"四史"为最佳。后来王重民来会见他，引导他观看了抗日及斥美的展览文件，参观了善本书库以及文津阁《四库全书》。此前，张元济一直致力于文渊阁《四库全书》的影印整理工作，同时也是一名颇有建树的"四库学"学者，因此到京不免要参观文津阁《四库全书》。

2013 年，国家图书馆在国家典籍博物馆的首展中展出了保存状况良好的馆藏孤本《脉望馆钞校本古今杂剧》。这件善本尽管为郑振铎西谛藏书中的一种，但是在它的搜访、购买、排印中张元济起到了主导作用。当时，张元济从傅增湘处得知这一消息后，马上在上海四处打听，他获知在潘博山处有书。张与潘本是通家至交，张又是极著名的版本学家，但此前一年多里，此书半部（32 册）的持有者潘博山却待价而沽，对张元济严格"保密"。这时，既然已被张打听到了，潘也就只得让张去一睹原书。今存 6 月 4 日张元济致潘信，内容就是感谢潘让他看到了"奇书"，感到"欣幸何极"；同时张元济又提出一个请求："书一出国，此后恐不可复见。可否请宽留数日，将不见于《元曲选》中者，许敝馆（即商务印书馆）摄照留作底本"，并慨允以一千元为酬。直到这时，潘仍未将他们已与郑振铎签订了购书契约的事告诉张，并谎称书要"出国"；而张元济同郑振铎一样，最怕"奇书"外流。6 月 9 日，郑振铎致张元济信，称该书"发现后，几得而复失者再。但此绝世之国宝，万不能听任其流落国外，故几经努力，费尽苦心，始设法代某国家机关购得……"

2017 年，商务印书馆建立 120 周年，张元济先生的名字始终与它同在，而国家图书馆的早期善本收藏，离不开像张先生这样真正热爱古籍，又积极投身于国家珍贵文化遗产保护事业的出版界学人，谨以此文纪念先贤。

1. 李镇铭:《京师图书馆的基础藏书及其渊源》,《北京图书馆馆刊》,1995 年第 3/4 期,第 117 页。

2. 张人凤编:《张元济与中国近现代图书馆事业》,上海科学技术文献出版社,2014 年,第 30 页。

3. 同上。

4. 同上。

5. 同上,第 31 页。

6. 同上,第 34 页。

7. 李致忠主编:《中国国家图书馆馆史资料长编(上)》(1909–2008),国家图书馆出版社,2009 年,第 74 页。

8. 同上,第 75 页。

9. 张人凤编:《张元济与中国近现代图书馆事业》,上海科学技术文献出版社,2014 年,第 14 页。

10. 同上。

11. 李致忠主编:《中国国家图书馆馆史资料长编(上)》(1909–2008),国家图书馆出版社,2009 年,第 26 页。

12. 同上。

13. 同上。

14. 同上。

15. 张人凤编:《张元济与中国近现代图书馆事业》,上海科学技术文献出版社,2014 年,第 86 页。

16. 李致忠主编:《中国国家图书馆馆史资料长编(上)》(1909–2008),国家图书馆出版社,2009 年,第 26 页。

17. 同上。

18. 张人凤编:《张元济与中国近现代图书馆事业》,上海科学技术文献出版社,2014 年,第 118 页。

试论张元济在中国图书馆现代化转型中的作用

上海市宝山区图书馆　路泽武

张元济（1867-1959），字筱斋，号菊生，浙江海盐人。光绪十八年（1892）进士，先入翰林院，散馆后授刑部候补主事，1896 年被荐为总理衙门章京。他在晚清属于思想现代的激进派改革官员，同时跟改革派主将康有为、梁启超关系密切。

张元济在戊戌变法期间，以创办中西兼备，以西为主的通艺学堂为务，教授新学，为变革储备人才，诚如其在《清宣统三年排印本康有为〈戊戌奏稿〉跋》所言，"一室之内，独君臣二人相对。德宗首问余所主办之通艺学堂之情状，次言学堂培养人才之宜广设，次言中国贫弱由于交通之不利"[1]，可见，当时的学堂事务经光绪皇帝亲自过问，肩负拯救民族危亡之重任。变法失败以后，张元济遁逸沪上，应商务印书馆创办者夏瑞芳所邀，投资并任职于该馆，历编译所长、经理、监理、董事长职。在此后数十年间，张元济力创开放式的图书馆，先后有编译所图书室、涵芬楼、东方图书馆（含涵芬楼）、合众图书馆。时张元济倡言"吾辈当以扶助教育为己任"、"今海内学者，方倡多设图书馆补助教育之说。……黉舍林立，四方学子负笈而至者，无虑千万。其有需于图书馆者甚亟。是虽权舆，未始不可为土壤细流之助"[2]，以教育拯救国家大业，张元济信之并实践之。在此期间，张元济还参与组建了梁启超为纪念蔡锷而建的松坡图书馆与国民党在大陆时期的上海市图书馆，还为南洋公学图书馆募捐摇旗呐喊。张元济一生是为整个国家的图书馆建设鞠躬尽瘁，也为中国现代化图书馆的发展夯实了基础，而图书馆又为培养中国现代化的国家人才居功至伟。

一、首倡图书馆之名，开创现代化图书馆模式

"图书馆"是由日本转译至中国的说法至今似乎已无异议，然具体由何人于何时正式使用尚有争议，但目前所知见诸于文字的最早出处是张元济命名的"通艺学堂图书馆"。此名称反映出中国图书收藏形式的变化，由中国自古以来的书籍收藏机构"府"、"台"、"阁"、"院"、"斋"、"楼"等衍生为"馆"，词义并没有实质性的变迁，而真正变化的是它的衍生意义。是它对原来私属性、皇权寄托下的书籍收藏体制的否定，随之采用的是一种由西方社会提供的标准化、体系化的图书管理、组织形态，它兼具开放性、国际化的流程和服务。经甲午中日战争，这种超越中华帝制体制，从制度层面彻底性地否定过去，才是中国现代意义上图书馆诞生的内在机理。

"图书馆"名称的拟定是现代化图书事业推进的表征，具体的事务推进要凭借规范化的操作流程。为此，张元济为 1897 年设立的通艺学堂图书馆亲自拟定了《章程》十二条，[3]以下试分条缕析，以查图书馆制度设立之初的规范。

第一条　本馆专藏中外各种有用图书，凡在堂同学及在外同志均可随时入馆观览。

第十一条　在外同志愿来馆读书者，应倩同学作保，再由本馆赠一凭单。凡得有凭单者，本堂一律优待。唯此凭单不得转借转送。

案语：此两条可以看出通艺学堂已具开放性的现代图书馆属性，尽管有作保的要求，但是免费无差别的图书阅览规定为几乎所有人接受知识开启方便之门。

第二条　中国书籍专择其有关政教者藏之，其琐碎芜杂者概不收录。

案语：本条反映图书馆设立的时代背景，为读者提供与联系现实世界最关心的知识，这是图书馆的应有义务。同样，政治的疲软无力最为知识人所心痛。

第三条　中国翻译西书，凡同文馆、制造局及各教会所印行者现已购备全分。其最要各种并多备数部，以供众览。

第四条　西文图籍现择其浅近切要者购备参考。余俟同人学业所造，酌量添置。

案语：清末戊戌变法，专门设立同文馆以译介西学为要务，以备光绪及变法要员参看，张元济身为变法积极者，通艺学堂购置大量西书让读者了解世界大势。同时最重要的书都购置复本，这是现代图书馆的基本模式。

第五条　本馆设馆正一人，即由同学兼理，专司搜采。检查等事仍由司事襄办。另用书佣一名，每日将看书人数暨借出缴还书数登簿，呈交司事查验。馆正暨总理随时查抽。如有遗失，责成书佣赔偿。

案语：已经初步设立图书馆管理人员并分配各自职事。司事全面负责馆务，馆正兼采购、检查等职，聘有书佣，行图书管理员之职。

第六条　书籍概存柜中，另设书目，分类登载。来阅者即可取馆中所备提单，开明卷数，签名其上，交书佣提取，阅毕交还，始准将原单收回。

案语：此条所述已设书目检索，且是根据西方图书分类法设立的模式，有别于中国传统的经史子集四部分类法，此点下文详述。

第七条　同人取阅书籍，如有遗失，应偿原价二倍。若仅污损，则偿原价，仍将原书缴还，俟补购到日即将此书给予本人。

第八条　凡同学之不驻堂者，准将书籍借归阅看。此外不得援例办理。

第九条　西文图籍，现议概不得借归阅看。

第十条　借书归阅，卷帙不得过两册，时限不得过四日。违者罚书价四分之一。

案语：此数条详细列举了书籍的借阅与否、借阅册书、借阅时限、损失赔偿等图书馆相关规则。

第十二条　应备图书甚多，现因经费之绌，未能广为收罗，尚望四方宏达之士随时投赠，庶臻美备，并扩见闻。

案语：作为中国最早以现代图书馆制度设立的私人图书馆，尽管有光绪的敕告支持，但只是口头而已，其经费来源向来拮据，于是广为募捐是其扩大发展的必需之途。

报纸对现代民族国家的形成起着鼓动、团结的作用，也是了解世界时事的一扇窗户，因此通艺学堂也专门设立了报纸阅览区，并制定了《通艺学堂阅报处章程》，[4] 共六条。需特别指出的是以下两个要点：1. 购置有中外报刊，西文报刊还会定时有通外文者演说。2. 报纸都不可以外借，仅限馆内阅览。

纵览以上，中国现代图书馆已初具雏形，源远流长的中国官府私塾藏书模式慢慢转折为公共开放式的用书模式。我们可以发现源自西方的现代化图书馆规章制度初步建成，这种出自制度化的设计，为中国图书馆现代化的发展奠定了良好基础。

二、组建现代管理制度，成功运营图书馆事业

清末是破局的时代，如何举新也是颇费劳思之事。对于振兴中国文化，有识之士皆有思虑，张元济当时就认为"泰西各国自都会以逮乡镇，莫不有图书馆之设，网络群籍，以便览观。其有裨于人民之智识，诚非浅鲜。而大学校之藏书，储蓄尤富，就学者得以随时参究，补教授之不及，故学问益新，国家之文化因之而日进，其关系岂不巨哉"[5]。忧患之心溢于言表，取法于西便是这个时代先进者的必选之途。制度的现代化保证了图书馆事业的发展，源自西方的管理制度被运用于中国图书馆，在张元济主持的东方图书馆和合众图书馆都有具体体现。从以下制度的安排中，我们可以看出中国现代化图书馆的成长足迹。

（一）图书馆机构人事设置

东方图书馆、合众图书馆均采用董事会制度管理，这种人事管理制度具有集众智之长，董事会决策，互相监督的优点，可以充分调动管理者的积极能动性，促进管理事务有序推进。以东方图书馆为例，我们分析这种管理模式的特点及功用。以下条款来自东方图书馆"组织"一览：

> 本图书馆设董事五人，由商务印书馆总务处推举之。
> 本图书馆设馆长、副馆长各一人，由董事会推举之，馆长副馆长均得由董事兼任。
> 馆长主持本图书馆一切事务。
> 副馆长协助馆长监督各职员执行一切事务。
> 董事、馆长、副馆长之任期均定为三年。

本图书馆设中文及外文图书主任各一人，分别主管中外图书之分类陈列事项。[6]

同时，馆内还设藏书室保管员二人，负责图书的借还工作；又设庶务员一人，处理杂务并维持馆内秩序；还有办事员若干，根据每年经费的多少来聘用。这是当时图书馆的组织架构，可谓职责明晰，极类我们现在的图书馆人事设置。

以下实例可以看出制度如此设置的功用。购置蒋孟苹旧书一事，甚有趣味，当时蒋书抵押在兴业银行，其书"共计宋本 563 本，元本 2097 本，明本 6753 本，抄本 3808 本，《永乐大典》10 本"皆为极珍贵文本，张元济谈妥为折中价十六万两购买。但董事会对此提出质疑，股东李恒春听闻小报传言，疑问："未知手续是否完备？"张氏代为回复，并向股东会议说明购书缘由："本馆近年出版旧书卷帙最多者为《四部丛刊》……共销 2400 部，收入有 100 余万元……此书均系旧书影印……鄙人刻尚拟编纂《四部丛刊续编》，所需旧书尤多。适有蒋氏书可以收购……再四磋商，始以十六万两收购。至值与不值，可请各股东推举识者审阅。且此事固系鄙人提议，曾经总务处会议议决，经多人签字。"[7] 可知股东大会最终决议馆务事宜，且商务印书馆运营也是盈利的。

（二）书籍购置管理制度

书籍是图书馆存在的理由，也是图书馆所提供的服务物，必然是维系图书馆这一机构的最关键要素。据何炳松《商务印书馆被毁纪略》所载："（东方图书馆）至民国二十年终止，实藏普通中文书 268000 余册，外国文书东西文合计 8000 余册……图表、照片 5000 余册……此外如德、英、美诸国所出地质地图、人体解剖图、西洋历史地图，以及本馆出版各种古画、油画及照片之原底，尤为不可胜数。"[8] 这些书籍的来源有：1. 张元济在内的董事自家私属捐为馆有。2. 馆内经费购置，这部分应是最大量的，从当时的记述我们就可知一些端倪。在董事会上张元济曾报告："历年收买旧书已有多批，如会稽徐氏、长州蒋氏、太仓顾氏、丰顺丁氏、江阴缪氏等家藏书，嗣后尚续有收买。"[9] 离乱大时代，存书世家家财四散，书籍凌乱，张氏举众之力，殚精竭虑，保存斯文。上文所述购置蒋氏藏书即为典型案例。3. 社会各界捐赠。如 1934 年曾接受德国驻沪总领事 Kriebel 的捐赠。[10]1935 年又接受法国驻沪总领事代表法国公益慈善会的捐赠，收到名贵书籍 100 余册。张元济在受赠典礼上特别谈到法国东方学家沙畹和伯希和，且伯希和当时出席了捐赠仪式。[11]

（三）财务管理制度

东方图书馆的经费，由商务印书馆提供，每年由董事会制定预算方案。以 1926 年为例，常年经费为 22000 元，其中购书费 16000 元（其中有分中文书 4000 元，东西文书 9000 元，中外报纸 3000 元），职员薪酬 5000 元，其余为杂项开支。可见图书馆的经费预算以首先满足并保证最大部分为书籍购置经费。

图书馆是一项公益事业，其经费另有一来源，即捐赠。如何鼓励捐赠人员并管理善款也考验管理者的水平。在松坡图书馆、南洋公学图书馆筹捐简章中都有鼓励募捐人的具体条款，根据募捐金额的层级，对应的名誉奖励也不同，如在松坡图书馆中“捐款万元以上者，除泐石及加赠外，仍将玉照、台衔专悬礼堂”。南洋公学图书馆则是“捐款满万元者，图书馆中置大铜像”[12]，让捐者甚觉荣耀。对于募捐善款管理也是慎重对待。“捐款由经募人募收后，先给临时收据，俟交付本校筹备会，另给正式收据”，“所有捐款，概存上海中国银行”，“所有详细捐款数及各项开支，当汇印征信录，分赠捐款人”。可以说募捐过程及善款的使用都明晰可见，如今许多机构的善款使用都没有达到当时的公开标准。

张元济的图书馆管理模式极具现代化，除以上所举外，在图书馆的场地规划、馆内的楼层布置皆有讲究。如“建筑聘用外国技师，采择最新图式，于防火及通风、光线等，务十分注意”[13]。

三、实施现代化图书分类模式，方便书目查索

图书分类方式，中国古自有之，前现代皆以目录学名之。“《诗》、《书》之序，即其萌芽。及汉世刘向、刘歆奉诏校书，撰为《七略》、《别录》，其体裁遂以完备。”[14] 自此后逐步确定了经史子集四大分类方式。时事下移，至于清末民初，中国前现代的分类方式在西洋分类法的冲击下，不得不改变，于是先后取法于欧美，有杜威十进法等分类方式。在民国初先后有中国目录学家姚名达、余嘉锡等人编纂目录学著作，既是对中国古代目录学思想的整理总结，也是面对西方分类法的冲击寻找变通之法。“忆昔清华园中、涵芬楼下，优游修习，其乐何极？而不幸一遭倭燹，再罹乱离，内增家室之忧，外乏图书之豢。”[15] 面对时代变局，内心之痛楚，怎能平息？

面对破局，挽救中国图书之厄运，具体的实践者是以张元济为核心的东方图书馆。1926年，东方图书馆就较早制定了具体的现代图书分类法，并在图书管理中实践。据当时留存史料记载，馆内藏有的书籍有20万以上，中外新旧都有，“当此文化互通之际，自以依同一方法分类，乃能收联络参考值效”[16]。但制定新法，面临着诸多的困难，具体来说有：1. 四部分类法太粗疏，不适合科学发达的时代。2. 国外的分类法又不能让中国的古籍合理归类。3. 用杜威十进法重新分类已有的数十万图书甚为不便。如何沟通中西，制定适合当时书籍的分类，仍需探索。最终东方图书馆采用了王云五拟定的《中外图书统一分类法》。该分类法总共设十大类，先设总类，依次分别有哲学、宗教、社会科学、语言学、自然科学、应用技术、美术、文学、历史。十大类下又设近百个次级分类。我们考察此分类法可以发现以下特点。1. 它基本上是美国杜威十进法的中国版，从总体分类以及其下的子目录皆有痕迹。2. 中国古代书籍主要分类于总类、哲学、文学、历史类目，

自然科学、应用技术、美术等类目基本都是西方书籍或者在西方学术影响下新编纂的书籍，这也符合中国留存下来文献的类别。3.总类的设置最有特点，糅合了中国的目录学、学术史、校勘学、丛书，还囊括了刊物、日报等。

此分类法与我们现在使用的《中国图书馆分类法》[17]（以下简称"中图法"）相互比较，可以发现以下特点。1.继承性。目前的《中图法》基本上还是延续了自民国以来引进的西方图书分类法，哲学、宗教、社会科学、语言、文学、自然科学的分类模式。2.创新性。目前的《中图法》较至于东方图书馆所用分类法，有了更加精细的分类，这也是面对现代化以来学科分类越来越细的必然选择。3.特色性。目前的《中图法》较之于东方图书馆所用分类法，最大的变化或者特点就是原来的总类部

分被马列毛邓等理论所代替，这也反应出中国现代以来的政治社会变化。

总之，这种由旧到新的图书分类方式，是顺应中国社会转型而制定的应对之策，新方法极大的丰富了图书的类别，便利读者的检索使用，为文化的普及提供了方便之法。

综上而言，张元济在中国近现代转型的关键时刻，以"自强之道，兴学为先"，"扶助教育为己任"，"保存固有文化之责任"的使命感，为中国文化在现代化转型摸索出了制度化的道路。具体到图书馆事业，他开创现代化图书馆的模式，组建现代管理制度，成功运营图书馆事业，实施现代化图书分类模式等，为中国图书馆事业的发展起到了先锋示范作用。

1. 张人凤编：《张元济古籍书目序跋汇编》，下册，商务印书馆，2003年，第1103页。
2. 张人凤编：《张元济与中国近现代图书馆事业》，上海科学技术文献出版社，2014年，《东方图书馆概况·缘起》条，第11页。
3. 同上书，《通艺学堂图书馆章程》条，第1-2页。
4. 同上书，《通艺学堂阅报处章程》条，第3页。
5. 同上书，《南洋公学二十周年纪念图书馆募捐启》条，第6页。
6. 同上书，《东方图书馆概况》条，第186页。
7. 同上书，《在商务印书馆总务处第696次会议上发言》，第10页。
8. 同上书，《商务印书馆被毁纪略》条，第208页。
9. 同上书，《在民国十六年商务印书馆股东常会上的发言》条，第12页。
10. 同上书，《在德国捐赠东方图书馆书籍捐赠典礼上的讲话》条，第
11. 同上书，《在法国捐赠东方图书馆书籍赠受典礼上的讲话》条，第18-19页。
12. 同上书，《南洋公学二十周年纪念图书馆募捐启》条，第7页。
13. 同上书，《松坡图书馆筹办及劝捐简章》条，第4-5页。
14. 余嘉锡：《目录学发微》，岳麓书社，2009年，第3页。
15. 姚名达：《中国目录学史·自序》，上海古籍出版社，2011年，第1页。
16. 张人凤编：《张元济与中国近现代图书馆事业》，上海科学技术文献出版社，2014年，《东方图书馆概况》条，第188页。
17. 国家图书馆《中国图书馆分类法》编辑委员会编：《中国图书馆分类法简本》（第五版），国家图书馆出版社，2012年。
17页。

图书在版编目（CIP）数据

上海图书馆藏张元济文献及研究 / 上海图书馆编. -- 上海 :上海古籍出版社, 2017.10
ISBN 978-7-5325-8632-5

Ⅰ. ①上… Ⅱ. ①上… Ⅲ. ①张元济（1867-1959）- 文集
②张元济（1867-1959）- 人物研究 Ⅳ. ①K825.42

中国版本图书馆CIP数据核字(2017)第245589号

责任编辑：余鸣鸿
装帧设计：严克勤
技术编辑：隗婷婷

ISBN 978-7-5325-8632-5

上海图书馆藏张元济文献及研究

上海图书馆 编

上海古籍出版社发行经销
（上海瑞金二路272号　邮政编码 200020）
(1) 网　　址：www.guji.com.cn
(2) E-mail：guji1@guji.com.cn
(3) 易文网址：www.ewen.co

上海界龙艺术印刷有限公司印刷

开本 787×1092　1/8　印张 58　字数 300,000
2017年10月第1版　2017年10月第1次印刷
ISBN 978-7-5325-8632-5/K.2391

定价：680.00元

如发生质量问题，请与承印公司联系